全国高等教育自学考试指定教材

经 济 管 理

（2024 年版）

（含经济管理自学考试大纲）

全国高等教育自学考试指导委员会　组编

米　锋　主编

机械工业出版社

本书是根据全国高等教育自学考试指导委员会最新制定的《经济管理自学考试大纲》，为参加高等教育自学考试的考生编写的教材。本书内容简洁且重点突出，符合自学考试的特点与要求。本书通过例题对关键知识点进行介绍，每章均附有适量的习题供考生练习。

本书从经济管理基本理论入手，系统介绍了经济学、管理学的基本概念、基本理论以及技术经济的评价方法。全书共分为十一章，主要包括经济管理基础理论、企业经济管理概论、企业管理决策与可行性研究、技术经济学理论及方法、资金的时间价值、项目现金流分析、项目经济效益评价、项目风险与不确定性分析、价值工程、工程机械经济与管理、工程机械项目综合案例等内容，是进一步深入学习经济管理类细分专业的各门课程的基础。

本书不仅是自学考试的教材，也可以作为各类相关专业经济管理课程的教材。同时，本书对从事企业经济管理的人员也有一定的参考价值。

图书在版编目（CIP）数据

经济管理：2024年版/全国高等教育自学考试指导委员会组编；米锋主编. —北京：机械工业出版社，2024.4（2025.10重印）

全国高等教育自学考试指定教材

ISBN 978-7-111-75625-5

Ⅰ.①经… Ⅱ.①全… ②米… Ⅲ.①经济管理–高等教育–自学考试–教材 Ⅳ.①F2

中国国家版本馆 CIP 数据核字（2024）第 076054 号

机械工业出版社（北京市百万庄大街22号 邮政编码100037）
策划编辑：刘 畅　　　　　责任编辑：刘 畅 赵晓峰
责任校对：张爱妮 牟丽英　　封面设计：严娅萍
责任印制：张 博
北京机工印刷厂有限公司印刷
2025 年 10 月第 1 版第 3 次印刷
184mm×260mm·23.25 印张·547 千字
标准书号：ISBN 978-7-111-75625-5
定价：79.00 元

电话服务　　　　　　　　　网络服务
客服电话：010-88361066　　机　工　官　网：www.cmpbook.com
　　　　　010-88379833　　机　工　官　博：weibo.com/cmp1952
　　　　　010-68326294　　金　书　网：www.golden-book.com
封底无防伪标均为盗版　　机工教育服务网：www.cmpedu.com

组 编 前 言

21 世纪是一个变幻难测的世纪，是一个催人奋进的时代。科学技术飞速发展，知识更替日新月异。希望、困惑、机遇、挑战，随时随地都有可能出现在每一个社会成员的生活之中。抓住机遇，寻求发展，迎接挑战，适应变化的制胜法宝就是学习——依靠自己学习、终生学习。

作为我国高等教育组成部分的自学考试，其职责就是在高等教育这个水平上倡导自学、鼓励自学、帮助自学、推动自学，为每一个自学者铺就成才之路。组织编写供读者学习的教材就是履行这个职责的重要环节。毫无疑问，这种教材应当适合自学，应当有利于学习者掌握和了解新知识、新信息，有利于学习者增强创新意识，培养实践能力，形成自学能力，也有利于学习者学以致用，解决实际工作中所遇到的问题。具有如此特点的书，我们虽然沿用了"教材"这个概念，但它与那种仅供教师讲、学生听，教师不讲、学生不懂，以"教"为中心的教科书相比，在内容安排、编写体例、行文风格等方面都大不相同。希望读者对此有所了解，以便从一开始就树立依靠自己学习的坚定信念，不断探索适合自己的学习方法，充分利用自己已有的知识基础和实际工作经验，最大限度地发挥自己的潜能，达到学习的目标。

欢迎读者提出意见和建议。

祝每一位读者自学成功。

全国高等教育自学考试指导委员会
2023 年 12 月

目 录

组编前言

经济管理自学考试大纲

经济管理

全国高等教育自学考试

经 济 管 理
自学考试大纲

全国高等教育自学考试指导委员会　制定

大 纲 前 言

为了适应社会主义现代化建设事业的需要，鼓励自学成才，我国在 20 世纪 80 年代初建立了高等教育自学考试制度。高等教育自学考试是个人自学、社会助学和国家考试相结合的一种高等教育形式。应考者通过规定的专业课程考试并经思想品德鉴定达到毕业要求的，可获得毕业证书和国家承认的学历，并按照规定享有与普通高等学校毕业生同等的有关待遇。经过 40 多年的发展，高等教育自学考试为国家培养了大批专门人才。

课程自学考试大纲是规范自学者学习范围、要求和考试标准的文件。它是按照专业考试计划的要求，具体指导个人自学、社会助学、国家考试及编写教材的依据。

为更新教育观念，深化教学内容方式、考试制度、质量评价制度改革，更好地提高自学考试人才培养的质量，全国考委各专业委员会按照专业考试计划的要求，组织编写了课程自学考试大纲。

新编写的大纲，在层次上，本科参照一般普通高校本科水平，专科参照一般普通高校专科或高职院校的水平；在内容上，及时反映学科的发展变化以及自然科学和社会科学近年来研究的成果，以更好地指导应考者学习使用。

全国高等教育自学考试指导委员会
2023 年 12 月

I. 课程性质与课程目标

一、课程性质和特点

经济管理是全国高等教育自学考试机械设计制造及其自动化（专升本）、车辆工程（专升本）等专业的一门课程，是为培养和检验自学应考者的经济管理基础理论、基本知识和基本技能而设置的。这门课程既是深入学习经济管理类各门专业知识的基础性课程，也是了解和掌握经济管理、企业管理和技术经济的一般知识，提高学生经济管理素养的普及性课程。

二、课程目标

作为深入学习经济管理类各门专业知识的基础性课程，经济管理可使学习者比较全面地了解经济管理、企业管理和技术经济体系，了解适用于经济学科和管理学科各门课程的一般经济与管理理论，了解经济与管理各基本领域的主要内容。通过这一基础性课程的学习，将为进一步深入学习经济管理类细分专业的各门课程奠定坚实基础。

具体来说经济管理课程的目标是使学生通过学习本课程，能够：

1）发展对于经济学和管理学的兴趣和爱好，了解经济学与管理学对于经济发展和社会进步的贡献。

2）比较全面地了解经济学的基础理论，包括经济学概述、需求供给与均衡价格、消费者和生产者行为理论、市场结构理论、收入分配理论和市场失灵与政府干预理论。同时比较全面地了解管理学的基础理论，包含管理学概述，管理理论的形成与发展，管理的基本理论与方法，管理的组成部分即计划、组织、领导、控制和创新等相关内容，掌握相关基础理论知识。

3）在了解经济学与管理学基础理论的基础上，比较系统地学习企业管理的基础理论、企业管理决策与可行性研究，进而引入技术经济的理论与方法，了解资金的时间价值、项目现金流、项目经济效益评价、项目风险与不确定性分析、价值工程和工程机械经济与管理等知识在经济管理领域的实际应用。

4）通过理论概述、方法介绍与案例分析培养逻辑思维、分析问题和解决问题的基本素质，培养对有关企业经济管理问题和技术经济实际问题的分析能力与决策能力。

5）为未来进一步学习经济管理类的专业知识和技能打下基础。

6）在实际应用中，利用本课程的知识、技能和方法，更好地适应未来经济与管理各行业的发展与变化，顺应社会发展的需要。

三、与相关课程的联系与区别

经济管理作为经济与管理类专业的基础性导论课程，在整个专业人才培养的课程体系中发挥着提纲挈领的作用，它的内容体系几乎涵盖经济管理、企业管理与技术经济的全部内容，解决学生在学习过程中的"盲人摸象"问题。但是，与其他专业课程相比，经济管理所涉及的每部分内容往往都"点到为止"。因此，经济管理与其他相关专业课程相辅相成，在经济管理类专业人才的培养中各自发挥着不同的作用。

四、课程的重点与难点

本课程的重点内容包括：经济管理基础理论、企业经济管理概述、企业管理决策与可行性研究、技术经济学理论及方法、资金的时间价值、项目现金流分析、项目经济效益评价、项目风险与不确定性分析、价值工程、工程机械经济与管理等。

本课程的难点内容包括：可行性研究与技术经济学、静态分析方法、动态分析方法、影子价格的确定、盈亏平衡分析、敏感性分析、风险分析、设备经济寿命计算等。另外，由于课程涉及经济管理多个方面的内容，简单内容的组合会在一定程度上增加课程的掌握难度。

Ⅱ．考核目标

本大纲在考核目标中，按照识记、领会、简单应用和综合应用四个层次规定了考生应达到的能力层次要求。这四个能力层次是递进关系，各能力层次的含义是：

识记（Ⅰ）：要求考生能够识别和记忆本课程中经济管理相关知识的概念、原理、方法的主要内容，并能够根据不同的考核要求，做出正确的表述、选择和判断。

领会（Ⅱ）：要求考生能够领悟和理解本课程中有关经济管理相关知识的概念、原理及方法的内涵及外延，理解经济管理知识点之间的区别和联系，并能够根据不同的考核要求对相关经济管理问题进行逻辑推理和论证，并做出正确的判断、解释和说明。

简单应用（Ⅲ）：要求考生能够根据已知的信息，运用具体方法对相关问题进行分析和论证，并得出正确结论或做出正确判断。

综合应用（Ⅳ）：要求考生能够根据已知的信息，对涉及经济管理的问题进行多角度思考，综合运用相应的方法进行充分分析和论证，并得出解决问题的综合方案。

Ⅲ．课程内容与考核要求

第一章 经济管理基础理论

一、学习目的与要求

通过本章的学习，使学生对经济学和管理学的基础理论有较全面、正确的了解与认识；重点掌握经济学的内涵、步骤与方法，学习个体经济单位（如消费者和企业）的行为和决策，以及市场机制的运作原理；掌握供求关系、价格弹性、边际效用、市场结构等概念，并能够将其运用到实际情境中；重点掌握管理学基本原理及方法，以及计划、组织、领导、控制、创新等基本概念。

二、课程内容

第一节 经济学基础

    一、经济学概述

    二、需求、供给与均衡价格

三、消费者行为理论

四、生产者行为理论

五、市场结构理论

六、收入分配理论

七、市场失灵与政府干预理论

第二节　管理学基础

一、管理学概述

二、管理理论的形成和发展

三、管理的基本原理及方法

四、计划

五、组织

六、领导

七、控制

八、创新

三、考核知识点与考核要求

（1）经济学基础

识记：经济学的定义。

领会：经济学研究对象；供求理论；消费者行为理论；生产者行为理论；市场结构理论；收入分配理论；市场失灵与政府干预理论。

简单应用：通过建立函数模型解决经济学基本问题，如市场环境中的供需问题。

（2）管理学基础

识记：管理学基本职能；管理的基本原理及方法。

领会：系统原理；人本原理；责任原理；能级原理；效益原理。

简单应用：了解个体决策、人际关系、团队动力和组织文化等概念。学习管理学基本原理，提高组织绩效。

四、本章重点和难点

本章重点是需求、供给与均衡价格、消费者行为理论、生产者行为理论、市场结构理论、收入分配理论、市场失灵与政府干预理论，以及管理的基本原理及方法。难点是如何将经济学模型的供求关系、价格弹性、边际效用、市场结构、组织行为学、领导学等概念运用到实际情境中。

第二章　企业经济管理概论

一、学习目的与要求

通过本章的学习，使学生对企业经济管理基本内容有较全面、正确的了解与认识；掌握市场需求分析与需求函数估计、企业生产与成本分析、产品市场企业经营决策、要素市场企业经营决策、市场失灵与政府管制等内容；了解企业管理的完整理论体系，为以后各章有关企业管理的具体内容的学习奠定基础。

二、课程内容

第一节　企业概述

　　一、企业的概念与特征

　　二、企业组织形式

　　三、企业组织结构

　　四、企业运行目标

第二节　企业经济基础理论

　　一、市场需求分析与需求函数估计

　　二、企业生产与成本分析

　　三、产品市场的经营决策分析

　　四、要素市场的经营决策分析

　　五、市场失灵与政府管制

第三节　企业管理概述

　　一、企业管理总论

　　二、企业经营管理

　　三、企业市场营销管理

　　四、企业生产运作管理

　　五、企业要素管理

　　六、企业文化建设

三、考核知识点与考核要求

（1）企业概述

识记：企业的概念；企业的特征。

领会：企业组织形式；企业组织结构；企业运行目标。

应用：比较公司制企业两种主要具体形式的异同。

（2）企业经济基础理论

识记：需求价格弹性的含义；需求收入弹性的含义；需求交叉弹性的含义。

领会：需求价格弹性的分类；需求收入弹性的分类；需求交叉弹性与商品的关系；需求函数的估计。

应用：企业生产函数分析；企业成本函数分析；产品市场企业经营决策分析；要素市场企业经营决策分析。

（3）企业管理概述

识记：企业管理的概念与内容；企业管理的任务与特征；企业战略的概念与特征；企业战略管理的概念与特征；企业经营决策的概念与特征；市场营销的概念；生产管理的概念。

领会：市场营销管理的含义与步骤；质量的含义；人力资源的概念与特征；财务管理的概念与特征；企业文化的内涵。

简单应用：企业文化的建设步骤。

四、本章重点、难点

本章重点是了解企业的概念、特征、组织结构和运行目标；掌握市场需求分析与需求函数估计、企业生产与成本分析、产品市场企业经营决策分析、要素市场企业经营决策分析；理解企业管理总论、企业经营管理、企业市场营销管理、企业生产运作管理、企业要素管理、企业文化建设。难点是对企业生产函数分析、企业成本函数分析、产品市场企业经营决策分析、要素市场企业经营决策分析的理解与运用。

<h3 style="text-align:center">第三章 企业管理决策与可行性研究</h3>

一、学习目的与要求

通过本章的学习，使学生对企业管理决策与项目可行性研究有较全面、正确的了解与认识；重点掌握企业管理决策的内涵、步骤与方法，企业投资与投资项目的决策及其程序，项目可行性研究的概念、依据、原则与内容，可行性研究的作用，以及可行性研究中的技术经济学思维等内容。

二、课程内容

第一节 企业管理与投资项目决策

  一、企业管理决策

  二、企业投资与投资项目决策

第二节 项目可行性研究的概念与依据

  一、项目可行性研究的概念与发展

  二、项目可行性研究的依据与原则

第三节 项目可行性研究的内容

  一、项目可行性研究的阶段划分

  二、项目可行性研究的具体内容

  三、项目可行性研究的工作程序

  四、可行性研究报告

第四节 可行性研究与技术经济学

  一、可行性研究的作用

  二、可行性研究中的技术经济学思维

三、考核知识点与考核要求

（1）企业管理决策

识记：决策。

领会：科学决策的条件；决策在企业管理中的地位；决策的步骤；决策的方法；企业数智化决策的变革与实践。

简单应用：对比分析定性决策方法和定量决策方法的优劣势。

（2）企业投资与投资项目决策

识记：投资；投资项目；投资项目决策。

领会：投资的特征；投资项目的含义；投资项目的分类；投资项目对企业发展的重要性；投资项目决策的重要意义；投资项目决策的基本程序。

简单应用：投资概念的不同观点；投资项目可行性分析的具体方面。

（3）项目可行性研究的概念、发展、依据、原则与内容

识记：项目可行性研究；经济性原则；评价性原则；技术性原则；必要性研究；投资与成本的估算；项目的财务评价与国民经济评价。

领会：国外项目可行性研究的发展；国内项目可行性研究的发展；项目可行性研究的依据；项目可行性研究的原则；项目可行性研究的阶段划分；可行性研究的内容；可行性研究的工作程序；可行性研究报告的编制。

简单应用：确定项目可行性研究的基本原则；可行性研究的阶段及所需时间。

综合应用：可行性报告编制的具体内容；可行性报告编制的注意事项。

（4）可行性研究与技术经济学

识记：系统思维；技术创新思维；投资回报评估思维；成本效益分析思维；风险评估思维；资源优化配置思维；可持续性发展思维。

领会：可行性研究的具体作用；可行性研究中的技术经济学思维。

简单应用：可行性研究中凸显的技术经济学思维。

综合应用：阐述哪些领域需要进行可行性研究及原因。

四、本章重点、难点

本章重点是企业的管理决策；投资与投资项目决策；项目可行性研究的依据、原则、阶段、内容、工作程序与可行性研究的作用。难点是如何编制项目可行性报告、领会可行性研究中的技术经济学思维。

第四章　技术经济学理论及方法

一、学习目的与要求

通过本章的学习，使学生对技术经济学的概念有较全面、正确的认识；了解技术经济学的发展历程；理解技术经济学的研究对象和研究内容；通过学习和掌握技术经济学的基本原理和研究方法，为学习后续章节中涉及的技术经济学应用实践奠定理论基础。

二、课程内容

第一节　技术经济学的产生及发展

　　一、技术与经济的关系

　　二、技术经济学的发展过程

第二节　技术经济学的研究对象及内容

　　一、技术经济学的研究对象

　　二、技术经济学的研究内容与范围

第三节　技术经济学的基本原理及方法

　　一、技术经济学的基本原理

　　二、技术经济学的研究方法

三、考核知识点与考核要求

（1）技术经济学的产生及发展

识记：技术的定义；经济的定义。

领会：技术与经济的关系；技术经济学发展的四个时期及主要成就。

应用：理解技术经济学的基本概念和内涵。

（2）技术经济学的研究对象及内容

识记：技术经济学的基本理论；技术经济学的应用场景。

领会：项目层面的技术经济问题；企业层面的技术经济问题；产业层面的技术经济问题；国家层面的技术经济问题。

综合应用：建立应用技术经济学分析实际问题的思维。

（3）技术经济学的基本原理和研究方法

识记：机会成本原理；经济效果原理；可比性原理；预见性原理；全局性原理；适用性原理；技术创新原理。

领会：系统分析法；方案比较法；效益评价法；推断预测法。

简单应用：掌握技术经济学研究的基本方法，并厘清各自的使用场景。

四、本章重点、难点

本章的重点是了解技术经济学的由来和发展历程，理解技术经济学涉及的基本理论、研究问题和应用场景。难点是通过掌握技术经济学的基本原理和基本方法，学习如何将技术经济的理论与方法在实践中进行应用，即学会通过应用技术经济原理与方法解决大量实际问题。

第五章 资金的时间价值

一、学习目的与要求

资金时间价值的原理是进行项目经济评价的基础，也是本课程的重点内容之一。本章要求学生掌握资金时间价值的基本概念，以及与利息之间的关系描述；了解单利和复利计算方法；熟悉并掌握实际利率与名义利率的含义、关系与计算；了解现金流量图的表示方式，掌握现金流量图的构成以及画法；熟练掌握现值、终值、年值的基本概念、表示方式；重点掌握资金等值的计算公式和应用，以及在进行资金等值计算过程中应注意的问题。

二、课程内容

第一节 资金时间价值的基本原理

　　一、资金的时间价值概念

　　二、利息与利率

第二节 资金等值计算与应用

　　一、资金等值计算要素

　　二、资金等值计算工具

　　三、一次支付类型

　　四、等额分付类型

　　五、等差序列现金流的等值计算

　　六、等比序列现金流的等值计算

三、考核知识点与考核要求

（1）资金时间价值的基本原理

识记：资金时间价值的基本概念。

领会：名义利率；实际利率；名义利率和实际利率的关系。

简单应用：单利法；复利法；名义利率和实际利率的计算。

（2）资金等值计算与应用

识记：现值；终值；年值；等差递增（减）年值；等比递增（减）率；现金流量图的表示方式。

领会：现值的表示方式；终值的表示方式；年值的表示方式；现金流量图的表示方式；一次支付类型；等额分付类型。

简单应用：资金等值计算公式和应用。

四、本章重点、难点

本章重点是资金时间价值的概念；现值、终值、年值的基本概念及表示方式；资金等值的概念和计算；名义利率和实际利率的关系及计算。难点是资金等值的概念和计算；名义利率和实际利率的关系及计算。

第六章　项目现金流分析

一、学习目的与要求

通过本章的学习，使学生对企业的项目现金流量有较全面、正确的了解与认识；重点掌握现金流量、现金流入量、现金流出量、净现金流量的概念、构成及估算。具体掌握项目投融资估算、销售收入的估算方法；熟悉并掌握总成本费用的构成与估算方法，销售税金估算，销售利润、利润总额的估算，借款还本付息的估算方法等内容。

二、课程内容

第一节　项目现金流量

　　一、现金流量的概念

　　二、现金流量的构成

第二节　现金流量的估算

　　一、现金流量估算的概念

　　二、项目现金流量的估算

　　三、现金流量表

三、考核知识点与考核要求

（1）现金流量的概念

识记：现金流入量；现金流出量；净现金流量。

领会：正确理解现金流量的注意事项；现金流量的特性。

简单应用：运用现金流量的内在规律分析和评价企业的现金流量信息。

（2）现金流量的构成

识记：经营活动产生的现金流量；投资活动产生的现金流量；筹资活动产生的现金流量。

领会：现金流量各构成部分的现金流入、流出的具体内容。

简单应用：辨别现金流量的类型。

（3）现金流量的估算

识记：估算现金流量的原则；经营期间现金流量的计算；项目终结时的现金流量；主要的项目现金流量预测。

领会：各个项目投资科目及其估算方法；建设期的贷款利息估算；项目流动资金估算；计算折旧的方法；融资项目的现金流量；投资与融资的关系；收入估算；总成本费用的构成与估算方法；税金的估算；利润估算；借款还本付息的估算。

简单应用：简述投资与融资的关系；简述常用的固定资产折旧方法；总成本费用包括哪些内容；销售利润、利润总额的计算；测算借款还款期的利息和偿还借款的时间。

综合应用：阐述项目总投资估算中涉及的具体内容；阐述公司估值的内容。

四、本章重点、难点

本章重点是掌握现金流量的构成与估算，具体掌握建设投资的构成与估算方法和流动资金的构成与估算方法，项目融资方案分析中对公司的估值，成本费用的分类，直接费用、制造费用和期间费用的概念，销售税金内容、含义及计算，利润总额、借款还本付息的估算等。难点是对不同项目进行现金流量的预测。

第七章 项目经济效益评价

一、学习目的与要求

通过本章的学习，使学生对项目经济效益评价有较全面、正确的了解与认识；重点掌握财务分析的静态分析方法、动态分析方法，国民经济的指标体系，影子价格，公益项目等内容。

二、课程内容

第一节 财务评价

　　一、财务评价的概述

　　二、财务分析指标

　　三、多方案选择

第二节 国民经济评价

　　一、国民经济评价概述

　　二、国民经济评价的重要内容

　　三、国民经济评价中的价格问题

第三节 公益项目评价

　　一、公益项目的特点

　　二、公益项目效益与费用类别

　　三、公益项目评价的重要内容

三、考核知识点与考核要求

（1）财务评价的原则与步骤

识记：财务评价的原则。

领会：财务评价的步骤。

简单应用：正确使用财务评价的步骤解决财务问题。

（2）财务分析的方法

识记：静态分析方法；动态分析方法。

领会：静态投资回收期法；总投资收益率法；投资利润率法；投资利税率法；资本金净利润率法；动态投资回收期法；净现值法；内部收益率法；净年值法；净现值率法；费用现值和费用年值法。

简单应用：能够正确使用静态分析方法和动态分析方法。

综合应用：使用静态或动态分析方法对财务进行分析，评价计算期不等的互斥方案。

（3）国民经济评价的重要内容

识记：直接效益；直接费用；间接效益；间接费用。

领会：国民经济评价指标体系。

简单应用：能够正确理解国民经济评价的效益和费用，建立国民经济评价指标体系。

（4）国民经济评价中的价格问题

识记：影子价格；以线性规划为基础的最优计划价格理论；以完全竞争市场均衡价格为基础的影子价格理论；以市场价格为基础经调整形成的影子价格理论。

领会：贸易费用率；外贸货物影子价格；非外贸货物影子价格；劳动力影子价格；土地的影子价格；自然资源影子价格；政府调控价格货物的影子价格。

简单应用：正确理解和运用影子价格的理论；能够在不同的环境中确定影子价格。

综合应用：能够在不同的环境下熟练使用影子价格理论，并确定影子价格。

（5）公益项目评价

识记：公益项目评价方法。

领会：收益评价方法；效用评价方法。

简单应用：正确理解和运用收益评价方法和效用评价方法来解决公益项目的评价问题。

四、本章重点、难点

本章重点是财务评价的定义和目的、财务评价的步骤、国民经济评价的含义和特点、影子价格的定义和公益项目的特点。难点是财务分析的静态分析方法、动态分析方法，评价计算期不等的互斥方案，对不同环境下影子价格的确定和公益项目评价方法的掌握。

第八章　项目风险与不确定性分析

一、学习目的与要求

通过本章的学习，对项目风险及不确定性分析的基本原理和相关理论有一个基本的认识和了解，重点掌握盈亏平衡分析和敏感性分析两种常见的不确定性分析方法和四种常用的风险决策分析方法。

二、课程内容

第一节　风险与不确定性分析概述

　　一、不确定性与风险的关系

　　二、不确定性与风险的成因、作用、联系

　　三、不确定性分析的方法和内容

第二节　盈亏平衡分析

　　一、线性盈亏平衡分析

　　二、非线性盈亏平衡分析

　　三、多产品盈亏平衡分析

　　四、互斥方案的优劣平衡分析

第三节　敏感性分析

　　一、敏感性分析的概念

　　二、敏感性分析的步骤

　　三、单因素敏感性分析

　　四、多因素敏感性分析

第四节　风险分析

　　一、风险决策的内容

　　二、风险决策的条件

　　三、风险决策的原则

　　四、风险决策的方法

三、考核知识点与考核要求

（1）风险与不确定性分析

识记：项目方案的不确定性或风险；不确定性分析。

领会：不确定性与风险的关系；不确定性与风险的成因；不确定性分析的作用；风险分析的作用。

简单应用：学会区分风险分析和不确定性分析的异同。

（2）盈亏平衡分析

识记：盈亏平衡分析；线性盈亏平衡分析；非线性盈亏平衡分析；静态盈亏平衡分析；动态盈亏平衡分析。

领会：线性盈亏平衡分析的条件；非线性、动态、静态盈亏平衡分析的应用场景；盈亏平衡分析的作用和缺点。

综合应用：运用图解法和代数法两种方法进行线性盈亏平衡分析；计算非线性盈亏平衡分析和多产品盈亏平衡分析的盈亏平衡点；采用优劣盈亏平衡分析对互斥方案进行比较选优。

（3）敏感性分析

识记：敏感性分析；单因素敏感性分析；多因素敏感性分析。

领会：敏感性分析的目的；敏感性分析的步骤。

综合应用：学会进行单因素敏感性分析和多因素敏感性分析。

（4）风险分析

识记：风险识别；风险估计；风险评价；风险应对。

领会：影响项目效益的风险因素；风险分析的过程；风险决策的条件；风险决策的方法。

简单应用：论述风险决策的五个原则并学会根据这些原则进行简单的风险项目选择；论述四种风险决策方法的特点。

四、本章重点、难点

本章的重点是了解风险和不确定性的关系和成因、风险分析和不确定分析的作用和分析方法；理解盈亏平衡分析的种类和条件、敏感性分析的目的和步骤、影响项目效益的风险因素、风险分析的过程、风险决策的条件和方法。难点是通过掌握盈亏平衡分析、敏感性分析和风险分析的基本原则和各类方法，对项目进行分析，从而解决实际风险决策问题。

第九章　价值工程

一、学习目的与要求

通过本章的学习，使学生对价值工程的基本概念有较全面、正确的了解与认识，理解价值、功能、成本的概念及其相互关系。重点掌握价值工程的工作程序；价值工程对象的选择及情报的收集；对价值功能对象的功能分析与评价；创造提高对象功能价值的新方案以及对方案的实施过程、效果进行评价等内容。

二、课程内容

第一节　价值工程概述

　　一、相关概念

　　二、价值工程的特点

　　三、工作程序与内容

第二节　对象选择及情报资料的收集

　　一、价值工程的对象选择

　　二、情报收集

第三节　功能分析及评价

　　一、功能分析

　　二、功能评价

第四节　方案的创造及实施

　　一、方案创造

　　二、方案的评价与选择

　　三、方案的实施与效果评价

三、考核知识点与考核要求

（1）价值工程概述

识记：价值工程；价值工程的特点；工作程序与内容。

领会：价值工程的产生；价值工程的发展；价值工程迅速发展的背景与原因；价值工程在我国的推广与应用。

简单应用：简述价值工程的工作程序。

（2）对象选择及情报资料的收集

识记：价值工程的对象选择；情报收集。

领会：对象选择的原则；对象选择的方法；情报收集的内容；收集情报应注意的问题；收集情报的方法。

简单应用：价值工程对象选择的方法及其特点。

综合应用：确定价值工程的对象。

（3）功能分析及评价

识记：功能分析；功能评价。

领会：功能定义；功能分类；功能整理；功能计量；功能评价的形式；功能评价的方法分类；功能成本化功能评价；功能评分化功能评价；功能参数化功能评价。

简单应用：通过功能系统分析确定的功能领域进行定量化计算。

综合应用：对功能价值进行测定与比较，选出功能价值低、改善期望值大的功能作为价值工程的重点改进对象。

（4）方案的创造及实施

识记：方案创造；方案的评价与选择；方案的实施与效果评价。

领会：头脑风暴法；哥顿法；德尔菲法；方案综合评价方法；方案试验与审定；实施与检查；效果评价。

简单应用：简述方案创造的方法；简述方案综合评价的方法。

综合应用：阐述方案评价的内容。

四、本章重点、难点

本章重点是价值工程的基本概念及其工作程序；价值工程对象的选择；收集情报信息应注意的问题；方案创造的几种方法，方案评价的内容以及对方案实施效果的评价。难点是价值工程对象选择方法的运用和对评价对象的功能进行数量化分析的过程。

第十章 工程机械经济与管理

一、学习目的与要求

通过本章的学习，使学生对工程机械经济管理活动有较全面、正确的了解与认识；重点掌握产品制造费用的估算、材料费用的计算、技术经济评价法、产品制造中的技术经济分析、工程机械技术经济评价指标、设备经济寿命的计算原理、设备更新的原则和方法、设备现代化改装的经济评价方法等内容。

二、课程内容

第一节 工程机械的介绍

　　一、工程机械的概念及作用

　　二、工程机械的基本组成

　　三、工程机械的类型

　　四、工程机械使用性能

第二节 工程机械的技术经济分析

　　一、产品设计的技术经济分析

　　二、零件的技术经济分析

　　三、产品制造的技术经济分析

第三节 设备更新的技术经济分析

　　一、设备的磨损

　　二、设备的经济寿命

　　三、设备现代化改装的技术经济分析

三、考核知识点与考核要求

（1）工程机械的介绍

识记：工程机械的基本组成。

领会：工程机械的概念及作用；工程机械的类型。

简单应用：熟悉工程机械的使用性能。

（2）工程机械的技术经济分析

识记：产品设计费用；零件费用分析；产品制造费用。

领会：产品设计的技术经济分析；零件的技术经济分析；产品制造的技术经济分析。

简单应用：正确使用技术经济评价方法来解决工程机械的技术经济分析问题。

（3）设备更新的技术经济分析

识记：设备的磨损分类；设备的经济寿命；设备现代化改装。

领会：设备更新分析方法；设备现代化改装的经济评价方法。

综合应用：能够正确进行设备更新的技术经济分析并解决技术经济评价问题。

四、本章重点、难点

　　本章重点是掌握产品费用的组成、产品费用的构成比、技术价值、经济价值、技术经济评价指标体系、统计模型、设备磨损、设备寿命。难点是产品制造费用的估算、材料费用的计算、加法结合法、乘法结合法、最低总成本法和差额投资回收期法的掌握。

Ⅳ. 关于大纲的说明与考核实施要求

　　为使本大纲在个人自学、社会助学和课程考试命题中得到贯彻落实，现对有关问题做如下说明，并提出具体考核实施要求。

一、自学考试大纲的目的和作用

本大纲根据专业自学考试计划的要求，结合自学考试的特点，明确了课程学习的内容、深度和广度、考试范围和标准，其目的是对个人自学、社会助学和课程考试命题进行指导和规定。因此，本大纲是编写自学考试教材和辅导书的依据，是社会助学组织进行自学辅导的依据，是自学者学习教材、掌握课程内容知识范围和程度的依据，也是进行自学考试命题的依据。

二、课程自学考试大纲与教材的关系

课程自学考试大纲是进行学习和考核的依据，教材的内容是大纲规定的课程知识和内容的扩展与发挥。课程内容在教材中可以体现出一定的深度或难度，但在大纲中对考核的要求一定要适当。

大纲与教材所体现的课程内容应基本一致。大纲中的课程内容和考核知识点应被教材全部覆盖；反之，教材里有的内容，大纲里不一定体现。

三、关于自学教材

《经济管理（2024 年版）》由全国高等教育自学考试指导委员会组编，米锋主编，机械工业出版社出版。

四、关于自学要求和自学方法的指导

本大纲的课程基本要求是依据专业考试计划和专业培养目标而确定的。课程基本要求明确了课程的基本内容，以及对基本内容的掌握程度。基本要求中的知识点构成了课程内容的主体部分。因此，课程基本内容掌握程度、课程考核知识点是高等教育自学考试考核的主要内容。

为有效地指导个人自学和社会助学，本大纲已指明了课程的重点和难点，在章节的基本要求中也指明了章节内容的重点和难点。

本课程共 5 学分，建议学习者结合自身的社会阅历和职业经验理解并掌握《经济管理》全书十一章的内容，全面系统地掌握经济管理的基本理论和基本方法，切忌在没有全面系统地学习教材的情况下孤立地去抓重点。具体建议有以下几点：

首先，按照课程章节进行快速泛读，全面了解《经济管理》各章节之间的逻辑关系，初步构建经济管理知识体系或逻辑思维导图。

其次，对课程内容的各个板块（章节）进行深入、系统的学习，了解和掌握经济管理的基本理论和基本知识，初步掌握经济管理各个领域的理论和方法。在理解的基础上，记忆应当识记的基本概念，并掌握一些主要规定和重要方法，包括计算方法、分析判断方法等。

最后，经济管理虽然是一门基础性的课程，但也是一门实践性很强的课程。因此，自学应考者在学习中应将课程内容同我国经济管理工作的实践联系起来，特别是对我国现行经济管理中存在的问题以及经济管理变革的发展趋势要格外注意；在研究分析案例的过程中要加深领会教材的内容，将知识转化为能力，培养与提高正确分析和解决经济管理基本问题的能力。

五、应考指导

（1）如何学习

良好的计划和组织是成功的法宝。如果学习者正在接受助学机构的培训学习，一定要紧跟课程，做好听课笔记，并完成作业。

如果学习者在家自学，请使用"行动计划表"来监控自己的学习进展，或者试着使用本书第十章项目管理的方法来管理学习进程。

学习者阅读教材时可以做读书笔记。如果有需要重点注意的内容，可以用彩笔来标注，如红色代表重点，绿色代表需要深入研究的领域，黄色代表可以运用到工作之中的内容等。

（2）如何考试

卷面整洁非常重要。书写工整、段落与间距合理、卷面赏心悦目有助于教师评分。回答试卷提出的问题，而不是回答自己乐意回答的问题！避免超过问题范围的发挥。尽量不留空白卷面。

（3）如何处理紧张情绪

正确处理对考试失败的惧怕，要知道几乎所有人面对考试都会感到紧张和恐惧。如果可能，请教已经通过相关科目考试的人。考试开始前做深呼吸，放松一下紧张的情绪，也有助于保持头脑清醒和冷静。在复习考试期间，要做到合理膳食，保持旺盛精力。

（4）如何克服心理障碍

阅读考卷时，一旦有了思路就要快速记下"线索"；开始答题时，一般按照先后顺序依次作答，并合理分配答题时间；遇到不会的问题或没有思路的问题先跳过，把困难留在最后解决。这样可以保证在有限的时间里先解决比较简单的基本问题，最大限度地确保基本成绩接近及格线。

六、对社会助学的要求

1）社会助学者应根据本大纲规定的考试内容和考核目标，认真钻研指定教材《经济管理》，对自学应考者进行全面、系统的辅导，把握社会助学的正确方向。

2）要正确处理基础知识与应用能力的关系，努力引导学习者将识记、领会同应用联系起来，把基础知识和理论转化为应用能力。在全面辅导的基础上，着重培养和提高学习者分析和解决经济管理基本问题的能力。

3）要正确处理重点内容和一般内容的关系。经济管理课程的内容有重点和一般之分，但考试内容是全面的，而且重点内容和一般内容是相互联系的，不是截然分开的。社会助学者应指导自学应考者全面、系统地学习教材，掌握全部考试内容和考核知识点，在此基础上再突出重点。总之，要把重点内容同一般内容结合起来，切不可孤立地抓重点，导致自学应考者猜题、押题。

4）要关注与经济管理课程相关的国家法律、法规以及我国经济建设和科技文化发展中的重大方针政策的变化，这些变化往往会体现在未来的命题中。

七、对考核内容的说明

1）本课程要求考生学习和掌握的知识点内容都将作为考核的内容。经济管理课程中各章的内容均由若干知识点组成，对应自学考试中的考核知识点。因此，课程自学考试大纲规定的考试内容是以分解考核知识点的方式给出的。由于各知识点在课程中的地位、作用以及特点不同，自学考试将对知识点分别按照识记、领会、简单应用和综合应用四个认知（或能力）层次确定其考核要求。

2）凡大纲、教材内容与现行法律、法规不符的，应以现行法律、法规为准。考试命题也会对我国经济建设和科技文化发展中的重大方针政策的变化予以体现。

八、关于考试命题的若干规定

1）考试采用闭卷方式，考试时间为150分钟。满分为100分，60分为及格。考生可携带钢笔、签字笔、铅笔、橡皮、无记忆存储及通信功能的计算器参加考试。

2）本大纲各章规定的基本要求、知识点及知识点下的知识细目都属于考核的内容。考试命题既要覆盖到章，又要避免不分主次。要注意突出课程的重点、章节重点，加大重点内容的覆盖度。

3）命题不应有超出大纲范围的题目，考核目标不得高于大纲规定的最高能力层次要求。命题应着重考核自学者对基本概念、基本知识和基本理论是否了解和掌握，对基本方法是否能够应用或熟练应用，不应有与基本要求不符的偏题或怪题。

4）本课程试卷中不同能力层次要求的题目的分数比例大致如下：识记占20%，领会占30%，简单应用占30%，综合应用占20%。

5）要合理安排试题的难易程度。试题的难度可分为易、较易、较难、难四个等级。每份试卷中，不同难易程度试题的分数比例一般为2∶3∶3∶2。必须注意，试题的难易程度与能力层次不是一个概念，在各能力层次中都会有不同难度的问题，切勿混淆。

6）本课程试卷中的主要题型包括单项选择题、简答题、计算题、案例分析题等。为便于考生详细了解试卷的有关情况，现附上样卷，以供参考。

Ⅴ. 题型举例（参考样卷）

一、单项选择题

1. 国民经济效益评估评价的角度是（　　）。

A. 项目财务盈利能力　　　　　　B. 贷款偿还能力

C. 国民经济和社会角度　　　　　D. 财务角度

2. 项目所采用的技术能够在一定的消耗水平下获得最好的经济效益是指项目技术条件的（　　）。

A. 技术先进性　　　　　　　　　B. 技术适用性

C. 技术经济性　　　　　　　　　D. 技术可靠性

3. 在管理决策中，许多管理人员认为只要选取满意的方案即可，无须刻意追求最优的方案。对于这种观点，你认为以下哪种解释最有说服力？（　　）。

A. 现实中不存在所谓的最优方案，所以选中的都只是满意方案

B. 现实管理决策中常常由于时间太紧而来不及寻找最优方案

C. 管理者对什么是最优决策无法达成共识，只能退而求其次

D. 刻意追求最优方案，常常会由于代价太高而得不偿失

4. 下列说法正确的是（　　）。

A. 在因素敏感性分析中，敏感性系数越大越好

B. 假定其他因素不变，想要降低盈亏平衡点时的生产能力利用率，可提高产品的单价

C. 若两个方案的期望收益相同，则变异系数越大越好

D. 盈亏平衡图分析中，盈亏平衡点越靠近纵轴风险越高

二、简答题

5. 简述均衡价格的形成过程。

6. 简述各类组织结构的特点及适用范围。

7. 简述机会成本和沉没成本的区别。

三、计算题

8. 某企业拟建造一项生产设备，预计建设期为 1 年，所需原始投资为 200 万元并于建设起点一次投入。生产设备预计使用寿命为 5 年，使用期满报废清理时无残值，采用直线法提取折旧。投产后每年增加净利润 60 万元。行业贴现率为 10%。要求：

1) 计算项目计算期内各年净现金流量。

2) 计算项目净现值，并评价其可行性。

注：$(P/A,10\%,6) = 4.3553$　　$(P/A,10\%,1) = 0.9091$　　$(P/A,10\%,4) = 3.1699$

9. 某建设项目选定单条生产线的最低年产量为 30000 件，如果安装单条生产线，总固定成本为 250000 元，每件产品变动成本为 100 元；若安装两条生产线，总固定成本为 420000 元，每件产品的变动成本为 60 元。产品销售单价为 150 元，该项目要求获得 10% 的销售利润率。要求：

1) 计算安装一条生产线的盈亏平衡点产量。

2) 计算安装两条生产线获得预期利润的最小规模产量。

四、案例分析题

某企业拟投资建设一个市场急需产品的工业项目，该项目建设期为 1 年，运营期为 6 年。项目投产第一年可获得当地政府扶持该产品生产的补贴收入 100 万元，项目建设的其他基本数据如下：

1) 建设投资为 1000 万元。预计全部形成固定资产（包含可抵扣固定资产进项税额 80 万元），固定资产使用年限为 10 年，按直线法折旧，期末净残值率为 4%，固定资产余值在项目运营期末收回。投产当年又投入运营期资本金 200 万元。

2) 正常年份年营业收入为 678 万元（其中销项税额为 78 万元），经营成本为 350 万元（其中进项税额为 25 万元），税金及附加按应纳增值税的 10% 计算，所得税税率为 25%，行业所得税后基准收益率为 10%，基准投资回收期为 6 年。企业投资者期望的最低可接受所得税后收益率为 15%。

3) 投产第一年仅达到设计生产能力的 80%，预计这一年的营业收入及其所含销项税

额、经营成本及其所含进项税额均为正常年份的80%。以后各年均达到设计生产能力。

4）运营第4年需花费50万元（无可抵扣进项税额）更新新型自动控制设备配件以维持以后的正常运营需要，该维持运营投资按当期费用计入年度总成本。

试回答以下问题：

1）编制拟建项目投资现金流量表。

2）计算项目的静态投资回收期、财务净现值和财务内部收益率。

3）评价项目的财务可行性。

参考样卷答案

一、单项选择题

1. C   2. C   3. D   4. B

二、简答题

5. 一种商品的均衡价格是指该种商品的市场需求量和市场供给量相等时的价格。商品的均衡价格表现为商品市场上需求和供给这两种相反的力量共同作用的结果，它是在市场供求力量自发调节下形成的。当市场价格偏离均衡价格时，市场上会出现需求量和供给量不相等的非均衡状态。当供求不平衡时，市场会出现两种状态：过剩与短缺。当市场价格高于均衡价格时，市场会出现供大于求的商品过剩或超额供给的状况，在市场自发调节下，一方面会使需求者压低价格来得到需要购买的商品量；另一方面，又会使供给者减少商品的供给量。这样，该商品的价格必然下降，一直下降到均衡价格的水平。当市场价格低于均衡价格时，市场会出现供不应求的商品短缺或超额需求的状况，同样在市场自发调节下，一方面需求者提高价格来得到需要购买的商品量，另一方面，又会使供给者增加商品的供给量。这样，该商品的价格必然上升，一直上升到均衡价格的水平。由此可见，当实际价格偏离均衡价格时，市场上总存在着变化的力量，最终达到市场均衡或市场出清。

6. ①直线型组织结构的特点是组织职位按照直线排列，职权和命令从上到下纵向贯穿于组织之中。直线型组织结构应用范围有限，一般只适合生产技术和工艺过程简单、产品单一、管理简单的小型企业。②职能型组织结构的特点是采用职能分工的方法来实行专业化管理，即在上层主管下面设立职能机构，把相应的管理职责和权力交给这些机构，各职能机构在自己的业务范围内有权向其下级单位下达命令和指示。职能型组织结构主要适用于中小型的、产品品种比较单一、生产技术发展变化较慢、外部环境比较稳定的企业。③事业部型组织结构是指根据企业生产的产品、地区、市场的不同而成立各个事业部，每个事业部都有其独立的权力和责任、独立的经济利益、独立的产品或独立的市场，是企业独立的利益责任单位。事业部型组织结构主要适用于企业规模较大、产品种类较多、各种产品之间的工艺差别较大、市场变化较快、要求适应性比较强的大型企业或跨国公司。④矩阵型组织结构在组织结构上，既有按职能划分的垂直领导系统，又有按项目划分的横向领导系统，适用于产品品种多且变化大的组织，特别适用于以开发和实验项目为主的行业，如军工、航天工业、高科技产业等。采用这种组织结构，选好项目负责人很重要。

⑤多维立体型组织结构是由职能型、矩阵型、事业部型和地区、时间结合为一体所构成的复杂组织结构，适用于产品开发多样、跨地区经营的跨国公司或跨地区公司。

7. 机会成本是指将一种具有多种用途的有限（或稀缺）资源用于特定用途时放弃的收益，它反映了资源的稀缺性和选择的代价，它可以帮助我们在有限的资源下做出最优化的决策。沉没成本是指由过去的决策已经决定了的，不能由现在或将来的任何决策改变的成本，它反映了过去的决策对当前和未来的决策没有影响。机会成本和沉没成本有以下几点区别：①机会成本是未来可能获得的收益，而沉没成本是过去已经付出的成本；②机会成本是主观的，因为不同的人对同一个选择可能有不同的评价，而沉没成本是客观的，因为它已经发生并且可以量化；③机会成本是有用的，因为它可以帮助我们做出更好的决策，而沉没成本是无用的，因为它不能改变现状或影响未来。因此，在做出任何决策时，只考虑机会成本，不考虑沉没成本。只有机会成本才能影响我们未来的收益和幸福，而沉没成本则无关紧要。

三、计算题

8. 解：

1）第 0 年净现金流量 $NCF_0 = -200$（万元）

第 1 年净现金流量 $NCF_1 = 0$（万元）

第 2~6 年净现金流量 $NCF_{2~6} = 60 + (200 - 0)/5 = 100$（万元）

2）净现值 $= -200 + 100 \times (4.3553 - 0.9091) = 144.62$（万元）

9. 解：

1）$X_1 = F/(k - V) = 250000/(150 - 100) = 5000$（件）

2）$X_1 = F/[k(1 - r) - V] = 420000/[150 \times (1 - 10\%) - 60] = 5600$（件）

四、案例分析题

1）编制拟建项目投资现金流量表。

编制现金流量表之前需要计算以下数据，并将计算结果填入表 1 中。

① 计算固定资产折旧费（融资前，固定资产原值不含建设期利息）。

固定资产原值 = 形成固定资产的费用 - 可抵扣固定资产进项税额

年固定资产折旧费 = $(1000 - 80) \times (1 - 4\%) \div 10 = 88.32$（万元）

② 计算固定资产余值。

固定资产使用年限为 10 年，运营期末只用了 6 年。所以，运营期末固定资产余值如下：

固定资产余值 = 年固定资产折旧费 $\times 4$ + 残值 = $88.32 \times 4 + (1000 - 80) \times 4\%$

$= 390.08$（万元）

③ 计算调整所得税。

增值税应纳税额 = 当期销项税额 - 当期进项税额 - 可抵扣固定资产进项税额

故第 2 年（投产第一年）的当期销项税额 - 当期进项税额 - 可抵扣固定资产进项税额 = $78 \times 0.8 - 25 \times 0.8 - 80 = 62.4 - 20 - 80 = -37.6$（万元）$< 0$

即第 2 年应纳增值税额为 0。

第 3 年的当期销项税额 – 当期进项税额 – 上一年未抵扣完的固定资产进项税额 = 78 – 25 – 37.6 = 15.4（万元）

第 4 年、第 5 年、第 6 年、第 7 年的应纳增值税 = 78 – 25 = 53（万元）

调整所得税 = ［营业收入 – 当期销项税额 –（经营成本 – 当期进项税额）– 折旧费 – 维持运营投资 + 补贴收入 – 增值税附加］× 25% = 利润总额 × 25%

= ［收入（不含税）+ 补贴 – 总成本 – 附加］× 25%

故第 2 年（投产第一年）调整所得税 = ［(678 – 78) × 80% – (350 – 25) × 80% – 88.32 – 0 + 100 – 0］× 25% = 57.92（万元）

第 3 年调整所得税 = (600 – 325 – 88.32 – 0 + 0 – 15.4 × 10%) × 25% = 46.29（万元）

第 4 年调整所得税 = (600 – 325 – 88.32 – 0 + 0 – 53 × 10%) × 25% = 45.35（万元）

第 5 年调整所得税 = (600 – 325 – 88.32 – 50 + 0 – 53 × 10%) × 25% = 32.85（万元）

第 6、7 年调整所得税 = (600 – 325 – 88.32 – 0 + 0 – 53 × 10%) × 25% = 45.35（万元）

2）① 计算项目的静态投资回收期。

静态投资回收期 = (累计净现金流量出现正值的年份 – 1) + (｜出现正值年份上年累计税后净现金流量｜／出现正值年份当年所得税后净现金流量)

= (6 – 1) + (｜ – 219.55｜／224.35) = 5.98（年）

可知项目静态投资回收期为 5.98 年。

② 计算项目财务净现值。

项目财务净现值是把项目计算期内各年的净现金流量按照基准收益率折算到建设期初的现值之和。计算期末累计折现后净现金流量为 190.03 万元，见表 1。

表 1　项目投资现金流量表　　　　　　　　　　　　（单位：万元）

序号	项　　　目	建设期	运　营　期					
		1	2	3	4	5	6	7
1	现金流入	0	642.4	678	678	678	678	1268.08
1.1	营业收入（不含销项税额）		480.00 = 600 × 80%	600	600	600	600	600
1.2	销项税额		62.40 = 78 × 80%	78	78	78	78	78
1.3	补贴收入		100					
1.4	回收固定资产余值							390.08
1.5	回收流动资金							200
2	现金流出	1000	537.92	413.23	453.65	491.15	453.65	453.65
2.1	建设投资	1000						
2.2	流动资金投资		200					
2.3	经营成本（不含进项税额）		260.00 = 325 × 80%	325	325	325	325	325
2.4	进项税额		20.00 = 25 × 80%	25	25	25	25	25
2.5	应纳增值税			15.4	53	53	53	53

（续）

序号	项　目	建设期	运　营　期					
		1	2	3	4	5	6	7
2.6	增值税附加			1.54 = 15.4×10%	5.3	5.3	5.3	5.3
2.7	维持运营投资					50		
2.8	调整所得税		57.92	46.29	45.35	32.85	45.35	45.35
3	所得税后净现金流量	-1000	104.48	264.77	224.35	186.85	224.35	814.43
4	累计税后净现金流量	-1000	-895.52	-630.75	-406.4	-219.55	4.8	819.23
5	折现率10%	0.9091	0.8264	0.7513	0.6830	0.6209	0.5645	0.5132
6	折现后净现金流量	-909.1	86.34	198.92	153.23	116.02	126.65	417.97
7	累计折现净现金流量	-909.1	-822.76	-623.84	-470.6	-354.39	-227.94	190.03

③ 计算项目的财务内部收益率。

编制财务内部收益率试算表见表2。

首先设定 i_1 = 15%，以 i_1 作为设定的折现率，计算出各年的折现系数。利用财务内部收益率试算表，计算出各年的折现后净现金流量和累计折现净现金流量，从而得到财务净现值 $FNPV_1$ = 7.80（万元），见表2。

再设定 i_2 = 17%，以 i_2 作为设定的折现率，计算出各年的折现系数。同样，利用财务内部收益率试算表，计算出各年的折现后净现金流量和累计折现净现金流量，从而得到财务净现值 $FNPV_2$ = -49.28（万元），见表2。

计算结果满足：$FNPV_1 > 0$，$FNPV_2 < 0$，且满足精度要求，可采用插值法计算出拟建项目的财务内部收益率 FIRR。

表2　财务内部收益率试算表　　　　（单位：万元）

序号	项　目	建设期	运　营　期					
		1	2	3	4	5	6	7
1	现金流入	0.00	642.40	678.00	678.00	678.00	678.00	1268.08
2	现金流出	1000.00	537.92	413.23	453.65	491.15	453.65	453.65
3	所得税后净现金流量	-1000.00	104.48	264.77	224.35	186.85	224.35	814.43
4	折现系数 i = 15%	0.8696	0.7561	0.6575	0.5718	0.4972	0.4323	0.3759
5	折现后净现金流量	-869.60	79.00	174.09	128.28	92.90	96.99	306.14
6	累计折现净现金流量	-869.60	-790.60	-616.51	-488.23	-395.33	-298.34	7.80
7	折现系数 i = 17%	0.8547	0.7305	0.6244	0.5337	0.4561	0.3898	0.3332
8	折现后净现金流量	-854.70	76.32	165.32	119.74	85.22	87.45	271.37
9	累计折现净现金流量	-854.70	-778.38	-613.06	-493.32	-408.10	-320.65	-49.28

由表2可知：

i_1 = 15%时，$FNPV_1$ = 7.80

$i_2 = 17\%$ 时，$FNPV_2 = -49.28$

用插值法计算拟建项目的财务内部收益率 FIRR，即

$$FIRR = i_1 + (i_2 - i_1) \times FNPV_1 / (|FNPV_1| + |FNPV_2|)$$

$$= 15\% + (17\% - 15\%) \times 7.80 / (7.80 + |-49.28|)$$

$$= 15\% + 0.27\% = 15.27\%$$

3）评价项目的财务可行性。

本项目的静态投资回收期为 5.98 年，小于基准投资回收期 6 年；累计财务净现值为 190.03 万元 > 0；财务内部收益率 FIRR 为 15.27%，大于行业基准收益率 10%，因此，从财务角度分析该项目可行。

大 纲 后 记

    《经济管理自学考试大纲》是根据《高等教育自学考试专业基本规范（2021 年）》的要求，由全国高等教育自学考试指导委员会机械及轻纺化工类专业委员会组织制定的。

    全国考委机械及轻纺化工类专业委员会对本大纲组织审稿，根据审稿会意见由编者做了修改，最后由机械及轻纺化工类专业委员会定稿。

    本大纲由北京林业大学米锋教授编写；参加审稿并提出修改意见的有北京林业大学张彩虹教授、中国林业科学研究院林业科技信息研究所胡延杰研究员。

    对参与本大纲编写和审稿的各位专家表示感谢。

全国高等教育自学考试指导委员会

机械及轻纺化工类专业委员会

2023 年 12 月

全国高等教育自学考试指定教材

经 济 管 理

全国高等教育自学考试指导委员会　组编

编 者 的 话

本教材为适应新时代需求，利用信息技术帮助自学应考者进行自学和辅学，力求把知识的传授与能力的培养结合起来，按照自学考试以培养应用型、职业型人才为主的精神，本教材在编写时既符合本门学科的基本要求，又强调基础性、实用性，易于实践性，同时兼顾了社会需要。本教材的编写目的是使自学应考者系统地掌握与经济管理有关的经济学及管理学的基本知识、基本理论和技术经济评价方法，并使其达到普通高等教育一般本科院校的水平。本教材在编写过程中，针对课程的特点，突出了基本原理和基本方法的运用，为自学应考者进一步深入学习经济管理类细分专业的各门课程奠定了坚实基础。

本教材系统介绍了经济学、管理学的基本概念、基本理论以及技术经济的评价方法，本教材共分为十一章，内容包括：第一章　经济管理基础理论，第二章　企业经济管理概论，第三章　企业管理决策与可行性研究，第四章　技术经济学理论及方法，第五章　资金的时间价值，第六章　项目现金流分析，第七章　项目经济效益评价，第八章　项目风险与不确定性分析，第九章　价值工程，第十章　工程机械经济与管理，第十一章　工程机械项目综合案例。每章均配有习题，习题包括名词解释、简答和计算，与考试题型相对应。另外，本教材还配有数字资源，便于自学应考者理解和巩固知识。

本教材由北京林业大学米锋教授担任主编，青岛农业大学马龙波副教授和北京化工大学吴卫红教授担任副主编，鞠一格、侯方淼、李清滢、王珊、杨世宁、胡欢欢参与编写。

本教材由北京林业大学张彩虹教授担任主审，中国林业科学研究院林业科技信息研究所胡延杰研究员参审，提出了许多宝贵的建议，在此表示衷心感谢。

限于编者的水平，书中难免有不妥之处，恳请广大读者批评指正。

编　者
2023 年 12 月

第一章　经济管理基础理论

第一节　经济学基础

经济学（Economics）是近代发展最迅速、最年轻的一门科学，被称为"社会科学的皇冠"。在近代的 300 年中，经济学高潮迭起，边际主义、凯恩斯主义、新自由主义等经济学理论不断推陈出新；亚当·斯密、大卫·李嘉图、托马斯·罗伯特·马尔萨斯、约翰·梅纳德·凯恩斯、保罗·萨缪尔森等经济学大师层出不穷。他们不断创新的经济学理论成果为解决全球经济危机、金融危机等现实经济问题提供了对策，极大地推动了人们对市场经济发展规律的认识，同时也加速了人类文明的进程。我国自改革开放以来，生产力得到了极大的解放，社会财富实现了极大的增长，社会主义市场经济正在把我国推向无限美好的未来。

经济学家阿尔弗雷德·马歇尔曾说，"经济学是一门研究人类一般生活事务的学问"。经济学基础属于基础性知识而非纯学术理论，在学习中要注意将其与实际相联系。经济学原理可以运用到人们生活的方方面面，人们阅读新闻、租房或购房、管理企业或从政等都可以从经济学理论中受益。

本节从消费者、厂商、政府等多个角度研究如何利用有限的资源最大限度地满足人们的需要，并揭示其规律，它是人们进行经济决策的基本理论依据。本节系统地讲解了西方经济学相关知识，分为经济学概述，需求、供给与均衡价格，消费者行为理论，生产者行为理论，市场结构理论，收入分配理论，市场失灵与政府干预理论 7 个部分。

一、经济学概述

经济活动即生产与消费活动，是人类社会赖以生存和发展的基础。有两个基本的事实支配着人们的经济活动，即有限的资源和无穷的欲望。19 世纪伟大的经济学家保罗·萨缪尔森曾说，"在人的一生中（从摇篮到坟墓），你都永远无法回避无情的经济学真理。作为一个公民，你应当对通货膨胀、失业和贸易保护主义等问题做出自己的判断，而这些问题只有在你掌握了经济学的初步知识后才能够回答"。因此，经济学原理可以运用到人们生活中的方方面面。

（一）经济学的定义

人类从事经济活动的历史源远流长，过程中产生了很多较为成熟的经济学思想。如今，经济学已发展成为一门分支众多的学科。经济学体系的基础起源于西方的微观经济学和宏观经济学，一般合称为西方经济学。迄今为止，关于"经济学"的定义学界并未统一，但不同的定义都会包括以下 3 个方面的内容：欲望的无限性、资源的稀缺性以及由此而产生的行为选择。保罗·萨缪尔森在《经济学》一书中写道，经济学研究的是一个社会如何利用稀缺的资源生产有价值的商品，并将它们在不同的个体之间进行分配。

经济学的产生和发展是人类社会进步的需要，欲望和资源的矛盾问题是经济学产生的基础。正是由于普遍存在的资源稀缺性与人类欲望无限性之间的矛盾，决定了任何社会所面临的基本经济问题，也确定了经济学要研究的对象。

1. 欲望的无限性

欲望是人们为了满足生理或者心理需要而产生的渴望。人们欲望的满足只是相对的，原有的欲望得到满足以后，人们会产生新的、更高层次的欲望。人们的欲望是无穷的，而欲望的实现需要借助一定的物品。满足人们欲望的物品分为两类：自由取用的物品（非经济物品或免费物品）和经济物品（需要花钱购买的物品）。自由取用的物品是指人类无须做出努力或花费代价便可随意得到的物品，如阳光、空气和水等。面对人类无限的欲望，用来满足人类需要的自由取用的物品将会越来越少。例如，水资源在 200 多年前是可以自由取用的，而在今天，水已成为稀缺资源之一。经济物品是指人类必须付出一定代价或花费一定数量的金钱才能得到的物品。人们欲望的满足主要依赖于消费各种经济物品，经济物品在数量上常常是稀缺的。

2. 资源的稀缺性

资源的稀缺性就是资源的有限性。稀缺性是相对于人类无限的欲望而言，即人类的欲望是无限的，而用来满足人类欲望的资源却是有限的。资源的稀缺性既是相对的，又是绝对的。

（1）资源的稀缺性具有相对性。资源稀缺的相对性是指相对于人类无限的欲望而言，再多的资源也是稀缺的。有人说，经济学就是关于选择的学问。普遍存在的资源稀缺性与人类欲望无限性之间的矛盾，决定了经济学的研究对象是稀缺资源的配置和利用问题。

（2）资源的稀缺性具有绝对性。资源稀缺的绝对性是人类社会永恒的问题。从历史上来看，稀缺性存在于人类社会的所有时期；从地理上来看，稀缺性存在于人类活动的所有区域。现实生活中的每个人都面临着资源的稀缺性问题，只不过不同的人缺乏的资源不同而已。

（二）对微观经济学概念的理解

1. 微观经济学

微观的英文为"Micro"，原意是"小"。微观经济学又称个量经济学，是以单个经济单位为研究对象，着眼于分析单个生产者、单个消费者的经济行为及单个市场的变化规律，其核心是说明价格机制如何解决社会的资源配置问题。理解微观经济学的概念要注意以下几点：

（1）微观经济学的研究对象是单个经济单位的经济行为。单个经济单位是指组成经济最基本的单位——厂商和居民户。厂商又称企业，是经济活动中的生产者；居民户又称家庭，是经济活动中的消费者。在微观经济学的研究中，假设居民户与厂商经济行为的目标是实现利润最大化。

（2）微观经济学解决的是资源配置问题。资源配置问题是指如何根据现有的资源和人们的需要，决定生产的种类和数量，并寻找适合的分配方式。资源配置的核心是使生产要素达到最优化，如果每个经济单位都实现了要素效率最大化，那么整个社会的资源配置效率也就实现了最大化，这将给社会带来最大的经济福利。

（3）微观经济学的中心理论是均衡价格理论。市场经济条件下，居民户和厂商的行为受价格的支配，即生产什么、如何生产和为谁生产都由价格决定。价格机制如同一只看不见的手，调节着整个社会的经济活动。通过价格机制的调节，社会资源的配置可以实现最优化。微观经济学的内容相当丰富，主要包括均衡价格理论、消费者行为理论、生产者行为理论（包括生产理论、成本理论和市场均衡理论）、分配理论、一般均衡理论与福利经济学、市场失灵与微观经济政策。其中，均衡价格理论是微观经济学的中心理论，其他内容都是围绕其展开的。

（4）微观经济学的研究方法是个量分析。个量分析研究经济变量的单项数值是如何决定的。微观经济学中所涉及的变量，如某种产品的价格、需求量，某企业的成本、收益等均属于个量。微观经济学分析个量的决定、变动与相互关系，说明价格机制如何实现社会资源的合理配置。

2. 微观经济学的基本假设

经济学的研究总是以一定的假设条件为前提的。就微观经济学而言，其基本的假设条件如下：

（1）市场出清。市场出清是指市场供求相等，即商品既不短缺也不会供过于求。市场出清是供求相等的均衡状态。在理想的状态下，价格机制可以自发实现市场出清。市场出清假设可以将复杂的动态研究转为静态分析。

（2）完全理性。完全理性假设消费者和厂商都是理性的经济人，其行为动力是自己的利益，行为的目标是利益最大化。在这一假设条件下，价格调节资源配置才是可能的。

（3）完全信息。完全信息是指消费者和厂商可以免费而迅速地获得各种市场信息，并可以借助对自己有用的信息做出理性的经济决策。在市场经济条件下，只有信息是完全的，消费者和厂商才能及时对价格信号做出反应，资源才能得到最优配置，消费者和厂商才能实现其利益的最大化。

（三）对宏观经济学概念的理解

宏观经济学与微观经济学相对，是研究经济整体的学科，是一种现代的经济分析方法。它以国民经济总体作为考察对象，研究经济生活中有关总量的决定与变动，解释失业、通货膨胀、经济增长与波动、国际收支及汇率的决定与变动等宏观经济问题，所以又称总量经济学。宏观经济学的中心理论是国民收入决定理论。具体地说，宏观经济学主要包括国民收入决定理论、就业理论、通货膨胀理论、经济周期理论、经济增长理论、财政与货币政策等内容。对宏观经济问题进行分析与研究的历史十分悠久，但现代意义上的宏观经济学直到20世纪30年代才得以形成和发展。现代宏观经济学诞生的标志是凯恩斯于1936年出版的《就业、利息和货币通论》。宏观经济学在20世纪30年代奠定基础，第二次世界大战后逐步走向成熟并得到广泛应用，20世纪60年代后的"滞涨"问题使凯恩斯主义的统治地位受到严重挑战并形成了货币主义、供给学派、理性预期等学派对立争论的局面，20世纪90年代新凯恩斯主义的形成又使国家干预思想占据主流。宏观经济学是当代发展最迅猛，应用最广泛，因而也是最重要的经济学科之一。

（四）宏观经济学和微观经济学的差别

1. 研究对象不同

微观经济学的研究对象是单个经济单位，如家庭、厂商等。而宏观经济学的研究对象则是整个经济，研究整个经济的运行方式与规律，从总量上分析经济问题。简单地说，微观经济是靠无形的手（市场）去干预经济，宏观经济靠有形的手（政府）干预经济。

2. 研究内容不同

微观经济学主要关注市场中的个体行为，而宏观经济学主要关注经济总量的变动。

3. 研究方法不同

微观经济学采用个体分析法，而宏观经济学采用总体分析法。

4. 解决的问题不同

微观经济学要解决的是资源配置问题，即生产什么、如何生产和为谁生产的问题，以实现个体效益的最大化。宏观经济学则把资源配置作为既定的前提，研究社会范围内的资源利用问题，以实现社会福利的最大化。

5. 中心理论不同

微观经济学的中心理论是价格理论，而宏观经济学的中心理论是国民收入（产出）理论。

二、需求、供给与均衡价格

需求与供给是经济学家最常用的两个词，是市场经济运行的力量，它们决定了每种商品的产量以及价格。如果你想知道一件事情或一项政策如何影响经济，你就应该先考虑它如何影响供给与需求。

（一）需求分析

1. 需求的定义

商品的需求（Demand）是指消费者在一定时期内，在各种可能的价格水平下，愿意而且能够购买的该商品或服务的数量。这一概念强调以下3个要点：第一，需求量是个预期概念，不是实际购买量，是消费者预计、愿意或打算购买的数量；第二，需求量是指有效需求量，即有现实支付能力的需求量，现实支付能力是指拥有足够的货币来支付；第三，需求总是涉及价格（Price）和需求量（Quantity）这两个变量，没有价格，就谈不上需求。

根据上述定义，如果消费者对某种商品只有购买的欲望而没有购买的能力，就不能算是需求。需求必须是既有购买欲望又有购买能力的有效需求。例如，对于面包的需求，想吃面包却买不起的人没有需求，能买得起面包但不愿意吃的人也没有需求，只有既想吃又买得起面包的人才对面包有需求。

2. 影响需求的因素

商品的需求数量是由许多因素共同决定的。影响需求的主要因素及各因素对商品需求数量的影响如下：

（1）商品本身的价格。一般说来，商品的价格越高，该商品的需求量就会越小；相反，价格越低，需求量就会越大。

（2）替代品的价格。替代品是指与某种商品功能相似、可以相互替代以满足人们同等需要的商品，如茶叶与咖啡、牛肉与羊肉等。对于有替代关系的商品，当一种商品价格上升时，另一种商品价格下降，人们对其需求就会增加；反之，则相反。因此，一种商品的价格与其替代品的需求量呈同方向变动。例如，如果蛋糕价格上升，人们可能少吃蛋糕，多吃面包，面包的需求量会上升。

（3）互补品的价格。互补品是指功能相互补充才可以满足人们某种需要的商品，如汽车与汽油、镜架与镜片等。对于有互补关系的商品，一种商品的价格上升，消费者对另一种商品的需求就会减少；反之，则相反。因此，一种商品的价格与其互补品的需求量呈反方向变动。例如，如果汽油价格上升，汽车使用成本就会提高，人们对汽车的需求就会减少；反之，如果汽油价格下降，汽车使用成本就会降低，人们对汽车的需求就会增加。

（4）消费者的收入水平。消费者的收入水平对商品需求量变化的影响可以分为两种情况。对于一般商品，当消费者的收入水平提高时，会增加对商品的需求量；相反，当消费者的收入水平下降时，会减少对商品的需求量。然而，对于低档商品，消费者的收入水平与商品的需求量呈反方向变化。

（5）消费者偏好。当消费者对某种商品的偏好增强时，该商品的需求量会增加；相反，偏好减弱，需求量就会减少。消费者偏好是一种心理因素，它更多地受人们生活的社会环境，特别是受当地的社会风俗习惯的影响。

（6）消费者对商品的价格预期。当消费者预期某种商品的价格在将来某一时期会上升时，会增加对该商品的现期需求量；反之，当消费者预期某种商品的价格在将来某一时期会下降时，就会减少对该商品的现期需求量。

（7）其他因素。时间变化、人口数量的变动、政府的消费政策、消费者对自己未来收入的预期、天气的变化等都会影响需求量。

3. 需求函数与需求定理

（1）需求函数。需求函数（Demand Function）表示一种商品的需求量和影响该需求量的各种因素之间的相互关系。需求函数以代数表达式形式表述需求这个概念。需求函数有广义和狭义之分。

1）广义的需求函数。广义的需求函数是指表示一种商品的需求量和影响该商品需求量的各种因素之间相互关系的函数。其中，影响商品需求量的各个因素是自变量，商品需求量是因变量，于是可以得到式（1-1）的需求函数：

$$Q_d = f(P, Q, N, S, \cdots) \tag{1-1}$$

式中，Q_d 为商品的需求量；P 为商品的价格；$Q, N, S, \cdots$ 表示其他影响需求量的因素。

2）狭义的需求函数。狭义的需求函数是指假定其他因素保持不变，仅分析一种商品的价格对该商品需求量的影响，即把一种商品的需求量仅看作这种商品的价格的函数。于是，狭义的需求函数可以用式（1-2）表示：

$$Q = f(P) \tag{1-2}$$

式中，P 为该商品的价格；Q 为该商品的需求量。

需求函数既可以是线性的，也可以是非线性的。为了更进一步简化分析，在不影响结论的前提下，大多数情况下使用线性需求函数，其形式见式（1-3）：

$$Q_d = \alpha - \beta \cdot P \tag{1-3}$$

式中，α 和 β 为常数，且 α 和 β 均大于 0。

需求函数表示一种商品的需求量与价格之间存在着一一对应的关系。这种函数关系也可以分别用商品的需求表和需求曲线表示。

3）需求表。商品的需求表是一张表示某种商品的各种价格水平和与之相对应的需求数量之间关系的数字序列表。例如，某商品的需求表如表 1-1-1 所示。

表1-1-1　某商品的需求表

项　　目	价格-需求量组合						
	A	B	C	D	E	F	G
价格（元）	1	2	3	4	5	6	7
需求量（单位数）	700	600	500	400	300	200	100

从表 1-1-1 中可以清楚地看到商品价格与需求量之间的函数关系。当商品价格为 1 元时，商品的需求量为 700 单位；当价格上升为 2 元时，需求量下降为 600 单位；当价格进一步上升为 3 元时，需求量下降为更少的 500 单位等。需求表实际上就是用数字表格的形式来表示商品的价格和需求量之间的函数关系。

4）需求曲线。需求曲线（Demand Curve）是指以几何图形来表示商品的价格和需求量之间的函数关系。商品的需求曲线是根据需求表中商品不同的价格-需求量组合在二维坐标上绘制的一条曲线。经济学分析与数学中的习惯相反，以横轴表示商品的需求量 Q（因变量），以纵轴表示商品的价格 P（自变量）并建立直角坐标系。根据表 1-1-1 中的价格-需求量的组合，在二维坐标中描绘相应的 A、B、C、D、E、F、G 各点。微观经济学在论述需求函数时，一般假设商品的价格和相应的需求量的变化具有无限分割性，这样就可以得到无数个类似 A、B、C、D、E、F、G 的组合点，然后顺次连接这些点，便得到如图 1-1-1 所示的光滑、连续的某商品的需求曲线 Q_d。

在图 1-1-1 中，需求曲线是一条直线。实际上，需求曲线既可以是直线，也可以是曲线。当需求函数为线性函数时，相应的需求曲线是一条直线，直线上各点的斜率是相等的；当需求函数为非线性函数时，相应的需求曲线是一条曲线，曲线上各点的斜率是不相等的。图 1-1-1 中的需求曲线有一个明显的特征，它是向右下方倾斜的，即它的斜率为负值。这表示在一般情况下，商品的价格越高，人们对它的需求量就会越少，反之，则相反。

图 1-1-1　某商品的需求曲线

（2）需求定理。

1）需求定理的定义。建立在需求函数基础之上的需求表和需求曲线都反映了商品的

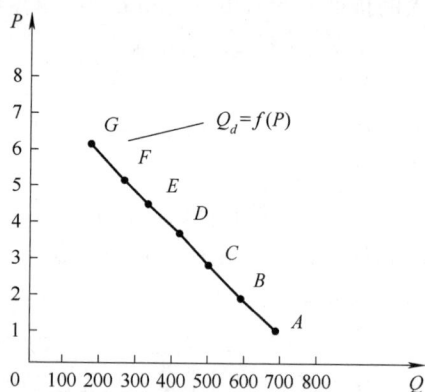

价格变动和需求量变动两者之间的关系。从表 1-1-1 中可见，商品的需求量随着商品价格的上升而减少。相应地，图 1-1-1 中的需求曲线具有一个明显的特征，它是向右下方倾斜的，即它的斜率为负值。这些都表示商品的价格和需求量之间呈反方向变动的关系。这种现象被称为需求定理。

2）需求定理的内容。需求定理的基本内容是：在其他条件不变的情况下，某商品的需求量与价格呈反方向变动，即需求量随着商品本身价格的上升而减少，随着商品本身价格的下降而增加。

3）需求定理的假设条件。需求定理作为一种经济理论是以一定的假设条件为前提的。这个假设条件就是"其他条件不变"。所谓"其他条件不变"是指除了商品本身的价格，其他影响需求量的因素都是不变的。离开了这一前提，需求定理不成立。

4. 需求量的变动与需求的变动

在经济分析中，要特别注意区分需求量的变动和需求的变动这两个概念，它们的区别在于引起这两种变动的因素是不相同的，而且，这两种变动在几何图形中的表示也是不相同的。

（1）需求量的变动。需求量的变动是指在其他条件不变时，某商品价格的变动所引起的该商品的需求量的变动。在几何图形中，需求量的变动表现为商品价格-需求量组合点沿着同一条既定的需求曲线的运动。例如，在图 1-1-2 中，当商品的价格由 P_0 逐步上升为 P_1 时，商品需求量由 Q_0 逐步减少为 Q_1，商品价格-需求量组合由 A 点沿着既定的需求曲线 D 运动到 B 点。相反，当商品的价格由 P_0 逐步下降为 P_2，商品需求量由 Q_0 逐步增加为 Q_2，商品价格-需求量组合由 A 点沿着既定的需求曲线 D 运动到 C 点。需求量的变动虽然表示需求数量的变化，但是并不表示整个需求状态的变化，这是因为这些变动的点都在同一条需求曲线上。

（2）需求的变动。需求的变动是指在商品价格不变的条件下，其他因素的变动引起的该商品需求量的变动。其他因素的变动是指消费者的收入水平变动、相关商品的价格变动、消费者偏好的变化和消费者对商品价格预期的变动等。在几何图形中，需求的变动表现为需求曲线的位置发生移动，如图 1-1-3 所示。

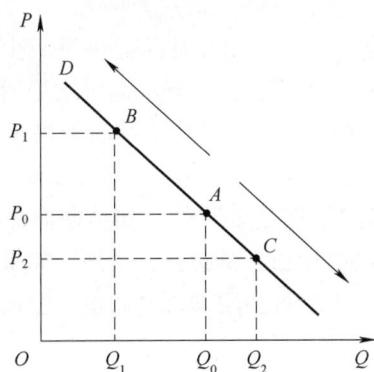

图 1-1-2　需求量的变动

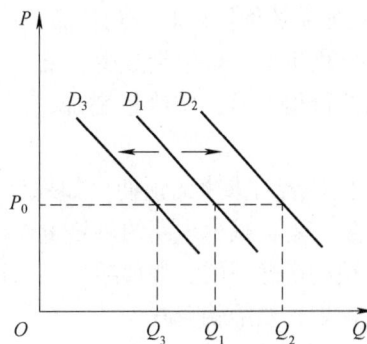

图 1-1-3　需求的变动

图 1-1-3 中，原来的需求曲线为 D_1，在商品价格不变的条件下，如果其他因素的变化引起需求增加，则需求曲线向右平移，如由图中的 D_1 曲线向右平移到 D_2 曲线的位置；如果其他因素的变化引起需求减少，则需求曲线向左平移，如由图中的 D_1 曲线向左平移到 D_3 曲线的位置。需求的变动引起的需求曲线位置的移动，表示在每一个既定的价格水平上需求量增加或减少了。例如，在既定的价格水平 P_0，原来的需求量为 D_1 曲线上的 Q_1，需求增加后的需求量为 D_2 曲线上的 Q_2，需求减少后的需求量为 D_3 曲线上的 Q_3。而且，这种在原有价格水平上发生的需求增加量 Q_1Q_2 和需求减少量 Q_3Q_1 都是由其他因素的变动引起的。比如，Q_1Q_2、Q_3Q_1 可能分别是由消费者收入水平的提高和下降引起的。显然，需求的变动引起的需求曲线的位置的移动，表示整个需求状态的变化。

（二）供给分析

1. 供给的定义

一种商品的供给（Supply）是指生产者在一定时期内，在各种可能的价格水平下愿意并且能够提供的该种商品的数量。根据定义，如果生产者对某种商品只有提供的愿望，但没有提供的能力，则不能形成供给。

2. 影响供给的因素

一种商品的供给量受多种因素的影响，主要的影响因素包括：

（1）商品本身的价格。一般来说，一种商品的价格越高，生产者提供的产量就越大；相反，商品的价格越低，生产者提供的产量就越小。

（2）生产成本。在商品自身价格不变的条件下，生产成本上升会减少利润，从而使商品的供给量减少；相反，生产成本下降会增加利润，从而使商品的供给量增加。

（3）生产的技术水平。在一般情况下，生产技术水平的提高可以提高劳动生产率，降低生产成本，增加生产者的利润，生产者会提供更多的产量。

（4）相关商品的价格。

1）替代品的价格。一种商品价格上升会使替代品需求量增加，引起替代品的价格上升，供给量增加；反之，一种商品价格下降会使替代品需求量减少，引起替代品的价格下降，供给量减少。因此，一种商品的供给量与其替代品的价格呈同方向变动。

2）互补品的价格。对于互补品，一种商品价格上升，会使互补品需求量减少，引起互补品的价格下降，供给量减少；反之，一种商品价格下降，会使互补品需求量增加，引起互补品的价格上升，供给量增加。因此，一种商品的供给量与其互补品价格呈反方向变动。

（5）生产者对未来的预期。如果生产者对未来的预期是乐观的，如预期商品的价格会上升，生产者会减少现期的供给量而增加未来的供给计划，供给就会增加；如果生产者对未来的预期是悲观的，如预期商品的价格会下降，生产者会增加现期的供给量而减少未来的供给计划，供给就会减少。

3. 供给函数与供给定理

（1）供给函数。供给函数（Supply Function）是指一种商品的供给量是影响这种商品供给量的所有因素的函数。假定其他因素均不发生变化，仅考虑一种商品的价格变化对其供给量的影响，即把一种商品的供给量只看作这种商品价格的函数，则供给函数可以表示为式（1-4）：

$$Q_S = \varphi(P) \tag{1-4}$$

式中，P 为商品的价格；Q_S 为商品的供给量。

当供给函数为线性函数时，其形式为式（1-5）：

$$Q_S = \delta + \gamma(P) \tag{1-5}$$

式中，δ 和 γ 为常数且均大于 0，与该函数相对应的供给曲线为一条直线。

供给函数表示一种商品的供给量与商品价格之间存在着一一对应的关系，这种函数关系可以分别用供给表和供给曲线来表示。

1）供给表。商品的供给表是一张表示某种商品的价格与对应的该商品的供给量之间关系的数字序列表，如表 1-1-2 所示。

表 1-1-2 商品的供给表

项　目	价格–供给量组合				
	A	B	C	D	E
价格（元）	2	3	4	5	6
供给量（单位数）	0	200	400	600	800

表 1-1-2 表示商品的价格和供给量之间的函数关系。例如，当价格为 6 元时，商品的供给量为 800 单位；当价格下降为 4 元时，商品的供给量减少为 400 单位；当价格进一步下降为 2 元时，商品的供给量减少为零。供给表实际上是用数字表格的形式来表示商品的价格和供给量之间的函数关系。

2）供给曲线。商品的供给曲线（Supply Curve）以几何图形表示商品的价格和供给量之间的函数关系，供给曲线是根据供给表中的商品价格–供给量组合在平面图上所绘制的一条曲线。图 1-1-4 为根据表 1-1-2 所绘制的一条供给曲线。

在图 1-1-4 中，横轴表示商品的数量，纵轴表示商品的价格。在坐标上，把根据供给表中商品价格–供给量组合所得到的相应的坐标点 A、B、C、D、E 连接起来的线，就是该商品的供给曲线，它表示在不同的价格水平下生产者愿意而且能够提供的商品数量。和需求曲

图 1-1-4 商品的供给曲线

线一样，供给曲线也是一条光滑、连续的曲线，它是建立在商品的价格和相应的供给量的变化具有无限分割性的假设基础之上的。

同需求曲线一样，供给曲线既可以是直线，也可以是曲线。如果供给函数是一元一次的线性函数，则相应的供给曲线为直线，如图 1-1-4 所示；如果供给函数是非线性函数，则相应的供给曲线就是曲线。直线型供给曲线上的每点的斜率是相等的，曲线型供给曲线上的每点的斜率则是不相等的。

（2）供给定理。以供给函数为基础的供给表和供给曲线均反映了商品的价格变动和

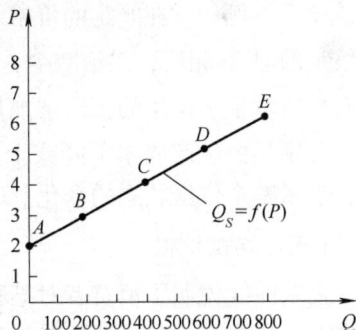

供给量变动两者之间的规律。从表1-1-2中可见，商品的供给量随着商品价格的上升而增加；相应地，在图1-1-4中的供给曲线表现出向右上方倾斜的特征，即供给曲线的斜率为正值。这些都表示商品的价格与供给量呈同方向变动的关系，这一关系就称为供给定理。

4. 供给量的变动与供给的变动

供给量的变动和供给的变动都表现为供给数量的变动，但引起这两种变动的因素是不同的，而且这两种变动在几何图形中的呈现也是不同的。

（1）供给量的变动。供给量的变动是指在其他条件不变时，某商品价格的变动引起的该商品供给量的变动。在几何图形中，这种变动表现为商品价格–供给量组合点沿着同一条既定的供给曲线的运动。例如，在图1-1-4中，随着价格上升，供给数量逐步增加，A点沿着同一条供给曲线运动到E点。

（2）供给的变动。供给的变动是指在商品价格不变的条件下，其他因素变动引起的该商品供给量的变动。这里的其他因素变动是指生产成本的变动、生产技术水平的变动、相关商品价格的变动和生产者对未来的预期变化等。在几何图形中，供给的变动表现为供给曲线的位置发生移动，如图1-1-5所示。

在图1-1-5中，原来的供给曲线为S_1，在商品价格以外的其他因素变动的影响下，供给增加，供给曲线由S_1曲线的位置向右平移到S_2曲线的位置；供给减少，供给曲线由S_1曲线的位置向左平移到S_3曲线的位

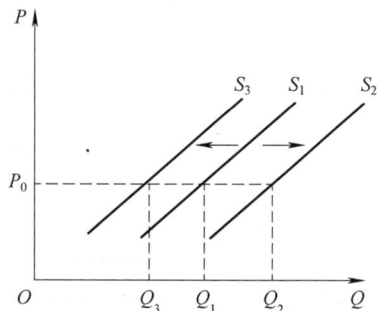

图 1-1-5　供给的变动

置。供给的变化引起的供给曲线位置的移动，表示在每个既定的价格水平下供给数量增加或减少了。例如，在既定的价格水平P_0，供给增加，供给数量由S_1曲线上的Q_1上升到S_2曲线上的Q_2；相反，供给减少，供给量由S_1曲线上的Q_1下降到S_3曲线上的Q_3。这种在原有价格水平上发生的供给增加量Q_1Q_2和减少量Q_3Q_1，都是由其他因素变动引起的。比如，分别是由生产成本下降或上升引起的。因此，供给的变动引起的供给曲线位置的移动，表示整个供给状态的变化。

（三）均衡价格

需求曲线说明了消费者对某种商品在每一价格下的需求量是多少，供给曲线说明了生产者对某种商品在每一价格下的供给量是多少，但是，它们都没说明这种商品本身的价格究竟是如何决定的。那么，商品的价格是如何决定的呢？微观经济学中的商品价格是指商品的均衡价格。商品的均衡价格是在商品的市场需求和市场供给这两种因素的相互作用下形成的。本单元将需求曲线和供给曲线结合在一起，运用经济模型与均衡分析说明均衡价格的形成，以及均衡价格变动的实质。

1. 均衡价格的定义

（1）均衡的定义。均衡（Equilibrium）在经济学中一般是指经济事物中的有关变量，在某些因素的相互作用下所达到的一种相对静止的状态。经济事物之所以能够处于一种相对静止状态，是由于在相对静止状态中有关该经济事物的各因素能够相互制约和相互抵

消，并且在相对静止状态中各方面有关该经济事物的愿望都能得到满足。因此，西方经济学家认为经济学的研究往往在于寻找在一定条件下经济事物的变化最终趋于相对静止的均衡状态。

（2）均衡价格和均衡数量。一种商品的均衡价格（Equilibrium Price）是指该种商品的市场需求量和市场供给量相等时的同一价格。在均衡价格水平下的供求数量被称为均衡数量（Equilibrium Quantity）。从几何意义上说，一种商品的市场均衡出现在该商品的市场需求曲线和市场供给曲线相交的交点上，该交点被称为均衡点。均衡点上的价格和供求量分别被称为均衡价格和均衡数量。

将图 1-1-1 中的需求曲线和图 1-1-4 中的供给曲线绘制在同一个二维坐标上，可以得到图 1-1-6。在图 1-1-6 中，需求曲线 Q_d 和供给曲线 Q_S 相交于 E 点，故 E 点为均衡点。在均衡点 E，均衡价格 $P = 4$，均衡数量 $Q = 400$。显然，在均衡价格为 4 时，消费者的购买数量和生产者的销售数量是相等的，都为 400 单位。因此，这是一种使买卖双方都感到满意，并愿意持续下去的均衡状态。

2. 均衡价格的形成

了解了商品均衡价格的含义，那么商品的均衡价格

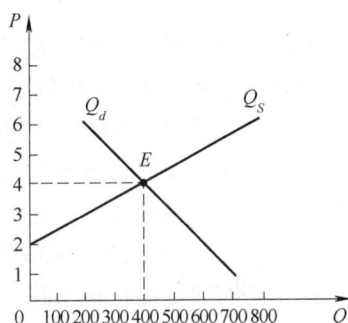

图 1-1-6　均衡价格的决定

是如何形成的呢？下面将根据表 1-1-3 中的数据，把需求曲线和供给曲线结合在一起，用图 1-1-7 说明商品均衡价格的形成过程。

表 1-1-3　均衡价格数据列表

价　格	需　求　量	供　给　量	短缺与过剩	
1	9	0	−9	短缺
2	6	3	−3	
3	4	4	0	均衡
4	3	6	+2	过剩
5	2	6	+4	

在图 1-1-7 中，商品的均衡价格 P_e 是商品市场上需求和供给这两种因素共同作用的结果，它是在市场供求的自发调节下形成的，E 为均衡点，P_e 为均衡价格，Q_e 为均衡数量。当市场价格偏离均衡价格时，市场上会出现需求量和供给量不相等的非均衡状态。一般说来，在市场机制的作用下，这种供求不相等的非均衡状态会逐步消失，实际的市场价格会自动地回到均衡价格水平。

当供求不平衡时，市场会出现两种状态：过剩与短缺。当市场价格（P_1）高于均衡价格时，市场

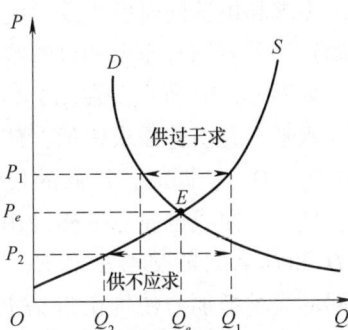

图 1-1-7　均衡价格的形成

上会出现供过于求的商品过剩或超额供给的状况，在市场自发调节下，一方面需求者会压低价格来购买商品；另一方面，供给者会减少商品的供给量。这样，该商品的价格必然下降直到均衡价格的水平。当市场价格（P_2）低于均衡价格时，市场上会出现供不应求的商品短缺或超额需求的状况，同样在市场自发调节下，一方面需求者会提高价格来购买商品；另一方面，供给者会增加商品的供给量。这样，该商品的价格必然上升直到均衡价格的水平。由此可见，当实际价格偏离均衡价格时，市场上总会发生变化，最终达到市场均衡或市场出清。

3. 均衡价格的变动

一种商品的均衡价格是由该商品需求曲线和供给曲线的交点决定的。因此，需求曲线或供给曲线的位置移动都会使均衡价格发生变动。下面分别介绍需求曲线与供给曲线的3种移动对均衡价格以及均衡数量的影响。

（1）需求变动对均衡价格的影响。在供给不变的情况下，需求增加会使需求曲线向右平移，从而使均衡价格和均衡数量都增加；需求减少会使需求曲线向左平移，从而使均衡价格和均衡数量都减少，如图 1-1-8 所示。

（2）供给变动对均衡价格的影响。在需求不变的情况下，供给增加会使供给曲线向右平移，从而使均衡价格下降，均衡数量增加；供给减少会使供给曲线向左平移，从而使得均衡价格上升，均衡数量减少，如图 1-1-9 所示。

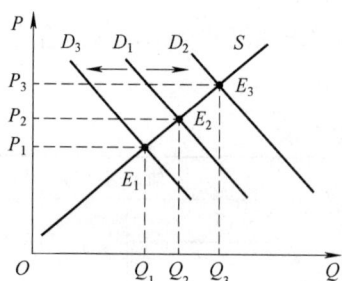

图 1-1-8　需求变动对均衡价格的影响

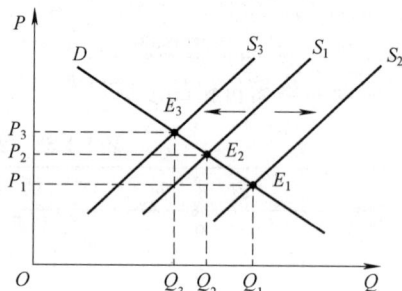

图 1-1-9　供给变动对均衡价格的影响

（3）需求和供给同时发生变动对均衡价格的影响。需求和供给同时发生变动时均衡价格的变动难以确定，需要结合需求和供给变化的具体情况来判断，如图 1-1-10 所示。在图 1-1-10 中，假定消费者收入水平上升引起需求增加，使需求曲线向右平移（由 $D_1 \rightarrow D_2$）；同时，厂商的技术进步引起供给增加，使供给曲线也向右平移（由 $S_1 \rightarrow S_2$）。比较 S_1 与 D_1 和 D_2 各自的交点 E_1 和 E_2 可见，收入水平上升引起的需求增加，使均衡价格上升（P_1'）。再比较 D_1 与 S_1 和 S_2 各自的交点 E_1 和 E_3 可见，技术进步引起的供给增加使均衡价格下降（P_1''）。最后，这两

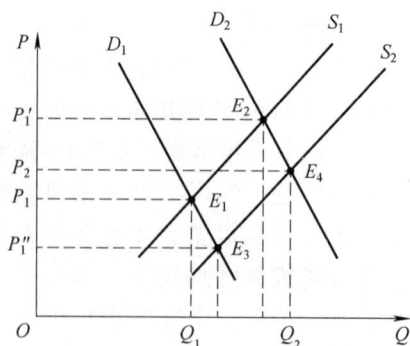

图 1-1-10　需求和供给同时发生变动对均衡价格的影响

种因素同时作用下的均衡价格，将取决于需求和供给各自增加的幅度。由 D_2 和 S_2 的交点 E_4 可得：由于需求增加的幅度大于供给增加的幅度，因此，最终均衡价格上升（P_2）。

综上所述，可以得出供求定理：在其他条件不变的情况下，需求变动分别引起均衡价格和均衡数量同方向变动；供给变动分别引起均衡价格反方向变动和均衡数量同方向变动。

三、消费者行为理论

（一）选择与效用理论

消费任何一种商品或商品组合所得到的满足感，最终取决于消费者的偏好，"萝卜青菜，各有所爱"，正是说明了这一点。需求产生消费，消费是为了得到物质和精神上的满足。经济学家把这种满足称为效用。效用理论说明了消费者在收入与价格既定的情况下，如何实现最大效用，从而得到最大的幸福。

1. 欲望与效用

（1）欲望。欲望（需要）是指人们想要得到而又没有得到某种东西的一种心理状态，是不足之感与求足之愿的统一。欲望是人性的组成部分，是人类与生俱来的，构成了人类行为最内在与最基本的根据与必要条件。在欲望的推动下，人们不断占有客观的对象，从而同自然环境和社会产生了一定的关系。

（2）效用。效用是消费者从消费某种商品中得到的欲望满足程度。效用是一种主观心理感受。消费者在消费活动中获得的满足程度越高，效用就越大；反之，效用就越小。如果消费者在消费活动中感到痛苦，则是负效用。效用的特点如下：

1）主观性。效用是对欲望的满足，因而它和欲望一样，是一种主观心理感受。例如，辣椒具有刺激胃口的客观作用，对爱吃辣椒的人来说，他们不怕辣甚至怕不辣，因此辣椒对他们具有很高的效用；但对怕吃辣椒的人来说，辣椒的效用却是负数，因为辣椒越辣他们越难受。又如，一个面包对饥饿者来说有很大的效用，而对饱饭者来说毫无效用，甚至可能是负效用。

2）相对性。效用不是绝对的，同一件物品的效用会因人、因时、因地而有所不同。例如，同一件棉衣，在冬天或寒冷地区给人带来的效用很大，但在夏天或热带地区只能带来负效用。

3）无法用伦理学进行判断。只要能满足人们某种欲望的物品就有效用，而这种欲望本身是否符合社会道德规范则不在效用评价范围之内。

4）效用可大、可小，可正、可负。通常，在给定两个商品 X 和 Y 的时候，我们可以比较哪个商品对我们的满足程度更大，这说明效用是有大小之分的。另外，如果人们在消费活动中获得了欲望满足，则获得了正效用；若感到痛苦或不适，则获得了负效用。

2. 对于效用的研究

消费者行为理论想要研究如何实现效用最大化，首先面对的是对效用大小的比较和评价问题。一些经济学家认为效用可以用具体的数字进行计量；而另外一些经济学家则认为效用不能准确量化，而只能以顺序来进行比较。这就是在效用评价理论发展过程中先后出现的基数效用论和序数效用论。

基数效用论假定随着消费者消费商品或劳务数量的增加，消费者每增加一单位的商品或劳务所获得的满足程度逐步下降（边际效用递减），消费者消费商品的目的是要达到总效用最大。基数效用论采用边际效用分析法分析消费者均衡问题。

序数效用论者认为效用是一种感受，一个有点类似于香、臭、美、丑这样的概念，因此，效用的大小是无法具体衡量的，更不能加总求和，只能用消费者满足程度的高低来表示，即效用只能用序数（第一、第二、第三……）来表示。序数效用论采用无差异曲线的分析方法分析消费者均衡问题。

（二）基数效用论

基数效用论认为效用的大小是可以测度的，因此在分析消费者均衡之前，我们先引入几个概念。

1. 总效用与边际效用

（1）总效用。总效用（Total Utility，TU）是指消费者消费一定数量的某种商品所得到的总满足程度。在效用分析中，商品消费量（Q）是自变量，欲望满足程度即效用是因变量。因而，总效用是商品消费量的函数，总效用函数如下：

$$TU = f(Q) \tag{1-6}$$

（2）边际效用。边际效用（Marginal Utility，MU）是指消费者每增加一单位商品的消费所增加的满足程度，是商品消费量（自变量）的增加引起的总效用（因变量）的增量。若用 MU 表示边际效用，ΔTU 表示总效用的增加量，ΔQ 表示商品的增加量，则边际效用函数如下：

$$MU = \Delta TU / \Delta Q \tag{1-7}$$

（3）总效用与边际效用的关系。总效用与边际效用的关系可以用表格来说明。例如，一个消费者在吃面包的过程中获得了一系列的总效用和边际效用，如表 1-1-4 所示。

表 1-1-4　效用表

面包消费量（个）	总效用 TU	边际效用 MU	面包消费量（个）	总效用 TU	边际效用 MU
0	0	/	4	28	4
1	10	10	5	30	2
2	18	8	6	30	0
3	24	6	7	28	-2

由表 1-1-4 可知，当消费者非常饥饿时，吃第 1 个面包给他带来的效用最大，有 10 个单位总效用，边际效用也是 10 个单位；吃第 2 个面包有 8 个单位边际效用，总效用增加到了 18 个单位；当面包消费量上升到 5 个时，消费者已经不再饿了，边际效用仅为 2 个单位，同时总效用达到了最大值 30 个单位；当面包消费量为 6 个时，总效用不再增加，边际效用为 0；消费者在吃第 7 个面包时就感到非常难受了，产生了负效用。用横轴代表面包的消费量，纵轴代表总效用或边际效用，则根据表 1-1-4 可以绘制图 1-1-11。

从图 1-1-11 可以看出，总效用与边际效用之间具有如下关系：当边际效用为正值时，总效用增加；当边际效用为零时，总效用达到最大；当边际效用为负值时，总效用减少。

2. 边际效用递减规律

（1）边际效用递减规律的内容。从表 1-1-4 和图 1-1-11 中可以看出：随着消费者消费的某种商品数量的增加,其总效用虽然在增加,但商品的边际效用是递减的。当边际效用等于零甚至变为负数时,总效用就不再增加甚至减少。这种现象被称为边际效用递减规律,它的内容可以表述如下:在一定时间内,在其他商品的消费数量保持不变的条件下,随着消费者对某种商品消费量的增加,消费者从连续增加该商品的每一消费单位中得到的效用增量即边际效用是递减的。

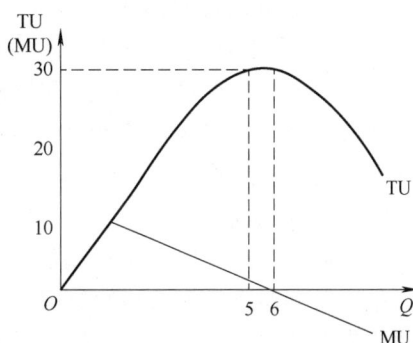

图 1-1-11　总效用与边际效用的关系

(2) 边际效用递减规律给经营者的启示。消费者购买商品想要达到效用最大化,而且商品的效用越大,消费者愿意支付的价格越高。根据效用理论,企业在生产商品时,首先要考虑商品能给消费者带来多大效用。

消费者连续消费一种商品,其边际效用是递减的。如果企业只生产一种产品,它带给消费者的边际效用在递减,消费者愿意支付的价格就越低。因此,企业要不断生产多样化的产品,只要产品有差别,就不会引起边际效用递减。例如,服装企业将同类服装做成不同样式,就不会引起边际效用递减。如果是完全相同的产品,则会引起边际效用递减,消费者不会多购买。边际效用递减规律告诉我们,企业要进行创新,要生产不同的产品满足消费者的需求,减少边际效用递减。

(三) 序数效用论

与基数效用论不同,20 世纪的大多数经济学家认为效用只能用序数度量,即用第一、第二、第三……来表示商品的效用相对大小,而不能确切地表示为具体数值。在价格相同的情况下,消费者认为哪种商品效用最大,是通过他在购买时的选择顺序表现出来的,这就是序数效用论。一个人的消费行为在很大程度上受消费偏好的影响。消费者的偏好除了产生于内心的本能,还受生活方式、广告宣传、消费风气等因素的影响。

1. 无差异曲线

(1) 无差异曲线的定义。为了简化分析,我们假定只销售两种商品,这样我们就可以用一个二维的平面图形来表示无差异曲线。无差异曲线又称效用等高线、等效用线,是用来表示两种商品在不同数量组合下给消费者带来的效用完全相同时的一条曲线。

假定现在有苹果和梨两种商品,它们有 a、b、c、d、e、f 6 种组合方式,并且这 6 种组合方式能给消费者带来相同的效用。这样我们可以得出苹果和梨的无差异组合,见表 1-1-5。

表 1-1-5　苹果和梨的无差异组合

组合方式	苹　果	梨	组合方式	苹　果	梨
a	2	16	d	8	4
b	4	11	e	10	2
c	6	7	f	12	1

在图 1-1-12 中,纵轴代表苹果的数量,横轴代表梨的数量,a、b、c、d、e、f 6 种组

合方式分别用6个点来表示，把这6个点连接起来形成的平滑曲线就是无差异曲线。无差异曲线任何一点上苹果与梨不同的数量组合给消费者带来的效用都是相同的。

（2）无差异曲线的特征。

1）无差异曲线是一条向右下方倾斜的曲线，其斜率为负值。这表明，在收入和价格既定的条件下，消费者要得到同样的满足程度，在增加一种商品的消费时，必须减少另一种商品的消费，两种商品不能同时增加或减少。

2）同一个平面上可以有无数条无差异曲线。同一条无差异曲线代表相同的效用，不同的无差异曲线代表不同的效用。离原点越远的无差异曲线所代表的效用越大；离原点越近的无差异曲线所代表的效用越小。

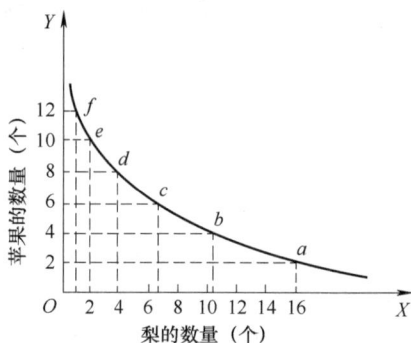

图 1-1-12　苹果和梨的无差异曲线

3）在同一平面上，任意两条无差异曲线不能相交。在消费者偏好既定的条件下，同一种消费组合只能给消费者带来同一个效用水平。如果两条无差异曲线有交点，则说明在交点上两种消费组合具有相同的效用。这显然与无差异曲线的第二个特征相矛盾。

4）无差异曲线是一条凸向原点的曲线。这说明无差异曲线的斜率是递减的，这是由商品的边际替代率递减决定的。

2. 边际替代率

（1）边际替代率的概念。当一个消费组合点沿着一条既定的无差异曲线上下滑动的时候，两种商品的数量组合会不断发生变化，而效用水平却保持不变。这说明，在维持效用水平不变的前提下，消费者在增加对一种商品的消费数量的同时，必然会放弃对另一种商品的消费数量，即两种商品的消费数量之间存在着替代关系。由此，经济学家们提出了商品的边际替代率。

消费者在保持相同满足程度的前提下，增加一种商品的消费量与必须放弃的另一种商品的消费量之比，称为两种商品的边际替代率。

如果以 ΔX 与 ΔY 分别表示商品 X 与 Y 的变化量，$\mathrm{MRS_{XY}}$ 表示商品 X 对商品 Y 的边际替代率，则：

$$\mathrm{MRS_{XY}} = \frac{Y\text{的减少量}}{X\text{的增加量}} = -\frac{\Delta Y}{\Delta X} \tag{1-8}$$

由于 ΔX 与 ΔY 的变化方向是相反的，因此 $\mathrm{MRS_{XY}}$ 必定是负数，为了方便比较，计算公式中加上负号使边际替代率成为正值。

（2）边际替代率递减规律。

1）边际替代率递减规律的内容。边际替代率递减规律可以表述如下：在维持效用水平不变或消费者满足程度不变的前提下，随着一种商品消费数量的连续增加，消费者为得到每一单位的这种商品所需放弃的另一种商品的消费数量是递减的。

2）边际替代率递减的原因。随着一种商品消费数量的逐步增加，它的边际效用在递减，消费者想要获得更多的这种商品的愿望就会递减，因而，他为多获得一单位的某种商品而愿意放弃的另一种商品的数量就会越来越少。换句话说,若某种商品以同样的数量增加,它所能替代的另一种商品越来越少,也就是说,在 $MRS_{XY} = -\Delta Y/\Delta X$ 这个公式里,当分母 ΔX 保持不变时,分子 ΔY 在不断地减小,从而分数的绝对值就在不断减小。从以上分析中可知,商品的边际替代率递减规律实际上是用无差异曲线的形式来表述的边际效用递减规律。

3. 消费者预算线

消费者进行选择时考虑的一个重要因素是收入。在不考虑借贷的条件下,收入限制使消费者不能无限制地选择所喜爱的商品。反映消费者收入约束的概念就是预算约束。消费者预算线又称消费可能线或等支出线,它是一条表明在消费者收入与商品价格既定的条件下,消费者的全部收入所能购买到的两种商品的不同数量的各种组合。

(四) 效用理论的应用

1. 边际效用递减与消费者需求曲线

商品的需求价格是指消费者在一定时期内对一定数量商品愿意支付的价格,商品的需求价格取决于商品的边际效用。也就是说,如果商品给消费者带来的边际效用越大,那么消费者愿意支付的价格就越高;反之,如果商品给消费者带来的边际效用越小,那么消费者愿意支付的价格就越低。

由于边际效用递减规律的作用,随着消费者对一种商品消费量的不断增加,消费者获得的边际效用就越小,他愿意支付的价格即需求价格也就越低。另一方面,由消费者均衡可知,若消费者只消费一种商品,消费者对这种商品的最佳购买量应使每一单位货币带来的边际收益都相等,即 MU/P 为常数。而随着商品消费数量的增加,MU 是递减的,故消费者愿意支付的价格 P 也是递减的。因此随着消费者消费商品数量的增加,他愿意支付的价格是逐渐减少的,消费者的需求曲线一定是向右下方倾斜的一条曲线。

2. 消费者剩余

消费者剩余是消费者愿意对某种商品支付的价格 (即需求价格) 与他实际所支付的价格的差额,即:

$$消费者剩余 = 需求价格 - 实际价格$$

对消费者来说,需求价格取决于他对单位商品的效用评价,单位商品给消费者带来的边际效用越大,消费者为获得该单位商品愿意支付的价格即需求价格越高;反之,需求价格越低。由于边际效用是递减的,因此需求价格会不断降低,而实际价格不变,消费者所获得的消费者剩余在减少。

在理解和运用消费者剩余概念时要注意:

1) 消费者获得消费者剩余并不意味着实际收入的增加,而只是一种心理感觉。

2) 生活必需品的消费者剩余一般较大。因为消费者对生活必需品,例如水、食盐、农产品等的效用评价较高,愿意付出的价格也较高,但由于这类商品的市场价格一般并不高,因此其消费者剩余较大。

3) 消费者剩余是分析某些问题时的一种重要工具,如对道路、水坝、生态林投资的成本—收益分析。由于公共物品由政府投资,消费者无偿使用,因此它不能带来实际收入,政府对其收益的计量应根据消费者剩余来估算。若消费者剩余大于成本,即有收益,则该项投资就是合理的。另外，消费者剩余还可以用来分析垄断所产生的社会福利损失。

3. 替代效应和收入效应

商品价格的变动会对消费者产生两个方面的影响：一是使商品的相对价格发生变动；二是使消费者的收入相较以前发生变动。这两种变化都会导致商品需求量的改变。

在生活中大多数人习惯以大米、面食为主食。假如大米的价格上升了，那么人们会如何决策自己的购买行为呢？有的人为了保证吃饱会增加购买面粉而减少大米的购买，相当于用面粉"替代"大米。这种商品价格变化引起商品的相对价格发生变化，从而导致商品需求量的改变，称为价格变动的替代效应。

然而有的人偏爱大米，那么这部分人可能不去购买面粉，而是继续购买大米。但是他们会发现一个令人沮丧的事实：现在能够买到的大米远不如过去多了。换言之，对于大米他们的购买能力下降了。这种商品价格变动引起消费者实际收入水平发生变动，从而导致消费者对商品需求量的改变，称为价格变动的收入效应。

总之，大米的价格变动形成了替代效应和收入效应，两者叠加产生了总效应。总效应表示一种商品价格变化所引起需求量的总变化。

$$总效应 = 替代效应 + 收入效应$$

四、生产者行为理论

（一）生产理论

1. 生产与生产要素

（1）生产与生产者。从经济学的角度看，生产是指把各种经济资源（即生产要素）结合起来，使其转化为社会所需的产品和劳务的过程，也就是我们常说的把投入转化为产出的过程。它包括两个方面的内容：一方面是实物形态的投入产出，即生产要素的投入和相应的产品、产量的产出；另一方面是价值形态的投入产出，即成本的投入和收益的产出。

生产者（也称为厂商或企业）是指能够做出统一生产决策的单个经济单位。通常来讲，企业的基本类型有三种：一是个人业主制企业，即个人出资兴办、完全归个人所有和个人控制的企业。这种企业在法律上称为自然人企业，是最早产生的，也是最简单的企业形态；二是合伙制企业，是指由两个以上的业主共同出资，利润共享、风险共担的企业。合伙人出资形式可以是资金、实物或是知识产权；三是公司制企业，它是由多人出资创办并且组成一个法人的企业。公司是法人，在法律上具有独立的人格，是能够独立承担民事责任、具有民事行为能力的经济组织。

（2）生产要素。生产要素（经济资源）是指企业在生产过程中所使用的各种资源。生产要素具体划分为4类：劳动、土地、资本和企业家才能。

1）劳动是劳动者所提供的服务，它包括体力劳动和脑力劳动。体力劳动是简单劳动，而脑力劳动是复杂劳动。

2）土地是指生产中所使用的，在自然界中存在的各种自然资源，如土地、水、自然状态的矿藏、森林等。

3）资本是指生产中所使用的资金，它包括无形的人力资本和有形的物质资本两种形式。前者指劳动者的身体、文化、技术状态，后者指生产过程中使用的各种生产设备，如机器、厂房、工具、原料等资本品。在生产理论中，资本指的是物质资本。资本的货币形态通常称为货币资本。

4）企业家才能是指企业家组建、经营管理企业的能力，创新的能力和承担风险的能力。

在4类要素中，企业家才能特别重要。正是由于企业家才能的作用，劳动、土地和资本要素能够得以有效配置，并最终生产出各种各样的产品和劳务。

2. 生产函数

在生产过程中，人们发现不同数量组合的生产要素与其所能生产的产量之间存在着一定的依存关系，这种依存关系可以表示为生产函数。生产函数是指在一定时期内，在技术水平不变的情况下，厂商生产过程中所使用的各种要素的投入量与所能生产的最大产量之间的依存关系。这里要注意：第一，生产函数是在既定的知识和技术条件下成立的，因而，生产函数可以更为准确地理解为"在一定技术水平条件下，特定的投入品组合带来的最大的可能性产出"；第二，随着技术水平的不断进步，生产函数会发生变化。

生产函数的一般方程式如下：

$$Q = f(X, Y, Z\cdots) \tag{1-9}$$

式中，X、Y、Z 等为自变量，分别代表各种可供投入的生产要素；Q 为因变量，代表在一定的技术条件下任何一组既定数量的生产要素组合所能生产的最大产量。

任何生产函数都是以一定时期的生产技术水平作为前提的。一旦技术水平发生变化，那么生产函数也会发生变化，但是生产函数本身并不涉及价格或成本问题。

假定投入劳动（L）、资本（K）、土地（N）和企业家才能（E）4 种生产要素可以生产一种产品，则生产函数可表示如下：

$$Q = f(L, K, N, E, \cdots) \tag{1-10}$$

式中，Q 为投入一定要素的组合所能生产的最大产量，它表示投入要素的使用是有效率的。

由于土地是固定不变的，企业家才能是难以估量的，因此为了便于分析，我们通常假定在生产中只有劳动和资本这两种投入。那么，生产函数便简化如下：

$$Q = f(L, K) \tag{1-11}$$

这一函数表明，在一定技术水平条件下，生产 Q 的产量，需要一定数量组合的劳动 L 与资本 K。同样，生产函数表明，在劳动与资本的数量组合为已知时，就可以计算出最大的产量。

按照不同的标准，生产函数可以划分为不同的种类。按照可变生产要素数目的多少，生产函数可以划分为一种可变要素的生产函数、两种可变要素的生产函数和多种可变要素的生产函数。按照技术系数的可变性，生产函数可以划分为可变技术系数的生产函数和固定技术系数的生产函数。按时期的长短，生产函数可以划分为短期生产函数和长期生产函数。

（二）成本理论

生产理论分析了生产要素投入量与产量之间的关系。但是，生产者为了实现利润最大化，不仅要考虑生产要素与产量的关系，还要考虑成本与收益之间的经济关系。成本也称为生产费用，是生产中使用的各种生产要素的支出。在分析成本时，实际上是分析货币形态的生产要素。这使得成本分析与生产要素分析既有联系又有区别。

企业的生产成本通常被看作是企业对所购买的生产要素的货币支出。然而，西方经济学家指出，在经济学的分析中，仅从这个角度来理解成本的概念是不够的。为此，他们提出了机会成本的概念以及显性成本和隐性成本的概念。

1. 成本的定义

成本是经济学中一个重要的基本概念。成本（Cost）是厂商为生产一定数量的某种产品所发生的各种支出，是投入生产要素必须支付的代价。在要素市场价格不变的条件下，成本的大小取决于投入的生产要素的数量。

2. 成分的分类

（1）会计成本与机会成本。企业将生产与经营中的各种支出称为会计成本。会计成本作为成本项目计入会计账目的费用，它通常由会计师根据各种生产要素的市场价格和在生产经营中所支付的费用，连同厂房设备的折旧费等系统记录在账面上。会计成本包括支付劳动力的工资和奖金、购买原材料和半成品的价款、租用厂房的租金、支付的资本利息等。会计成本只能说明过去，不能说明将来，而且不能完全反映经营中的实际代价，还要进一步考虑机会成本。

机会成本是指生产者利用一定资源获得某种收入时所放弃的该资源在其他用途上所能获得的最大收入。经济学研究产生的一个重要原因是资源的稀缺性。正是由于资源具有稀缺性，优化资源配置才能成为经济学研究的核心问题。稀缺性意味着我们将一种资源用于某种用途时，就放弃了将该资源用于其他用途并获益的机会。这种失去的收益，我们称为机会成本。例如，如果我们高考后选择继续上大学，就放弃了工作的机会；如果我们有1万元的资金并选择购买电脑等设备，就放弃了投资的机会。实际上，我们决定做某些事情时，也就放弃了做其他事情的机会。

经济分析的目的在于考察资源的最优配置，采用机会成本能够促使人们将各种要素用于最优的途径。需要注意的是，机会成本并不是企业实际支付的成本，而是人们在决策中必须考虑的一个重要概念，因而这一概念可以推广到任何有关人类行为的决策过程中。

在理解机会成本时应注意以下4个问题：

1）机会成本不是做出某个选择时实际支付的成本或损失，而是一种观念上的成本或损失。

2）机会成本是做出一种选择时所放弃的其他若干种可能的选择中最好的一种，而不是其他。

3）机会成本并不都是由个人选择所引起的，其他人的选择会给你带来机会成本，你的选择也会给他人带来机会成本。

4）运用机会成本这一概念时，要考虑三个前提条件：第一，资源具有多种用途；第二，资源能够被充分利用；第三，资源可以自由流动且不受限制。

机会成本与会计成本的区别在于：一是机会成本不是企业的实际支出，会计成本是企业的实际支出；二是机会成本在会计账目上无法反映出来。

（2）显性成本与隐性成本。厂商的生产成本可以分为显性成本和隐性成本两个部分。

1）显性成本是指厂商在生产要素市场上购买或租用所需要的生产要素的实际支出，这些支出在会计账目上作为成本项目记入账上的各项费用支出。显性成本包括厂商支付的雇佣的管理人员和工人的工资，借贷资金的利息，租借土地、厂房的租金以及用于购买原材料或机器设备、工具和支付交通能源费用等支出的总额，即厂商对投入要素的全部货币支付。从机会成本角度讲，这笔支出的总价格必须等于相同的生产要素用于其他用途时所能得到的最大收入，否则企业就不能购买或租用这些生产要素并保持对它们的使用权。会计成本就是显性成本。

2）隐性成本是指生产者将自有的资金、土地、厂房、人力等生产要素用于生产过程而支付的总价格，是那些不是现时期现金实际流出量的成本。隐性成本包括生产者拥有和使用的资源的成本。例如，企业自有资金的利息、自有土地的租金、自有厂房和设备等固定资产的折旧费、企业所有者自己的劳务报酬等。需要指出的是，隐性成本应当以企业将自有厂房、自有资金和企业家管理才能等自有生产要素用于其他用途时的最高收入，即机会成本为标准。因为如果厂商将自有生产要素用于其他用途时能够带来更大收入，厂商会将这些生产要素转移出本企业，以获得更高的报酬。

（三）收益理论

厂商生产的目的是追求利润最大化，收益与利润是衡量厂商经营成果的主要指标。

1. 收益的定义

厂商收益是指厂商出售产品得到的全部货币收入，即价格与销售量的乘积。收益分为总收益、平均收益和边际收益。

总收益（Total Revenue，TR）是厂商销售一定量产品得到的全部收入。以 P 表示价格，Q 表示销售量，其函数表达如下：

$$TR = P \times Q \tag{1-12}$$

平均收益（Average Revenue，AR）是厂商销售每一单位产品平均得到的收入，其函数表达式如下：

$$AR = \frac{TR}{Q} \tag{1-13}$$

边际收益（Marginal Revenue，MR）是厂商每增加销售一单位产品获得的总收益的增加。以 ΔQ 为销售量增量，ΔTR 为总收益增量，其函数表达式如下：

$$MR = \frac{\Delta TR}{\Delta Q} \tag{1-14}$$

或

$$MR = \frac{dTR}{dQ} = TR' \tag{1-15}$$

当价格既定时，边际收益（MR）等于既定价格（P），即 $MR = P$。

收益是产量与价格的乘积，如果不考虑价格因素，收益就是产量。以 P 代表价格，则总收益（TR）与总产量（TP）、平均收益（AR）与平均产量（AP）、边际收益（MR）与边际产量（MP）之间的关系应该是：

$$TP \times P = TR \tag{1-16}$$
$$AP \times P = AR \tag{1-17}$$
$$MP \times P = MR \tag{1-18}$$

假设不考虑价格因素，则有：

$$TP = TR \tag{1-19}$$
$$AP = AR \tag{1-20}$$
$$MP = MR \tag{1-21}$$

由此可以得出，总收益、平均收益和边际收益的变动规律与曲线形状和总产量、平均产量和边际产量的变动规律与曲线形状是相同的。

2. 利润

经济学中的利润一般指经济利润，也称超额利润。

(1) 经济利润、会计利润和正常利润。经济利润是总收益与总成本之间的差额。其函数表达式如下：

$$\pi(Q) = TR(Q) - TC(Q) \tag{1-22}$$

式中，π 为利润；TR 为总收益；TC 为总成本；三者都是产量（或销售量）Q 的函数。

经济成本由显性成本和隐性成本构成，而显性成本又称为会计成本，由此形成经济利润、会计利润与正常利润的区别。会计利润是总收益与会计成本之间的差额。正常利润则属于隐性成本，是厂商投入自有生产要素应得的报酬，也是一个厂商继续留在原行业从事生产经营的最低报酬，厂商如果得不到正常利润，将退出原行业。

由此可见，经济利润和会计利润的关系如下：

正常利润 = 隐性成本

经济利润 = 总收益 - 显性成本 - 隐性成本

会计利润 = 总收益 - 显性成本

经济利润 ≤ 会计利润

(2) 利润最大化。经济利润是总收益与总成本之间的差额。根据 $\pi(Q) = TR(Q) - TC(Q)$，利润最大化的条件是 $\pi'(Q) = TR'(Q) - TC'(Q) = 0$，由于 $TR'(Q) = MR$，$TC'(Q) = MC$，因此，利润最大化的条件如下：

$$MR = MC \tag{1-23}$$

所以，厂商从事经济活动利润最大化的原则是边际收益等于边际成本，即 MR = MC。

如果边际收益大于边际成本，即 MR > MC，表明厂商每多生产一单位产品所增加的收益大于生产这一单位产品所增加成本。这时，对厂商来说，此时还有潜在的利润没有得到，厂商会扩大产量，也可能有新厂商进入市场，也就是说此时还没有达到利润最大化。如果边际收益小于边际成本，即 MR < MC，表明该厂商每多生产一单位产品所增加的收益小于生产这一单位产品所增加的成本。这时，对厂商来说就会造成亏损，更谈不上利润最大化，因此厂商必然要减少产量或退出市场。无论边际收益大于还是小于边际成本，只要厂商调整其产量，就说明没有实现利润最大化。只有边际收益等于边际成本时，厂商才不会调整产量，因为此时已经实现了利润最大化。因此在边际收益等于边际成本时，才能实现利润最大化。

五、市场结构理论

（一）市场结构概述

厂商的决策过程包括 3 个方面：价格选择、产量选择和规模选择。经济学的研究表明，这些决策的过程和结果都与市场的组织形式有关。市场不仅指交易的场所，它还包括这些交易的组织形式和制度安排。如果我们把可交易的物品分为产品和生产要素两大类，这两类相应的交易分别在产品市场和生产要素市场进行。产品又可分为有形产品（物质产品）和无形产品（非物质产品），因此产品市场又可分为有形产品市场和无形产品市场。微观经济学研究的是划分更为细致的市场，如小麦市场、土地市场、苹果市场等。某个具体的产品市场中的全体厂商被称为一个行业。

（二）市场结构类型

依据以上划分标准，经济学中把市场结构分为完全竞争市场、完全垄断市场、垄断竞争市场、寡头垄断市场。关于这 4 个市场类型的划分和相应厂商的特点可以用表 1-1-6 来说明。

表1-1-6　市场类型的划分和相应厂商的特点

市场类型	厂商数目	产品差别程度	对价格控制的程度	进出一个行业的难易程度	举　例
完全竞争	很多	完全无差别	完全不能	非常容易	农产品
完全垄断	唯一	唯一的产品，且无相近的替代品	很大程度，但经常受到管制	非常困难	公共事业，如水、电
垄断竞争	较多	有一定差别	一定程度	非常容易	轻工业产品，如空调、电脑产品
寡头垄断	很少	有差别或无差别	相当程度	比较困难	重工业产品，如汽车、石油

1. 完全竞争市场

（1）完全竞争市场的定义。完全竞争是古典经济学的一个重要假设。完全竞争市场是指不包含任何垄断因素的市场，经济学家对它有以下 4 个假设。

1）市场上有无数的买者和卖者。买者、卖者充分多是完全竞争最重要的条件。这里特别强调卖者充分多，每个厂商都是市场这个汪洋大海中的"沧海一粟"，无论它怎样调整产量都不能影响产品的市场价格。所有厂商只能被动地接受由市场决定的价格，因而完全竞争厂商被称为"价格的接受者"。

2）产品同质。产品同质是指产品的功能、质量、规格、包装、商标、购物环境和售后服务等完全相同，消费者无法区分产品是由哪个厂商生产的。这样，消费者就不会关心产品的生产厂商，因为所有厂商生产的产品都是一样的。于是，任何一个厂商提高自己产品的价格都会导致其产品无人问津。这从另一个角度保证了完全竞争厂商只能是市场价格的接受者。

3）厂商进入或退出市场是完全自由的。由于这个假设，一旦某个厂商短期内获得超额利润，长期中市场就将吸引新厂商加入这一行业来争夺其中的超额利润。争夺的最终结果是超额利润消失。相反，厂商的亏损也会被退出行业的行为所消除。

4）市场信息是完全透明的。市场信息完全透明是指不存在买者或卖者所不了解的信息。每个消费者和厂商都能根据完全的信息做出对自己最有利的经济抉择。消费者根据完全的信息准确地确定使自己获得最大效用的购买数量，厂商则根据完全信息准确地决定能获得最大利润的工厂规模和产量。

显然，在现实的经济环境中完全符合以上假设条件的市场是根本不存在的。人们将一些竞争异常激烈的行业，比如小麦市场、大米市场等看作近似于完全竞争市场。没有一个小麦买者可以影响市场价格，因为对于整个市场来说，单个消费者购买的量很少。同理每个麦农对价格的控制能力都是有限的，因为其他麦农也提供基本相同的小麦，如果他收取较高的价格，买者就会去其他地方买；而因为每个麦农都可以按照现行市场价格卖出他想卖的量，所以麦农没有理由降价。如果任何人都可以决定开一个农场，而任何农场主都可以轻松离开所在的行业，那么小麦市场就基本满足完全竞争市场的假设条件了。

（2）完全竞争市场上的价格、需求曲线、平均收益与边际收益。

1）价格、需求曲线。在完全竞争市场，由于产品是同质的，每个厂商都是均衡价格的接受者，而均衡价格是由整个行业的供给和需求所决定的，所以当行业均衡价格确定之后，对单个厂商来说这个价格就是既定的。这意味着，一方面，在给定价格下厂商可以销售无穷多的商品，但只要提价就不会有人购买，因为所有厂商都销售同样的产品，所以消费者知道在哪里能买到更便宜的产品。另一方面，如果厂商是理性经营，就不会降价。因为厂商能够在既定价格下销售所有想卖的产品，降价只会使利润受损。

行业的需求曲线是描述消费者对整个行业所生产的商品的需求状况的曲线。一般情况下，需求曲线 D 是一条向右下方倾斜的曲线，而供给曲线 S 是一条向右上方倾斜的曲线，整个行业的产品均衡价格是 P^*，如图 1-1-13（a）所示。图 1-1-13（b）中厂商面临的需求曲线 dd 是相对于市场供求曲线所决定的均衡价格 P^* 而言的。如果市场供给曲线发生变动，就会形成新的均衡价格，那么厂商就会面临一条从新的均衡价格水平出发的水平需求曲线。

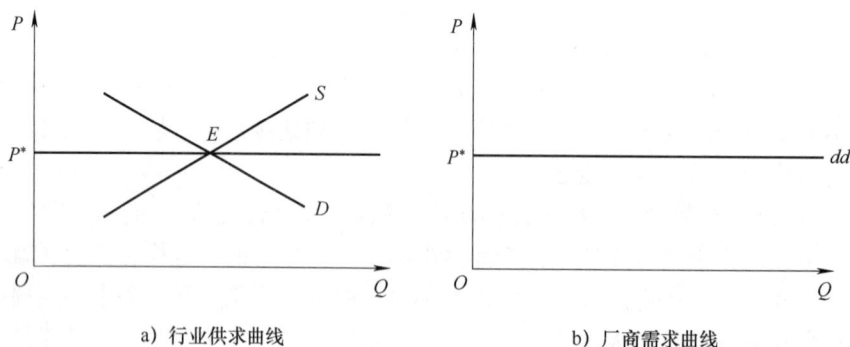

a）行业供求曲线 b）厂商需求曲线

图 1-1-13 行业供求曲线与厂商需求曲线

2）平均收益与边际收益。假设市场上青菜每千克 1 元，菜农的收益如表 1-1-7 所示。

表 1-1-7　菜农收益表

价格（元/kg）	销售量/kg	总收益（元）	平均收益（元）	边际收益（元）
1	100	100	1	
1	200	200	1	1
1	300	300	1	1
1	400	400	1	1

从表 1-1-7 中可以很清楚地看出，菜农对每单位商品都是按均衡价格 1 元出售，菜农总收益随销售量的增加而增加，但是由于商品的单位价格不变，不仅菜农的平均收益保持不变，而且边际收益也保持不变，都等于商品的单位售价 1 元。

在完全竞争市场中，个别厂商销售量的变动对市场价格没有任何影响，即厂商只能按均衡价格 P^* 来出售商品，所以每增加销售一单位产品所增加的收益仍然是 P^*，也就是说，厂商的平均收益曲线、边际收益曲线和个别厂商的需求曲线是完全重合的水平线，即 $AR = MR = P$。

2. 完全垄断市场

（1）完全垄断市场的特征。完全垄断又称独占、卖方垄断或纯粹垄断。与完全竞争市场结构相反，完全垄断市场是指一家厂商控制了某种产品全部供给的市场结构。完全垄断市场具有以下特征：

1）厂商数目唯一，即一家厂商控制了某种产品的全部供给。完全垄断市场上垄断厂商排斥其他竞争对手，独自控制了一个行业的供给。由于整个行业仅存在唯一的供给者，垄断厂商就代表这个行业。

2）完全垄断厂商是市场价格的制定者。由于垄断厂商控制了整个行业的供给，也就控制了整个行业的价格，成为价格制定者。完全垄断厂商可以有两种经营决策：以较高价格出售较少产量，或以较低价格出售较多产量。

3）完全垄断厂商的产品不存在任何相近的替代品。如果其他企业可以生产替代品来代替垄断厂商的产品，那么完全垄断厂商就不可能成为市场上唯一的供给者。完全垄断市场上的消费者没有其他选择。

4）其他任何厂商进入该行业都极为困难或不可能。完全垄断市场存在进入壁垒，其他厂商难以参与生产。垄断厂商之所以能够成为某种产品的唯一供给者，是由于该厂商控制了这种产品的供给，使其他厂商不能进入该市场并生产同种产品。产生垄断一般是由于原料资源的独家控制、政府特许权、规模经济的要求等。完全垄断市场在现实生活中非常少见，我国的邮政、铁路、电力等行业都属于完全垄断行业。

（2）垄断市场的需求曲线、平均收益与边际收益。在完全垄断市场，由于整个行业只有垄断厂商这一个卖者，厂商需求曲线就是行业需求曲线。完全垄断厂商不同于完全竞争厂商的重要区别在于完全垄断厂商能影响其产品价格，如果垄断厂商降低价格，需求量就会增加，厂商也可以通过减少供给量来提高价格。图 1-1-14 中，完全垄断厂商的需求曲线是向右下方倾斜的。平均收益是总收益除以销售量的商，也就是价格。在任何市场类型中，平均收益一定等于价格。在完全垄断市场，平均收益曲线和需求曲线是完全重合的。

完全垄断市场中，由于厂商的需求曲线向右下方倾斜，厂商想要多销售产品，就必须降低价格。厂商每多销售一单位产品所带来的总收益的增加量总是小于产品单价，即边际收益小于平均收益。因此完全垄断市场中的边际收益曲线向右下方倾斜且位于平均收益曲线的下方。

3. 垄断竞争市场

（1）垄断竞争市场的特征。在现实社会中，完全竞争市场和完全垄断市场是极为罕见的，比较常见的是介于两者之间的、既有垄断又有竞争的混合体——垄断竞争市场和寡头垄断市场，又称为不完全竞争市场。垄断竞争市场更接近于完全竞争市场，而寡头垄断市场更接近于完全垄断市场。垄断竞争市场是指在一个市场中有许多厂

图 1-1-14　完全垄断厂商的需求曲线、平均收益曲线与边际收益曲线

商生产和销售相近又有差别的商品。垄断竞争是一种介于完全竞争和完全垄断之间的市场组织形式，在这种市场中，既存在着激烈的竞争，又具有垄断的因素。比如现在的手机市场就属于垄断竞争市场。垄断竞争市场应具有如下基本特征：

1）市场中存在较多数目的厂商，彼此之间存在较激烈的竞争。由于每个厂商都认为自己的产量在整个市场中只占很小的比例，因而厂商认为改变自己的产量和价格，不会招致其竞争对手采取相应的行动。

2）厂商生产的产品是有差别的。产品差别是指同一产品在价格、外观、性能、质量、构造、颜色、包装、形象、品牌、服务和商标广告等方面的差别，以及以消费者想象为基础的差别。由于存在这些差别，产品成了带有自身特点的"唯一"产品，消费者有了选择的必要性，厂商对产品的生产销售量和价格具有控制力，即具有一定的垄断能力，而垄断能力的大小则取决于该厂商的产品区别于其他厂商产品的程度。产品差别越大，垄断程度越高。

3）厂商进入或退出行业都比较容易。垄断竞争市场是一种常见的市场结构，如肥皂、洗发水、毛巾、服装、布匹等日用品市场，餐馆、旅馆、商店等服务业市场，牛奶、火腿等食品类市场，书籍、药品等市场大部分属于此类。

（2）垄断竞争市场的需求曲线、平均收益与边际收益。由于垄断竞争厂商生产的是有差别的产品，因而厂商对产品具有一定的垄断能力，和完全竞争厂商只是被动地接受市场的价格不同，垄断竞争厂商对价格也有一定的影响力。比如，厂商如果将产品的价格提高一定的金额，则习惯于消费该产品的消费者可能不会放弃该产品，因此该产品的需求不会大幅度下降。但若厂商大幅度提价的话，由于存在大量的替代品，消费者就可能舍弃对产品的偏好，转而购买该产品的替代品。因此，垄断竞争厂商面临的需求曲线相较于完全竞争厂商而言更陡，而相较于垄断厂商而言更缓，即更富有弹性。

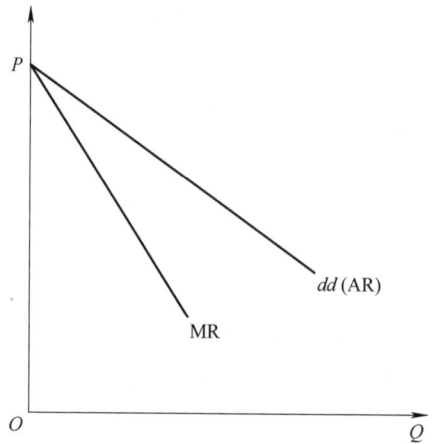

由于厂商的平均收益总是等于价格，因此平均收益曲线就是厂商的需求曲线。由于需求曲线向右下方倾斜，则平均收益曲线也是向右下方倾斜的，且两线重合。由于平均收益递减，则边际收益必定也是递减的，并且小于平均收益。与垄断厂商类似，垄断竞争厂商的边际收益曲线也位于平均收益曲线之下，且较平均收益曲线更陡峭。

4. 寡头垄断市场

（1）寡头垄断市场的特征。在现实生活中，我们还会看到这样一种市场，即不是只有一个厂商存在，也不是存在很多厂商，而是由少数几个厂商控制着某个行业，这种市场就是寡头垄断市场。寡头垄断市场又称寡头市场，是指由少数几个大型厂商控制某种产品的大部分供给乃至整个市场的一种市场结构。寡头垄断市场是介于垄断竞争市场与垄断市场之间的一种市场结构。寡头厂商之间生产的产品可以是同质的，如钢铁、水泥、石油、有色金属、塑料、橡胶等行业；而在有些行业，产品是有差别的，如汽车、飞机、家用电器、铁路运输、电信服务业等。一般而言，寡头垄断市场应具备以下特征：

1）厂商数目屈指可数。厂商在一定程度上控制产品价格和绝大部分的市场份额。

2）寡头垄断厂商之间相互依存，各厂商均是反应后再决策。由于市场中的厂商数目较少，每个厂商在市场中都占据很大的份额，对市场都有举足轻重的影响力，因此一个厂商的价格和产量变动，不仅影响该厂商的市场份额和利润，也会直接影响其他厂商的市场份额和利润，因而厂商所做的价格-产量决策很容易遭到其竞争对手的报复。所以，寡头垄断厂商在做出决策的时候必须把其竞争对手可能采取的对策考虑进去，而竞争对手的可能对策又是难以推测的，因此，寡头垄断厂商的决策具有重要的不确定性。寡头垄断厂商的价格-产量决策过程就是该寡头垄断厂商与其他寡头垄断厂商之间相互博弈的过程。我们知道，完全竞争厂商是价格的被动接受者，而垄断厂商则是价格的主动制定者，但寡头垄断厂商则是“价格的搜寻者”。正是由于寡头垄断厂商之间价格决策的不确定性，厂商往往尽力避免打“价格战”。在寡头垄断行业中除价格竞争，更经常进行的是非价格竞争，比如广告竞争、品牌竞争、服务竞争等。

3）产品同质或异质。产品没有差别，彼此依存的程度很高，叫纯粹寡头，存在于钢铁、尼龙、水泥等产业；产品有差别，彼此依存关系较低，叫差别寡头，存在于汽车、重型机械、石油产品、电气用具、香烟等产业。

4）进出不易。其他厂商进入极其困难。因为不仅在规模、资金、信誉、市场、原料、专利等方面，其他厂商难以与原有厂商匹敌，而且由于原有厂商相互依存，休戚相关，其他厂商不仅难以进入，也难以退出。

（2）不同市场的比较。前面我们研究了4种不同的市场结构：完全竞争市场、垄断竞争市场、寡头垄断市场、完全垄断市场。这4种市场结构具有不同的特点，不同市场结构中的厂商的价格决策、产量决策都不相同，其竞争策略和竞争程度也不一样，因而经济效率也不同。下面仅对这4种市场结构进行简单比较。

1）需求曲线。厂商面临的需求曲线是厂商决策的基本依据之一，也是市场的一个基本的特征。完全竞争厂商只能被动地接受市场的价格，因而其需求曲线是水平的，也就是具有完全弹性。对不完全竞争厂商来讲，它们往往都能在一定程度上影响市场的价格，因而其需求曲线都是向右方下倾斜的，但斜率各不相同。一般来说，垄断程度越高，需求曲线的斜率（绝对值）就越大，所以垄断厂商的需求曲线最陡峭，寡头垄断厂商次之，垄断竞争厂商更平缓。

2）经济效率。完全竞争厂商实现长期均衡时的价格与长期平均成本的最低点相等，这时平均成本最低，并且均衡价格最低，均衡产量最高。垄断竞争厂商实现长期均衡时，和完全竞争厂商一样经济利润为0，但均衡点却位于长期平均成本曲线最低点的左边，因而产量更低，平均成本更高。寡头垄断厂商和垄断厂商的情况则是产量更低，价格高出长期平均成本曲线的最低点更多，所以垄断程度越高，厂商的长期平均成本以及产品价格都更高，但产量却更低。平均成本高、产量低，说明厂商的生产是无效率的，价格高说明消费者要付出更高的代价。因而从全社会的角度看，垄断程度越高，效率越低。

3）生产成本。完全竞争和垄断竞争行业都是小厂商，因而缺乏规模经济，成本较高。寡头垄断厂商和垄断厂商往往是大企业，可以进行大规模的生产，能够获得规模经济，因此可以大大降低成本和价格，如钢铁、冶金、汽车、石油化工等行业。而在有的行业，引入竞争机制反而会造成社会资源的浪费或损害消费者利益，比如城市居民的取暖、邮政等。

4）广告支出。完全竞争市场由于产品是无差别的，因而不用做广告；而垄断竞争市场和寡头垄断市场的厂商为了避免激烈的价格竞争，更多地采用非价格竞争的形式，例如广告竞争就是其中一种最常用的方式。广告的作用不过是加深其产品在消费者头脑中的印象，某个厂商市场的扩大就是别的厂商市场的缩小，所以如果所有厂商都全面减少广告支出，对总需求不会有影响，但如果某个厂商从广告战中撤出，就会遭受损失。从全社会的角度看，广告只是提高了厂商的营运成本，从而提高了价格，所以对消费者是不利的。如果减少广告支出，节省的资源可以用于生产其他产品，从而提高全社会的经济效率。

六、收入分配理论

（一）收入分配的原理

1. 生产要素概述

厂商均衡理论分析了产品市场的均衡价格及均衡产量如何决定，回答了微观经济学中生产什么、生产多少和如何生产的问题。生产要素价格决定理论将分析要素市场上要素价格如何决定，即国民收入如何决定的问题，也就是微观经济学应当回答的为谁生产的问题。

生产要素是指进行社会生产经营活动需要的各种社会资源，是维系国民经济运行及市场主体生产经营所必须的基本因素。生产要素包括劳动力、土地、资本、企业家才能4种，随着科技的发展和知识产权制度的建立，技术、信息也作为相对独立的要素投入生产。这些生产要素在市场中进行交换，形成各种各样的生产要素价格及体系。

一般而言，生产要素至少包括人的要素、物的要素及其结合因素，劳动者和生产资料之所以是物质资料生产的最基本要素，是因为不论生产的社会形式如何，劳动者和生产资料始终是生产不可缺少的要素，前者是生产的人身条件，后者是生产的物质条件。在生产过程中，劳动者运用劳动资料进行劳动，使劳动对象发生预期的变化。生产过程结束时，劳动和劳动对象结合在一起，劳动物化了，劳动对象被加工了，形成了符合人们需要的产品。如果从结果的角度考察整个过程，劳动资料和劳动对象表现为生产资料，劳动本身则表现为生产劳动。

由于生产条件及其结合方式的差异，社会分为不同的经济结构和发展阶段。在社会经济的发展过程中，生产要素的内涵日益丰富，并且新的生产要素不断出现，例如现代科学、技术、管理、信息、资源等要素进入生产过程，在现代化大生产中各自发挥重大作用。生产要素的结构方式也将发生变化，而生产力越发达，这些因素的作用越大。

2. 生产要素的价格

生产要素的价格是指生产要素的使用费用或报酬，例如，土地的地租、劳动力的工资、资本的利息、管理者的利润等。尽管生产要素和普通产品都要通过买卖关系才能实现其自身的价值，但是，两者在买卖结束后所起的作用是不一样的。对于产品来说，买主得到产品后就进入了该产品的最后消费环节，买主通过消费该产品实现一定程度的满足。而购买生产要素的买主不是把生产要素用于消费，而是将其进一步投入生产过程中，并且生产要素在进入生产过程前仅仅是一种可能的生产能力，只有在它们进入生产过程并按照一定比例结合起来并创造产品和服务之后，才能转变为现实的生产能力，也就是说只有在这时生产要素才能体现出其价值，生产要素的所有者才能获得相应的收入。

生产要素所有者的收入就是生产要素的价格，它们之间的关系如表1-1-8所示。因此，生产要素的价格决定问题就是要素所有者的收入分配问题。

表 1-1-8　生产要素与价格的对应关系

生产要素	生产要素的表现形式	要素所有者	要素价格
劳动力	人的体力和脑力支出	劳动者	工资
资本	货币资本	资本所有者	利息
土地	包括土地在内的一切自然资源	土地所有者	地租
企业家才能	组织管理能力	企业家	正常利润

3. 生产要素分配与收入分配

研究生产要素分配对收入分配的影响，应遵循马克思基本原理：消费生产要素与收入分配资料的任何一种分配，都不过是生产条件本身分配的结果。以我国的城乡收入分配为例，城乡收入的差距与生产要素分配有着直接关系。在我国，城乡之间的生产要素分配存在明显差距。城市拥有更多的优质教育资源、先进技术和便利的基础设施，这使得城市居民在就业机会和收入水平上具有较大优势。相比之下，农村地区在生产要素的获取和利用方面可能受到限制，导致农村居民的收入相对较低。具体来说，农村地区可能缺乏优质的教育资源，农民在知识和技能的积累上相对不足，限制了他们在高收入职业中的竞争力。此外，农村地区的基础设施建设和技术应用可能相对滞后，这也影响了农村产业的发展和农民收入的提高，从而使得城乡收入差距扩大。这一问题的形成既不能怪罪效率优先，更不能用公平分配去解决，只能从生产要素分配入手。只有在生产要素分配上使农民与城市居民获得同等待遇，才有利于社会公平。

在市场经济条件下，分配是按生产要素进行的，因而生产要素的分配就决定了收入的分配。长期以来我们只强调劳动力在价值创造和财富生产中的作用，而其他生产要素的作用及其对国民收入的影响容易被忽视，因而一直只强调劳动力参与收入分配的问题。而按生产要素分配应当在继续凸显劳动力因素的同时，给资本、技术和管理等生产要素以足够的重视，使它们也合理合法地得到回报。

4. 生产要素市场与产品市场

在市场经济条件下，产品市场与生产要素市场是相互依存和相互制约的：厂商作为产品生产者需求要素而供给产品，与此对应，生产要素的所有者则供给要素而需求产品。厂商在生产要素市场上买进要素时付出的价款形成要素所有者的收入，同时也构成产品的成本；生产要素的所有者卖出要素取得的收入成为厂商卖出其产品的销售价款的来源。它们之间的联系如图 1-1-15 所示。

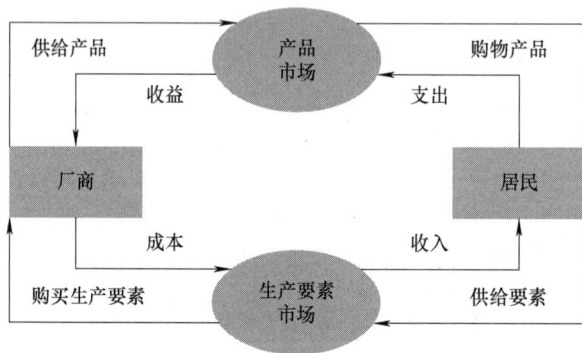

图 1-1-15　产品市场与生产要素市场的联系

通过观察产品市场与生产要素市场的联系，我们知道居民的收入取决于生产要素市场中的要素价格，而要素价格取决于厂商产品的收益，厂商产品的收益又来自居民的支出，因此，想要提高居民的生活水平，必须通过提高居民的收入来实现。

（二）要素价格决定理论

要素价格决定理论是分配理论的重要组成部分，但不构成其全部内容。分配理论还包括各生产要素收入在国民收入中所占的比例、收入分配差异或平等程度及其原因的研究、国家对收入分配与再分配的调节等内容。

生产要素的价格构成厂商生产的成本，同时也构成生产要素所有者的收入，所以要素的价格决定也是国民收入在要素所有者之间分配的问题，因此，要素的价格决定实际是经济学分配理论的一个重要组成部分。

1. 工资决定理论

工资是劳动者提供劳务得到的报酬，也就是劳动这种生产要素的价格，这个价格取决于劳动的需求与供给。

（1）劳动与闲暇。每个劳动者每天只有 24 个小时，这是一个客观的约束条件，而且每个劳动者不可能一天 24 小时都在工作，他们需要休息。为了方便，我们统一假设每个劳动者每天的工作时间是 8 个小时，这样每个劳动者每天可自由支配的时间就是 16 个小时。我们把每个劳动者每天可供支配的 16 个小时划分为劳动时间和闲暇时间。如果劳动者劳动时间增加了，其收入会提高，进而可以通过消费提高自身效用。但是，劳动时间增加了，闲暇时间就会减少，而闲暇也可以给消费者带来效用。例如，我们可以利用闲暇时间和家人一起享受休闲时光。反之，闲暇时间增加了，劳动时间就会减少，这意味着收入的下降。所以，劳动者的劳动供给问题就是如何把这 16 个小时的自由支配时间在劳动和闲暇两种用途上进行分配，以实现自身效用的最大化。

（2）劳动需求曲线。劳动需求曲线是一条向右下方倾斜的曲线，表明劳动的需求量与工资呈反方向变动，如图 1-1-16 中的曲线 D 所示。图中 L 表示劳动的数量，W 表示工资水平。劳动需求曲线向右下方倾斜是由劳动的边际生产力递减规律决定的。

（3）劳动供给曲线。如图 1-1-16 中的曲线 S 所示，劳动供给曲线是一条向后弯曲的曲线，也就是说最初随着工资水平的上升，劳动的供给增加。如图中供给曲线的 AB 弧段，当工资从 W_0 上升到 W_1 时，劳动供给量从 L_0 上升到 L_2。但是当工资水平超过某个点之后，劳动的供给反而随着工资的上升而减少。图 1-1-16 中的 BS 弧段，当工资从 W_1 上升到 W_2 时，劳动供给量从 L_2 下降到 L_1。

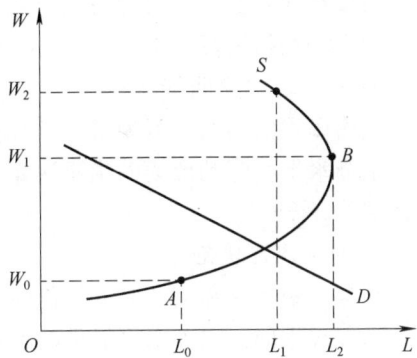

图 1-1-16　劳动的需求曲线与供给曲线

为了解释这种现象，我们需要考虑工资水平的变动如何影响劳动者的劳动供给。劳动工资的变动存在替代效应和收入效应。

替代效应是指工资变动对劳动者闲暇时间与其他商品之间的替代关系产生的影响。当每小时的工资上升时，劳动者享受闲暇的机会成本也就上升了，于是理性的劳动者就会减少闲暇时间，或者说劳动者会用劳动来代替闲暇，这就是替代效应。

收入效应是指工资的变动对劳动者的收入产生影响，从而影响劳动者对劳动时间的选择。当工资提高到一定水平时，闲暇相对其他商品显得更为稀缺，所以劳动者此时愿意少提供劳动以多享受闲暇。

一般来说，收入效应与替代效应同时存在，哪种效应更大则要视工资水平的高低而定。当工资水平较低时，替代效应大于收入效应，工资的上升吸引劳动者增加工作时间，劳动供给增加；当工资水平较高时，收入效应大于替代效应，劳动者的劳动供给减少，这是因为较高的工资允许劳动者不降低其生活水平的前提下减少工作时间。所以，当工资到达某一临界点之后，劳动供给不但不会随着工资的提高而增加，反而会下降，即劳动的供给曲线向后弯曲。

（4）均衡工资的决定。劳动市场的工资水平往往由劳动需求与供给共同决定。将所有单个劳动者的劳动供给曲线水平相加，可以得到整个市场的劳动供给曲线。尽管许多单个劳动者的劳动供给曲线可能向后弯曲，但劳动市场的供给曲线却不一定如此。在较高的工资水平上，现有的雇员也许会提供较少的劳动，但高工资也能吸引外来的移民或雇员，如美国等西方发达国家每年有大量移民涌入，我国每年有大量的中西部地区民工到东部或沿海地区打工，因而总的市场劳动供给一般随工资的上升而增加，即市场劳动供给曲线仍然是向右上方倾斜的。

由于生产要素的边际生产力和产品的边际效益递减规律，生产要素的市场需求曲线通常是向下方倾斜的，劳动的市场需求曲线也是如此。将向右下方倾斜的劳动需求曲线和向右上方倾斜的劳动供给曲线结合起来，即可得到市场均衡工资水平。如图 1-1-17 所示，劳动需求曲线 D 和劳动供给曲线 S 的交点 E 是劳动市场的均衡点，该均衡点的均衡工资为 W_e，均衡数量为 L_e。因此，均衡工资水平由劳动市场的供求决定，且随着供求的变化而变化。

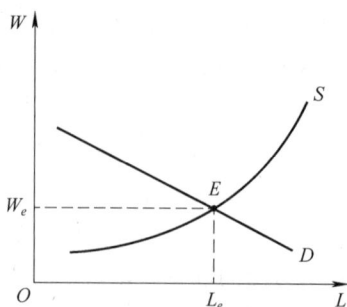

图 1-1-17　劳动市场的均衡

2. 利息决定理论

利息是资本这种生产要素的价格，资本所有者提供了资本，得到了利息。利息与工资的计算方式不同，它不是用货币的绝对量来表示，而是通过利率来表示。

（1）资本和利息。

1）资本是指由经济制度本身产生并被用作生产要素投入生产，以便进一步生产物品。资本的类型包括：①建筑物，如厂房和住宅；②设备，如生产设备、机器工具；③投入和产出的存货，如原材料。

2）利息是资本的价格，一般用利息占资本总额的百分比，即利率来表示。假设利率为 i，那么：

$$i = R/P \tag{1-24}$$

式中，R 表示利息，P 表示资本价值。

（2）资本的需求。资本的需求主要来自 3 个方面：企业的投资；居民家庭超过当期收入的投资，特别是对房屋和耐用品以及人力资本的投资；政府增加公共基础建设和平衡财政赤字需要的资本。

由于企业的投资是资本需求的重要组成部分，因此我们以企业对资本的需求为例。企业对资本的需求是由资本的边际生产力决定的，由于资本的边际生产力是递减的，因此企业对资本的需求曲线向右下方倾斜。如图 1-1-18 所示，曲线 D 为资本的需求曲线，横轴 K 代表资本量，纵轴 i 代表利率。

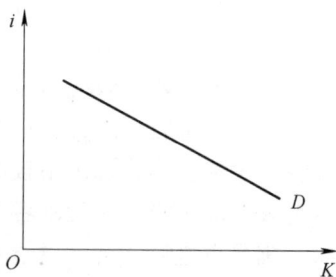

我们也可以用利润率与利率的关系来说明为什么资本的需求曲线向右下方倾斜。当企业借入资本进行投资时，首先要考虑利润率是否大于利率。只有利润率大于利率时，企业利用借入的资本才有收益，否则得不偿失。在利润率既定时，利率越低，企业的利润越高，企业越愿意投资，企业对资本的需求也就越大。因此，利率与资本需求量呈反方向变动，即资本的需求曲线向右下方倾斜。

图 1-1-18　资本的需求曲线

（3）资本的供给。资本的供给是指在各种可能的利率下，人们愿意提供的资本数量。资本供给来自人们愿意为获取利息而进行的储蓄。资本的潜在供给主要来自3个方面：

1）居民的家庭储蓄，一般与居民的收入水平和市场利率有关。收入越高，储蓄越多，可供资本量越大；收入越低，储蓄越少，可供资本量越小；市场利率越高，居民家庭储蓄越多；市场利率越低，居民家庭储蓄越少。

2）企业的储蓄，一般与居民家庭储蓄相同，即当利率越高时，储蓄越多，可供资本量越大；利率越低时，储蓄越少，可供资本量越小。

3）政府调节货币供给量的权利。政府通过增加或减少货币供给量，调节市场上的货币流通，从而稳定经济，促进国民经济的发展。

一般来说，利率越高，人们的储蓄越多，资本的供给量就越多，即资本的供给量与利率同方向变化。

3. 地租决定理论

（1）土地的供给与地租的决定。地租是指在一定时期内利用土地生产力的代价或利用土地这一生产要素提供劳务的报酬，由土地市场上的土地需求与土地供给共同决定。土地的需求由土地的边际生产力决定，由于土地的边际生产力是递减的，因此土地的需求曲线向右下方倾斜，如图 1-1-19 中的 D_1 曲线。而土地的供给基本是固定的，因此土地的供给曲线垂直于横轴，如图 1-1-19 中的 S 曲线。这样，土地市场的均衡如图 1-1-19 所示，横轴 N 表示土地量，纵轴 R 代表地租，D_1 与 S 相交于 E_1，决定了此时地租水平为 R_1。

土地供给不变的条件下，随着土地需求的增加，地租有上升的趋势。图 1-1-19 中，当土地的需求由 D_1 上升为 D_2 时，土地的供给仍然是 S，这时，D_2 与 S 相交于 E_2，此时的地租水平为 R_2。$R_2 > R_1$，说明随着经济发展，土地需求增加，地租上升了。

（2）准租金和经济租金。土地服务之所以能获得地租，是因为无论从短期还是从长期来看，土地资源都是一种完全缺乏供给价格弹性的生产要素。准租金是指从短期来看，供给固定且不存在其他用途的要素报酬，即固定供给量的生产要素的收益。例如，在短期内，企业使用的专用设备的数量是固定的，且它们只能用于特定产品的生产。这些要素的报酬之所以称为准租金，是因为它们供给固定和不存在其他用途的特点与土地类似。

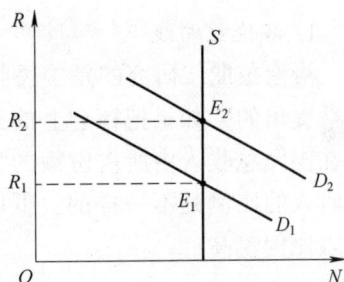

图 1-1-19　土地市场的均衡

经济租金类似于生产者剩余，它等于要素收入和其机会成本之间的差额，也就是说，它是生产要素所有者得到的额外收入。例如，一块土地用于生产带来的收入为 A，若出租获得收入为 B（即要素出租的机会成本，假设其为最低的机会成本），则经济租金为 $A - B$。那么，土地的所有者为了获取更多的收入，将选择土地作为自用生产。正是由于经济租金的存在，生产要素才能继续用作现有的用途，而不被转作他用。因此，经济租金的存在是生产要素获得稳定用途的前提。

4. 利润决定理论

(1) 企业家才能的含义。企业家才能是一种特殊的生产要素。企业家是指以提高企业业效益为经营目标，通过市场竞争过程，将自己的知识、技能、经验等（即人力资本）与企业的物质财产结合在一起，从而在生产经营中占有企业的整体资产，独立地、创造性地组织与指挥企业，根据市场行情开展经济活动并承担相应风险的专门经营者群体。企业家才能也像劳动、资本、土地等生产要素一样，是一种必要的生产要素。但与其他生产要素相比，企业家才能要素具有特殊性。

(2) 企业家才能的价格。经济学上习惯把利润分为正常利润和超额利润，它们的性质与来源是不同的。超额利润是指超过正常利润的那部分利润，又称纯粹利润或经济利润，它来源于创新、承担风险或垄断；而正常利润是企业家才能的价格，也是企业家才能这种生产要素的收入，它包括在成本之中，是一种特殊的工资，由企业家才能的需求与供给所决定。

企业家才能的供给与其价格呈正比关系。企业家才能必须按照市场原则获得同其边际贡献相当的报酬。没有相应的回报，就没有人愿意投入企业家才能，就难以激励企业家才能的充分发挥，刺激人们对企业家才能要素供给的投资。因此，企业家才能价格提高，会刺激企业家才能供给增加，反之供给减少。

企业家才能的需求与其价格呈反比关系。企业家才能的价格提高，能支付得起这种价格的企业会减少，那么企业家才能的需求就会减少。

（三）社会收入分配

1. 洛伦兹曲线

洛伦兹曲线研究的是国民收入在国民之间的分配问题，它是由美国著名统计学家洛仑兹提出的。如果把社会上的人口分为五个等级，每个等级各占总人口的20%，按他们在国民总收入中所占份额的大小做出表1-1-9。表1-1-9中，每个收入等级所占国民总收入的比例是不一样的，低收入者所占的收入比例较低，而同比例的高收入者所占收入比例较高。

表1-1-9　人口与收入分配的关系　　　　　　　　　　（%）

收 入 等 级	收 入 占 比			
	占人口的百分比	累计人口百分比	占收入的百分比	累计收入百分比
最低收入者	20	20	4	4
较低收入者	20	40	8	12
中等收入者	20	60	17	29
较高收入者	20	80	22	51
最高收入者	20	100	49	100

与表1-1-9相对应，在二维坐标内画一个矩形，纵轴衡量收入累计占社会财富的百分比，将之划分为5个等级，每一等级为20%的社会总财富。在矩形的横轴上，将社会总人口从最贫者到最富者自左向右排列，也分为5个等级，第一个等级代表收入最低的

20% 人口，从左往右收入依次增高。最后，将人口累计百分比和收入累计百分比的对应关系描绘在图形上，即得到洛伦兹曲线，如图 1-1-20 所示。

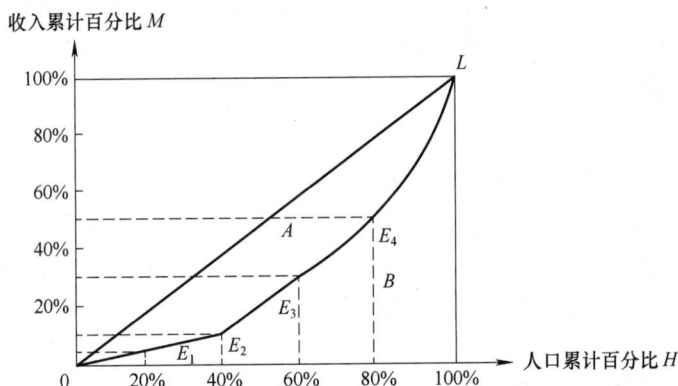

图 1-1-20　洛伦兹曲线

显而易见，洛伦兹曲线的弯曲程度具有重要意义，一般来说，它反映了收入分配的不平等程度。洛伦兹曲线越弯曲，收入分配越不平等；洛伦兹曲线越直，收入分配越平等。特别地，如果所有收入都集中在某个人手中，而其余的人一无所有，此时收入分配达到完全不平等，洛伦兹曲线成为折线 OHL；如果人口百分比等于其收入百分比，从而人口累计百分比等于收入累计百分比，则收入分配就是完全平等的，洛伦兹曲线成为通过原点的 45°线 OL。

洛伦兹曲线可以用于比较和分析一个国家在不同时代或者不同国家在同一时代的收入不平等程度，该曲线作为一个反映收入和财富分配信息的图形方法得到了广泛应用。

2. 基尼系数

一般来说，一个国家的收入分配既不是完全不平等，也不是完全平等，而是介于两者之间。相应的洛伦兹曲线既不是折线 OHL，也不是 45°线 OL，而是像图 1-1-20 中所示向横轴突出的弧线 OL，尽管突出程度各自不同。

将洛伦兹曲线与 45°线之间的部分 A 叫作"不平等面积"，当收入分配达到完全不平等时，洛伦兹曲线成为折线 OHL，OHL 与 45°线之间的面积 $A+B$ 叫作"完全不平等面积"。不平等面积与完全不平等面积之比，称为基尼系数，它是衡量一个国家贫富差距的标准。基尼系数公式为 $G = A/(A+B)$，显然，基尼系数既不会大于 1，也不会小于 0。

设 G 为基尼系数，则：

$$G = A/(A+B)\ (0 \leqslant G \leqslant 1) \tag{1-25}$$

若 $A=0$，则 $G=0$，此时收入分配绝对平等；若 $B=0$，则 $G=1$，此时收入分配绝对不平等。

经济学家们通常用基尼系数来反映一个国家和地区的财富分配状况。基尼系数在 0 和 1 之间，数值越低，表明财富在社会成员之间的分配越平等；数值越大，表明财富在社会成员之间的分配越不平等。联合国有关组织规定：G 低于 0.2 表示收入分配绝对平等；G 在 0.2 ~ 0.3 表示收入分配比较平等；G 在 0.3 ~ 0.4 表示收入分配相对合理；

G 在 $0.4 \sim 0.5$ 表示收入差距较大；G 在 0.5 以上表示收入差距悬殊。

通常把 0.4 作为收入分配差距的警戒线。一般发达国家的基尼系数在 $0.24 \sim 0.36$，美国偏高，为 0.4。我国内地和香港地区的基尼系数都超出了 0.4。洛伦兹曲线的弧度越小，基尼系数也越小；洛伦兹曲线的弧度越大，基尼系数也越大。

(四) 收入分配平等化政策

1. 市场竞争与收入分配的不平等

在市场经济中，国民收入分配问题实际上就是要素价格或者要素报酬决定问题。在现实中，人们占有要素的情况往往是不一样的，有的人占有的要素多些，有的人则少些，甚至完全不占有；有的人劳动力强些，有的人劳动力弱些。因此，根据要素在生产中的贡献来分配收入，人们收入必然存在差别，或者说不均等。

(1) 引起收入分配不平等的原因。

1) 由历史原因造成的初始财产分配不平等。财产的积累一般是人们通过对高收入的积蓄、持有普通股票或不动产取得投机收入、发现大量的天然资源、新产品和新工艺的发明等来实现的。例如，一个家庭越富裕，这个家庭的后代能继承的财产和财富越多。由于财产具有无限性和可继承性，因而人们对财产的拥有量成为引起收入不平等的重要因素。

2) 个人的差异。每个人的智力、性格和工作能力上的差异，以及勤奋程度、机遇等都有可能造成收入的不同。一个人赚钱的能力是由身高、体重、力量等身体因素以及记忆力、逻辑思维能力、语言能力等智力因素决定的。此外，特殊行业和危险部门会拥有较高的报酬，个人的运气也会造成收入上的差距。

3) 制度造成的收入不平等。如户籍制度、教育制度、性别限制、工会制度、土地制度等都会引起社会收入分配的不平等。例如，企业在针对某个岗位进行人员招聘时，会对性别进行限制，这样就会造成劳动者就业的不公平，因此带来收入的不平等。

(2) 公平与效率的关系。效率优先、兼顾公平，是我国现行分配政策的一条重要原则。效率优先符合市场经济要求；兼顾公平符合社会主义要求。人与人之间、行业与行业之间，素质优劣、能力大小、生产效益好坏是不一样的，因此，生产效率和贡献也是不一样的，那么报酬与收入也存在差别。为了更好地实现收入分配上的平等，我们必须正确处理好效率与公平的关系，因为如果只考虑公平不讲效率，不利于调动人们的积极性和创造性；而只考虑效率不顾公平，又会拉大收入差距，不利于社会稳定。

因此，必须处理好公平与效率的关系。一方面为了调动人们的工作积极性，提高工作效率，刺激经济发展；另一方面，为了避免贫富差距过大，普遍提高人们生活水平。具体措施如下：

1) 市场上追求效率。在市场经济条件下，应当以公平竞争为主要原则，以追求效率为主要内容，即应当效率优先。效率优先意味着人们以经济建设为中心，以实现生产力的发展为目标。只有效率优先，才能提供公平的物质基础，没有效率，公平也就无法实现。而且，效率提高了，才能用经济成果来追求公平。在两者的关系中，要以效率为先，兼顾公平。

2) 管理上以公平促进效率。在组织的运行中，管理是以实现效率为导向的活动。管理要体现投入产出的效率，体现经济效率的优先性，公平是促进效率优先的一种重要途径。与市场领域中体现的公平竞争不同，管理领域中的公平主要体现在就业机会均等和组织内成员的公平感。

3) 社会制度上追求公平。在社会制度和社会价值方面，公平是首要的原则，但是一味地追求公平可能会对效率产生不利的影响。即便如此，我们也不能牺牲公平只顾效率，正确的做法是，在发展经济方面要追求效率，在处理社会关系方面，尤其在社会整体制度上力求公平。因此，应当使每个人都享有平等的参与竞争、劳动就业的机会，并且实施相应的社会保障制度，实现社会财富再分配的公平。

总之，公平与效率之间，既不能只强调效率而忽视公平，也不能因为公平而不要效率。为了协调公平与效率的关系，调整国民的收入差距，政府必须采取相应的政策。这里主要介绍税收政策和社会福利政策。

2. 税收政策

税收是国家为满足社会公共需要，凭借公共权力，按照法律所规定的标准和程序，参与国民收入分配，强制地、无偿地取得财政收入的一种方式。

税收对经济的影响具有广泛性。首先，税收收入是财政收入的重要来源，只有取得财政收入，才能给经济发展提供必要的公共商品，建立正常的生产关系，为社会经济发展创造良好的环境。其次，税收对社会生产、分配、交换和消费直接产生影响。理想的税收政策应该是既能满足国家的财政收入需要，又不对社会经济产生不良影响。

个人所得税是税收的一项主要内容，它是一种累进税，即根据收入的高低确定不同的税率，对高收入者按高税率征税，对低收入者按低税率征税，当收入达不到规定水平，可免于征税，甚至给予补贴。

税收作为经济杠杆，通过增税与减免税等手段来影响社会成员的经济利益，引导企业、个人的经济行为，对资源配置和社会经济发展产生影响，从而达到调控经济运行的目的。

3. 社会福利政策

如果说税收政策是通过对高收入者征收更多的税来实现收入分配的公平，那么，社会福利政策则是通过对低收入者提供补助来实现收入分配的公平。福利政策的主要内容包括：

(1) 各种形式的社会保障与社会保险。它包括失业保险制度，即对失业人员按一定标准发放维持生活的补助金；养老保险制度，即对退休人员按一定标准发放养老金；对收入低于一定标准的家庭与个人给予贫困补助。这些补助主要是货币形式，也有发放生活用品的形式，其资金来源主要是个人或企业缴纳的保证金，或者是政府的税收。

(2) 向贫困者提供就业机会与技能培训。收入不平等的根源在于贡献的大小不同，而贡献的大小往往与个人的能力相关。在一定程度上，政府可以通过提升低收入者的就业能力和增加就业机会来实现收入的增加，从而缩小收入差距。政府一方面应当保证所有人的平等就业机会，并按同工同酬的原则支付报酬；另一方面通过职业技能培训提高低收入者的文化技能水平，提升就业能力，最终提高收入水平。

(3) 医疗保险和医疗救助。医疗保险属于社会保险，由单位与个人分担缴费，属于个人的基本医疗保障；医疗救助是政府（民政）对享受基本医疗保险待遇的患者进行的额外救助。

（4）教育的资助。它包括兴办学校，设立奖学金、助学金和助学贷款，帮助贫困家庭学生公平地享有受教育机会。

（5）各种保护劳动者的立法。它包括最低工资保障制度和工时制度。

（6）改善住房条件。它包括经济适用房、廉租房和公租房的修建，这样可以减少低收入者的居住成本，改善居住条件，实现收入分配的公平。

社会福利政策的实施对改善低收入者的地位和生活条件，提高他们的实际收入水平起了相当大的作用，对社会的安定和经济的发展也是有利的。但是这些政策也会导致社会生产效率降低和政府财政负担加重等问题。

七、市场失灵与政府干预理论

（一）外部性

外部性也称外溢性、相邻效应，是指一个人的行为对旁观者福利的无补偿的影响。如果对旁观者的影响是不利的，就称为负外部性；如果这种影响是有利的，就称为正外部性。外部性会造成私人成本和社会成本之间，或私人收益和社会收益之间的不一致，这种成本和收益的不一致虽然会相互影响，却没有得到相应的补偿，因此容易造成市场失灵。外部性的影响方向和作用结果具有两面性，可以分为外部经济和外部不经济。那些能为社会和其他个人带来收益或能使社会和个人降低成本支出的外部性称为外部经济，它是对个人或社会有利的外部性；那些能够引起社会和其他个人成本增加或导致收益减少的外部性称为外部不经济，它是对个人或社会不利的外部性。福利经济学认为，除非社会上的外部经济效果与外部不经济效果正好相互抵消，否则外部性会使帕累托最优状态不可能达到，也不能达到个人和社会的最大福利。外部性理论可以为经济政策提供某些建议，它为政府对经济的干预提供了一种强有力的依据，政府可以根据外部性的影响方向与影响程度的不同制定相应的经济政策，并利用相应的经济手段消除外部性对成本和收益的差别影响，实现资源的最优配置和收入分配的公平合理。

市场经济活动以互惠的交易为基础，因此市场中人们的利益关系实质上是同金钱有联系的利益关系。例如，甲为乙提供了物品或服务，甲就有权向乙索取补偿。当人们从事这种需要支付或获取金钱的经济活动时，可能对其他人产生一些影响，这些影响对他人可以是有益的，也可以是有害的。然而，无论有益还是有害，都不属于交易关系。对处于交易关系之外的其他人的影响被称为外部影响，也被称为经济活动的外在性。再如，建在河边的工厂排出的废水污染了河流，对他人造成了危害。工厂排废水是为了生产产品，工厂同购买它的产品的顾客之间的关系是金钱交换关系，但工厂对被废水危害的人却可能无须支付任何赔偿费。这种影响就是工厂生产的外部性影响。当这种影响对他人有害时，就称为外部不经济。当这种影响对他人有益时，就称为外部经济。比如摆在阳台上的鲜花可能给路过的人带来外部经济。

（二）公共物品

1. 公共物品的特性

（1）非排他性。对公共物品的消费者来说，即使没付费，也不会被排除在该物品的使用范围之外，其原因或许是排他是不可能的，或排他的成本过于昂贵，以至于排他是不划算的。如国防、蚊虫控制计划和疾病预防接种计划。

(2) 非竞争性。非竞争性是指某人消费公共物品不一定会影响其他人对它的消费，如灯塔、广播、电视信号。

2. 公共物品与搭便车

公共物品具有非排他性，而且当某消费者使用它以后，对产品的耗损几乎等于零，所以在公共物品的消费中会出现搭便车行为。原因在于，首先公共物品具有很大的利益诱使消费者产生搭便车的行为；其次因耗损非常少，费用负担者不会与搭便车者计较。基于这些原因，公共物品建设的经费来源非常不稳定，甚至无法建造。

3. 政府对公共物品的提供

(1) 政府不可以完全取代公共物品，尤其是准公共物品的"市场"，主要有以下原因：①政府部门缺乏足够的利润动机，因此若由政府部门来生产会造成投入产出效率低下。②政府的生产、经营具有垄断性，因此政府经营的企业缺乏提高效率的动力。③政府部门有追求各自预算最大化的倾向，如果由政府部门来生产公共物品，在预算最大化的激励下，可能导致公共物品的过度供给。

(2) 对于准公共物品，政府通常安排给私人企业生产，采取的方式有如下几种：①授权经营，如自来水公司、电台、报纸、供电。②提供资助，主要领域有科学技术研究、住宅、教育、卫生、保健、复员军人安置、图书馆、博物馆等，主要形式有优惠贷款、无偿赠款、减免税收、财政补助等。③政府参股，主要用于桥梁、水坝、发电站、高速公路、铁路、港口、电信系统等，主要方式有股权收购、国有企业经营权转让、收益风险债券、公共参与基金等。④其他合同形式，主要用于具有规模经济的自然垄断性产品，方式有 BOT 等。⑤自愿社会服务。

(3) 公共物品成本补偿的形式。①税收形式。纯公共物品适用这种形式，如国防、立法、新闻等。消费者无须直接支付费用，但以税收的形式间接支付。②价格形式。一部分准公共物品适用这种形式，如邮电、交通、供水、供电、供气等。③补贴加收费形式。一些政府管理的公共物品供应部门出于公平、社会稳定等因素，往往采取一部分价格由政府补贴，另一部分以较低收费的形式补偿成本，如医疗、教育等。

(三) 垄断与反垄断

1. 垄断

垄断的经济学含义是指垄断主体在市场运行过程中进行的排他性控制或对市场竞争进行实质性限制、妨碍公平竞争秩序的行为，或是少数企业凭借其雄厚的经济实力，对生产和市场进行垄断，并在一定的市场领域内从实质上限制竞争的一种市场状态。垄断的法律含义是指垄断主体对市场的经济运行过程进行排他性控制或对市场竞争进行实质性限制，妨碍公共竞争秩序的行为或状态。

2. 反垄断

反垄断是禁止垄断和贸易限制的行为。反垄断政策是最早的产业组织政策。产业组织政策分为促进竞争并抑制垄断的政策和规范竞争的政策两类。

反垄断主要是从干预市场结构和干预企业行为两个方面来进行的。从政府干预市场结构的措施来看，由于产生市场垄断最主要的因素是卖方集中度、产品差别化和进入障碍，因此，政府干预市场结构、抑制垄断的相应措施是降低卖方集中度或制止集中度上升；降低进入障碍或制止其上升；降低产品差别化程度。

在国外，抑制垄断更常用的手段是干预企业行为。政府干预企业行为的内容包括干预企业定价方式、干预企业非价格竞争、反对压制竞争对手的行为等。具体地说，干预企业行为措施包括禁止妨碍正常交易的契约与合谋；禁止对不同销售对象实行价格歧视；禁止签订排他性交易协议；禁止采取降价倾销的办法争夺市场，压制竞争对手；禁止采取不公正的竞争方法以及欺诈性行为来垄断市场；禁止企图垄断的联合。

我国主要的反垄断法律法规有《反垄断法》《反不正当竞争法》《价格法》《招标投标法》《消费者权益保护法》《关于外国投资者并购境内企业的规定》《制止价格垄断行为暂行规定》等。

(四) 市场失灵

1. 市场失灵的含义

市场失灵是指在充分尊重市场机制作用的前提下，市场仍然无法有效配置资源和正常发挥作用的现象。传统的市场失灵理论认为，垄断、公共物品、外部性和信息不完全或不对称的存在使市场难以解决资源配置的效率问题，市场作为资源配置的一种手段，不能实现资源配置效率的最大化，这时市场就会失灵。市场失灵对非公共物品而言是由于市场的过度垄断和价格变化的扭曲，而对公共物品而言是由于信息不对称和外部性因素的影响，导致资源配置无效或低效，从而不能实现资源配置零机会成本的资源配置状态。

2. 市场失灵的主要表现

（1）收入与财富分配不公。市场机制遵循的是资本与效率的原则。从市场机制自身来看，收入与财富分配不公属于常见的经济现象，市场拥有越多资本在竞争中越有利，提高效率的可能性也越大，收入与财富越向资本与效率集中；另一方面，资本家对其雇员的剥夺造成了收入与财富分配差距的进一步拉大。这又会影响消费水平从而使市场相对缩小，进而影响生产，制约社会经济资源的充分利用，使社会经济资源不能实现最大效用。

（2）外部负效应问题。外部负效应是指某一主体在生产和消费活动的过程中对其他主体造成的损害。外部负效应实际上是生产和消费活动中的成本外部化，但生产或消费单位为追求更多利润或利差，会放任外部负效应的产生与蔓延。例如，化工厂为了减少治污成本增加利润倾向于让工厂排出的废水不加处理而进入下水道、河流、江湖等，但这会对环境保护、其他企业的生产和居民的生活带来危害。社会若要治理污染，就会增加负担。

（3）竞争和市场垄断的形成。竞争是市场经济中的动力机制。竞争是有条件的，一般来说竞争是在同一市场中的同类产品或可替代产品之间展开的。但是由于分工的发展使产品之间的差异不断拉大，资本规模的扩大和交易成本的增加，阻碍了资本的自由转移和自由竞争。此外，市场垄断的出现减弱了竞争的程度，使竞争的作用下降。

造成市场垄断的因素主要有：①技术进步；②市场扩大；③企业为获得规模效应而进行的兼并。生产者受最大化利润的驱使，往往会对公共资源出现掠夺式使用，而不能给资源以休养生息。例如，渔民过度捕鱼、牧民过度放牧。

（4）失业问题。失业是市场机制作用的主要后果。从微观上看，当资本为追求规模经营，提高生产效率时，劳动力被机器替代；从宏观上看，市场经济运行的周期变化，对劳动力需求的不稳定性，都需要有产业后备军的存在，以满足生产高涨时对新增劳动力的需要。劳动者的失业从宏观与微观两个方面满足了市场机制运行的需要，但失业不仅对社会与经济的稳定不利，而且也不符合资本追求日益扩张的市场与消费的需要。

（5）区域经济不协调问题。市场机制的作用会扩大地区之间的不平衡，经济条件越优越、发展起点越高的地区，发展也越有利。随着这些地区经济的发展，劳动力素质、管理水平等会提高，可以支付给资源要素的报酬会提高，这些地区就越能吸引各种优质资源，以发展当地经济。落后地区则会因经济发展所必需的优质要素资源的流失而越发落后，区域经济差距会拉大。另外由于不同地区有不同的利益，不同地区在使用自然资源过程中也会出现相互损害的问题，可以称为区域经济发展中的负外部效应，如江河上游地区林木的过量开采，可能会影响下游地区居民的安全和经济的发展。这种现象造成了区域间经济发展的不协调问题。

（6）公共物品供给不足。公共物品是指消费过程中具有非排他性和非竞争性的产品。非排他性指的是一旦这类产品被生产出来，生产者不能排除他人不支付费用的消费。非竞争性是指对生产者来说，多一个消费者，少一个消费者不会影响生产成本，即边际消费成本为零。从本质上讲，生产公共物品与市场机制的作用是矛盾的，生产者是不会主动生产公共物品的。一旦市场失灵，公共物品供给必然不足。

3. 市场失灵的主要成因

（1）公共物品。公共物品是与私人物品相对应的一个概念。划分这两类物品的依据是竞争性和排他性。私人物品是只能供个人享用的物品，如住宅、服装、食品等。公共物品是可供社会成员共同享用的物品，如国防、警察、广播电视、灯塔、高速公路等。如果单纯地依靠市场，由私人物品生产者生产公共物品，往往会使公共物品的产量低于所需的数量。因此，公共物品的生产和消费问题不能由市场上的个体决策来解决，必须由政府来承担提供公共物品的任务。

（2）不完全竞争。市场机制充分发挥作用的基本假定是市场是完全竞争的，也就是说，不存在各种形式的垄断。但是市场上某种程度的不完全垄断和完全垄断可能使资源配置缺乏效率。因此，政府应当通过对市场结构和企业组织结构进行干预来提高企业的经济效率。

（3）外部性。外部性是指某一经济主体的经济行为对社会上其他人的福利造成了影响，但并没有为此承担后果。例如，工厂乱排放废水会对江河的水质造成危害，甚至危害人的身体健康。

（4）非对称信息。由于经济活动的参与人拥有的信息是不同的，一些人可以利用信息优势进行欺诈，损害人与人的交易。当人们对欺诈的担心严重影响交易活动时，市场的作用就会丧失，市场配置资源的功能也就失灵了。

第二节　管理学基础

管理是人们社会活动的重要组成部分之一，大到国际事务的管理、国家的管理，小到军队、学校、家庭的管理，特别是企业的管理，可以说人类的历史有多长，管理的历史就有多长。管理到 19 世纪末才逐渐形成一门学科，但是管理的观念和实践已经存在了数千年。

本节系统地介绍了管理学相关知识，以管理过程来组织相关内容。首先对管理学基本原理及基本方法进行阐述，梳理管理理论历史沿革，其次分析管理者如何通过"计划-组织-领导-控制" 4 个基本职能活动的开展来有效实现组织目标。本节共分为管理学概述、管理理论的形成和发展、管理的基本原理及方法、计划、组织、领导、控制、创新 8 个部分。

一、管理学概述

管理活动自人类出现便存在了，与此同时管理思想也逐步产生了。事实上，无论是在东方还是在西方，我们均可以找到古人在管理思想方面的精彩论述。现代管理学的诞生以弗雷德里克·温斯洛·泰罗的名著《科学管理原理》（1911 年）以及亨利·法约尔的名著《工业管理和一般管理》（1916 年）为标志。现代意义上的管理学自诞生以来，其有了长足的进步与发展，管理学的研究者、学习者、管理学方面的著作文献等均呈指数上升，显示了管理学作为一门年轻学科蓬勃向上的生机和兴旺发达的景象。进入 21 世纪，随着人类文明的进步，管理学仍然在大力发展其内容和形式。

（一）管理的含义

现代管理学涉及行为科学、系统工程、全面关系流管理、管理学等理论，其中决策论（Decision Theory）、博弈论（Game Theory）和运筹学（Operations Research）在社会经济与企业管理、军事战略等领域具有广泛的用途。学者们从不同的角度对管理进行了定义，如表 1-2-1 所示。

表 1-2-1　学者对管理的定义

代表人物	定义内容	强调内容
弗雷德里克·泰勒	"管理就是要确切了解希望工人干些什么，然后设法使他们用最好、最节约的方法去完成它"这说明管理是一种明确目标，并授予被管理者工作方法，以求更好地达到目标的活动	强调专业管理工作过程的研究和设计
亨利·法约尔	"管理，就是实行计划、组织、指挥、协调和控制"这是从管理的基本职能出发，说明什么是管理，同时也表明管理是个过程	强调管理过程与内容
赫伯特·西蒙	"管理就是决策"决策贯穿于管理的全过程和管理的所有方面，管理的过程就是决策的过程，任何组织都离不开对目标的选择，任何工作都必须经过一系列的比较、评价、拍板后才能开始	强调决策作用
詹姆士·穆尼	"管理就是领导"该定义的出发点是，任何组织中的一切有目标的活动都是在不同层次的领导者的领导下进行的，组织活动的有效性取决于领导者工作的有效性，所以管理就是领导	强调领导作用
哈罗德·孔茨	"管理就是让别人来把事情做成的一种职能"为达成管理目的，要进行计划、组织、人事、指挥、控制、管理这几项工作	强调管理内容
彼得·德鲁克	"管理就是牟取剩余"所谓"剩余"，就是产出大于投入的部分。管理活动都是为了同一个目的，即使产出大于投入	强调管理作用

结合各学者关于管理的研究以及管理学理论和实践发展的最新成果，本书将管理定义如下：在特定的环境下，通过对组织资源的计划、组织、领导和控制，有效实现组织目标的过程。

（二）管理的基本职能

当管理者在明确组织的发展方向、指派人手、检查工作时，他们执行的是特定的活动或者职能。亨利·法约尔在 20 世纪早期提出所有的管理者都在执行 5 个职能：计划、组织、指挥、协调和控制。总的来看，关于管理的职能有计划、组织、指挥、协调、控制、激励、人事、调集资源、沟通、决策、创新。我国从宏观上将管理职能分为计划、组织、领导、控制 4 个方面。

1. 计划职能

计划是管理者对未来活动所做的事前预测、安排和应变处理，意味着管理者要明确组织所要达到的绩效目标，并确定实现这些目标所需完成的任务和使用的资源，是管理的首要职能。在工作实施之前，管理者预先拟定具体内容和步骤，包括预测（分析环境）、决策（制定决策）和制订计划（编制行动方案）。任何有组织的集体活动都要在一定的计划指引下进行，组织无论规模大小，无论是新成立的还是成立时间较长，计划对其都很重要。

2. 组织职能

为确保制订的计划能够顺利完成，管理者需要分解任务，将任务分派给各部门，并分配资源、下放职权，这就是组织。当今世界充满了不确定性和模糊性，组织职能的目的就是试图给组织带来秩序。具体而言，一是设计组织结构，通过工作专门化、部门化、指挥链化、集权与分权等因素的考量，界定组织中的活动的分工与协作关系，并确保这一结构服从于组织整体的战略方向；二是根据各岗位（职位）对工作的要求，将适当的人员安置在适当的岗位上；三是通过任务的分配、权力的下授使组织按设计的方案运行起来；四是根据组织内外部环境的变化情况，适时进行组织变革。

3. 领导职能

为了有效地实现组织目标，不仅要设计合理的组织结构并配备合适的人员，还要设法使组织中的每个成员都以充分的热情投入组织活动中，这便是领导职能。领导者要为组织设立共同愿景，要了解他们带领的每个员工，与员工建立有效的关系，并在自己的权限范围内采取与绩效挂钩的员工奖励方式，把实现组织目标与满足员工个人需要有机结合起来，激发员工实现更高绩效的欲望。

4. 控制职能

在设置好目标和计划方案，设计好任务结构，安排好人员，激励下属努力工作后，管理者要评估事情是否能够按计划进行，这就是控制。控制是一项必要且重要的管理职能。控制职能实质上是监管员工的行为，判断组织能否朝既定的目标前进，并且在必要时对其进行纠正。管理者可以通过多种不同的方式进行控制，包括提前为员工设置绩效标准，实时监控绩效管理，评估员工已完成工作的绩效。随后，将评估结果反馈到管理者的计划过程中，促使计划的修订或重新制订。

上述各项管理职能是普遍存在的，所有管理者不论其头衔、岗位、处于哪一个管理层次，都要执行这些基本管理职能。从理论上说，这些职能之间存在某种逻辑上的先后关系，即这些职能通常是按照"先计划，继而组织，然后领导，最后控制"的顺序发生的。但从实际管理过程来看，管理工作中的各项职能并不总是按照这个顺序发生的，它们相互联系，有机地融成一体，共同实现组织目标，如图1-2-1所示。

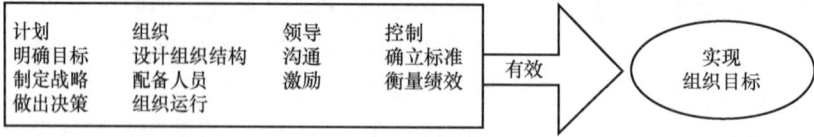

计划 明确目标 制定战略 做出决策	组织 设计组织结构 配备人员 组织运行	领导 沟通 激励	控制 确立标准 衡量绩效	有效	实现 组织目标

图 1-2-1 管理职能关系

二、管理理论的形成和发展

管理作为一种社会行为，古已有之，与此同时管理思想也在逐步产生。伟大的管理学家德鲁克说过一句话，"管理就是实践"。管理思想是从管理实践活动中逐渐产生、形成和发展的。随着生产活动与管理实践的发展，人们逐步将管理思想进行了系统化的总结归纳，形成了管理理论，并在管理实践中对其不断证实、修正和完善，逐步将其升华为系统的、科学的管理理论。

（一）管理理论的萌芽

管理理论的萌芽阶段是指从18世纪中叶的工业革命到19世纪末泰罗的科学管理理论之间有关工厂管理的种种论述。由于这一时期的工厂制度还不成熟，关于工厂管理的理论也处于形成中，因此，管理理论的萌芽阶段具有零碎和不系统的特点。然而，这一时期的管理思想是工业管理理论的源头，在现代企业管理思想史上占据着不可替代的地位。

十四、十五世纪，欧洲已经产生了资本主义的萌芽。随着原始积累的进行，英国、法国等先后爆发了资产阶级革命，推翻了封建地主阶级的统治。18世纪中叶，从英国开始，欧洲开展了一场伟大的工业革命，这场工业革命使以手工业为基础的资本主义工场向采用机器生产的资本主义工厂过渡。工厂制度的诞生对管理提出了更高的要求，不仅有力地促进了生产力的发展，也带来了管理思想的革命。

1. 亚当·斯密的管理思想

亚当·斯密（1723—1790）是英国古典政治经济学的主要代表人物之一。1776年，他发表了最具代表性的著作《国民财富的性质和原因的研究》，系统地阐述了劳动分工理论。书中涉及的许多管理思想对现代企业管理具有重要的影响。

关于劳动分工为何能够促进劳动生产率的提高，亚当·斯密做了以下分析：第一，劳动者的技巧因分工而日渐熟练；第二，分工可以减少人们从一种工作转换为另一种工作损失的时间；第三，人们发明了许多便于工作又节省时间的机器。

亚当·斯密关于劳动分工的分析和主张不仅符合当时生产力发展的要求，而且成为了以后企业管理理论的一条重要原理。

2. 让·巴蒂斯特·萨伊的管理思想

让·巴蒂斯特·萨伊（1767—1832）是法国资产阶级庸俗经济学的创始人。萨伊特别推崇亚当·斯密，他自诩为亚当·斯密理论的解释者和传播者，但他同时也指出了亚当·斯密著作中的一些错误或缺点。实际上萨伊只继承了亚当·斯密学说中庸俗的部分，是资产阶级庸俗政治经济学的创始者之一。和亚当·斯密一样，萨伊的政治经济学著作中也含有丰富的管理学思想。

萨伊首先肯定了亚当·斯密关于分工可以带来产品数量剧增和产品质量改善的观点，并在此基础上做了进一步的阐述。萨伊认为制约分工的因素主要有 3 个：一是产品的消费量；二是资本的实力；三是行业本身的性质。同时，萨伊分析了分工的弊端。萨伊指出，某个一生只从事一种工作的人，对这种工作一定比别人干得更快更好，但同时他将不适合干其他工作（不管是体力劳动还是脑力劳动），他的别项才能将逐渐减退或完全消失，对于一个人来说，他实际上是退化了。萨伊认为这种由于分工而导致的能力退化对工人阶级来说更为不利，因为如果工人阶级对其他工作一窍不通，一定会陷入更困苦、更不利的境地，他们将没有能力要求公平分享产品的价值。

3. 罗伯特·欧文的管理思想

罗伯特·欧文（1771—1858）是英国的一位空想社会主义者，也是一位对管理思想做出过重要贡献的实践家。欧文的管理思想主要有以下几点：第一，工人是活的机器，要合理地处理好各生产要素之间的关系。在生产的各要素中，人的因素比物的因素对工厂利润的影响更大。第二，环境能塑造人性，通过改变外在环境，人的身心状况是可以得到改善的。第三，欧文倡导并实践了以教育、感化为主要手段的柔性管理方法。

欧文的管理方法是行之有效的。在其管理思想当中，欧文创造性地提出在工业管理中要关注人的因素，并善于利用人力资源，这实际上开创了人际关系学说和行为科学等管理理论的先河。因此，罗伯特·欧文被称为"现代人事管理之父"。

（二）古典管理理论

古典管理理论产生于 19 世纪末 20 世纪初，它以泰罗的科学管理理论、法约尔的一般管理理论和韦伯的行政组织理论为代表。从学科的意义上来讲，管理科学产生的一个重要标志就是古典管理理论特别是科学管理理论的诞生。古典管理理论的一些思想精髓不仅促进了当时管理实践的巨大变革，还对之后的管理实践产生了重大的影响。即使在今天，我们探索的一些管理方法都可以从古典管理理论中找到线索。

1. 弗雷德里克·温斯洛·泰勒的科学管理理论

弗雷德里克·温斯洛·泰勒（1856—1915）是科学管理理论的创始人，后人将他尊称为"科学管理之父"。泰勒的科学管理理论的主要内容有以下几点：第一，管理的中心问题是提高劳动生产率。泰勒在管理实践中发现，当时工厂管理中存在的一个普遍性问题是工人经常有意无意地"磨洋工"，这种情况在当时极为普遍，成为社会的一大时弊。泰勒认为提高劳动生产率的潜力很大，方法是选择工作熟练的工人，把他们完成每项动作、每道工序所花费的时间记录并累加起来，再加上必要的休息时间和延误时间，得出完成该项工作所需的总时间，据此制定"合理的日工作量"。第二，挑选并培训"第一流的工人"。这要求管理人员细致地研究每个工人的性格、脾气和工作表现，培养他们的能力，挖掘他们的潜力；更重要的是，要善于发现每个工人发展的潜力和可能性，进而逐步系统地训练、帮助和指导每个工人，为他们提供向上发展的机会。泰勒认为，这种科学地选择和不断地培训工人的举措是管理人员必须不断探索的课题。第三，使工人掌握标准化的操作方法，以便合理利用工时，提高工效。第四，在工资制度基础上实施差别计件制，即按照作业标准和时间定额，规定不同的工资率。第五，实施科学合理的管理手段。

实践证明，泰勒的科学管理理论的实施收到了很好的效果，工业管理出现了高效率、低成本、高工资、高利润的新局面。

2. 亨利·法约尔的一般管理理论

亨利·法约尔（1841—1925）的一般管理理论是西方古典管理思想的重要代表，后来成为了管理过程学派的理论基础，被称为"管理过程理论之父"。在法约尔以前，西方管理思想家或管理实践家对管理的概念是模糊不清的。法约尔通过长期的管理实践，在总结自己以及前人经验的基础上提出了管理的一般原则。他认为，这些原则是管理的"灯塔"，可以为实际的管理工作指明方向，起到引导性的作用。法约尔总结出来的一般管理原则包括以下 14 个方面：

（1）分工。劳动分工是合理使用个人力量和集体力量的最好办法。

（2）权力与责任。作为一个管理人员，既要有履行职责应该具有的权力，又要对其管理的事情负相应的责任。只有权力和责任相统一，管理工作才能正常运转。

（3）纪律。纪律实质上是企业领导人同下属人员在服从、勤勉、积极、规矩和尊重方面达成的一种协议。

（4）统一指挥。在组织管理中，无论对哪份工作来说，一位下属人员只应接受一位领导者的命令，即所谓统一指挥的原则。

（5）统一领导。对于目标相同的一组活动，只能有一位领导和一组计划，才能做到计划明确、责任明确，才能保证组织目标的顺利实现。

（6）个人利益服从整体利益。管理的一个基本原则是，个人利益必须服从整体利益。

（7）公平合理的报酬制度。报酬的给付必须公平合理，应当对工作成绩与工作效率优良者给予奖励，但奖励不应超过某个适当的限度。

（8）集中化。权力的集中或分散应具有一定的弹性，应当根据组织的性质、条件和人员的能力等情况而定。

（9）等级系列。在管理机构中，应该从最高一级到最低一级建立关系明确的职位等级系列，以执行统一的命令和保证信息传递的秩序。

（10）组织的秩序。组织秩序要求人和物必须各尽其能。

（11）公平。公平不仅指报酬上的公平，更是一种立场和观念。

（12）人员的稳定。人员稳定主要指有秩序地安排人员并不断补充人力资源。

（13）首创精神。组织的管理者和被管理者保持必要的首创精神是组织充满生机和活力的保证。

（14）团结精神。职工的融洽、团结精神可以使企业产生巨大的力量。

应该说，以上原则在过去的管理思想中或多或少有所反映，但把这些原则概括为一般性的概念，则是法约尔的首创。法约尔提出的这些原则和概念包含许多成功的经验和失败的教训，为后人的管理研究与实践指明了方向。

3. 马克斯·韦伯的行政组织理论

马克斯·韦伯（1864—1920）在管理方面的贡献是其在《社会和经济理论》一书中提出的理想行政组织理论，韦伯由此被人们称为"组织理论之父"。韦伯认为，官僚体制是一种严密的、合理的、形同机器的社会组织，它具有熟练的专业活动、明确的权责划分、严格的规章制度以及金字塔式的等级服从关系等特征，因而是一种系统的管理技术体系。韦伯的理论是一套对古典的尤其是资本主义的管理经验进行认真总结而提出的严密的科学管理体系，是一种制度化、法律化、程序化和专业化的组织理论。理论阐明了官僚体制与社会化大生产之间的必然联系，突破了妨碍现代组织管理中以等级门第为标准的家长制管理形式；促使管理方式发生了转变，消除了管理领域里非理性、非科学的因素。经过后来的组织社会学家和管理专家的不断完善和发展，官僚体制在实践中显示了巨大的优越性和广泛的运用性。

韦伯的行政组织理论同泰罗、法约尔等人的管理思想是相通的，他们都强调要集中权力，明确劳动分工，严格执行规章制度，实现垂直领导和职能的配合，认为严格管理才能提高效率。他们所涉及的研究领域基本上限于正式的组织结构和管理过程。因此，人们把他们的理论归为一类，称为"古典组织理论"。

（三）人际关系学说和行为科学理论

古典管理理论的建立为当时生产力发展和社会进步提供了有力的理论武器。但是随着社会的发展，人们发现古典管理理论并不能解决管理实践中遇到的一切问题，尤其在对人的研究方面涉及非常少。然而在实践中，大量的问题是和人有关的，人的行为会随着时间、环境等因素的变化而变化，而人的工作效率也会因时、因地而发生变化。古典管理理论的"经济人"假设在这个时候受到了更多的质疑。

1. 乔治·埃尔顿·梅奥及霍桑实验

位于芝加哥的西方电气公司霍桑工厂尽管具有较完备的养老金制度、医疗制度和丰富的娱乐设备，但工人的劳动积极性不高，生产效率也很低。为了探求原因，在美国国家研究委员会的帮助下，西方电气公司邀请哈佛大学教授梅奥和罗特利斯伯格等来到霍桑工厂进行现场研究和实验，这就是管理史上著名的霍桑实验。

乔治·埃尔顿·梅奥（1880—1949）在1924—1932年间主持实施了霍桑实验。有关霍桑实验的总结主要集中在梅奥代表作《工业文明的人类问题》和《工业文明的社会问题》中，梅奥由此创立了人际关系学说。

（1）霍桑实验的实施过程。霍桑实验包括前后两个阶段，共进行了4个实验：

1）车间照明实验（1924—1927）。这项实验的目的是弄清照明强度对生产效率所产生的影响，实验前后共进行了两年半的时间，实验是在被挑选出的两组绕线工人中间进行的，一组工人是实验组，一组工人是参照组。在实验过程中，实验组不断增加照明强度，从24烛光、46烛光逐渐增强到76烛光，而参照组的照明度始终保持不变。研究者希望由此推测出照明强度的变化对生产效率的影响，但是实验结果显示，两组产量都大幅增加，而且增加数量几乎相等。研究人员又采取了相反的措施，逐渐降低实验组的照明度，从10烛光、3烛光一直到0.06烛光（几乎和月光亮度差不多），直到这时候产量才开始下降。

于是，研究人员在这次实验结果报告中说，实验结果显示两组的产量都大幅增加了，而且增加量几乎相等，并且两组的效率也几乎没有差异，纵然有一些微小的差异也在许可的误差范围之内。因此，我们无法确定改善照明对工作效率有什么积极影响。

看来这个实验似乎失败了，而且其结果使人感到迷惑，但梅奥和他的同事们发现了其他值得注意的原因。他们敏锐地指出，解释霍桑实验秘密的关键因素是"小组精神状态发生了一种巨大变化"。梅奥认为，在实验室中的工人成为社会单位，对来自实验者的关心感到高兴，这样就使被实验者有一种参与实验的感觉，这是工人们生产效率提高的一个重要原因。于是实验应继续进行。

2）继电器装配室实验（1927—1932）。为了更有效地控制影响职工积极性的因素，梅奥选出了5名装配工和1名绕线工，把他们安置在一间单独的工作室里从事装配继电器的工作。在实验过程中，研究小组不断地改善福利条件，如缩短工作日、延长休息时间、免费供应茶点等。这些条件的变化使产量不断上升。后来研究小组撤销了这些措施，按预想产量应该是下降的，但实际情况表明产量不但没有下降反而继续上升了。

究竟是什么原因使这些工人提高了生产效率呢？研究小组把可能影响生产效率的因素逐一排列，提出了5种假设：①在实验中改进物质条件和工作方法，可导致产量增加。②安排工间休息和缩短工作日，可以解除或减轻疲劳。③工间休息可减少工作的单调性。④个人计件工资能促进产量的增加。⑤改变监督与控制的方法能改善人际关系，从而能改进工人的工作态度，促进产量的提高。

此后，研究小组对这5个假设一一进行论证，最后，推翻了前4项假设，而把注意力集中在第5个假设上，即监督和控制方式的改善能促使工人改变工作态度，促进产量的提高。研究小组为了收集更多的资料，决定进一步研究工人的工作态度及可能影响工人工作态度的其他原因。这是霍桑实验的一个转折点。

3）大规模的访谈计划（1928—1930）。既然实验表明管理方式与职工士气和劳动生产率有密切的关系，那么就应该了解职工对现有的管理方式有什么意见，从而为改进管理方式提供依据。于是梅奥等人制订了一个征询职工意见的访谈计划。经过数次面谈，研究小组发现按事先设计好的问答式访谈并不能获得他们所需要的信息，于是研究小组对访谈计划做了调整，每次访谈前，谈话的内容和方式不做规定，工人可以就任何问题自由地发表一番言论。这样，工人可以自由发表意见。虽然工作条件或劳动报酬实际上并没有改变，但是工人普遍认为自己的处境比以前好了。

在访谈计划的执行过程中，研究人员发现影响生产力最重要的因素是工作中发展起来的人际关系，而不是工资待遇及工作环境。研究小组还了解到，每个工人工作效率的高低、不仅取决于他们自身的情况，还与其所在小组的其他同事有关。为了系统地研究，研究小组决定进行第4个阶段的实验。

4）继电器装配组的工作室实验（1931—1932）。研究小组为了系统地观察群体中工人之间的相互影响，在车间里挑选了14名工人，包括绕线工9人，焊接工3人，检验工2人。这14个工人中的绕线工和焊接工被分成3组，每组包括3名绕线工和1名焊接工，2名检验工则分担检验工作，这是正式组织的情况。工人的工资报酬是按小组计算的，即以小组的总产量为基础给每个工人支付报酬，希望他们在工作中进行协作，以便共同提高产量和工资报酬。

通过实验，研究人员注意到大部分工人都会自动限制产量。公司本来根据时间与动作研究确定工人的工作定额为每天7312个焊接点，但是这些工人每天完成6000～6600个焊接点就不工作了，即使离下班还有较为宽裕的时间，他们也自行停下。

研究者通过观察了解到工人们自动限产的理由是：如果他们过分努力地工作，可能造成其他同伴失业，或者促使公司制定出更高的生产定额。研究者为了了解工人之间的能力差别，还对实验组的每个人进行了灵敏度和智力测验，发现3名生产最慢的绕线工在灵敏度测验中的得分是最高的，其中1名工人在智力测验中排行第一。测验结果和实际产量之间的这种反差使研究者联想到群体对这些工人的重要性。一名工人可能因为提高产量而得到小组工资总额中较大的份额，而且减少自己失业的可能性，然而这些物质上的报酬可能会引起群体中其他人的指责，因此该工人每天只完成群体认可的工作量，以维持自己在这个非正式群体中的地位。

（2）霍桑实验的结论。

1）职工是"社会人"。科学管理理论把人当作"经济人"来看待，认为金钱是刺激人的积极性的唯一动力，生产效率主要受工作方法和工作条件的制约。霍桑实验则证明：人是"社会人"，影响人的劳动积极性的因素，除了物质利益还有社会、心理因素；同时，每个人都有自己的特点，个体的观点和个性都会影响个人对上级命令的反应和工作表现。因此，应该把职工当作不同的个体来看待，当作"社会人"来看待，而不应将其视作无差别的机器或机器的一部分。

2）企业中存在非正式组织。非正式组织是相对正式组织而言的。所谓正式组织是指为了有效地实现企业目标，依据企业成员的职位、责任、权力及其相互关系对其进行明确划分而形成的组织体系。科学管理只注重发挥正式组织的作用，而霍桑实验告诉我们，工人在企业内部共同劳动的过程中，必然会发生一些工作以外的联系，这种联系会加深他们之间的相互了解，从而形成某种共识，建立一定程度的感情，并逐渐发展成为一种相对稳定的非正式组织。

3）新型的领导能力在于提高职工的满足度。科学管理理论认为生产效率取决于作业方法、工作条件和工资制度。梅奥等人根据霍桑实验却得出了不同的结论，他们认为生产效率的高低主要取决于工人的士气，而工人的士气则取决于他们感受到的各种需要被满足的程度。在这些需要中，金钱和物质方面的需要只占很少一部分，更多的是获取友谊、得到认可或保证安全等社会需要。因此，新型的管理人员应该认真地分析工人的需要，不仅要解决工人在生产技术等物质生活方面的问题，还要掌握他们的心理状态，了解他们的思想情绪，以便采取相应的措施。这样才能适时、充分地激励工人，达到提高劳动生产率的目的。

2. 行为科学的主要理论

（1）亚布拉罕·马斯洛的需要层次理论。亚布拉罕·马斯洛（1908—1970）是美国的心理学家。马斯洛把人的各种需要分为5个层级：①生理需要；②安全需要；③社交需要；④尊重需要；⑤自我实现需要。这5个层级的需要是互相作用并按其重要性和发生的先后次序排列的。当然人的需要层次并不一定都是按这个顺序排列的，有时候人的需要是模糊不清的，每个人都有不同的性格，对某种需要表现的强度也不一样，这种划分只是提供了一个大概的需要层次，在实践过程中管理人员应根据具体情况进行不同的分析和对待。在后面的章节中我们将对马斯洛的需要层次理论进行详细的叙述。

（2）格哈德·赫茨伯格的双因素理论。美国的心理学家格哈德·赫茨伯格在1959年出版的《工作与激励》一书中，首次提出双因素理论，又称为"激励-保健因素"理论。在该理论中，赫茨伯格把企业中的有关因素分为两类，满意因素（激励因素）和不满意因素（保健因素）。赫茨伯格的双因素理论与马斯洛的需求层次理论有相似之处，他提出的不满意因素相当于马斯洛提出的生理需要、安全需要和社会需要等较低层级的需要；满意因素则相当于尊重需要、自我实现需要等较高层级的需要。但这两个理论解释问题的角度是不同的，相比需求层次理论，双因素理论使管理者的激励目标更加明确，也更有针对性。这一理论将在后面相关章节进行详细叙述。

（四）现代管理理论及新发展

1. 迈克尔·波特的竞争战略思想

20世纪80年代后，由于竞争的进一步加剧，企业呈现出新的形式，国际经济形势的变化促进企业向国际化、大型化方面发展。同时，社会的进一步分化又提供了许多新的市场机会，小型企业获得了迅速发展的空间。这样，每个企业为了生存和发展，都在寻找自己的发展道路并寻求适合自己的发展战略。在这样的社会环境下，波特提出了竞争战略思想。

（1）行业结构分析。决定行业盈利能力的重要因素和根本因素是行业的吸引力。波特认为，有5种因素决定了行业的结构。

1）决定新入侵者的因素。任何一个企业在进入一个新的行业时，首先必须攻破这个行业给企业设置的进入壁垒。这些壁垒主要由下列因素构成：在产品方面主要有规模经济、专卖产品的差别、商标专有性等；在经济方面主要有转换成本、资本需要、分销渠道、绝对成本优势、政府的政策、预期的反击等。企业能否进入某一行业，主要在于企业是否具备攻破这些壁垒的实力。

2）决定供方力量的因素。在企业进入某一行业以后，它必须在市场上获取资源，这是要花成本的。任何企业都必须考虑行业中供方的情况和企业的转换成本。

3）决定替代品威胁的因素。替代品是一个企业产品的主要生存威胁之一，这种威胁来自替代品的相对价格表现，这种价格竞争一直是企业竞争的主要手段。对企业来说，如何提高消费者使用替代品的转换成本是企业应当考虑的战略因素。同时，企业还必须把客户对替代品的使用倾向考虑在内。

4）决定竞争的因素。决定某一行业竞争激烈程度的因素主要包括以下几个方面：第一，行业的增长性，该行业是夕阳行业还是朝阳行业，如果是朝阳行业，则行业的快速增长将在很大程度上缓和竞争的激烈程度；第二，固定成本或附加价格，产品的固定成本是行业竞争的因素之一，因为它直接决定了企业的获利能力；第三，周期性生产过剩，产品的生命周期严重地影响着该行业中的竞争企业，如果同类产品的生命周期都相同，该行业的竞争激烈程度就较高；第四，产品差异，独特的产品始终是制胜的法宝和无形的壁垒。另外，企业的经营风险与行业的退出壁垒有关。若行业的退出壁垒低，企业的经营风险相对较小；若退出壁垒高，则企业在制定战略时要冒较大的风险。

5）决定买方力量的因素。对于进入某行业的企业来说，购买企业产品的买方是决定企业能否生存的主要力量。买方主要从两个方面影响企业：第一，砍价杠杆。首先是双方集中程度的比较，若买方的集中程度相对于企业的集中程度更高，则对企业有利，反之则不利；其次是买方数量，包括买方的组成数量和买方的购买量，这两个方面的数量都会对企业的竞争造成影响；最后是买方信息获取成本和替代品对企业的影响。以上都是构成买方砍价杠杆的主要因素，所以企业对这些要素都要认真考虑。第二，价格敏感性。一般来说，买方对价格是非常敏感的。除了价格，产品差异和品牌专有性也是买方关注的重点，另外买方还关注产品的质量及性能。

（2）竞争战略。在对行业结构的5种因素进行深入分析后，波特提出了企业的3种基本竞争战略。波特认为，企业的其他战略都是在基本竞争战略的基础上制定的，因此有必要对这3种基本竞争战略进行较深入的分析。

1）成本领先战略。成本领先战略是这3种战略中最明确的一种，它主要包括追求规模经济、专有技术、优惠的原料及一些其他因素，其目的是使企业的产品成本低于行业的平均水平，以获得较大的利润空间和市场份额。

2）标新立异战略。这种战略是指企业力求使自己在行业内有一种或多种特质，并从它的特质中获得溢价报酬。

3）目标集聚战略。波特认为这种战略是着眼于行业内的一个狭小空间做出的选择。实施目标集聚战略的企业主攻某个特殊的顾客群、某产品线的一个细分区段或某一地区市场。

2. 托马斯·彼得斯的人本管理思想

彼得斯的管理思想有两个基本观点：一是人受到"两重性"的驱动，他既要作为集体中的一员，又要突出自己，他既要成为一个获胜队伍中的可靠一员，又要通过不平凡的努力成为队伍中的明星；二是只要人们认为某项事业从某种意义上来说是伟大的，他们就会心甘情愿地为这项事业吃苦耐劳。

3. 彼得·圣吉的学习型组织

企业组织的管理模式一直是管理理论研究的核心问题之一。彼得·圣吉提出了一个新的概念——学习型组织，由5个部分构成，即系统的思考、超越自我、心智模式、团队学习、建立共同愿景。

影响管理思想发展的主要因素是生产力的发展程度，其主要取决于科学技术的发展与进步、人类各种文化的发展和相互融合的程度。农业经济的生产方式决定着传统的管理思想；工业经济大生产的生产方式决定着古典和现代的管理思想；生产力的发展使人类社会进入知识经济时代，形成了适应知识经济时代的管理思想和经济规律。与此同时，人类本身的发展也是管理思想发展的影响因素之一。这是因为人无论作为管理主体还是管理客体，都是管理活动的决定性因素；而且随着社会发展，人们受教育程度的提高，文化交流的普及和信息沟通手段的便捷，人类自身也在不断发展。因此，管理思想本身是一个动态的发展过程。

三、管理的基本原理及方法

（一）管理的基本原理概述

管理原理是指在管理的实践过程中，结合各项管理制度和管理方法，通过对管理工作中实际问题的科学分析和总结而形成的具有普遍指导意义的基本规律。

1. 系统原理

（1）整体性原理。系统要素之间的相互关系及要素与系统之间的关系以整体为原则进行协调，局部服从整体，使整体效果最优。

（2）动态性原理。系统作为一个运行着的有机体，其稳定状态是相对的，运动状态则是绝对的。

（3）开放性原理。系统是耗散结构系统，其与外界不断交流物质、能量信息。

（4）环境适应性原理。系统不是孤立存在的，它要与周围发生各种联系。这些与系统发生联系的周围事物的全体就是系统的环境，环境是一个更高级的大系统。

（5）综合性原理。综合性是指把系统的各部分、各方面和各种因素联系起来，考察其中的共同性和规律性。

2. 人本原理

人本原理是一种以人为中心或者以人为核心的管理思想。它要求将组织内的人际关系放在首位，将管理工作的重点放在激发职工的积极性和创造性方面，使人性得到最完美的发展。

人本原理的现代管理含义是，作为一种特殊社会活动，管理总是由人去实现的，因此应倡导以人为本的管理。现代管理中的人既是管理者，又是被管理者，管理既是由人实施的，同时又是对人的管理，人始终应当居于管理的中心地位并发挥主导作用。因此应立足于人，通过做好人的工作，创造相应的环境和条件，始终沿着组织目标轨道发挥人的主动性和创造性，调动人的积极性，实现管理资源的合理运筹，做好管理工作，最终实现管理系统整体功能优化和目标优化。具体来讲，人本原理的主要观点可以归纳为以下4个方面：①尊重人，员工是企业的主体；②依靠人，有效管理的关键是员工参与；③发展人，现代管理的核心是使人性得到最完美的发展；④为了人，管理是为人服务的。

3. 责任原理

要实现高效管理，就必须在合理分工的基础上明确规定相关部门和个人必须承担的责任。这里的责任不是一个抽象的概念，而是在数量、质量、时间、效益等方面都有的严格的规范，它主要包括经济责任、政治责任、法律责任等多个方面，具体表现为规章、条例、目标、定额等。

4. 能级原理

"能级"是从物理学中借用过来的概念，原意是指原子由原子核和核外绕核运转的电子构成，由于电子具有不同的能量，就按照各自不同的轨道围绕原子核运转，即能量不同的电子处于不同的相应能级。这种类似现象在现代管理中同样存在。管理学认为，管理活动中组织及其成员具有类似的能级结构。管理的能级结构是指为了实施有效的管理，必须在组织中建立一个合理的能级结构，并按照一定的标准，将管理的对象置于相应的等级中。

5. 效益原理

获取效益是一个组织存在的根本目的，也是管理的终极目标。一个组织必须以获得效益作为其生存和发展的保证。

现代管理的基本目标在于获得最佳管理效益，即创造更多的经济效益，实现更好的社会效益。这要求各项管理活动要始终围绕系统的整体优化目标，通过不断地提高效率，使投入的人力、财力、物力、信息、时间等资源得以充分、合理、有效的利用。

（二）管理方法概述

1. 管理方法的定义

管理方法是指在管理过程中，为提高管理功效和实现管理目标而采取的各种方式、方法和措施的总和。管理方法是管理理论的具体延伸，是实现管理目标的途径和手段，贯穿管理活动的整个过程，其正确性、系统性和合理性直接影响和制约着管理行为的有效性。

2. 管理方法的分类

随着社会的进步，管理方法也是发展和变化的，呈现出多样性。但由于管理方法是管理原理的具体延伸，其又呈现出稳定性。可以按照不同的标准对管理方法进行分类。

（1）按管理对象的范围分类。可分为宏观管理方法（如国民经济管理）、中观管理方法（如部门、地区经济管理）和微观管理方法（如企业管理）3 类。

（2）按管理方法的精确程度分类。可分为定性方法和定量方法 2 类。定性方法是指对事件、业务的特性和变化趋势进行分析判断，制定相应对策和措施的管理方法。定量方法是指对事件、业务做尽可能精确的数量描述，并通过数量分析，制定相应对策和管理方法。科学愈发展，定量分析的作用愈广泛，因此，在管理中应当充分重视定量方法。

（3）按管理方法的作用分类。可分为生产力组织方法、生产关系调节方法和上层建筑调整方法 3 类。生产力组织方法是指采用技术定额、生产流水线设计、生产力布局等方法，将生产力的各因素科学地结合起来，形成现实的生产力。生产关系调节方法是指采用财务包干、经济核算制、产品定价等方法，调节人们之间的经济关系，促使社会再生产过程顺利进行。上层建筑调整方法是指采用思想教育、民主管理、立法、司法等方法，使上层建筑适应经济基础的需要。

（4）按管理者的决策方式分类。可分为专制方法、民主方法、民主集中制方法 3 类。专制方法是指从个人或集团的利益出发，实行独断决策，不接受群众的建议和监督，强迫下属组织及其成员执行命令的管理方法。民主方法是指从整体利益出发，广泛听取群众意见，组织全体成员参与制定决策，并在执行中接受群众监督的管理方法。民主集中制方法是指在广泛征求群众意见的基础上形成决策，授权给主管人员去贯彻执行的管理方法。社会主义管理不应采取专制方法，而应采取民主集中制的方法，既要有广泛的群众基础，又要有集中统一的领导。

（5）按管理信息沟通的特征分类。可分为权威性沟通管理方法、利益性沟通管理方法和真理性沟通管理方法 3 类。权威性沟通是指通过令行禁止的方式沟通信息，以强制性权威为基础进行管理的方法，主要有行政方法和法律方法等。利益性沟通是指根据利益原则沟通信息，以共同利益为基础进行管理的方法，主要有经济方法和咨询方法等。真理性沟通是指通过信息内容的真理性进行沟通，使受信人自觉地按照发信人的意向行动的管理方法，主要有教育方法和数学方法等。

（6）按管理方法的层次和适用程度分类。可分为哲学方法、一般方法和具体方法3类。哲学方法规定着人们的思维方式并指导人们如何观察和认识世界。马克思主义的唯物辩证法是观察事物、处理问题最根本的方法，是社会主义的理论。管理中常用的社会调查法、动态法、平衡法、系统论方法等都属于认识范畴的方法。一般方法是在哲学方法指导下产生的，它在一定的范围内具有通用性。通常管理中运用的行政方法、法律方法、经济方法、教育方法、数学方法等都是一般方法。具体方法是指解决各种问题的方法，它处于管理方法体系中的最低层次，是直接作用于管理对象的方法和措施，只能针对某一具体问题，如针对劳动、物资、销售等方面的具体管理方法等不能原封不动地用来解决另一个问题。

四、计划

（一）计划的含义

一般地，人们在名词和动词两种意义上使用"计划"一词。从名词上讲，计划是一种方案；从动词上讲，计划是制订方案的行为。从管理学上理解，计划是一个管理过程、一种管理行为、一项管理职能。计划是对组织在未来一段时间内的目标和实现目标的途径的策划与安排。

计划是管理职能中最基本的一个职能。在分工与合作的过程中，要想取得有效成果，最主要的任务是让成员们明确目标，以及明确如何实现它们。

计划包括环境分析、目标确定、方案选择以及计划文件编制等过程。计划既涉及目标，也涉及实现目标的方法。计划的环境分析一是为了明确组织应该树立什么目标，二是研究活动的条件。环境分析一般包括内、外部环境分析，确定定量和定性条件以及可控与不可控条件等。目标确定与方案选择是同一个决策过程。计划文件的编制是指开发一个全面的、分层次的计划体系以综合协调组织的各项活动。

（二）计划的特征

认识计划的特征是为了更好地认识计划。关于计划的特征还没有统一的表述，我们认为计划的特征包括目的性、先行性、普遍性、风险与不确定性。

1. 目的性

在组织中，每个计划及其派生计划的最终目的都是促进组织总体目标和各个阶段目标的实现。有目标才能有发展，才能寻找最佳发展路径。所以，计划工作具有强烈的目的性，它以行动为载体，引导着组织的经营运转。

2. 先行性

计划是组织未来活动的预先安排，面向未来是计划的特征之一。先行性主要是指未来活动的预先安排领先于其他管理职能。在管理实践中，尽管管理的各项职能是作为一个系统而交织在一起的，但由于计划有确定目标的独特作用，因此，它成了其他各项职能执行的基础，具有优先性。没有计划指导的核查督促是毫无意义的，因为如果人们事先不确定要到哪里去（这是计划工作的任务），就无法知道是否偏离了方向。

3. 普遍性

计划工作的普遍性表明计划工作应涉及组织管理区域内的每个层级，每项工作都要根据工作的内容与人员的职责范围制订相应的计划。在一个高效的组织中，每个成员都需要制订计划，即每个人都要对工作进行预先打算和安排。因此，计划具有普遍性。

4. 风险与不确定性

计划的目的是减少不确定性，降低风险，但计划本身就包含着风险与不确定性。计划是指对未来的风险和不确定性尽可能做出应对，也就是设定针对未来情境的行动方针与指导原则。抱有"计划不如变化快"的想法而排斥计划的人事实上是不懂计划的，这是因为计划本身就包含着变化以及对突发事件的应对措施。

（三）计划的作用

计划作为管理的首要职能，给出了行动方向，减少了变化带来的影响，尽可能避免重复、遗漏和浪费，并制定了目标和标准。

1. 计划指明了方向

有了目标，就可以协调活动、相互合作、采取措施，以实现目标。这样就提高了目标实现的效率。组织为了一定的目标进行分工与协作，必须用计划来协调各种活动，将成员的力量朝着组织目标的方向凝聚，有利于实现组织目标。

2. 计划降低了不确定性

计划迫使管理人员有前瞻性地降低环境变化的冲击，通过预测，制定措施响应变化；计划还阐明了针对不同情况的变化采取的不同行动，通过展望未来，预见变化，从而制定适当的对策，降低变化给组织带来的不利影响，甚至变不利为有利，抓住变化带来的机会。

3. 计划可以最小化浪费和重复

当工作和活动围绕已经确立的计划进行时，时间和资源的浪费以及冗余就会降低到最低程度；当手段和结果被计划规定得很清楚时，无效的活动或效率低的活动就会减至最少。

4. 计划设立了目标和标准

正是由于计划设立了目标和标准，管理者才能在管理工作中将实际的绩效与目标进行比较，采取相应行为，实现组织目标。计划有助于及时检查工作进展。

五、组织

（一）组织的含义

组织是人们为了实现某一目的而形成的群体，是确保人们社会活动正常协调进行、顺利达到目标的体系。一个组织将目标、计划制订出来以后，面对的一个重要问题是如何使它们变成现实。这要求管理者按照组织目标和计划提出的要求，设计合理、高效、能顺利实现组织目标的结构和体制，合理配置组织的各种资源，以保证计划和组织目标的顺利实现。

切斯特·巴纳德认为，组织是一种有意识地对人的活动或力量进行协调的关系，是由两个以上的人自觉协作的活动或力量所组成的一个体系。根据这个定义，一个组织应具备下列条件：能够互相沟通的人；这些人愿意为组织的利益贡献自己的力量；这些人愿意为实现共同的目标而努力。

（二）组织的特征

1. 组织要有明确的目标

任何组织都是为了实现特定的目标而存在的。组织目标是组织存在的前提和基础。组织目标与成员目标的一致性越高，组织的凝聚力越高；组织目标的接受度越高，成员的努力程度就越高，绩效表现就越好。从本质上讲，组织本身就是人们为了实现共同的目标而存在的。

2. 组织是一个"分工与合作"的社会实体

从实体角度来理解，为了实现组织的目标，组织内部必然要进行分工与合作，没有分工与合作的群体不能称为组织。分工与合作体现了组织的有效性。只有进行分工与合作，才能实现"1 + 1 > 2"的协同效应。

3. 组织要有不同层次的责任与职权体系

分工后，为了使各部门、人员各司其职，就要明确部门及个人的责任，并赋予他们完成工作需要的职权。权责对等，建立不同层次的责任和职权体系是组织目标实现的保证。

组织结构可以用组织结构图反映出来。组织结构决定了责任的范围以及相关责任间的关系；决定了正式的信息传递关系；决定了管理层级数和管理者的管理幅度；决定了如何将个体整合成部门，再将部门整合成组织。组织结构通过设置一套体系，保证了部门之间的有效沟通、合作与整合。

4. 组织与外部环境相联系

组织与环境之间相互作用、相互影响。一方面，环境对组织战略与目标的影响主要体现在组织结构上，组织结构的调整也是为了适应环境；另一方面，环境包括了众多的组织，其组织构成必然会影响环境，甚至个别代表性组织可能会明显改变环境，或主导环境变化的方向。组织与环境之间的关系集中体现在现代管理思想的系统管理理论中。系统管理理论认为组织应该是一个开放的系统，它会与环境发生资源和能量等的交换。

（三）组织结构的类型

组织结构是组织内部各层次、各部分关系的模式化表现，它表明组织各部分的排列顺序、空间位置、聚散状态、联系方式以及各要素之间的相互关系，与组织的复杂程度、规范程度以及集权分权程度有着密切的关系。目前，组织结构的基本类型有以下几种。

1. 直线型组织结构

直线型组织结构是出现得最早、形式最简单的一种组织结构类型。在这种结构类型中，组织职位按照系统呈直线排列，职权和命令从上到下呈直线纵向贯穿于组织之中，如图 1-2-2 所示。

直线型组织结构的优点是形式简单、权力集中、命令统一、责任与权限分明，缺点是所有的管理职能都由同一人承担，在组织规模较大，业务比较复杂的情况下，当全能管理者离职时，很难找到另外一个具备全面知识和技能的人去替代他。此外，在这种结构中，各个部门基本上只关心本部门的工作，部门与部门之间的协调比较差。因此，直线型组织结构应用范围有限，一般只适合生产技术和工艺过程简单、产品单一、管理简单的小型企业。

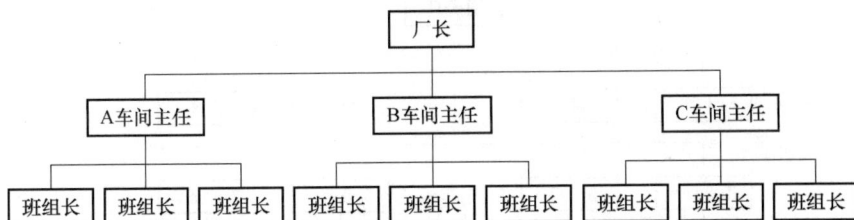

图 1-2-2　直线型组织结构示意图

2. 职能型组织结构

随着组织规模的不断扩大，管理变得越来越复杂，管理者需要将具体的、专业性的管理委托给职能型组织结构进行。职能型组织结构的特点是采用职能分工的方法来实行专业化管理，即在上层主管下面设立职能机构，把相应的管理职责和权力交给这些机构，各职能机构在自己的业务范围内有权向其下级单位下达命令和指示，如图 1-2-3 所示。

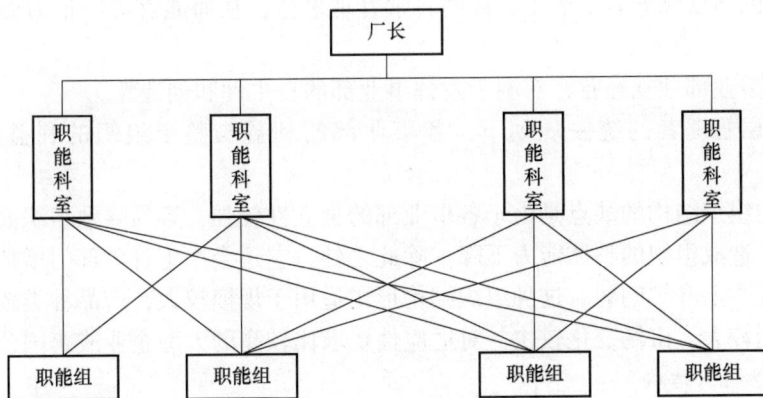

图 1-2-3　职能型组织结构示意图

职能型组织结构的优点在于能够充分发挥职能机构的专业管理作用，适应了现代管理分工较细的特点。但其缺点也很明显：这种组织结构由于实行多头领导，妨碍了管理活动中必要的集中领导和统一指挥，容易造成管理混乱；同时，各职能机构往往从本部门的业务出发考虑工作，不能很好地配合，横向联系差；此外，由于过于强调专业化，这种组织结构容易使管理人员忽视本专业以外的知识，不利于培养高层管理者。在实际工作中，事实上并不存在纯粹的职能型组织结构。

3. 事业部型组织结构

事业部型组织结构是指根据企业产品的地区、市场的不同而成立的各个事业部，每个事业部都有其独立的权力和责任、独立的经济利益、独立的产品或独立的市场，是企业独立的利益责任单位。这种组织结构最突出的特点是"集中决策、分散经营",即在总公司的领导下进行分权管理,由事业部分散经营,如图1-2-4所示。

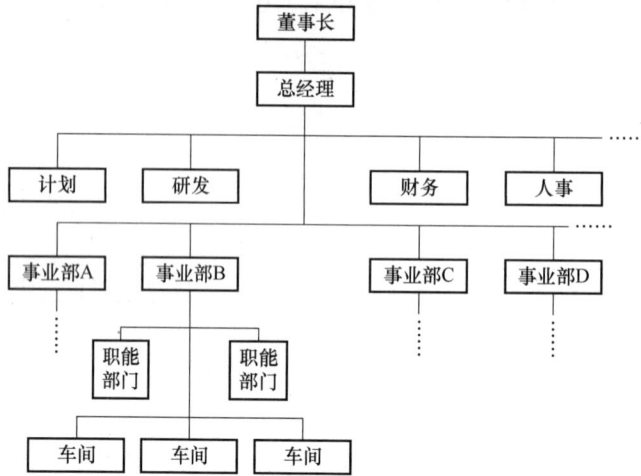

图1-2-4 事业部型组织结构示意图

事业部型组织结构的优点包括:

1)组织的高层领导者摆脱了具体的日常管理事务,从而能够集中精力做好战略决策和长远规划。

2)各个事业部独立经营,有利于发挥事业部的自主性和创造性。

3)在高层管理者的统一规划下,各事业部的利益与整个组织的利益能保持协调一致。

事业部型组织结构的缺点是由于各事业部的独立性较强,容易导致组织高层管理者的控制力下降,造成组织的整体能力下降。除此之外,它还会产生管理部门增加、机构设置重复、管理成本上升等问题。这种组织结构形式适用于规模较大,产品种类较多,各种产品的工艺差别较大,市场变化较快,对适应性要求比较高的大型企业或跨国公司。

4. 矩阵型组织结构

矩阵型组织结构在组织结构上,既有按职能划分的垂直领导系统,又有按项目划分的横向领导系统。矩阵型组织结构适用于在一个组织内同时有几个项目,每个项目都需要具有不同专长的人合作才能完成这一特殊的要求,如图1-2-5所示。

矩阵型组织结构的优点是机动灵活,适应性强。由于矩阵结构是按照完成某一特定任务的要求,把具有各种专长的有关人员调集在一起组成项目组,这样不仅加强了不同部门之间的配合和信息交流,而且能够集思广益,增加成功的机会。此外,矩阵型组织结构还有利于把管理中的垂直联系和水平联系更好地结合起来,加强了各职能部门之间以及职能部门与任务之间的相互协调。

矩阵型组织结构的最大缺点是项目负责人的责任大于权力。因为参加项目的人员来自各个职能部门,其一般隶属关系仍在原部门,各人员只是临时参加该项目,所以项目负责人对他们没有足够的激励和惩治手段。另外,矩阵型组织结构造成的双重指挥也是一大缺陷,由于项目负责人和职能部门负责人都对参加该项目的人员有指挥权,若两个部门意见不统一,就会使项目组成员感到迷茫。

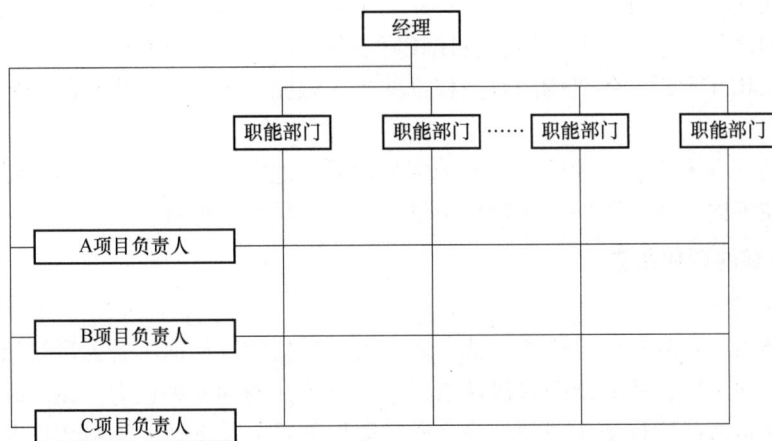

图 1-2-5 矩阵型组织结构示意图

矩阵型组织结构适用于产品品种多且变化大的组织,特别是以开发和实验项目为主的行业,如军工、航天工业、高科技产业等。对于这种组织结构,项目负责人很重要。

5. 多维立体型组织结构

多维立体型组织结构是由职能型、矩阵型、事业部型组织结构按地区、时间结合为一体所构成的复杂组织结构。这种组织结构主要包括三类管理机构:一是按产品划分的事业部,是产品利润中心;二是按职能划分的专业参谋机构,是专业成本中心;三是按地区划分的管理机构,是地区利润中心,如图 1-2-6 所示。

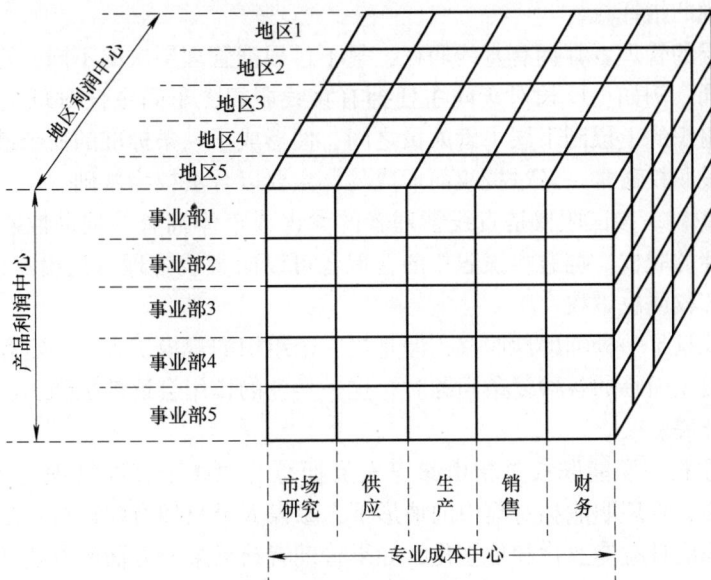

图 1-2-6 多维立体型组织结构示意图

多维立体型组织结构的特点是，组织的决策不能由三类管理机构的任何一方单独做出，必须由三方管理者进行协商。因此，这种组织结构具有独特的优点，即多维立体型组织结构能够促使三类管理机构都从整个组织的全局来考虑问题，从而减少了机构之间的矛盾，即使它们之间产生摩擦和矛盾，也比较容易化解和协调。这种组织结构的缺点是三类管理机构之间相互牵制，各机构的自主权都受到了限制，容易使管理者的积极性和创造性受到影响。

对于产品开发多样、跨地区经营的跨国公司或跨地区公司，多维立体型组织结构可以为这些企业在不同行业、不同地区增强市场竞争力提供组织保证。

（四）组织的职权配置

1. 职权的定义

职权是经由一定的正式程序赋予某一职位的一种权力。任何主管人员要想让他的下属人员去完成某项工作，就必须拥有包括指挥、命令等在内的各种权力。在组织内，最基本的信息沟通就是通过职权来实现的。信息通过职权关系上传下达，下级按指令行事，上级得到及时反馈，从而做出合理的决策，进行有效的控制。

同职权共存的是职责。作为一个主管人员，当他处于某一职位、担负一定职务时，必然要尽一定的义务。这种占有某职位、担任某职务时应履行的义务，即为职责。职权、职责是针对同一任务而言的。需要强调的是，权责应该相等，即职责不应小于也不应大于授予的职权。

2. 职权的类型

根据职权权力基础的不同，许多组织管理者在运用职权时，将其分为3种类型：直线职权、参谋职权、职能职权。

（1）直线职权。直线职权是某职位或某部门拥有的做出决策、发布命令等的权力，也就是通常所说的指挥权。

每一管理层的管理者都拥有直线职权，只不过根据管理层次的不同，管理者职权的大小、范围也不同。例如，厂长对车间主任拥有直线职权，车间主任对班组长拥有直线职权。这样，从组织的上层到下层主管人员之间，便形成了一条标准的命令链，命令的指向由上到下。直线职权通常是经过授权而形成的，主要以合法权为基础。

（2）参谋职权。参谋职权是直线管理者的参谋或幕僚拥有的辅助性职权，这是一种顾问性或服务性的职权。拥有参谋职权的管理者可以向直线管理者提出建议或提供服务，但其不具有指挥权或决策权。

虽然参谋职权是一种辅助性职权，但是当一个组织的规模扩大到一定程度，直线职权已经不能应对组织面临的各种复杂问题时，这一角色的作用会逐渐加强，以便于直线管理活动的实施和开展。

（3）职能职权。职能职权是指由参谋人员拥有的原属于直线管理者的一部分权力。在组织规模较小、管理职能相对集中的情形下，参谋人员只拥有建议权；随着组织规模扩大，许多管理职能日益专业化和独立化，如果管理者缺乏某些方面的专业知识，对方针政策的解释存在差异，为了提高管理效率，管理者会将一部分职权授予参谋人员，这部分职权就是职能职权。

（五）组织文化

1. 组织文化的概念

组织文化是指组织在长期的实践活动中形成的，被组织成员普遍认可和遵循的，具有组织特色的价值观念、团体意识、行为规范和思维模式的总和。

2. 组织文化的结构与内容

（1）组织文化的结构。组织文化的结构可分为物质层、制度层和精神层3个层次。

1）物质层。物质层是组织文化抽象内容的外在显现，是组织文化最直观的部分，是人们最易于感知的部分，包括企业面貌、产品的外观和包装、技术和工艺设备特性、纪念物等。

2）制度层。制度层是组织文化的中间层，又称组织文化的里层，是指组织中各种有特色的规章制度、道德规范和行为准则的总和，也包括组织机构中的分工协作关系。

3）精神层。精神层又称组织文化的深层，是指组织的领导和员工共同信守的基本信念、价值标准、职业道德及精神风貌。它是组织文化的核心和灵魂，是形成组织文化的物质层和制度层的基础和原因。

（2）组织文化的内容。组织文化的内容包括组织的价值观、组织精神、伦理规范和组织素养4个部分。

1）组织的价值观。组织的价值观是指组织内部管理层和全体员工对该组织的生产、经营、服务等活动以及用于指导这些活动的一般看法或基本观点。

2）组织精神。组织精神是指组织经过共同奋斗和长期培养而逐步形成的，认识和看待事物的共同心理趋势、价值趋向和主导意识。

3）伦理规范。伦理规范是指从道德意义上来考虑，社会要求人们遵守的行为准则，它通过社会公众舆论规范人们的行为。组织文化内容中的伦理规范既体现着组织中社会文化的一般性要求，又体现着组织中各项管理的特殊需求。

4）组织素养。组织素养包括组织中各层级员工的基本思想、科技和文化教育水平工作能力、精力以及身体状况等。

（六）组织变革

组织变革是指组织在面对外部环境和内部条件的变化时进行的改革和适应的过程。组织是存在于一定环境中的生命体。没有一个组织能永远保持不变，一个积极向上的组织必须时刻评估组织效率，掌握组织自身的发展规律，敏锐地洞察外界环境的变化，有计划地、主动地寻求各种变革，以求得生存和发展。

1. 组织变革的原因

组织变革的主要原因可以分为外部原因和内部原因两个方面。

（1）组织变革的外部原因。外部原因是指市场、资源、技术和环境的变化，这部分因素是管理者无法控制和把握的。市场的变化包括顾客的收入、价值观念、偏好等发生变化，竞争者推出了新产品或产品增加了新功能，竞争对手加强了广告宣传、降低了产品价格或改进了售后服务，导致公司的产品不再具有吸引力。资源的变化包括人力资源、能源、资金、原材料供应的质量、数量及价格的变化。技术的变化包括新工艺、新材料、新技术、新设备的出现，这些变化不仅会影响产品，而且会使新的职业和部门出现，会带来管理、责权分工和人与人关系的变化。社会环境的变化也会促使组织变革，它包括政治形势、经济形势、制度、投资、贸易、税收、产业政策与企业政策的变化。环境的变化特别是市场环境的变化是促使组织变革的最重要原因。

（2）组织变革的内部原因。组织变革的内部原因主要是指人的变化、组织运行和成长中的矛盾等。任何一个组织中都存在使这个组织成长的因素，同时也存在使这个组织衰败的因素。衰败因素包括组织缺乏弹性，对外界环境的变化反应迟钝；管理者决策缓慢，决策质量不高或无法做出决策；企业内部不协调，组织目标与个人目标之间、各部门目标之间会出现分歧；职工的价值观念、工作态度发生变化，工作效率不高，不满与抱怨增加；新的领导者上任或原有领导者采用了新的思想观念，组织高层制定了新的战略和目标，员工队伍增加了新的成员或员工思想发生了变化。这些都会促使管理者采取变革的措施，以保证组织的生存和发展。

2. 组织变革中的变量

美国管理学家李维特认为，组织是一个含有多种变量的系统，该系统至少包含 4 个最重要的变量，即任务、技术、结构与人员。

（1）任务。组织的任务是指组织的运行目标和方向。当对组织的运行目标和方向进行调整时，组织的结构也要随之进行变革。在复杂的组织系统内，存在许多亚层次任务，它们是为总任务服务的。这些亚层次任务实际上是各个部门的具体工作任务和目标，这是决定各级部门结构设置的重要因素。

（2）技术。组织系统中的技术因素包括设备、建筑物、工作方法、新技术、新材料、新的质量标准和新的管理技术控制手段等。技术因素的变革可以间接促进组织任务发生改变，或直接促进组织技术条件与制造方法发生改进，从而影响组织人员与组织结构。

（3）结构。组织的结构包括组织的职权系统、工作流程系统、协作系统、意见交流与信息反馈系统、人力资源管理等专业职能系统，以及集权程度等。

（4）人员。人员是指组织成员的态度、动机、行为、技术文化素养、职业道德水准、人际关系、受激励的程度、组织文化与成员的价值观念等。组织中人员因素的变化，是引进组织变革的最复杂、最深刻、最难把握的因素之一。

组织的变革是一项复杂的系统工程，它有时可能针对其中的一个变量，有时是借助其中一个变量的变革来影响其他变量，有时可能针对组织系统中的几个变量同时实施变革。这要求我们不能孤立地、简单地、片面地看待组织的变革，而应该有步骤、有计划、有系统地进行。这既是管理科学化的要求，也充分体现了组织变革的艺术[1]。

六、领导

管理学中所说的领导在更多意义上是指管理者的领导职能，而不是纯粹指领导学中的领导。要准确理解领导职能，就必须首先了解什么是管理者，什么是领导者。

（一）领导者与管理者

1. 领导的本质

孔茨给领导下的定义是："领导是一种影响力，是引导人们行为，从而使人们情愿地、满怀热情地实现组织或群体目标的过程。"这一定义包含 3 层含义。第一，该定义揭示了领导的本质是影响力。这种影响力能够引导人们的行为。引导是指人们以某种方式来跟随一个特定过程的行为。第二，该定义指出了领导是一个过程，即引导人们行为的过程。第三，该定义指出了领导的目的，即领导是一项目的性非常强的行为过程，它的目的在于使人们心甘情愿地、热心地为实现组织或群体的目标而努力。

2. 领导者与管理者的关系

管理者依靠政策、程序、规则等来实现组织的目标。领导者关注愿景、价值观，主要依靠个人的影响力来引导群体行为，与追随者一起前进。与管理相比，领导更具有艺术性。大多数人认可这样的观点："领导者的主要任务是传播组织的愿景和价值观。"管理者与职位是对应的，职位包含相应的职责，领导者与职位不对应，其责任并不具体。例如，黑人领袖马丁·路德·金引导群体的行为不是出于其职位责任，也不必在规定的明确时间达成规定的目标。但是，有职位的人更容易发挥影响力，也更容易成为领导者。在某些国家或地区，由于人们更愿意接受"正统"权威，也就是职位的权威，因此在这些地方，有职位的人（也许是管理者，也许是当权者）更容易发挥领导作用。

综上，管理者与领导者具有紧密联系。首先，管理者必然拥有比一般员工更便于发挥个人影响力的条件。其次，在现实中，管理者与领导者往往是一个人，优秀的管理者往往就是领导者。

（二）领导职能的作用

管理者在组织内行使领导职能是指在实现组织目标的同时，巧妙地将组织成员个人的愿望和需要的满足与组织目标的实现结合起来，使组织成员更积极主动地去实现组织目标。行使领导职能涉及沟通协调、指挥引导、激发动力以及营造组织氛围和建设组织文化等内容。

1. 沟通协调

组织的目标是通过分工与协作来实现的。即使组织制定了明确的目标，但由于组织中的成员对目标的理解、对技术的掌握和对客观情况的认识会因他们的知识、能力、信念等方面的差异而不同，人们在思想认识上发生分歧，在行动上出现偏离目标的现象都是不可避免的。这需要发挥领导职能来协调人们的关系和活动，使组织成员步调一致地朝着共同的目标前进。

2. 指挥引导

在组织的分工与协作活动中，领导应该通过引导、指挥来帮助组织成员最大限度地实现组织的目标。发挥领导职能不是在组织成员后面推动、督促他们，而是在前面引导他们，鼓舞他们去奋力实现组织的目标。

3. 激发动力

领导活动的目的是将个人目标与组织目标结合起来，并调动组织成员的积极性，以实现组织目标。领导职能强调激励员工，使其表现出符合组织期望的积极、主动的工作行为。要正确发挥激励作用，管理者需要分析需求、研究需求如何影响行为，以及如何评价行为结果并给予公正报酬，最终目的是实现个人目标与组织目标的统一。

（三）激励

1. 激励的含义

激励是指通过满足员工的个人需要来提高他们的工作积极性，并引导员工将行为指向目标的过程。人的需要是指客观刺激作用于人的大脑所引起的个体缺乏某种东西的状态，这里所说的客观刺激不仅包括身体外部的刺激，也包括身体内部的刺激；不仅包括物质的刺激，也包括精神的刺激。人的需要会产生动机，而动机是人的行为产生的直接原因，它引起行为、维持行为并指引行为去满足某种需要。需要带有较强的客观性，而动机则是纯粹主观的，因此如何采取一定的方法来满足人的需要，通过引导人的动机，使其行为向有利于目标实现的方向进行，这是激励应当研究的主要内容。

2. 激励的原则

激励是一门科学，其理论基础是马斯洛的需要层次理论。在激励的过程中必须遵循一定的原则来实现激励职能的最大化。

（1）物质激励和精神激励相结合的原则。人们进行的社会活动都是直接或间接地和物质利益联系在一起的，这是马克思主义关于历史唯物主义的一个基本观点。物质需要是人类最基础的需要，是人类生存和发展的根本要求，但层次较低，其作用和激励深度有限。随着生产力水平和人们素质的提高，应该把激励的重心转移到以满足较高层次需要的精神激励上。也就是说，要以物质激励为基础，精神激励为根本以实现两者的有效结合，但同时应该避免片面性和极端性。过分关注物质激励就会导致拜金主义，过分关注精神激励又会导致意志万能，所以必须正确认识两者之间的关系，实现物质激励与精神激励的合理配置。

（2）公平公正原则。公平公正地评价员工的工作成果，并在此基础上给每个员工以合理的报酬，是激发员工积极性的一个重要因素。这里所说的工作报酬应该包括物质和精神两个层面，其中物质报酬是基础，应给予充分重视。公平是在比较中获得的，人们注重的不只是所得的绝对量，更是可比的相对量，因此管理者应充分考虑对群体内以及群体外相关人员激励的公平性。"按劳分配"原则体现了公平性，但公平理论中的公平公正原则与"按劳分配"相比，更多考虑了个人的主观感受，因而显得更加实际。

（3）差异化和多样化原则。差异化是指针对不同的个人采用不同的激励方式，多样化是指不应拘泥于一种方式，而应该视情况不同，灵活运用多种激励方法。这是从激励的本质出发的。激励的本质是指满足个人的需要，而人的需要又是多种多样、不断发展变化的，因此激励方式也必须是多种多样、存在差异的。事实证明，只有在激励工作中坚持差异化和多样化原则，才能保证激励的有效性。

七、控制

（一）控制的含义

计划提供了管理者追求的目标，组织提供了完成这些目标的结构、人员配备和责任，领导则是指对下属施加影响，指导他人活动以实现组织目标，而控制提供了有关偏差的知识以及确保与计划相符的纠偏措施。控制是指根据拟订的计划，对组织绩效进行衡量和纠正的过程。管理者通过控制来确保活动按照计划进行，缺少控制或控制错误将会对组织造成损害。

（二）控制职能的作用

一旦管理者制订了计划和战略，就要实施计划方案，实现组织目标，因此管理者要确保组织成员正在"正确地做事"和"做正确的事"。控制能够为管理者提供持续的反馈，如图1-2-7所示，如果计划没有被很好地执行，管理者可及时采取行动对问题进行修正。因此，计划是控制的基础，控制是计划实施的保证。

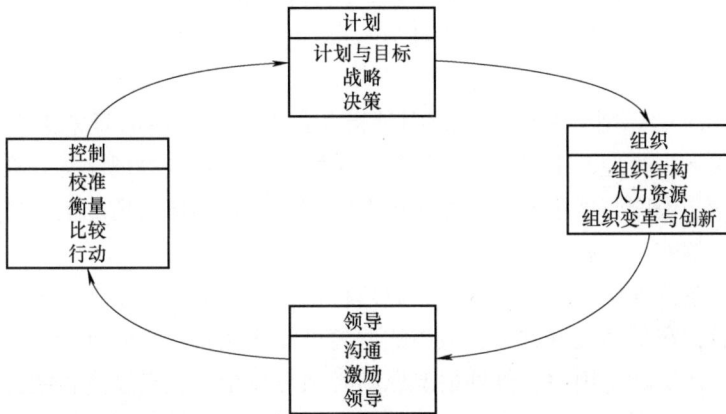

图 1-2-7　计划-控制链

（三）控制的原则和步骤

控制的客观性和适合性决定了控制过程是复杂和多变的，但控制过程要遵循共同的原则，只有这样控制才符合客观规律，才具有广泛的指导意义。控制的原则包括以下5个方面。

（1）计划性原则。每项计划产生的信息不同，计划的侧重点也各不相同。因此，在运用控制技术进行控制之前，必须要制订计划，还必须反映计划提出的要求，从而保证拟定的计划在实施过程中能发挥出预期的作用。

控制和计划既有联系，又有区别，它们是同一个事物的两个方面。首先，计划是实现控制的依据，管理者往往根据计划确定控制的标准；其次，控制又是实现计划的保证。因此，管理者必须经常了解计划以及计划在实施过程中可以加以控制的关键因素，并采用有针对性的控制技术。

此外，控制反映计划要求的原理还意味着，在实施过程中不仅应当迅速报告偏离计划的实际执行情况，还应当设计一个能预告可能出现偏差的系统，以便能有采取措施的时间。这个系统的建立必须根据计划的特点和要求来进行。

（2）组织适宜性原则。组织适宜性原则是指控制技术应明确、完整地反映组织机构。设计的控制技术越是能够反映组织机构中的岗位职责，就越有利于纠正偏离计划的误差。

由于控制的目的是根据组织目标对实施计划的活动进行衡量和评价，并及时采取纠正措施，而整个控制过程涉及组织的全体成员，一旦出现偏差，必须明确偏差涉及的部门以及这些部门的具体权限，因此，控制除了应当及时发现执行过程中的偏差，还必须知道发生偏差的责任和采取纠正措施的责任应由哪些部门来承担。

（3）控制关键点的原则。控制要抓住关键点是指管理者应当根据每个计划的侧重点，在管理活动中将对实现计划十分必要的环节作为控制标准。由于管理者精力有限，在实际工作中也不可能面面俱到，控制的标准应选择计划的关键环节，即对计划的完成有着举足轻重作用的关键问题。管理者应当将注意力集中于计划执行中的一些主要影响因素，并借此来掌控偏离了计划的重要偏差。一般来说，没有什么简易的准则可用于决定管理者应当注意哪些关键点，这主要取决于管理者自身的素质和管理经验，所以说关键点的选择是一种管理艺术。

（4）例外情况的原则。例外情况原则是指凡具有重复性质的日常工作，都应制订规则和程序并授权下级处理，上级主要控制例外情况。管理者应当把注意力集中到一些重要的偏差上，也就是说应当把主要注意力集中在特别好或特别坏的情况上。只有这样，才能使控制既有高的效能，又有高的效率。

但是，只注意例外情况是不够的。在偏离标准的各种情况中，有一些情况无关紧要，而另一些则不然，在某些关键方面有微小的偏离可能比在其他方面有较大的偏离的情况影响更大。因此，在实际运用中，例外情况原则必须与控制关键点原则相结合。但应当注意这两个原则之间的区别：控制关键点原则强调控制必须注意需要观察的关键点，而例外情况原则则强调必须观察在关键点上发生的偏差的大小。

（5）直接控制原则。直接控制原则是指通过提高管理者的素质来加强控制工作，管理者及其下属的素质越高，就越能胜任其承担的职务。直接控制是相对间接控制而言的。所谓间接控制，是基于管理者因为没有预见将要出现的问题而没有采取适当措施的考虑。这样就只能在出现偏差后，通过分析偏差产生的原因去追查管理者个人的责任，并让他们在今后的工作过程中加以改正。显而易见，间接控制的缺点是只有在出现了偏差后才进行纠正。针对这个缺陷，直接控制的原理指出，管理者及其下属的素质越高，就越能在事前觉察出偏离计划的误差，并及时采取措施来预防误差的发生。这意味着控制的最佳方式就是采取措施来尽可能地保证提高管理者的素质。

八、创新

创新是组织生命力的源泉。对于一个系统的企业或其他社会组织来说，决策、组织、领导和控制职能是在现有环境状态和系统目标下，维持系统平衡的重要管理职能；而创新则是适应组织内外部环境条件的变化，打破系统原有平衡，创造系统新的目标、结构和功能状态，以实现新的系统平衡的管理职能。没有创新就没有发展。只有借助创新职能，才能将决策、组织、领导、控制等职能推进到组织管理的一个新的均衡状态，从而使组织在更高层次上实现目标、结构与功能的有机整合，以创造性地适应环境变化，赢得竞争优势。如果说管理的各个职能可以相互联系，形成一个职能系统，那么正是创新职能赋予了该系统原动力，使它得以生生不息地运转。

（一）创新概述

1. 创新的概念

创新是一种思想及在这种思想指导下的实践，是一种原则以及在这种原则指导下的具体活动，是管理的一种基本职能。

传统意义上的创新仅仅是指技术的革新。而现代意义上的创新包含的范围很广，既涉及技术性变化的创新，如技术创新、产品创新、过程创新，也涉及非技术性变化的创新，如制度创新、政策创新、组织创新、管理创新、市场创新、观念创新等。但创新并不一定都是全新的东西，旧的东西以新的形式出现或以新的方式结合也是创新。

2. 创新的种类

系统内部的创新可以从不同的角度去分类。

（1）局部创新和整体创新。从创新的规模以及创新对系统的影响程度来分类，可分为局部创新和整体创新。局部创新是指在系统性质和目标不变的前提下，系统活动的某些要素的性质或其相互组合的方式，系统的社会贡献的形式或方式等发生变动；整体创新则往往改变系统的目标和使命，影响系统的目标、运行方式和社会贡献的性质。

（2）消极防御型创新和积极攻击型创新。从创新与环境的关系来分析，可分为消极防御型创新与积极攻击型创新。

消极防御型创新是指由于外部环境的变化对系统的存在和运行造成了某种程度的威胁，为了避免威胁或由此造成的系统损失的扩大，系统在内部展开的局部或全局性调整；积极攻击型创新是指在观察外部世界运行的过程中，敏锐地预测到未来可能会出现某种有利机会，从而主动调整系统的战略和技术，以便于积极开发和利用这种机会，谋求系统的发展。

（3）系统初建期的创新和运行中的创新。从创新发生的时期来看，可分为系统初建期的创新和运行中的创新。系统的组建本身就是社会的一项创新活动。系统的创建者在一张白纸上绘制系统的目标、结构、运行规划等蓝图，这要求创建者拥有创新的思想和意识，创造一个全然不同于现有社会（经济组织）的新系统，寻找最满意的方案，取得最优秀的要素，并将其以最合理的方式组合，使系统进行活动。但是"创业难，守业更难"，在动荡的环境中"守业"，要求积极地以攻为守并不断地创新。创新活动更多地存在于系统组建完毕并开始运转以后，系统的管理者要不断在系统运行的过程中寻找、发现和利用新的机会，更新系统的活动内容和调整系统的结构，以获取更有效的管理成效。

（4）自发创新与有组织的创新。从创新的组织程度上看，可分为自发创新与有组织的创新。任何社会经济组织都是在一定环境中运转的开放系统，环境的任何变化都会对系统的存在和存在方式产生一定影响。系统的相关性决定了与外部有联系的子系统根据环境变化自发做出调整后，必然会对与外部没有直接联系的子系统产生影响，从而要求后者也做出相应调整。但是系统内部各部分在自发调整后，各个子系统之间的关系不一定协调，给组织带来的总效应既可能为正，也可能为负。也就是说，系统各部分自发创新的结果是不确定的。

与自发创新相对应的是有组织的创新。有组织的创新包含两层意思：

1）系统的管理人员会根据创新的客观要求和创新活动本身的客观规律，制度化地检查外部环境状况和内部工作，寻求和利用创新机会，有计划地组织创新活动。

2）系统的管理人员要积极地引导和利用各要素的自发创新，使之相互协调并与系统有计划的创新活动相配合，使整个系统内的创新活动有计划、有组织地展开。

当然，有组织的创新也有可能失败，因为创新意味着打破旧的秩序和原来的平衡，具有很大的风险性。但是，有计划、有目的、有组织的创新取得成功的机会无疑要远远大于自发创新取得成功的机会。

（二）创新的原则与内容

1. 创新的原则

（1）开拓与求实相结合的原则。创新就是要不断地向新的领域、新的高度进取。随着组织内外部环境的变化，组织的创新能力也要不断积累、不断提高，决定创新能力的创新要素也要进行动态调整。从企业间的竞争来看，新的产品和技术在一段时间之后就会失去其竞争优势，只有不断地开拓和创新才能保证企业的竞争优势。

组织的创新总要符合客观实际的需要，任何成功的创新都应该是科学的，因此开拓精神必须与求实态度相结合，这是创新成功和稳步发展的重要保证。脱离实际的创新必然会出现盲目性、随意性和反复性，其结果注定失败。

（2）统一和灵活相补充的原则。创新必须有统一明确的目标、相互协调的行动、局部服从整体的观念，只有这样才能实现资源的优化配置和创新成效的最大化。但是，创新是对新的领域、新的问题的探索，其本身必然具有偶然性和机遇性，不能完全用计划来组织和规划，因此在创新过程中必须坚持统一和灵活相补充的原则，在实现资源合理配置的基础上给予更大的灵活性和弹性空间。

（3）奖励和鼓励并重的原则。创新具有高风险和高回报特征，因此组织必须对创新的成果给予公正的评价和合适的奖励，组织对所有的创新建议都要实施正向的鼓励政策。同时，创新是不断失败和探索的过程，因此必须给予创新更多的鼓励和支持，而不是冷眼旁观、横加指责。只有这样，才能形成良好的氛围和环境，为创新提供一个有利的平台。

2. 创新的基本内容

（1）目标创新。企业是在一定的经济环境中从事经营活动的，这要求企业按照特定的方式提供特定的产品。一旦环境发生变化，企业应当对生产方向、经营目标以及企业在生产过程中同其他社会经济组织的关系进行相应的调整。我国的社会主义工业企业在计划经济体制下曾经严格按照国家的计划要求来组织内部的活动。经济体制改革以后，企业同国家和市场的关系发生了变化，企业必须通过其自身的经营活动来谋求生存和发展。因此，在新的经济背景下，企业的目标必须调整为通过满足社会需要来获得利润。而企业在各个时期的具体的经营目标则更需要适时根据市场环境和消费需求的特点及变化趋势加以整合，每一次调整都是一种创新。

（2）技术创新。技术创新是企业创新的重要内容。现代工业企业的一个主要特点是在生产过程中广泛运用了先进的科学技术，技术水平是反映企业实力的一个重要标志。技术创新的进行、技术水平的提高是企业增强市场竞争力的重要途径。由于技术都是通过一定的物质载体和利用这些载体的方法来体现的，因此企业的技术创新主要表现在要素创新、要素组合方法创新以及产品创新 3 个方面。

（3）制度创新。制度创新需要从社会经济角度来分析企业系统中各成员间的正式关系的调整和变革。制度是组织运行方式的原则规定。企业制度主要包括产权制度、经营制度和管理制度 3 个方面的内容。

（4）组织机构和结构的创新。企业系统的正常运行要求既要有符合企业及环境特点的运行制度，又要有与之相应的运行载体，即合理的组织形式。因此，企业制度创新必然要求进行组织形式的变革和发展。由于机构设置和结构的形成受到企业活动的内容、特点、规模、环境等因素的影响，因此，不同的企业有不同组织形式。同一个企业在不同的时期，随着经营活动的变化，也会要求组织的机构和结构不断调整。组织创新的目的在于更合理地组织管理人员，提高管理劳动的效率。

（5）环境创新。环境是企业生存和发展的土壤，制约着企业的经营。环境创新不是指企业为适应外界变化而调整内部结构或活动，而是指通过企业积极的创新活动去改造环境，去引导环境朝着有利于企业经营的方向变化。例如，通过企业的公关活动，影响社区政府政策的制定；通过企业的技术创新，影响社会技术的方向等。就企业来说，环境创新的主要内容是市场创新。

市场创新主要是指通过企业的活动去引导消费，创造需求。新产品的开发往往被认为是企业创造市场需求的主要途径。其实，市场创新的更多内容是通过企业的营销活动来进行的，即在产品的材料、结构、性能不变的前提下，通过市场的地理转移，或通过揭示产品新的物理使用价值来寻求新用户，或通过广告宣传等促销工作赋予产品一定的心理使用价值，影响人们对某种消费行为的社会评价，从而诱发和强化消费者的购买动机，增加产品的销量。

本章习题

一、名词解释

请对下列名词进行解释：

稀缺性；市场出清；完全理性；完全信息；均衡价格；替代品；互补品；消费者偏好。

二、简答

1. 人类社会要解决的基本经济问题是什么？

2. 影响需求的主要因素是什么？影响供给的主要因素是什么？

3. 均衡价格是如何产生的？

4. 试通过收入效应和替代效应分析正常商品和吉芬商品的需求曲线。

5. 经济利润、会计利润和正常利润有什么关系？

6. 比较 4 种不同的市场结构：完全竞争、垄断竞争、寡头垄断、完全垄断的特点。

7. 试述泰勒科学管理理论的主要内容。

8. 简述控制的原则。

三、计算

1. 已知某一时期内商品的需求函数为 $Q_d = 50 - 5P$，供给函数为 $Q_S = -10 + 5P$。

（1）求均衡价格 P_e 和均衡数量 Q_e。

（2）假定供给函数不变，由于消费者收入水平提高，使需求函数变为 $Q_d = 60 - 5P$。求相应的均衡价格和均衡数量。

（3）假定需求函数不变，由于生产技术水平提高，使供给函数变为 $Q_S = -5 + 5P$。求相应的均衡价格和均衡数量。

2. 消费者赵某的收入为 270 元，他在商品 X 和 Y 的无差异曲线上斜率为 $dY/dX = -20/Y$ 的点上实现均衡。已知商品 X、Y 的价格分别为 $P_X = 2$ 元，$P_Y = 5$ 元，那么此时赵某将消费多少 X 和 Y？

第二章 企业经济管理概论

第一节 企业概述

企业是社会发展的产物，其随着商品生产的发展而发展。18世纪工业革命前后，随着生产力的提高和商品生产的发展，作为社会基本经济单位的企业（包括从事生产、流通、服务等活动的各种企业）开始大量出现并不断发展。企业是市场经济的主体，企业竞争力的强弱决定着一个国家竞争力的大小。本节内容将围绕企业概念与特征、企业组织形式、企业组织结构以及企业运行目标展开。本节作为企业经济管理的基本内容，将为后续章节学习奠定基础。

一、企业的概念与特征

（一）企业的概念

"企业"一词是从英文翻译而来的。英文中与"企业"相对应的词是"enterprise"，它由两部分组成，"enter"和"prise"。前者具有"获得、开始享有"的含义，可以引申为"盈利、收益"；后者具有"撬起、抓住"的意思，可以引申为"杠杆、工具"。这两部分结合在一起，表示"获取盈利的工具"。日本在引进该词时，将其意译为"企业"。从字面上看，"企"表示企图，"业"表示事业。企业顾名思义是指企图从事某种事业。专用于商业领域，企业表示企图冒险从事某项获取利润的事业。企业作为一种社会组织，是指"应用资本赚取利润的经济组织实体"。

《现代经济词典》把企业定义为：设在一定地点、拥有一个或一个以上的雇员的工厂、商店或办事机构。我国台湾学者认为：企业是集合生产要素，如土地、资本、劳动者，在创造的动机和承担风险的准备下，对某种事业做出有计划、有组织、讲求效率的经营。《中国企业管理百科全书》将企业定义为：从事生产、流通等经济活动，为满足社会需要并获取盈利，进行自主经营，实行独立核算，具有法人资格的基本经济单位。另外，企业还可以被看作是一个在负责贯彻合约的企业家管理下的层级组织，是"若干人之间的一组契约关系的联系点"。这里的一组契约关系是在所有者、经营者、劳动者、产品消费者及投入物质的供应商之间建立起来的。

综上，企业可以定义为：在社会化大生产条件下，从事生产、流通与服务等经济活动的营利性组织，企业是进行自主经营、自负盈亏、承担风险、实行独立核算、具有法人资格的基本经济单位。对企业的理解应把握以下几点：①企业是在社会化大生产条件下存在的，是商品生产与商品交换的产物；②企业是从事生产、流通与服务等基本经济活动的经济组织；③就企业的本质而言，它属于追求盈利的营利性组织；④企业是一个经济细胞，企业在国民经济体系中，始终是最基本、最活跃、最有创新意识的经济组织；⑤企业是一个社会单位，企业在实现自身目标的同时，也要承担社会责任。

（二）企业的特征

企业是适应市场经济要求，依法自主经营、自负盈亏、自我发展、自我约束的商品生产经营者，是独立享有民事权利和承担民事义务的法人。在市场经济条件下，企业一般具备以下基本特征：

1. 商业性

企业作为从事商品（或服务）生产经营活动的基本经济单位，其所从事的活动具有明显的商业性，其为卖而买、为交换而生产、为社会消费而生产经营。

2. 营利性

企业经营的目的是盈利，它是从事商品生产和经营的社会组织。某些社会组织也是以市场为导向，但其经营目的是非盈利的，因此不是企业。

3. 独立性

企业是具有法人资格并依法设立和经营的经济实体。法人是指具有一定的组织机构和独立财产，能以自己的名义享有民事权利和承担民事义务，依照法定程序成立的组织。法人不是自然人而是组织。

企业必须严格依照法律程序，经由工商行政管理机关（省、市、区工商局或所）核准登记才能设立，并在规定的经营范围和期限内进行生产经营活动。企业是具有民事权利能力和民事行为能力、独立享有民事权利和承担民事义务的组织，它拥有能够独立支配和管理的财产，并达到法定界线。

4. 企业是经济组织

企业是社会经济的基本单位，是一个能动的有机体，能够在经济社会环境下发展、壮大。企业拥有一定数量的资金和开展一定经营活动的场所，主要从事商品的生产、流通等经济活动。

5. 竞争性

企业拥有的资源是有限的。这种有限性是双重的：第一，企业外部的供应有限，即自然界蕴含的资源数量相对人类的需求是有限的。第二，企业内部的获取能力有限。任何经济资源的获取都必须付出一定的代价。在商品经济条件下，企业为了获得一定数量和种类的资源，必须支付一定数量的货币。而企业在经营过程中的任何时点能够动员的资金能力都是有限的，它不可能随心所欲地从外部获得内部活动所需的任何生产条件。

资源的有限性要求企业必须具备相应的竞争能力，只有这样，企业才能获得相应的资源并生存与发展。因此，市场经济是一种竞争经济，竞争经济的结果是优胜劣汰。

6. 经营目的独特性

企业经营的直接目的不是获得产品的使用价值，而是价值。在经营过程中，企业之所以选择生产某种特定的产品，并不是为了企业自身或其成员的直接使用或直接消费，而是希望通过产品的销售获得货币收入，补偿生产过程中的消耗，并有所剩余，以便在下一阶段的活动中取得更新或更多的生产条件，使经营循环得以继续或在更大的规模上进行。

只有当消费者愿意购买企业的产品，企业才能获得期望的销售收入。而只有当消费者意识到某种产品具有符合其要求的功能，可以满足其在精神或物质上的需要时，购买行为才会发生。因此，企业内部资源加工和转换方向的选择，必须以正确判断外部消费者的需要为前提。

7. 集合性

企业是人的集合体，企业经营依赖于不同参与者在不同的环节和方面做出不同的贡献。作为人的集合体，企业在外部市场整齐划一地表现出的任何生产、投资、销售等行为，均是该集合体中不同个人的行为选择相互作用的结果。外部环境的任何变化都不会直接、自动地引起企业的行为调整，而只能通过影响企业内部不同成员的行为选择，或者通过改变不同成员在相互作用中的关系来发挥作用。因此，面对特定的环境变化，企业只有预期能够从各类参与者处得到所需的行为反应和贡献，才会做出相应的经营选择或调整。

二、企业组织形式

企业组织形式是指企业存在的形态和类型，是企业责任形式的体现，表明一个企业的财产构成、内部分工协作及与外部社会经济联系的方式。随着市场经济的不断发展，按照财产的组织形式和承担的法律责任可以将企业组织形式划分为个人独资企业、合伙制企业以及公司制企业。

（一）个人独资企业

个人独资企业是指由单一的出资者投资创办的企业。企业由业主直接经营，业主个人享有企业的全部经营所得，同时对企业承担无限责任，即如果企业经营失败，出现资不抵债的情况，业主要用自己的个人财产来抵偿。

个人独资企业一般规模较小，内部管理机构简单，其优点是设立和歇业的程序比较简单易行，产权能够比较自由地转让，经营者与所有者合二为一，企业经营方式灵活，决策过程简单迅速，从而使企业的经营目标、发展战略，投资决策等都不偏离业主意图。个人独资企业的缺点是多数业主自身财力有限，而且由于受偿债能力的限制，其取得贷款的能力较差，难以从事需要大量投资的大规模工商业活动；同时，如果业主无意经营或因其他原因无力经营，企业的业务就会中断。因此，个人独资企业多数规模较小，企业的生命力较弱。

在市场经济体制下，个人独资企业在我国数量庞大，占企业总数的大多数，而且是最早出现的企业形式。但由于规模较小，发展能力有限，个人独资企业在整个经济中不占支配地位。个人独资企业通常存在于零售商业、"自由职业"、个体农业等领域，体现为零售商店、注册医师、注册律师、注册会计师、家庭农场等形式。

（二）合伙制企业

合伙制企业是由两个或两个以上的个人通过签订合伙协议联合经营的企业组织。合伙人分担投资、分享利润，共同管理企业，可以由其中的一位合伙人出面经营，也可以由若干合伙人共同经营。当企业出现经营失败、资不抵债时，合伙人对经营后果负有连带的无限责任，即合伙人要以个人家庭财产按照入股比例进行赔偿。

合伙制企业的特点在于由许多合伙人共同出资，可筹集资金数量较大，能够从事一些资产规模需求较大的生产经营活动。同时，由于合伙人对企业的债务负有无限连带责任，各合伙人对企业的盈亏都十分关心，对企业经营管理较为负责。但合伙制企业在其他方面存在一定的缺点：第一，尽管有合伙人共同出资，但由于合伙人资产有限，合伙规模不能无限扩大，合伙制企业的资产规模一般达不到社会大生产的要求，一般在规模较小的生产经营领域内；第二，合伙制企业是依照合伙人之间的协议建立的，所有重要决策均需征得全体合伙人一致同意，因此，决策过程复杂，决策时效性差；第三，合伙人中只要有一位死亡或者撤出，原来的合伙协议就要进行修改，企业面临改组或散伙，因此合伙制企业的稳定程度有限；第四，合伙人承担连带无限责任，投资者面临风险较大。

基于合伙制企业特点，其一般适用于资产规模较小、管理不复杂、不需设专门管理机构且个人信誉具有明显重要性的企业，如会计师事务所、律师事务所等。

（三）公司制企业

公司制企业是由两个或两个以上股东出资，按照法定程序组成的，以营利为目的，具备法人资格，能够独立地对经营的财产享有民事权利、承担民事义务的组织。公司制企业基本特点是法人财产与最终所有者的所有权分离，经营管理者与资本所有者分离。公司制企业在发展过程中形成了多种类型的公司。依据《中华人民共和国公司法》（以下简称《公司法》），根据公司责任关系我国公司制企业包括有限责任公司和股份有限公司。

1. 有限责任公司

有限责任公司是指根据《中华人民共和国公司登记管理条例》规定登记注册，由一个以上五十个以下股东出资设立，每个股东以其所认缴的出资额为限对公司承担有限责任，公司以其全部资产对公司债务承担全部责任的经济组织。

有限责任公司的资本不需要划分为等额股份，股东各自以他们的出资额比例承担有限责任，利润分配时也按照各股东的出资额比例分配。股东拥有的有限责任公司股权不可自由流通，其转让一般只能在股东之间进行，若向股东以外的人转让股权，应当经其他股东过半数同意。有限责任公司多数是生产经营规模较小的企业，因此组织结构的设置比较灵活。根据《公司法》规定，有限责任公司一般应设股东会、董事会和监事会，并由董事会聘任总经理主持公司的日常业务活动。但对股东人数较少和企业规模较小的，可以不设董事会和监事会，而设一名董事和一名监事。

2. 股份有限公司

股份有限公司又称股份公司，是指由一人以上二百人以下发起人设立的，全部注册资本由等额股份构成的，并通过发行股票或股权证筹集资本，股东以其认购的股份为限对公司的债务承担有限责任，公司以其全部财产对公司的债务承担责任的企业法人。

股份有限公司主要通过将其资本划分为等额股份，发行股票筹集资金，公司既可以吸收社会资金，也可以依法自由转让股份，因此股份有限公司的股份可以自由流通，股东并不固定。同时，绝大多数股份有限公司的股东不参与公司经营活动，而是通过股东大会对公司产生影响。股东对公司债务的责任仅限于他们对公司的投资股份，这也分散了股东的投资风险。

股份有限公司往往具有较严密的内部组织结构。公司必须设股东大会、董事会和监事会，分别行使公司重大事项的决策权、经营管理权和内部监督权，董事会还可以聘任总经理负责具体的业务执行工作。《公司法》对股东大会和董事会的会议程序、股东大会的表决程序、监事会的设立程序都有明确的规定，对股东大会、董事会、监事会以及总经理的职权也都作了明确的划分。股份有限公司的组织结构充分体现了所有权和经营权相分离的原则，使公司能够在充分独立的状态下从事生产经营活动，从而具有相对较宽的经营自主权。股份有限公司符合上市条件的，可以依法申请上市公开交易。目前，上市的股份有限公司仍是少数，但上市企业往往为现代企业的发展创造了有效的制度和形式，成为行业经济发展的风向标。

三、企业组织结构

企业组织必须有一个较正式的结构，明确企业内部各构成部分及各部分之间的相互关系，设计有效的协作流程以及沟通渠道。企业组织结构是否合理，对企业的发展起到至关重要的作用。完善的企业组织结构不仅是实现企业生产经营目标的基本保证，也是企业提高管理效率的前提条件，还是企业生存和发展的基础。

企业组织结构的形式分为两类：一类是简单的组织结构形式，如直线制、职能制、直线职能制等，主要适用于规模较小、产品品种单一的企业；另一类是复杂的组织结构形式，如事业部制、模拟分权制、矩阵制、多维制等，主要适用于规模较大、产品品种较多的企业。

（一）直线制

直线制是企业发展初期的一种最简单的组织结构形式，它的特点是企业各级行政单位从上到下实行垂直领导，下级只接受一个上级的指令，上级对下级单位的一切问题负责。企业的一切管理职能都由企业经理执行，不设职能部门。直线制组织结构如图 2-1-1 所示。

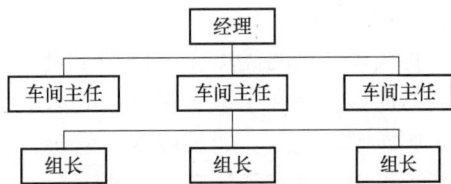

图 2-1-1　直线制组织结构

直线制组织结构的优点在于结构简单、指挥统一、上下级关系明确、权责明确、便于监督。直线制组织结构的缺点在于缺乏横向联系，领导者任务复杂，这会使他们陷入烦琐的日常行政事务中，影响他们思考企业发展的战略问题。因此，这种组织结构形式只适合于规模较小、生产技术比较简单的企业，对生产技术和经营管理比较复杂的企业不适用。

（二）职能制

职能制组织结构在各级行政主管负责人之外，还相应地设立了一些职能机构，协助行政主管从事职能管理工作，并要求行政主管把相应的管理职责和权力交给相关的职能机构，这样各职能机构就有权在自己的业务范围内向下级行政单位发号施令。因此，下级行政负责人除接受上级行政主管指挥外，还必须接受上级职能部门的领导。职能制组织结构如图 2-1-2 所示。

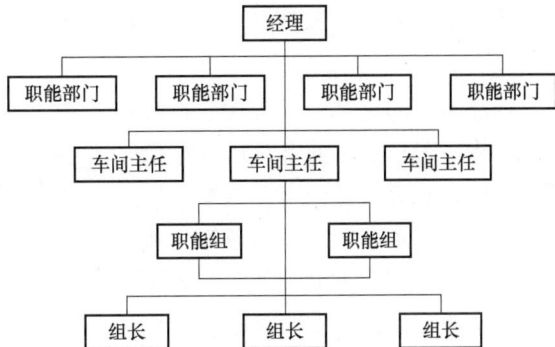

图 2-1-2　职能制组织结构

职能制的优点在于职能机构和职能人员能够发挥专业管理的作用,从而减轻了企业领导人的负担,适应了企业经营管理复杂化的要求。职能制的缺点在于妨碍了指挥的统一性,形成了多头领导,不利于建立和健全各级行政负责人和职能机构责任制,妨碍了工作效率的提高。另外,当上级行政领导与职能机构的指令发生矛盾时,下级容易无所适从,造成纪律松弛、生产管理秩序混乱。由于这种组织结构具有明显的缺点,因此现在很少采用。

(三) 直线职能制

直线职能制是在直线制的基础上,适应现代化工业生产的要求而发展起来的,是当前企业最常用的一种组织结构形式。这种组织结构形式以直线制为基础,在各级行政领导之下设置相应的职能部门,分别从事专业管理,作为该级行政领导的参谋部。职能部门拟订的计划方案以及有关指令由行政领导批准下达。职能部门对下级领导和下属职能部门无权直接下达命令或进行指挥,只起到业务指导作用。直线职能制组织结构如图 2-1-3 所示。

直线职能制的优点在于保持了直线制的优点,有利于统一指挥,并吸取了职能制的优点,能发挥专业管理

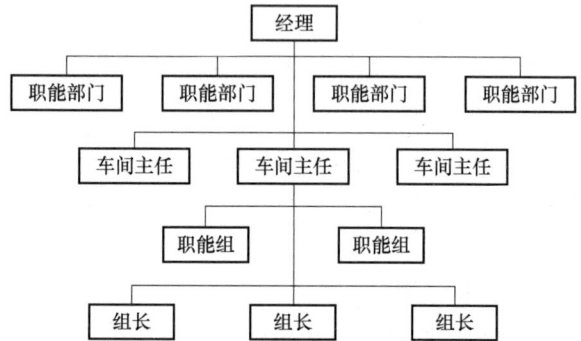

图 2-1-3　直线职能制组织结构

职能的作用,提高了管理工作的效率。直线职能制的缺点是职能部门之间缺乏横向联系,容易产生脱节和矛盾,职能部门的许多工作要直接向上层领导报告请示才能处理,这既加重了上层领导的工作负担,也造成办事效率降低。为了解决这些问题,企业可以通过设立各种综合委员会,或建立各种会议制度,协调各方面的工作,起到沟通作用,并帮助高层领导决策。

(四) 事业部制

事业部制又称部门化组织结构,是一种高度集权下的分权管理体制,适用于规模庞大、产品品种繁多、技术复杂的大型企业,是目前国内外大型企业普遍采用的一种组织结构形式。事业部制一般按照产品或区域划分为若干事业部,实行分级管理、分级核算、自负盈亏。

产品事业部又称产品部门。这种组织结构一般将各事业部共用的职能部门集中在总部,做到资源共享。同时,以企业所生产的产品为基础,将生产某一产品的有关活动完全纳入同一产品事业部内,再在产品事业部内细分职能部门,进行生产该产品的工作,其组织结构如图 2-1-4 所示。

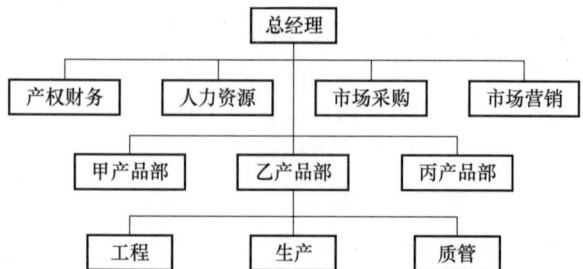

图 2-1-4　产品事业部组织结构

产品事业部又称产品部门化。这种组织结构的优点在于有利于采用专业化设备，并能使个人的技术和专业知识得到最大限度地利用；同时，每个产品部门都是一个利润中心，部门经理承担利润责任，有利于总经理评价各部门的业绩；此外，同一个部门的职能活动较易于协调，容易适应企业扩展与业务多元化的要求。产品事业部的缺点在于总部与分部容易脱节，总部的一些职能不能被分部很好地利用，而且每个分部都具有一定的权力，使总部对分部高层管理人员很难控制。另外，这种组织结构对管理人员的要求很高，而实际上很难获得所需的管理人才。

区域事业部又称区域部门化。这种组织结构一般将具有共性的职能集中在总部，设立中央服务部，向各区域事业部提供专业化服务，而将某一地区或区域的业务工作集中在一起形成区域事业部，其组织结构如图 2-1-5 所示。

区域事业部的优点是每个区域的事业部都是一个利润中心，事业

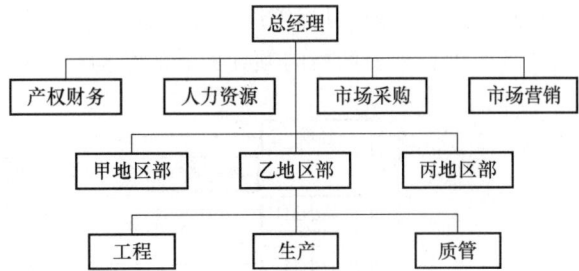

图 2-1-5　区域事业部组织结构

部经理要对该地区业务的盈亏负责，有利于将责任落实到位；同时，企业将某一地区或区域的业务工作集中在一起进行管理，有利于地区内部协调，也有利于增进对地区内部消费者的了解，便于沟通和服务；此外，每个主管都要承担一切管理职能，有利于培养通才型管理者。区域事业部的缺点在于其对事业部经理的全面管理能力要求一般较高，而这类人才往往不易得到；同时，每个事业部都是一个相对独立的单位，再加上时间、空间的限制，总部难于对其进行控制。

综合来看，事业部制的优点在于其有利于高层领导集中力量搞好经营决策、长远规划、人才开发等战略性工作；事业部实行独立核算，有利于加强事业部负责人的责任心，充分发挥他们的积极性；事业部的分工便于组织专业化生产，实现企业的内部协调；事业部之间相互比较和竞争，有利于促进企业的发展。事业部制的缺点在于各事业部容易产生本位主义，影响部门之间的协作；同时，各事业部职工不易了解企业生产经营的全貌。

（五）模拟分权制

模拟分权制是介于直线职能制与事业部制之间的一种组织结构形式。这种组织结构如图 2-1-6 所示。模拟分权制适用于生产过程很难截然分开、连续性强的大型企业。这些企业由于规模大，不易采用集权的直线职能制，同时企业生产过程的连续性使其不易采用分权的事业部制，因此，借用模拟的概念，企业可以分成若干

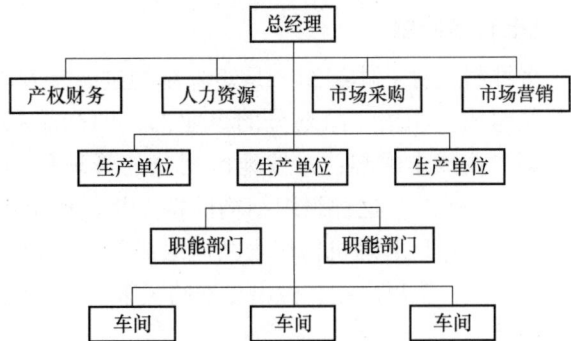

图 2-1-6　模拟分权制组织结构

"生产单位"，实行模拟独立经营、独立核算。这些"生产单位"可以被称为工厂，但它们不是独立的法人单位。

模拟分权制的优点在于企业最高领导层能像事业部制领导层一样，摆脱日常行政事务性管理而集中考虑战略性问题。各组织单位负有模拟性的盈亏责任，比直线制更易于调动各单位的积极性。模拟分权制的缺点在于各组织单位的职责权限不如直线职能制和事业部制的清晰。

（六）矩阵制

矩阵制又称规划-目标组织结构。这种组织结构既有按职能划分的垂直领导系统，又有按产品或项目划分的横向领导关系的结构。矩阵制组织结构如图 2-1-7 所示。

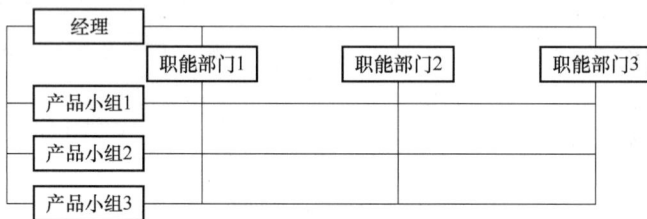

图 2-1-7　矩阵制组织结构

矩阵制是改善直线职能制横向联系差、缺乏弹性的缺点后形成的一种组织结构形式。这种组织结构形式是固定的，但人员是变动的，任务需要谁就安排谁，完成任务后他们就可以离开。产品小组和负责人也是临时组织的，任务一旦完成他们就回原部门。因此，这种组织结构非常适用于横向协作项目和攻关项目。

矩阵制组织结构的优点是机动、灵活，打破了一个管理人员只能受一个部门领导的管理原则，使企业中横向和纵向联系更加紧密；职能部门之间相互沟通，共同决策，提高了工作效率；同时，将不同专业的人员组织在一起，有助于激发他们工作的积极性。矩阵制组织结构的缺点在于项目小组的成员一般来自不同部门，成员隶属关系仍在原部门，因此项目负责人对成员管理困难，并且由于项目小组的成员是临时组成的，他们容易产生临时观念，这会对工作产生不利影响。

（七）多维制

多维制又称立体组织，是矩阵制的进一步发展。这种组织结构形式由 3 个方面的管理系统组成：①按产品划分的事业部，即产品利润中心；②按职能划分的专业参谋机构，即专业成本中心；③按地区划分的管理机构，即地区利润中心。多维制组织结构如图 2-1-8 所示。这种组织结构的特点是任何决策都必须由产品事业部经理、专业参谋机构代表、地区管理机构代表共同组成的"产品事业委员会"做出，这有助于各部门及时互相通报，集思广益，做出正确的决策。这种组织结构适用于跨国公司或规模较大的跨地区公司。

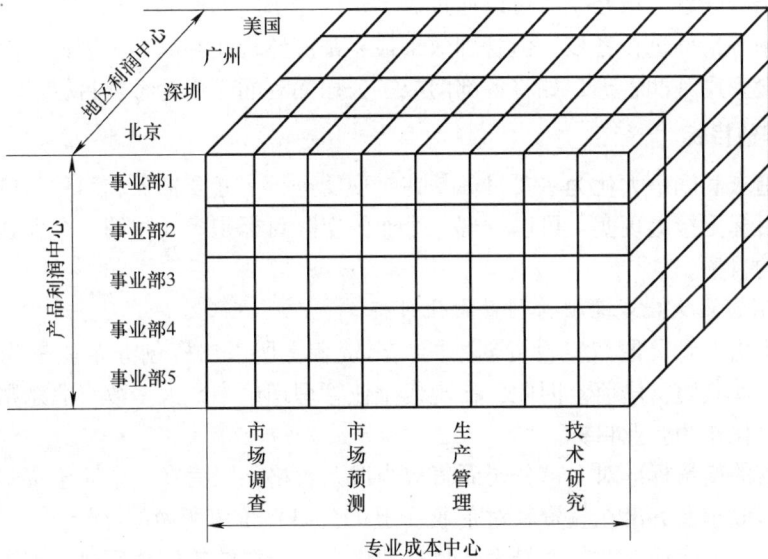

图 2-1-8　多维制组织结构

四、企业运行目标

从经济管理的角度出发，企业的决策与行为是为实现其目标而服务的，目标不同的企业，即使在相同的情况下，也可能会做出不同的决策。本部分将企业的目标分为利润最大化目标以及其他目标两类进行讨论。

（一）利润最大化目标

作为经济组织，企业的基本目标是在市场中获得尽可能多的利润，也可以说是谋求利润最大化，因此，利润是企业最关心的问题，也是企业生存和发展最基本的前提条件。企业将利润最大化作为行为目标的依据主要有以下几点：

1）利润是企业健康发展和成长的前提，企业维持生存必须达到最低利润率，否则很难保证企业资产的保值和增值。如果没有利润，企业不仅不能保证业主的收益，还会萎缩，失去竞争能力，最后被"淘汰出局"。

2）利润是企业股票现值的基础，因此，它不仅是企业业绩的标志，也是引导经济资源进行配置的市场信号。一个企业只有存在利润才能保证其股票价值的升值，才能通过银行贷款和股票上市进行融资。

3）利润是企业竞争的根源，是导致企业在产品市场上对目标顾客进行争夺、在要素市场上对资金供给和合格劳动力进行争夺及技术上进行创新和垄断等的最根本原因。对利润的追求促使企业彼此激烈竞争，而利润的获得在很大程度上取决于企业在竞争中能否进行正确行动和决策。因此，为了长期的生存和发展，企业必须获得利润并尽可能使其最大化。而众多企业拥有共同的追求则必然导致其相互之间发生不可避免的竞争。

4）利润是企业管理的重要手段。对于公司制企业，其内部各部门或子公司的绩效管理是一个复杂的问题，虽然企业可以通过成本、生产部门的产品指标完成情况、销售部门的市场占有率等指标进行考核，但管理效果最终都应体现在利润上。因此，企业在实际管理过程中一般采用利润管理，如将各部门或子公司的利润额作为考核目标。

（二）其他目标

企业以追求利润最大化为主要目标是在对现实进行了必要抽象和简化后的假设。如果想要使企业目标更接近现实，可以发现，企业的实际目标是多元化的，企业往往在不同时期追求不同的目标。

1. 股东财富最大化或企业价值最大化目标

企业是由出资者（股东）投资创办的，出资者之所以出资创办企业是为了让企业为其创造财富，使其财富增值。因此，在现代企业管理理论中，大多数将股东财富最大化或企业价值最大化作为企业目标。

股东财富的衡量标准对上市公司而言应为股票价格，因为在一个完全资本市场上，股票价格反映了股东及其潜在投资者对企业（上市公司）价值所做的评价。

股东财富最大化或企业价值最大化目标的优点在于能够较好地反映管理当局的经营业绩、企业目前与未来的获利能力、预期的收益、获利的风险、货币的时间价值等因素及其变化。它在西方企业管理理论研究中获得了较多的认同。

2. 利润满意化

现实中的企业几乎都要受利润动机的驱使，但是有相当多的企业并不把自己限制在利润最大化的目标上，它们以实现令自己感到满意的利润水平为决策准则。这种利润水平通常并没有达到企业可能达到的最佳水平，但它已经能够使企业的各利益群体感到满意。换句话说，利润满意化的行为模式追求的是次优化的利润目标。

企业追求利润满意化目标的基本因素包括如下几个方面：

（1）企业经营活动的不确定性。利润最大化目标是以企业的销售收入、生产及成本等函数能够确定为前提的。但现实中的企业由于信息不完善、产品市场和要素市场激烈竞争和供求变化，收入和成本等函数实际上是很难确定的，企业各种行动的结果也是不确定的。这常常使制定利润最大化的行为目标和行动方案变得毫无意义。

（2）企业经营资源的有限性。任何企业的活动都要受到既有资源的约束。对于不少企业来说，花费太多的时间、精力和费用去寻求、设计和实施一种能实现利润最大化的行动方案并不是一件易事。资源的约束使企业放弃这种过于困难和不现实的目标，转而谋求较为现实的满意化利润。

（3）企业集合体成员利益偏好的多元性。严格地说，利润最大化主要是投资者或股东追求的目标，但构成企业集合体的还有经营者和劳动者。同时，企业还要对消费者、供应商、债权人、政府和社会等各方面的利益负责。各种群体的利益偏好并不相同，比如劳动者希望得到更多的工作机会，并为其劳动力的支出争取更高的价格；而经理则期望扩大企业规模以提高自己的身价。企业作为这些社会成员的利益集合体，常常需要在各种利益偏好之间寻求妥协和平衡。妥协的结果常常是谋求一种使各方均感满意的利润。随着企业经营控制权和财产所有权的进一步分离，经理人员在制定企业目标上拥有更大的权力，谋求非利润最大化的行为也就得到了进一步的发展。

3. 销售收入最大化

销售收入最大化是企业多种目标模式中最常见的一种模式。这种目标假设当企业的利润达到可以接受的水平时，一些企业将把追求最大的销售收入作为企业关心的主要目标，由此将引起不同于利润最大化的产量和价格决策行为。确立这种假设的主要依据有如下几点：

（1）销售收入是衡量企业绩效和竞争能力的重要尺度。销售收入的大小既反映了消费者对企业产品的认可程度，又反映了企业在产品市场上的竞争地位，同时也反映了企业的经营规模。所有这些都是企业活力的重要标志。

（2）扩大销售收入是经理人员谋求个人利益目标的基础。在多数情况下，经理人员的待遇与企业经营规模的关系，比与利润水平的关系更密切。在经理人员起决策主导作用的前提下，追求销售收入最大化就成为了企业较常见的目标模式。

当然，追求销售收入最大化仍然受特定利润水平的制约，这个利润水平一方面应能使股东满意，另一方面应有利于企业从外部筹资。

4. 市场占有率最大化

市场占有率是企业某种产品销售量占该种产品市场销售总量的比率。因此，市场占有率最大化的目标模式假设企业为了在某种产品的市场竞争中占据有利地位，把扩大产品销售量作为主要目标。提出这种假设的主要依据有以下几点：

1）扩大销售量、提高市场占有率可以有效地排挤竞争者，赢得消费者对本企业产品需求的有利态势。因此，有一定资源实力的企业愿意做出努力。

2）市场占有率最大化可能使企业成为市场上的领导者甚至垄断者，从而拥有决定产品价格和产量等影响或支配市场的权力。

3）市场占有率最大化有利于企业克服市场不确定性的影响，从而帮助企业实现利润最大化或销售收入最大化的目标。

可见，市场占有率最大化主要是竞争性的目标，它并不产生直接的经济利益，且其目标实施常常受多种因素的制约。首先，过分追求高市场占有率常常导致企业以过低的价格扩大销售量，这将导致销售收入和利润同时减少。当销售总收入降到总成本以下时，企业的利润变为负值，即出现亏损。显然，以亏损为代价去追求销售量的扩大即市场占有率最大化是不持久的。其次，为了避免企业在追求市场占有率最大化的同时陷于持续亏损，企业必须致力于降低成本。因此，从长期来看，企业要实现市场占有率最大化必须同时谋求成本的极小化。最后，当企业成功地实现了市场占有率最大化目标，成为支配市场的垄断性企业时，常常受到政府反垄断法规的制约和处罚。这决定了企业追求市场占有率最大化有一定的法律界限。

第二节　企业经济基础理论

微观经济学研究在特定的外部环境下经济活动组成市场的行为，侧重研究经济运行中均衡的理论分析，试图描述经济如何运行。对于企业的经济管理来说，我们需要着重从企业的角度出发，利用经济学理论，从消费者的行为角度研究市场的需求，解决企业"生产什么"的问题；在企业组织生产的过程中研究生产与成本，进一步提高生产效率，解决企业"怎么生产"的问题；在不同市场条件下研究企业的决策，实现企业经营目标，解决企业"为谁生产"的问题。同时，企业也总是在特定的宏观经济环境下做决策，所以对于企业的经济学分析，我们也需要了解政府宏观调控的政策对企业的影响，以及企业的应对策略。因此，本节内容包括市场需求分析与需求函数估计、企业生产与成本分析、产品市场企业经营决策分析、要素市场企业经营决策分析、市场失灵与政府管制 5 个部分，分别对企业经济基础理论进行介绍。

一、市场需求分析与需求函数估计

（一）市场需求分析

在前面的章节中，我们已从微观经济学角度对市场需求的影响因素及需求变化方向进行了学习，而在企业决策角度，企业不仅需要知道需求函数影响因素及需求变化方向，还要了解影响因素对需求变化影响的大小程度，因此，引入了"弹性"的概念。"弹性"是物理学中广泛应用的概念，意为物体抗拒外力后恢复形变的能力。在经济学分析中，弹性是指用于研究因变量对某个自变量变化的反应敏感程度。在市场需求分析中，弹性是用来衡量需求量对变动因素变动的反应敏感程度，这是定性、定量分析的结合。本部分主要讨论价格、收入和相关产品变动与需求量变动的关系，即需求价格弹性、需求收入弹性和需求交叉弹性。

1. 需求价格弹性

（1）需求价格弹性的含义。需求价格弹性是指假定在需求函数中，其他所有因素都保持不变，仅当产品本身价格发生变化时，所引起产品需求量的变动，它用需求量的变化率与价格的变化率之比来表示。用公式表示如下：

$$E_p = \frac{\Delta Q_d / Q_d}{\Delta P / P} \tag{2-1}$$

式中，E_p 为需求价格弹性；$\Delta Q_d / Q_d$ 为需求量变动百分比；$\Delta P / P$ 为价格变动百分比。

根据需求原理，价格与需求量是反向变化的，所以需求价格弹性为负值。一般情况下，以需求价格弹性的绝对值大小来衡量商品弹性的大小。商品的需求价格弹性越大，意味着当商品价格发生变动时，需求量的相对变动越大；需求价格弹性越小，意味着当商品价格发生变动时，需求量的相对变动越小，它反映了需求量的变动对价格变动的敏感程度。

（2）需求价格弹性的分类。需求价格弹性是指商品的价格变动 1% 时，需求量变动的百分比。因此，在商品价格变化 1% 的前提下，需求量的变化率存在 5 种情况，如图 2-2-1 所示：

1）缺乏弹性（$0 < |E_p| < 1$）表示，需求量的变动率小于价格的变动率，即需求量对价格变动的反应不敏感，需求曲线相对比较陡峭。日常生活中，大量的生活必需品缺乏弹性。例如米、油等，既不会由于涨价，使消费量减少很多；也不会因为降价而增加太多消费。同时，它们的可替代产品往往难以找到。

P　　　　　　　　　P　　　　　　　　　P

O　缺乏弹性　Q　　　O　富有弹性　Q　　　O　单位弹性　Q

a)　　　　　　　　　b)　　　　　　　　　c)

P　　　　　　　　　P

O　完全弹性　Q　　　O　完全无弹性　Q

d)　　　　　　　　　e)

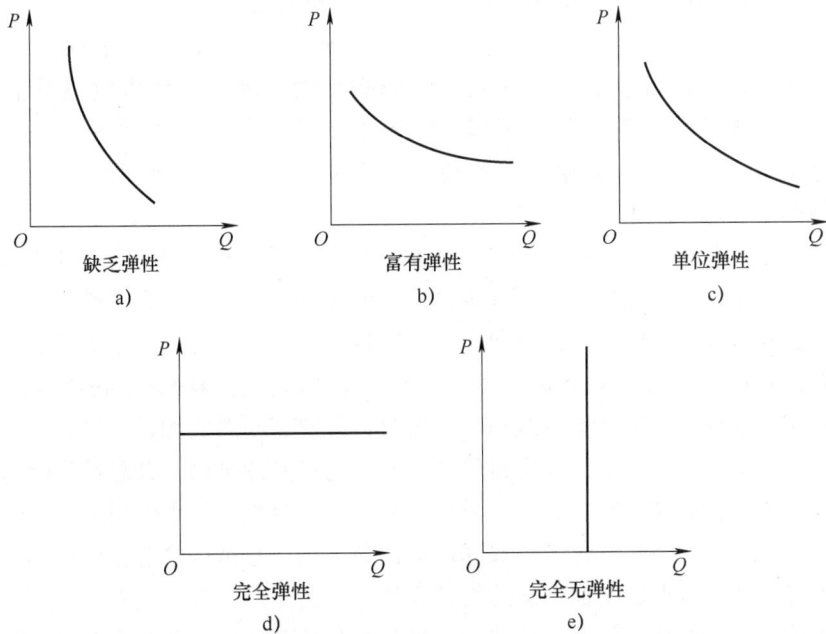

图 2-2-1　需求价格弹性的分类

2）富有弹性（$1 < |E_p| < +\infty$）表示，需求量的变动率大于价格的变动率，即需求量对价格变动的反应是比较敏感的，需求曲线相对比较平缓。这类产品在价格变化时，引起需求量的变动比较大，称为富有弹性。假如价格相对变动 1%，需求量的相对变动就要超过 1%，需求量的相对变动幅度要大于价格的相对变动幅度，需求曲线比较平缓。日常生活中，奢侈品往往富有弹性，若降价，人们会适当多买；若涨价，需求量就会下降很多。另外，容易被其他产品替代的产品也富有弹性，如苹果容易被其他水果所替代，若苹果涨价，人们必然会购买其他水果，对苹果的需求量会迅速下降。

3）单位弹性（$|E_p| = 1$）。这是一种特殊的情况，此时需求量和价格的变动率刚好相等，即当产品的价格上升 1% 时，需求量正好下降 1%。这时的需求曲线是一条等轴双曲线，需求量乘以价格等于常数，即在该产品上货币支付总量是一个常数。

4）完全弹性（$|E_p| = +\infty$）。此时需求曲线是水平的，只要价格有一个微小的上升，就会使需求量减少为零。也就是说，相对于无穷小的价格变化率，需求量的变化率是无穷大的。此时，需求曲线是一条水平线。这类产品需求量的变动对价格变动的反应非常敏感，价格极微小的变动会导致需求量极大的变动。这是一种特殊的情况，但具有理论意义。

5）完全无弹性（$|E_p| = 0$）。这类产品无论价格如何变化，需求量的变化量总为零。此时，需求曲线是一条垂线，称作需求完全无弹性。这种情况较为少见，人们对丧葬费以及食盐的需求接近这一情况，另外，对特殊战略物资的需求也接近于完全无弹性。

（3）需求价格弹性在企业决策中的应用。需求价格弹性可以直接反映价格变化对需求量变化的影响程度，从而影响企业的定价，进而影响企业收益。

如果企业出售的产品需求缺乏价格弹性，企业若采用降价促销，其总销售收益一定会减少。这是因为产品价格降低时，需求量虽有所增加，但需求量增加带来的销售收益的增加，不如价格降低引起的销售收益下降幅度大，因此总销售收益是下降的。这就是谷贱伤农、农民丰产不丰收的原因。农民丰产后，农产品的价格下降带来的收益减少，超过了丰产带来的收益增加。这说明对于需求缺乏价格弹性的产品，不能采用降价促销的办法。

从另一个方面来看，需求缺乏价格弹性的产品一定可以通过提价来增加销售收益。产品需求缺乏价格弹性时，提价虽然会减少销量，但提价带来的收益大于销量减少造成的损失。只要产品需求缺乏价格弹性，企业经营者提价一定可以给企业带来更多的利益。人们日常生活中必需的产品往往需求缺乏价格弹性，越必需，就越缺乏价格弹性。对企业来说，提价无疑可以给企业带来更多的利润。这时，政府需要对此加以干预。

如果企业出售的产品需求富有价格弹性，若提高产品的价格，其总销售收益反而会减少。这是因为产品价格提高时，需求量减少，而且需求量减少带来的损失要大于价格提高带来的收益。相反，若企业经营者采取降价促销的办法，总销售收益会增加。企业对产品降价会提高需求量，需求量增加带来的收益会超过价格下降造成的损失。

现实生活中，几乎没有什么产品的需求价格弹性等于 -1。由此可知，企业经营者对需求价格弹性不同的产品应采取不同的价格政策：对于需求缺乏价格弹性的产品，可以通过适当提价来增加销售总收益；对于需求富有价格弹性产品，可以通过适当降价进而扩大销售量来提高销售总收益；对于需求大致是单位价格弹性的产品，价格适度变动不会太影响企业的销售收益，企业可以针对不同的市场灵活运用不同的价格策略。当要扩大市场份额时，企业可以用降低产品价格的方法把竞争对手挤出市场；若要提高产品的声誉，则可以适当提高产品的价格，以树立产品在消费者心中的高质量形象。

2. 需求收入弹性

（1）需求收入弹性的含义。消费者的收入对需求也有十分重要的影响。需求收入弹性是指假定在需求函数中，其他所有因素都保持不变，仅当消费者收入发生变化时所引起产品需求量的变动，它用需求量的变化率与消费者收入的变化率之比来表示。公式表示如下：

$$E_Y = \frac{\Delta Q_d / Q_d}{\Delta I / I} \tag{2-2}$$

式中，E_Y 为需求收入弹性；$\Delta Q_d / Q_d$ 为需求量变动百分比；$\Delta I / I$ 为消费者收入变动百分比。

一般来说，当消费者收入增加时，人们会增加对各种产品的需求量。产品的需求量随着消费者收入的增加而增加，收入弹性为正。但是也有一些产品，当消费者的收入提高后，对其需求量反而会减少，因而需求收入弹性为负值。例如，当人们收入水平比较低时，常以粮食作为主要食品，称为主食。在人们收入提高以后，各类副食在食物中的比例会大幅度提高，而主食的需求量反而会减少。

（2）需求收入弹性的分类。根据需求收入弹性的大小可将产品分成 3 类，如图 2-2-2 所示：

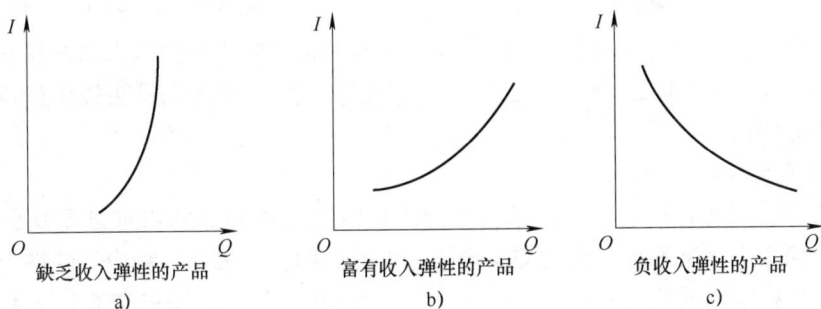

图 2-2-2　需求收入弹性的分类

1）缺乏收入弹性的产品（$0 < E_Y < 1$）。缺乏收入弹性的产品是指当消费者的收入发生变动时，对该产品的需求量也会发生变动，而且是同方向的变动，但需求量变动的百分比要小于收入变动的百分比。日常生活中的一般必需品就属于这一类产品。例如，对于食物，当消费者的收入增加时，对食物的需求量会有所增加，但是需求量增加的百分比要小于收入增加的百分比。

2）富有收入弹性的产品（$E_Y > 1$）。这类产品是指当消费者收入增加时，消费者对该产品的需求量会迅速地增加，需求增加的百分比要大于收入增加的百分比。高档消费品和耐用消费品一般属于这类产品，如境外旅游、打高尔夫等，当人们收入增加时，会迅速地增加对此类产品的需求量。

3）负收入弹性的产品（$E_Y < 0$）。在日常生活中，当消费者收入增加后，对有些产品的需求量反而会减少，需求收入弹性为负，这类产品属于低档消费品。人们收入提高后转而消费比较高档的产品，而对低档消费品的需求量会有所减少。低档消费品通常与产品的质量无关，只不过在人们的心中档次较低。

（3）需求收入弹性对企业发展政策的影响。需求收入弹性直接反映了消费者收入变化对产品需求的影响程度。有的产品是生活中的必需品，有的被看作高档消费品，而有的则是低档消费品。不同产品的需求收入弹性不一样，从而对企业发展政策的决策产生影响。

高档消费品、低档消费品的区分也会随收入的变动而发生变化。随着收入的增加，人们会增加对高档消费品的消费。因此，在预期居民收入增加的情况下，企业就应当扩大需求收入弹性较大的产品的生产，以取得更大的销售收益。而对于需求收入弹性较小的生活必需品，即使人们的收入有较大的增加，消费量也不会增加很多，由于市场需求增加有限，企业不宜过分地扩大。企业对低档消费品则更要警惕，当人们收入增加时，会减少对该种产品的需求量，市场会萎缩，企业要及时收缩生产。

企业的决策人员应当了解，当一国经济或某一区域经济出现一段时期的不景气时，居民的收入将有所下降，那么，高档消费品的需求量会迅速下降，生活必需品的需求量不会有太大变化，而低档消费品的需求量可能有所上升。企业需要根据经济不景气时间的长短，及时地采取相应的措施，以避免造成不必要的损失。

总体来说，需求收入弹性大的产品可能给企业带来较大的利润，但风险较大；而需求收入弹性较小的产品，销售收益比较稳定，风险较小，但利润也相应较少。因此，如果企业想同时拥有较高的利润和较小的风险，选择将经营需求收入弹性较大的产品和需求收入弹性较小的产品作为风险组合，不失为一个好办法。例如，汽车行业可以生产不同价格区间、不同类型的汽车。

3. 需求交叉弹性

（1）需求交叉弹性的含义。需求价格弹性反映了某种商品的需求量受其自身价格变化的影响，而需求交叉弹性是需求交叉价格弹性的简称，它表示一种商品的需求量变动对另一种商品价格变动的反应程度。若以 X、Y 代表两种商品，其需求交叉弹性为 X 商品需求量变动与 Y 商品价格变动的比值。用公式表示如下：

$$E_{XY} = \frac{\Delta Q_X / Q_X}{\Delta P_Y / P_Y} \tag{2-3}$$

式中，E_{XY} 为需求交叉弹性；P_Y 为 Y 商品的价格；ΔP_Y 为 Y 商品价格的变动量；Q_X 为 X 商品原来的需求量；ΔQ_X 为因 Y 商品价格的变动所引起的 X 商品需求量的变动量。

（2）需求交叉弹性与商品的关系。根据需求交叉价格弹性的值，可以把商品分为互补品、替代品和互相独立的商品。

1）互补品（$E_{XY} < 0$）。对于互补品来说，一种商品需求量与另一种商品价格之间呈反方向变动，因此其需求交叉弹性系数为负值。如眼镜架和眼镜片，打印机和打印纸等是互补品，它们之间的需求交叉弹性系数就是负值。一般情况下，功能互补性越强的商品，需求交叉弹性系数的绝对值越大。

2）替代品（$E_{XY} > 0$）。对于替代品来说，一种商品需求量与另一种商品价格之间呈同方向变动，因此其需求交叉弹性系数为正值。如茶叶和咖啡、橘子和苹果等，这些商品之间的功能可以互相替代，其交叉弹性系数为正值。一般来说，两种商品之间的功能替代性越强，需求交叉弹性的值就越大。

3）互相独立的商品（$E_{XY} = 0$）是指一种商品价格的变动不会造成另一种商品需求量的变化，也就是说，商品之间既不存在替代关系，也不存在互补关系。互相独立的两种商品在使用上是彼此独立的。例如，火柴和书本，在火柴价格上涨时，消费者对书本的需求量不会发生什么变化，它们不会在同一个市场上发生竞争。

（3）需求交叉弹性对企业决策的影响。当产品在消费中存在替代品或互补品，相关产品的价格变动会影响消费者对该产品的需求量，这就需要在不同需求交叉价格弹性下采取不同的决策。

多数企业会生产多种产品，其中有互补品，也有替代品，新一代产品就是老一代产品的替代品。那么，企业在制定价格时要考虑互补品或替代品之间的相互影响。就某种产品而言，降低价格可能会给企业带来损失，但如果其互补品的销售量会因此而迅速扩大，导致企业总利润的增加，那么降价是值得的。也就是说，如果产品本身价格弹性较大，可以降低产品价格，提高其互补品的价格，从而提高企业利润。

互补品的概念可以进一步拓宽，企业前后提供的产品或服务也形成了互补的关系。例如销售的电梯和随后提供的电梯安装服务，以及以后长期提供的运行维护服务，构成互补的关系。对一个企业来说，如果其提供产品并提供运行维护服务，那么电梯的价格、安装费用、维护保养服务的费用就应当统筹考虑。如果电梯的需求价格弹性比较大，电梯安装服务的需求价格弹性可以减小，电梯维护保养服务的需求价格弹性可以进一步减小。如果将电梯定价降低，扩大销量，并适当提高电梯安装服务和维护服务的价格，可以整体增加企业利润。

（二）需求函数的估计

需求弹性可以帮助企业经营者更好地决策，而需求弹性的确定离不开需求函数。随着市场竞争的日益加剧，预测和把握市场长期、短期需求的变化是极其重要的，这对确定需求弹性，进而准确地规划生产、控制库存、投入广告、制定价格等都极其有用。因此，如何估计需求函数就成了迫切需要解决的问题。通常实用的需求函数不是从公理出发进行演绎推理得出的，而是在市场实际数据的基础上估计得到的。一般需求函数估计的方法分为统计分析法和直接调查法两类。

1. 统计分析法

回归分析法是需求函数统计分析中最常用的估计方法，它是根据经济变量的具体数据得出变量之间关系的数学方法。通常回归分析法有 4 个步骤、两个检验方法。

（1）变量的确定与数据的甄别。影响市场需求的变量往往有很多，也很复杂。因此，需要集中力量选择影响市场需求的主要变量。变量数过多，收集数据的成本会过大；变量数过少，容易有重大遗漏，会严重影响结果的准确性。基于此，变量数最好控制在 5 个以下。同时，变量的选择需要考虑市场上数据的可得性，有些数据很可能不可得。因此，在应用回归分析等统计分析方法时，还要借助访问消费者、市场调查等直接方法来验证。

（2）数据收集。用回归分析法估计广义需求函数的第二步是收集所确定经济变量的相应数据。收集的数据可以是同一调查对象在不同时点（每年、每月、每周、每日）按时间顺序排列的统计数据，即时间序列数据，它常常反映了变化的趋势；也可以是不同调查对象（不同的企业、不同的家庭、不同的地区等）在同一时点截面上的调查数据，这称为截面数据。时间序列数据和截面数据是一维数据。除此之外，面板数据也被广泛应用，它是时间序列上的截面数据，是二维数据。数据收集是进行回归分析的基础，是对需求函数的可靠性影响最大的一步。

（3）需求函数形式的确定。回归分析第三步是建立模型，即确定需求函数的形式。简单而实用是确定需求函数形式的原则。需求函数形式包括线性函数、幂函数、多产品模型、存量饱和模型等，其中，线性函数是最简单的需求函数形式，公式如下：

$$Q_x = a_0 + a_1 P_x + a_2 I + a_3 P_r + a_4 N \tag{2-4}$$

式中，a 就是要估计的参数，它表明需求量随着自变量的变动而变动的关系。

最常用的非线性需求函数是对数-线性形式，它的一般幂函数形式如下：

$$Q_x = b_0 P_x^{b_1} I^{b_2} P_r^{b_3} N^{b_4} \tag{2-5}$$

幂函数形式更好地反映了自变量对需求量的边际影响，它表明任何一个自变量对需求量的边际影响，既取决于自变量本身的值，又取决于需求函数中其他变量的值，这比较符合实际。一般在需求弹性不变或变化不大时，或者所有变量仅在一个不大的范围内变化时，用对数–线性函数形式比较好。

（4）回归分析。最小二乘法是应用最广的估计参数的回归分析法，也是其他估计方法的基础。最小二乘法的计算原则是使求得的数据与实际数据之间误差的平方和最小，从总体上反映模型函数和样本的接近程度。需求函数参数的计算有较复杂的过程，也有相当大的计算工作量，一般通过计算机的软件指令，利用最小二乘法求得未知的数据，具体过程在本书中不做讨论。

（5）统计检验与经济检验。通过回归分析得到需求函数后，还要进行统计检验和经济检验。

统计检验是指暂时抛开需求函数模型的经济内涵，将其作为一个数学问题，考虑其是否满足数学理论与方法上的要求。统计检验主要包括变量的显著性检验、模型的拟合度检验和模型的显著性检验。

1）变量的显著性检验是指检验变量对被解释变量的影响是否显著，以决定是否将变量继续保留在模型中。如果变量对被解释变量的影响并不显著，就应当将其剔除，以建立更加简单的模型；如果变量对被解释变量的影响是显著的，变量前的参数应当显著不为零。

2）模型的拟合度检验是指检验模型对样本观察值的拟合程度。拟合系数反映了模型对观察值的拟合程度，说明了变量在多大程度解释了应变量的变化。拟合系数越接近1，说明模型的拟合程度越高。

3）模型的显著性检验是指对模型中被解释变量和解释变量之间的线性关系是否显著成立做出判断。只要以上统计检验中有一个不能通过，就要对确定的模型变量、鉴定与收集的数据、确定的函数形式等重新加以审视，确定是否还有重要变量的遗漏，或是数据的重大失真，或是函数形式的不当等。调整后，再次利用计算机通过最小二乘法进行回归分析，并再次进行统计检验，直到所有统计检验通过为止。

在完成统计检验以后，还要结合经济内涵进行经济检验，检验每个估计的系数的正负号是否符合经济意义、其大小是否符合实证分析。对一个正常商品而言，它的需求价格弹性应当为负值，若回归分析的结果为正值，说明不能通过经济检验，需要重新审视模型的变量、鉴定与收集的数据、确定的函数形式等。只有依靠深入的经济分析和丰富的实际经验，并注意多方面征求专家和有关人员的意见，对分析结果反复进行统计检验和经济检验，需求函数的估计才能有比较准确的结果。统计学、计量经济学和经验在需求函数的估计中都是必不可少的。

2. 直接调查法

对需求函数的估计，除利用历史数据进行统计分析，还可以对市场消费者进行直接访谈和进行市场试验。

（1）消费者直接访谈法。消费者直接访谈法是将调查问卷以面谈、电子邮件或电话的形式向消费者提供，以估计其对产品的需求和反应。其中最重要的是设计调查问卷，问卷围绕需求函数中各变量的变化对消费者的行为和购买意向进行调查。例如，询问消费者喝啤酒吗？若啤酒每瓶价格为 2.10 元，那么你每月要喝多少瓶啤酒？若每瓶涨价 0.20

元，你会少喝一些吗？若你的工资增加10%，你会多喝多少瓶呢？企业可以将设计好的问卷放到企业的网站或者访问流量较高的网站上，对此感兴趣的浏览者，也许正是潜在的消费者，就会点击回答问卷。消费者直接访谈法进行调查相对比较被动，但其优点在于不会冒犯消费者，回答的信息比较可靠。因此，该方式目前是一种常用的方法。

利用电话直接采访也是一种调查方法。目前，市场上已经成立了一些调查公司专门接受企业的委托进行直接调查，调查对象可以随机抽取，调查结果会经过比较规范的分析处理。但这种方法会使消费者因受到干扰而不愿意如实回答问题。

（2）市场试验法。市场试验不同于市场调查，市场调查侧重于对市场现状进行分析，而市场试验则是对市场进行探索性实践研究。市场试验法是在控制的条件下，进行有目的或具有一定倾向性的询问，并且观察、记录、分析被询问者的反应。所以市场试验法可以描述为企业有意识地改变或加入一种或几种市场因素，来观察这些因素变化时对市场产生的影响。

市场试验法是通过真实市场来直接研究市场上消费者的实际行为，取得有关商品需求的有用信息。通常做法是企业在指定的一个或几个不同特征的地区进行试点，有意识地改变需求函数中可以控制的变量，如价格、包装、广告费用等，观察在一段时间内市场上发生的变化，再利用人口普查，或其他调查数据来测定在不同的家庭收入、不同的教育程度和不同的民族等条件下，这些变量对需求的影响。例如，超市会选择对部分商品进行价格调整，如在一段时间内开展促销，这也是市场试验的一种形式。通过这种方式可以测定某些商品的需求价格弹性，也可以计算出其他相关商品的需求交叉价格弹性。

市场试验虽然可以获得一些有用的数据，但也存在一些不足。首先，试验规模过大，费用会较高；试验规模过小，又不能获取可靠的数据。其次，市场试验通常只能取得短期的数据，不足以看到价格、广告、包装等策略的长期效果。再次，试验时间不宜太长，否则整个经济情况一旦发生变化，已经取得的数据就失去了意义。最后，一个企业过多地做市场试验，尤其是做市场价格的试验，对企业的声誉会产生负面影响。

在真实市场上做市场试验，相关因素往往很难控制。因此，现在一些企业通过建立实验室模拟市场，请一些志愿者并支付他们一定数量的报酬来进行实验。在网络的模拟市场中，试验者通过改变模拟市场上不同的交易条件、产品价格、包装等，请志愿者在模拟市场上完成购买过程，并从中得到一些近似的需求数据。这种方法的优点是可以控制条件、重复试验、消除外部条件不确定性产生的偏差，但由于是模拟市场，其与真实情况可能会发生偏离。

二、企业生产与成本分析

作为市场的重要组成部分，生产者如何有效地组织生产，提供市场供给是企业经济管理研究的重要内容。生产者的行为可以从不同的形态来考察：从实物形态，可以研究投入与产出之间的关系，即生产函数；从货币形态，可以研究产出与成本之间的关系，即成本函数。本部分内容从企业生产与成本两个角度进行展开。

（一）企业生产函数分析

1. 一种可变投入生产函数

第一章中提到，按照可变生产要素数目的多少，可将生产函数划分为一种可变要素的生产函数、两种可变要素的生产函数和多种可变要素的生产函数。为简单起见，我们首先假定企业在一定技术条件下只生产一种产品，即只有一种投入变动。我们常常假设一个企业在固定资本条件下，可以通过增加劳动的投入来提高产量。这时，我们需要知道产量（Q）如何随劳动（L）投入的变动而变动。

（1）总产量。在一定的技术条件下，变动投入 L 与某一固定量的资本 K 相结合所能生产的最大产量，叫作总实物产量，简称总产量（TP）。当用劳动（L）表示可变投入，资本（K）表示固定投入，变动投入 L 和一定量的资本 K 相结合所能生产的最大产量 Q 之间的关系是一种理论上的生产函数。总产量函数 TP 可表示如下：

$$TP = Q = f(L, \overline{K}) = f(L) \tag{2-6}$$

图 2-2-3 中 TP 曲线表示在一定技术条件下，总产量 Q 和变动投入 L 之间的函数关系。如某制衣厂有整套的制衣设备和厂房，若 1 个工人也没有，产量为零；若雇用了 1 个工人，这个工人每天至多生产 5 件衬衫；若雇用 2 个工人，有适当分工，衬衫每天的产量增加至 15 件；若雇用 3 个工人，总产量增加至 30 件。总产量随着劳动投入的增加而不断改变，开始时产量迅速提升，但随后提升的速度会减慢，若人数继续增加会适得其反，工人可能会因为互相推诿而使总产量下降。

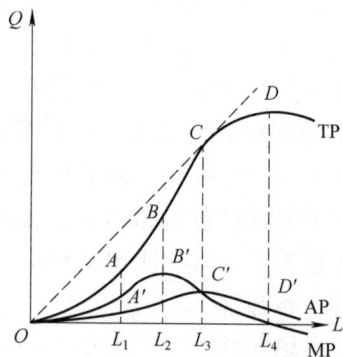

图 2-2-3　总产量、平均产量与边际产量

（2）平均产量。在一定技术条件下，当其他投入要素保持不变时，平均每单位变动投入要素的产量叫作平均实物产量，简称为平均产量（AP），数值上等于总产量除以变动投入要素的数量。当劳动是变动投入要素时，劳动的平均产量 AP_L 可表示如下：

$$AP_L = Q/L \tag{2-7}$$

平均产量也随投入的变动而变动。劳动的平均产量实际上反映了劳动生产率的变化。由于平均产量计算的是每单位投入的平均产出，在测量上比较容易，它既可以对同一行业的历史数据进行纵向比较，也可以对不同行业的数据进行横向比较。平均产量的重要意义还在于它反映了一个国家居民的真正生活水平。图 2-2-3 中曲线 AP 表示平均产量与变动投入 L 的函数关系，在其他投入要素不变的情况下，曲线呈现倒"U"形。

（3）边际产量。边际产量是指在一定技术条件下，当其他投入要素都保持不变时，每增加一个单位的变动投入要素所引起的总产量的变动，总产量变动的量称作某种投入要素的边际实物产量，简称边际产量（MP）。边际产量是我们更加关心的变量，因为生产要素参与分配是按贡献参与。在市场经济条件下，要素的边际产量就是要素贡献最好的判别标准，增加的投入引起的总产量的增加正是这种要素做出的贡献。当变动投入是劳动时，劳动的边际产量可表示如下：

$$\text{MP}_L = \Delta Q / \Delta L \tag{2-8}$$

总产量曲线上任意一点切线的斜率就等于该点上投入要素的边际产量。如图 2-2-3 中 MP 所示，在投入刚开始时，切线斜率为正，且不断增大，对应的边际产量不断递增，产量到达 B 点时，切线斜率达到最大，此时边际产量也达到最大。若增加变动要素的投入，总产量曲线斜率就要减小，对应的边际产量也逐渐减小。若变动投入进一步增加，对应的切线斜率等于 0，对应的边际产量也等于 0，这时产量到达 D 点，为产量最大值，若要素投入进一步增加，总产量曲线的切线斜率变为负值，边际产量也为负值。在其他投入不变的条件下，边际产量曲线呈倒 "U" 形。

（4）总产量、平均产量和边际产量间的关系。从图 2-2-3 中可以看出，当边际产量大于平均产量时，平均产量递增；当边际产量小于平均产量时，平均产量递减；当边际产量等于平均产量时，平均产量最大，边际产量必定通过平均产量曲线最高点；边际产量为正时，总产量在增大；边际产量为零时，总产量达到最大；边际产量为负时，总产量就会减少，可以总结如下：

当 $\text{MP}_L > \text{AP}_L$ 时，AP_L 必然上升；当 $\text{MP}_L < \text{AP}_L$ 时，AP_L 必然下降；当 $\text{MP}_L = \text{AP}_L$ 时，AP_L 达到最大值；当 $\text{MP}_L > 0$，Q 上升；当 $\text{MP}_L < 0$，Q 下降；当 $\text{MP}_L = 0$，Q 为最大值。

（5）边际收益递减规律。对只包含一种生产要素的生产函数来说，随着生产要素投入量的连续增加，每增加 1 单位生产要素所引起的产量的增加（即边际产量）表现出先上升最终下降的规律。也就是说，如果技术水平不变，增加生产要素中某个要素的投入量，而其他要素的投入量不变，增加的投入量会使该要素的边际产量增加，其增加到一定量之后，再增加投入量就会使边际产量递减。在理解这个规律时，要注意两个重要的限制条件：①其他生产要素投入量不变；②技术水平不变。

边际收益递减规律存在于任何产品的生产过程中，即可变生产要素与不变生产要素之间存在一个最佳组合比例，这是一个经验规律。

边际收益递减规律的启示在于：在一定的技术条件下，生产要素的投入量必须按照一定的比例进行优化组合，这样才能充分发挥各生产要素的效率；否则，片面地追加某种生产要素的投入量，只会导致资源的浪费和生产报酬的减少。

（6）最优投入量的确定。在短期内，因为固定要素（厂房、设备等）无法变动或变动成本无限大，企业只能通过增加可变要素（工人、原料等）来提高产量。也就是说，在这种情况下，企业的其他投入要素是固定的，只有一种投入要素的投入量是可变动的，最优投入量研究的是这种情况下企业可变要素投入多少才是最优的。要研究这个问题，首先要明确两个概念：

1）MRP_L（边际产量收入）是指在可变投入要素 L 投入一定量的基础上，再增加 1 个单位的投入量会使企业的总收入增加多少。

$$\text{MRP}_L = \frac{\Delta \text{TR}}{\Delta L} = \frac{\Delta \text{TR}}{\Delta Q} \times \frac{\Delta Q}{\Delta L} = \text{MR} \times \text{MP}_L \tag{2-9}$$

2）MC_L（边际支出）是指在可变投入要素 L 投入一定量的基础上，再增加 1 个单位的投入量会使企业的总成本增加多少，即工资。

$$\text{MC}_L = \frac{\Delta \text{TC}}{\Delta L} = \omega \tag{2-10}$$

如果 $\text{MRP}_L > \text{MC}_L$，说明此时企业的利润不是最大的，继续增加 L 的投入，还能增加利润；继续减少 L 的投入量，反而能增加利润。因此，只有当：

$$\text{MRP}_L = \text{MC}_L \tag{2-11}$$

这时企业的利润为最大，可变投入要素 L 的投入量为最优。

2. 两种及以上可变投入生产函数

只要考察的时间足够长，就不止有一种要素的投入可以变动，而是有两种或两种以上的要素可以变动，甚至所有的投入要素都可以变动。所有投入要素都可以变动情况下的投入和产出关系是长期生产函数。

为了简单起见，我们仍假定企业在一定技术条件下只生产一种产品（产量为 Q），并且有两种投入要素即资本 K 和劳动 L 都是变动投入，然后分析这两种投入要素的变动对产量的影响。这时两种可变投入生产函数的一般表达式如下：

$$Q = f(L,K) \tag{2-12}$$

（1）等产量线。由于两种投入变量（即劳动和资本）都可以变动，企业可以用劳动和资本的不同组合来组织生产。要素在不同组合下可能生产的产量相同。在相同的产量下，投入要素所有可能组合的轨迹就是等产量线。一般来说，资本与劳动有相互替代性，当投入的资本增加时，产量会增加，若要保持产量不变，就要适当减少劳动的投入。表 2-2-1 中所示的是劳动和资本两种变动投入的生产函数表。

表 2-2-1　两种变动投入的生产函数表

K	L					
	10	24	31	36	40	9
6	12	28	36	40	42	40
5	12	28	36	40	40	36
4	10	23	33	36	36	28
3	77	18	28	30	30	28

从表 2-2-1 中我们可以发现，有些劳动和资本的组合尽管不一样，但它们的产量是一样的，我们将所有具有相同最大产量的组合用线连起来，就形成了一条线等产量线。等产量线表示在相同最大产量下，要素各种可能组合的轨迹，如图 2-2-4 所示。

等产量线是向下倾斜的。在生产要素投入空间中，可以有无数条等产量线，它们分别代表各种特定产量下要素 K 和 L 的不同数量的组合。这些等产量线有如下特点：①等产量线是从左上向右下倾斜的，因为要保持等产量，一种要素投入的增加是以另一种要素投入的减少为前提的；②在生产要素投入空间中，可以有无数条等产量线，它们互不相交，距原点越远，等产量线所代表的产量就越高；③等产量线是凸向原点的。

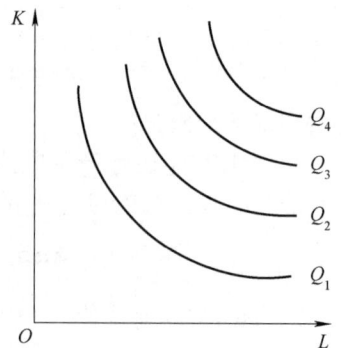

图 2-2-4　等产量线

等产量线表明企业在决策中有一定的灵活性。企业可以选择资本和劳动的不同投入组合来获得同样的产量。在劳动力成本增加时，企业可以更多地利用一些自动化的机器设备以资本来代替劳动的投入，以达到减小成本、增加利润的目的。

（2）边际技术替代。

1）边际技术替代率。两种不同的投入要素之间有一定的替代关系。在维持产量不变时，一种投入要素是可以替代另一种投入要素的。为此，在生产技术水平不变的条件下，为了维持同样的产量，我们把增加的一个单位的某种投入要素可以替代的另一种投入要素的数量，叫作这种投入要素对另一种投入要素的边际技术替代率，记作MRTS。如图 2-2-5 所示，增加劳动 L 的投入，L 从 L_1 增加到 L_2，要维持产量不变，就要减少资本 K 的投入，K 从 K_2 减少到 K_1，要素的组合点从 M 点移到 P 点。

图 2-2-5　边际技术替代率

那么，劳动 L 对资本 K 的边际技术替代率 MRTS_{LK} 如下：

$$\mathrm{MRTS}_{LK} = \frac{K_2 - K_1}{L_1 - L_2} = -\frac{\Delta K}{\Delta L} \tag{2-13}$$

这里的负号是代表可替代下的数量，若投入要素是连续可分的，ΔL 不断减小，M 点就会沿着等产量线不断接近 P 点，劳动 L 对资本 K 的边际技术替代率就由差分形式变成了微分形式，数值上等于等产量线上该点的切线斜率的相反数：

$$\mathrm{MRTS}_{LK} = -\lim_{\Delta L \to 0} \frac{\Delta K}{\Delta L} = -\frac{\mathrm{d}K}{\mathrm{d}L} \tag{2-14}$$

在同一等产量线上，由于多投入劳动引起的产量的增加 $\mathrm{MP}_L \cdot \mathrm{d}L$ 必然等于少投入资本引起的产量的减少 $\mathrm{MP}_K \cdot \mathrm{d}K$，即：

$$\mathrm{MP}_L \cdot \mathrm{d}_L = -\mathrm{MP}_K \cdot \mathrm{d}K \tag{2-15}$$

将上式带入边际替代率表达式（2-14），得：

$$\mathrm{MRTS}_{LK} = \mathrm{MP}_L / \mathrm{MP}_K \tag{2-16}$$

即劳动 L 对资本 K 的边际技术替代率，就等于该处劳动 L 的边际产量与资本 K 的边际产量之比。

2）边际技术替代率递减法则。在沿着同一条等产量线以一种要素投入替代另一种要素投入时，我们发现可替代的数量是越来越少的。以一种要素投入替代另一种要素投入的边际技术替代率不断下降的现象，称作边际技术替代率递减法则。边际技术替代率是两种要素的边际产量之比，当一种要素不断增加，边际技术替代率递减法则就会起作用。以劳动、资本两要素市场为例，随着投入的劳动总量增加，劳动的边际产量 MP_L 逐渐减小；由于资本要素不断地被替代，那么资本的总量在不断地减少，资本的边际产量 MP_K 就会相应地变大，因此 MP_L 和 MP_K 的比值就会逐渐变小。由此可以得出，单位劳动可以替代的资本量越来越小，等产量线逐渐变得平坦，这说明等产量曲线通常都是凸向原点。

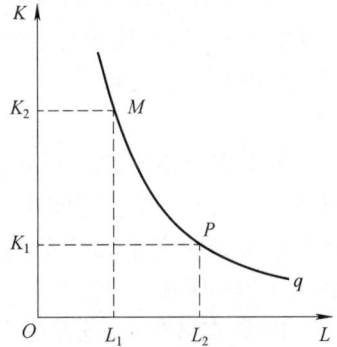

（3）等成本线。有了生产函数，还要进一步研究在一定的技术条件下，投入要素应当如何组合才是最佳组合。也就是说，在一定的成本下，投入要素怎样组合产量最大；或者在一定的产量下，投入要素怎样组合成本最小。由此引入等成本线的概念。

仍然假定只有劳动 L 和资本 K 两种可变投入要素，并以 r 代表占用资本的代价（即相当于利率），以 ω 代表使用劳动的成本（即相当于劳动工资率），以 C 代表投入的总成本，则总成本的表达式如下：

$$C = \omega L + rK \tag{2-17}$$

若要素价格不变，上式为等成本线的线性方程。在资本–劳动投入要素空间中，它表示某一确定的总成本所能购买到的资本和劳动的各种可能数量组合的轨迹，如图 2-2-6 所示。

将式（2-17）移项改写为截距式：

$$K = -\frac{\omega}{r}L + \frac{C}{r} \tag{2-18}$$

从式（2-18）中可以得出，若只投入资本，不投入劳动，资本投入量为 C/r；或只投入劳动，不投入资本，劳动投入量为 C/ω。等成本线斜率的绝对值正好是劳动价格与资本价格的比 ω/r。在投入要素价格不变时，总成本增加，等成本线就向外平移。

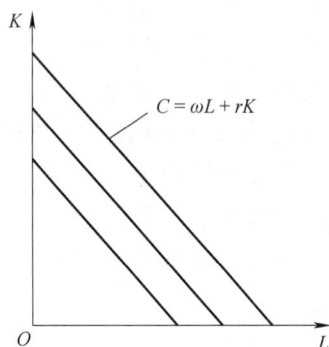

图 2-2-6　等成本线

在等成本线上，投入的要素组合正好等于全部的投入成本 C。而对于等成本线右上方的点所代表的要素组合，由于投入成本不够而不能实现；对于等成本线和坐标轴围成的左下方三角形内的点，投入的要素组合能够实现，并且还有剩余。

（4）最优投入要素的确定。多种投入要素最优组合的一般原则是：在将多种投入要素相组合以生产一种产品的情况下，当各种投入要素每增加 1 元所增加的产量都互相相等时，各种投入要素之间的组合比例是最优的。这个原则之所以成立，是因为如果各种投入要素各自每增加 1 元所增加的产量不等，那么，将边际产量较小的投入要素上的资金用来增加边际产量较大的投入要素的投入量，就能在成本不变的情况下使产量增加。既然产量有可能增加，就说明此时的投入要素组合不是最优的。例如，企业有两种投入要素 X_1 和 X_2，投入要素 X_1 每增加 1 元可使产值增加 5 元；X_2 每增加 1 元可使产值增加 10 元。那么，从投入要素 X_1 中抽出 1 元资金转投于要素 X_2，就可以在总成本不变的情况下，使企业的总产值增加 5 元。既然总产值还有增加的余地，说明现有 X_1 和 X_2 的组合不是最优的。因此，只有当所有投入要素每增加 1 元的边际产量都相等时，投入要素的组合才是最优的。

（5）扩展线。在分析扩展线之前，先引入等斜线的概念。等斜线是指一组等产量线中两种生产要素的边际技术替代率相等的点的轨迹，如图 2-2-7 所示。图中 Q_1、Q_2 和 Q_3 是根据生产函数构造的三条等产量线，T_1、T_2 和 T_3 是三条相互平行并且分别与三条等产量线相切的切线，分别得到 A、B 和 C 三个切点。这意味着三条等产量线各自在切点 A、B 和 C 上的两种生产要素的边际技术替代率是相等的。连接这些点以及原点的曲线 OS 被称为等斜线。

在生产要素的价格、生产技术和其他条件保持不变时，若厂商改变成本预算，等成本线就会发生平移；若厂商改变产量，等产量线就会发生平移。这些不同的等产量线将与不同的等成本线相切，形成一系列不同的生产者均衡点。这些生产者均衡点的轨迹就是扩展线。图 2-2-8 中的曲线 OR 就是一条扩展线。

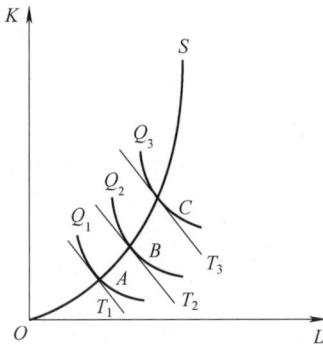
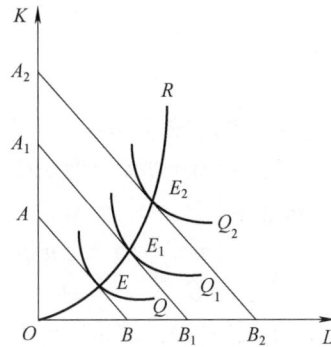

图 2-2-7　等斜线　　　　　　　　图 2-2-8　扩展线

由于生产要素的价格保持不变，且两种生产要素的价格比例是固定的，再加上生产均衡的条件为两种生产要素的边际技术替代率等于两种生产要素的价格比例，因此，在扩展线上的所有的生产者均衡点的边际技术替代率都是相等的。这意味着，扩展线是一条特殊的等斜线。

综上，在生产要素价格、生产技术和其他条件不变的情况下，当生产成本或产量发生变化时，厂商必然会沿着扩展线来选择最优的生产要素组合，从而实现在既定成本条件下的最大产量，或实现既定产量条件下的最小成本。

（二）企业成本函数分析

1. 短期成本函数

第一章中已经提到，成本函数研究货币形态下生产的投入和产出之间的关系，一般分为短期成本函数和长期成本函数。在短期内，由于有的投入要素随着产量的变动而变动，而有的投入要素不随产量的变动而变动，因此，在经济学中，将成本分成固定成本和变动成本两大类。为了与长期成本函数相区分，在研究短期成本函数时，将在这些成本前面冠以"S"，而在长期成本前冠以"L"。

（1）总成本。总成本（TC）是指为了生产一定数量的产品所花费的全部成本。总成本会随着产量的增加而增加，但不一定成比例地增加。由于在短期内企业根据其所要达到的产量，只能调整部分生产要素的投入数量，而不能调整全部生产要素的投入数量，因此，短期总成本包括总固定成本与总变动成本这两部分。

总固定成本（TFC）是厂商在短期内为生产一定数量的产品，对不变生产要素支付的总成本。由于在短期内不管厂商的产量多大，这部分不变要素的投入量都是固定的，因此，总固定成本是一个常数，它不随产量的变化而变化。即使产量为零，总固定成本也仍然存在。如建筑物和机器设备的折旧费等。

总变动成本（TVC）是厂商在短期内为生产一定数量的产品，对可变生产要素支付的总成本。由于在短期内厂商可以依据产量的不断变化来调整可变要素的投入量，因此，总变动成本随产量的变动而变动。当产量为零时，总变动成本也为零。

总变动成本用公式表示如下：

$$TVC = TVC(Q) \tag{2-19}$$

总成本用公式表示如下：

$$TC = TFC + TVC \tag{2-20}$$

（2）平均成本。平均成本（AC）是厂商在短期内平均每生产一单位产品所消耗的全部成本，是单位产品分摊的成本。平均成本也可以分解为平均固定成本和平均变动成本两部分，用公式表示如下：

$$AC = \frac{TC}{Q} = \frac{TFC + TVC}{Q} = \frac{TFC}{Q} + \frac{TVC}{Q} = AFC + AVC \tag{2-21}$$

式中，AFC 为平均固定成本，它是厂商在短期内平均每生产一单位产品所支出的固定成本；AVC 为平均变动成本，它是厂商在短期内平均每生产一单位产品所支出的变动成本；Q 为产量。

（3）边际成本。边际成本（MC）是指每增加一单位的产量所引起的总成本的变化量。用公式表示如下：

$$MC = \frac{\Delta TC}{\Delta Q} \tag{2-22}$$

式中，ΔTC 为总成本的增量；ΔQ 为产量的增量。

例如，当某产品产量为 10 件时，总成本为 1000 元，当产量为 11 件时，总成本为 1100 元，那么第 11 件产品的边际成本等于 100 元。

由边际成本的表达式可知，边际成本的值就是总成本曲线 TC 的斜率。另外，由于总固定成本不随产量的变化而变化，因此在总成本的增量中只有总变动成本会发生变化。这样，边际成本又可以表示如下：

$$MC = \frac{\Delta TVC}{\Delta Q} = \frac{dTVC}{dQ} \tag{2-23}$$

（4）短期总成本（STC）、短期平均成本（SAC）及短期边际成本（SMC）之间的关系。

1）短期总成本与短期平均成本的关系。

因为 $SAC = \dfrac{STC}{Q}$，STC 曲线上任意一点所表示的几何意义是从原点 O 到 STC 曲线上的该点所作射线的斜率。图 2-2-9 a 中，由原点 O 和 STC 曲线连线所引射线中，与 STC 曲线相切的射线 OB 的斜率最小，图 2-2-9 b 中，产量为 OQ_2 时，SAC 曲线处于最低点 B'；在射线 OB 相切于 STC 曲线之前，射线斜率递减，因而在产量水平小于 OQ_2 时，SAC 递减；在射线 OB 相切于 STC 曲线之后，射线斜率递增，因而在产量水平大于 OQ_2 时，SAC 递增。

2）短期总成本与短期边际成本的关系。

因为 $\text{SMC} = \dfrac{\Delta \text{STC}}{\Delta Q}$，故 SMC 曲线上任何一点所表示的几何意义是过原点作 STC 曲线的切线的斜率。在图 2-2-9a 中，过 STC 曲线由上凸转为下凸的拐点 A 所作切线的斜率最小，因而在图 2-2-9b 中，产量水平为 OQ_1 时，SMC 达到最低点 A'；在 A 点之前的 STC 曲线上点的切线斜率递减，因而在产量水平小于 OQ_1 时，SMC 递减；在 A 点之后的 STC 曲线上点的切线斜率递增，因而在产量水平大于 OQ_1 时，SMC 递增。

3）短期平均成本与短期边际成本的关系。

从以上分析可以看出，在 STC 曲线上的 B 点，由原点 O 所引射线的斜率与切线的斜率相等，故在产量水平为 Q_2 时，SAC 不仅处于最低点 B'，而且 SAC = SMC，即 SMC 曲线与 SAC 曲线相交于 SAC 曲线的最低点 B'；在 STC 曲线上的 B 点之前，所引射线的斜率大于所作切线的斜率，因而在产量水平小于 OQ_2 时，SAC > SMC，即 SAC 曲线位于 SMC 曲线的上方；在 STC 曲线上的 B 点

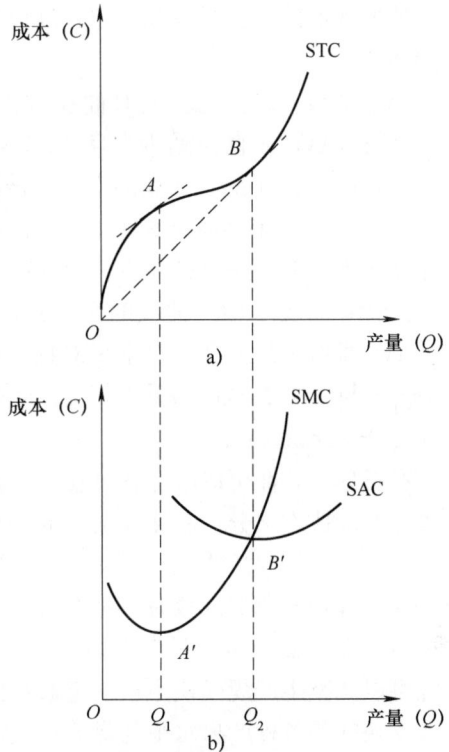

图 2-2-9　短期总成本、短期平均成本与短期边际成本

之后，所引射线的斜率小于所作切线的斜率，因而在产量水平大于 OQ_2 时，SAC < SMC，即 SAC 曲线位于 SMC 曲线的下方。

值得注意的是，STC、SAC 和 SMC 三者之间关系同样适用于 TVC、AVC 和 SMC 三者之间的关系，因为 STC 曲线的变动规律与 TVC 曲线的变动规律一致。

4）各种短期单位成本之间的关系。

短期平均成本（SAC）、平均固定成本（AFC）、平均可变成本（AVC）和短期边际成本（SMC）均是单位产量所分摊的成本，即短期单位成本。将各种短期单位成本曲线绘制在图 2-2-10 中，以便进一步探讨各种短期单位成本之间的关系。

从图 2-2-10 可以看出：4 条短期成本曲线中，除平均固定成本曲线 AFC，其他三条曲线均是先下降后上升的"U"形曲线；AFC 曲线从左上方向右下方倾斜，起初较陡以后逐渐放缓，这反映了随着产量的增加，AFC 一直在减少，起初减少的幅度大，以后减少的幅度越来越小；SMC、AVC 和 SAC 三种单位成本起初随

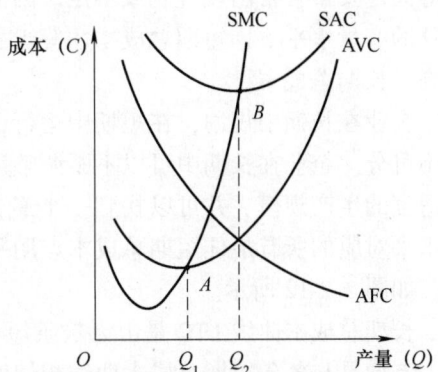

图 2-2-10　各种短期单位成本之间的关系

产量的增加而减少，减少到一定程度后各自达到最小值，然后又随产量的增加呈不断增加的趋势。

SMC 曲线一定会经过 AVC 曲线的最低点 A，此时 AVC 达到最小值，且 SMC = AVC；在相交之前，AVC 一直在减少，且 AVC > SMC；在相交之后，AVC 一直在增加，且 AVC < SMC；SMC 曲线与 AVC 曲线的交点 A 被称作企业的停止营业点。

SMC 曲线一定会经过 SAC 曲线的最低点 B，此时，SAC 达到最小值，且 SMC = SAC；在相交之前，SAC 一直在减少，但 SAC > SMC；在相交之后，SAC 一直在增加，但 SAC < SMC；SMC 曲线与 SAC 曲线的交点 B 被称为企业的收支相抵点。

AVC 曲线的最低点 A 位于 SAC 曲线最低点 B 的左下边，表明 SMC 曲线在较低的产量水平 OQ_1 上与 AVC 曲线的最低点相交，而在较高的产量水平 OQ_2 上与 SAC 曲线的最低点相交。

2. 长期成本函数

在长期，企业可以改变各种投入要素，因此所有投入要素都是可以变动的，没有固定成本和变动成本之分，总变动成本等于总成本，平均变动成本等于平均成本。在长期成本函数中，只需研究总成本、平均成本和边际成本三种函数形式。为了与短期成本函数相区分，在研究长期成本函数时，将在这些成本前面冠以"L"，而在短期成本前冠以"S"。

（1）长期总成本。长期总成本（LTC）是指在长期内所有生产要素均可变动，因而企业可以调整生产规模使生产一定数量的某种产品所需耗费的成本总额最低。长期总成本函数反映的是各种产量水平与最低总成本之间的关系，即：

$$\text{LTC} = f(Q) \tag{2-24}$$

长期总成本函数与短期总成本函数的区别在于：①短期总成本函数中的固定成本不是产量的函数，而长期总成本是长期总可变成本，所有成本均为产量的函数；②当产量为零时，短期总成本 STC = TFC，而长期总成本 LTC = 0；③长期总成本曲线是指企业在长期生产中调整生产规模，使各种产量所需的总成本最低的点的轨迹。这意味着企业在长期中可以根据需要调整所有生产要素的投入量，使生产要素组合达到最优状态，即任一产量水平所对应的长期总成本均是最优生产要素组合下的最低成本。而短期总成本曲线是指企业在某一特定生产规模条件下各种产量水平上最低成本的点的轨迹。这意味着企业在短期内无法调整固定要素投入量以使生产要素组合达到最优状态，机器设备等固定要素常常出现过剩或不足。因而对于既定固定要素投入的短期生产而言，只有在最佳的产量水平下，短期总成本才等于长期总成本，而在其他产量水平下，短期总成本总是高于长期总成本。

企业在长期中规划，在短期中运行，因此，企业的长期总成本函数与短期总成本函数密不可分。企业在长期中可以不断调整生产规模，任意给定一种产量水平都可以对应一个最适度的生产规模，并可以找到一个最佳的短期总成本点，如图 2-2-11 所示。把各种产量水平对应的所有最佳短期总成本点用平滑的曲线连接起来，便可得到一条长期总成本曲线，如图 2-2-12 所示。

长期总成本曲线 LTC 是由无数条短期总成本曲线的包络线，长期总成本曲线上的任何一点均是与各条短期总成本曲线相切的切点，该切点代表特定产量水平下的最低总成本点。不难看出，长期总成本是产量的函数，它从原点出发，其形状与短期成本曲线的形状相似，即随着产量的增加，长期总成本起初以递减的增长率上升，然后以递增的增长率上升。

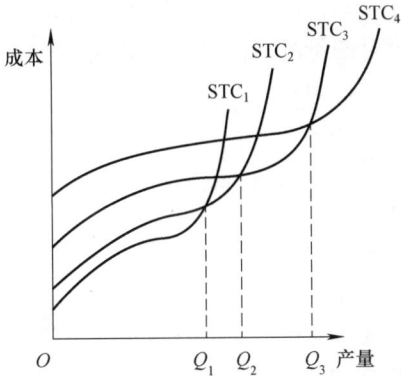

图 2-2-11　不同生产规模下的短期总成本曲线　　　　图 2-2-12　长期总成本曲线

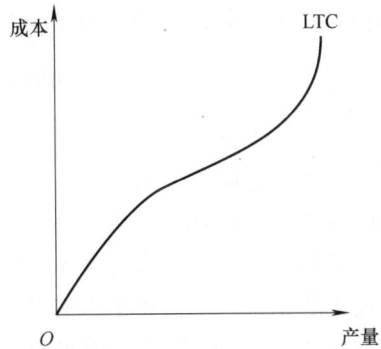

（2）长期平均成本。长期平均成本（LAC）是指单位产量所分摊的长期总成本，可以表示如下：

$$LAC = \frac{LTC}{Q} \tag{2-25}$$

长期平均成本函数与短期平均成本函数同样密不可分。由于企业生产规模不同，短期平均成本曲线也不同，形成了一组短期平均成本曲线族。长期平均成本是各种产量下可能的最低平均成本，也就是说在任何一产量下，不可能有哪个短期平均成本比长期平均成本还要低，二者最多相等。因此，长期平均成本是短期平均成本曲线族的外包络线，与不同规模的短期平均成本曲线相切，也呈"U"形，如图 2-2-13 所示。在开始阶段，随着产量的增加，长期平均成本会不断降低，但当产量增加到一定程度以后，长期平均成本会随着产量的增加而不断上升。

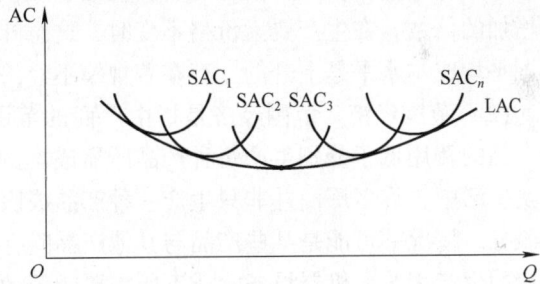

图 2-2-13　长期平均成本曲线与短期平均成本曲线

值得注意的是，长期平均成本曲线并不是不同生产规模下短期平均成本曲线最低点的轨迹。只有在长期平均成本曲线的最低点，长期平均成本曲线相切于短期平均成本曲线最低点；在长期平均成本曲线最低点的左边，它相切于短期平均成本曲线最低点的左边；在长期平均成本曲线最低点的右边，它相切于短期平均成本曲线最低点的右边。这是由于规模经济在起作用。在未达到长期平均成本曲线最低点以前，规模经济起主导作用。某一生产规模下的最优产量尽管已是该规模下的最低成本，但如果扩大规模，该产量的平均成本还会进一步降低，直到规模调整到该产量下的最优规模，才能达到该产量下的最低平均成本。在长期平均成本曲线达到最低点以后，规模不经济起主导作用。同样，某一生产规模下的最优产量尽管是该规模下对应的最低成本，但如果缩小规模，该产量的平均成本也会进一步降低，直到规模调整到该产量下的最优规模，才能达到此产量下的最低平均成本。由此可知，理性的企业决策者为了克服规模不经济，会尽可能使生产过程中规模报酬不变的时间延长。

（3）长期边际成本。长期边际成本（LMC）是每增加一单位产量所增加的长期总成本，即长期总成本曲线切线的斜率，总成本函数对产量的一阶导数，公式如下：

$$LMC = \frac{\Delta LTC}{\Delta Q} = \frac{df(Q)}{dQ} \tag{2-26}$$

长期边际成本曲线通常也呈"U"形，开始时呈下降趋势，到一定阶段以后，呈上升趋势。同样，当长期边际成本小于长期平均成本时，长期平均成本一定处于下降趋势；当长期边际成本大于长期平均成本时，长期平均成本一定处于上升趋势；长期边际成本曲线通过长期平均成本曲线的最低点，如图2-2-14所示。

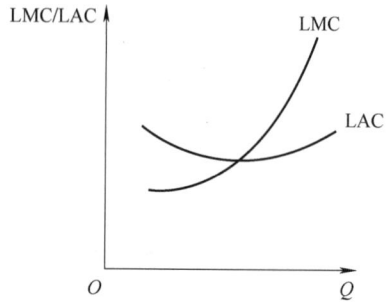

3. 规模经济与范围经济

（1）规模经济。规模经济是指由于厂商生产规模的扩大而导致的长期平均成本下降的情况。与之对应的概念是规模不经济，指的是由于厂商生产规模扩大

图 2-2-14　长期平均成本和长期边际成本曲线

而导致长期平均成本上升的情况。规模经济和规模不经济是生产理论中的规模收益在成本理论中的对称。规模报酬递增时，产量增加的倍数大于投入要素增加的倍数，在生产要素价格不变的情况下，这意味着获得同样的产量只需要较少的要素投入，长期平均成本水平是下降的，这实际上就是规模经济；反之，规模收益递减时，产量增加的倍数小于投入要素增加的倍数，在生产要素价格不变时，这意味着获得同样的产量需要较多的要素投入，长期平均成本水平是上升的，存在着规模不经济。

（2）范围经济。范围经济是指由厂商的范围而非规模带来的经济，即当同时生产两种产品的费用低于分别生产每种产品所需成本的总和时，所存在的状况被称为范围经济。现实生活中，许多厂商并非只生产一种产品或服务，而是同时生产两种或两种以上的产品或服务。情况一可能是某些产品与其他产品间存在较大的相似性，它们在生产中可以共用一定的生产工艺、机器设备，或者所需要的劳动者技能相似。例如，生产轮胎的厂商可以同时生产汽车用的轮胎和摩托车用的轮胎，这两种产品的生产是相似的。情况二可能是某些类型的产品存在副产品，生产一种产品可以附带生产出另一种产品，例如，石油冶炼可以同时生产出汽油、柴油、煤油和沥青。或者如果不附带生产另一种产品，在经济上是不划算的，如有色金属冶炼往往涉及共生矿石，这些共生矿石中含有的几种有色金属都有相当的价值，为获取有色金属而放弃共生矿石是非常不经济的。

三、产品市场的经营决策分析

在前面的章节中提到，完整的市场体系分为产品市场和要素市场，厂商通过产品市场出售其产品和劳务，通过要素市场购买各类生产要素。本部分将侧重研究产品市场上厂商的经营决策，下一部分侧重研究要素市场上厂商的经营决策。

在产品市场中，根据市场的结构特征将其分为完全竞争市场、完全垄断市场、垄断竞争市场和寡头垄断市场，而在不同的市场以及不同的情境中，厂商所做出的经营决策也有一定的差异。在各类市场中，完全竞争市场是一个理想的市场，是研究其他各类市场的基础。本部分以厂商经济管理基础为重点内容，因此仅对完全竞争市场中厂商的经营决策进行讲解，其他相关内容可通过经济学书籍进一步学习。

（一）短期经营决策分析

短期经营决策是指在某段时间内，在厂房、设备等固定资产规模不变，厂商只能通过调整可变要素（如劳动）的投入量来调整其产品的销量，整个行业内的企业数量也不变，并且在这段时间内新的厂商还来不及加入到该行业时做出的经营决策。

在前面的章节中提到，在完全竞争市场中，市场价格不变，需求曲线与平均收益、边际收益曲线三线合一，并且平均收益与边际收益等于市场价格。此时，当厂商面对的需求曲线位于平均成本曲线最低点或最低点以上时（图 2-2-15），根据厂商追求利润最大化的目标，厂商往往会选择在边际成本等于边际收益的产量水平上安排生产。在任何低于 Q^* 的产量水平上，边际收益 MR 大于边际成本 MC，这意味着当厂商增加产量时，总收益的增加将大于总成本的增加，这时厂商进一步提高产量将会使利润总额增加；如果产量高于 Q^*，意味着当产量减少时总成本的减少大于总收益的减少，这时厂商会选择降低产量以增加总利润。只有在 Q^* 点厂商能获得最大利润，当 MR 大于 AC 的最小值时，利润部分等于图 2-2-15 a 中阴影部分的面积；当 MR 等于 AC 的最小值时，见图 2-2-15 b，企业利润为零，企业盈亏平衡。

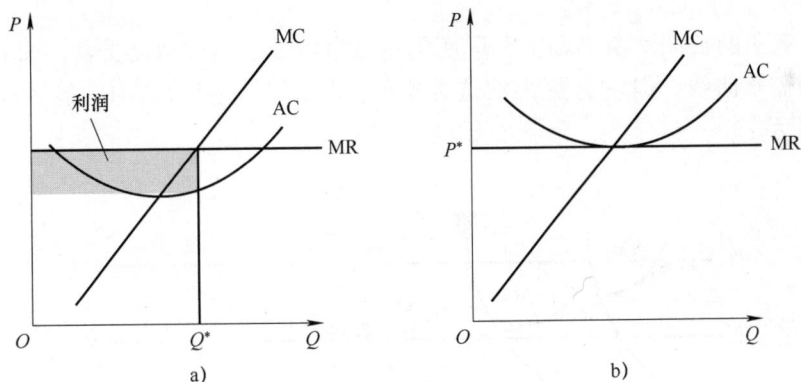

图 2-2-15　企业短期均衡价格与产量

当厂商的需求曲线位于平均成本曲线最低点以下时，任何产量水平的平均成本都高于价格，即平均成本高于平均收益，意味着厂商选择任何产量都会产生经济亏损，其亏损额相当于图 2-2-16 中的阴影部分。此时厂商虽出现亏损，但不会停止生产，这是因为厂商为了减少损失，会根据 MC = MR 确定产量，把损失降到最低。

当价格降到平均可变成本 AVC 以下时，收入无法弥补可变成本，厂商应停止生产，如图 2-2-17 所示。需求曲线与平均可变成本曲线最低点的切点称为停止营业点。在短期内，厂商在收入刚好弥补可变成本或者损失刚好等于固定成本时，厂商会立即停产使其损失最小化。

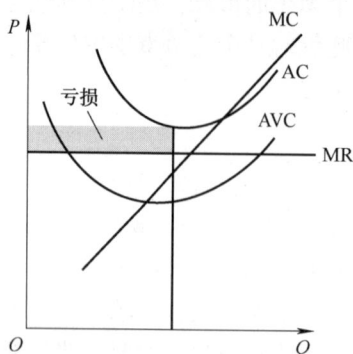

图 2-2-16　企业亏损生产

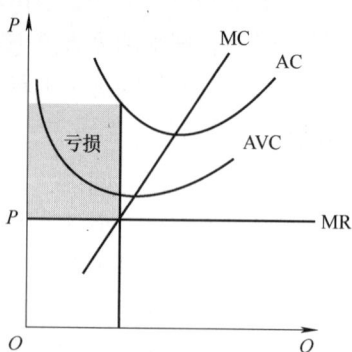

图 2-2-17　企业停产

（二）长期经营决策分析

在短期内，厂商总有一种或多种固定的投入要素，由于时间较短限制了厂商采用新技术的可能性，厂商无法扩大或缩小其生产的规模，只能调整变动投入要素来改变产量，因此只要市场价格高于平均可变成本的最低点，厂商就会继续生产。但从长期考虑，厂商有充足的时间改变其生产规模，厂商来得及考虑进入或退出市场，也有可能改变生产技术。因此，在长期决策中，厂商的成本曲线会发生变动，市场的供给和需求曲线也都可能发生变化。

在完全竞争的长期均衡市场上，厂商仍然是市场价格的被动接受者，面对的仍然是一条水平的需求曲线，但它有更大的选择空间。厂商在长期均衡中的经营决策过程如图 2-2-18 所示：

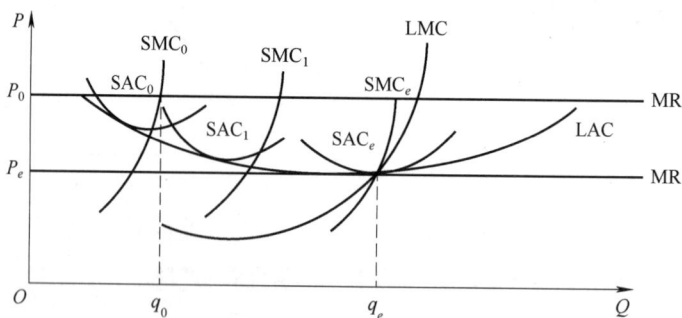

图 2-2-18　厂商在长期均衡中的经营决策

假定开始时，某商品市场上的供给曲线和需求曲线决定商品的市场价格为 P_0，市场上短期平均成本曲线分别为 SAC_0，SAC_1 等，许多不同规模的厂商都在组织生产，它们根据市场的价格，即边际收益曲线和各自的边际成本曲线的交点决定各自利润最大化的产量。这时只要市场价格大于各自的平均成本，厂商都会继续生产，并各自获得大小不等的利润；但如果市场价格高于平均变动成本而低于平均成本，厂商就要考虑退出。再追加固定要素的投入；而那些平均变动成本高于市场价格的厂商就不能在市场上生存，退出了该行业，或改变生产的规模。而在市场上的厂商，或多或少都获得了利润。

在完全竞争市场上，由于信息是充分的，行业中盈利较少的厂商发现只要调整规模就可以获得更大的利润，都会纷纷扩大规模，增加产量。由于行业进出是自由的，其他行业的生产者看到某个行业有利可图，利润颇丰，也会纷纷进入这个行业。这样，产品市场上的厂商数量增加，供给曲线有可能向右移动，从而将它们的横坐标相加得到的市场供给曲线也要向右移动，必然引起市场价格的下降，使原来盈利的厂商利益减少，甚至有的厂商会产生亏损。

在图 2-2-18 中，当市场价格从 P_0 开始下降时，以成本 SAC_0 进行规模生产的厂商利润就会减少，此时这类厂商要么退出该行业，要么进一步扩大规模，把成本降下来。图中以成本 SAC_1 进行规模生产的企业仍能获得超额的利润。只要市场中还有厂商能获得经济利润，行业内的亏损厂商就会调整规模，降低成本，向效益高的厂商看齐。同时市场会吸引其他行业的生产者加入这一行业。结果是市场供给进一步增加，供给曲线进一步向右移动，市场价格继续下降，直到市场价格下降到 P_e，即长期平均成本曲线最低点。只有能以最优规模 SAC_e 生产最优产量 q_e 的厂商才不会发生亏损，此时它们的短期平均成本曲线的最低点和长期平均成本曲线最低点相切，但它们没有经济利润，而其他厂商都会发生亏损，从而退出市场。

留在市场上的厂商尽管经济利润为零，但由于这些厂商的各种投入都有正常回报，取得了正常利润，也就不存在退出该行业的压力。由于行业中没有经济利润，也就没有吸引其他生产者进入的诱因，市场价格就不会进一步下降。一旦市场价格下降，厂商就会发生亏损并关门停产，市场供给减少，供给曲线会向左移动，迫使市场价格回升，从而形成厂商在该行业市场上的长期均衡。显然，厂商实现长期均衡的条件如下：

$$P = MR = SMC_e = SAC_e = LMC = LAC \tag{2-27}$$

即厂商的边际收益曲线、短期边际成本曲线、短期平均成本曲线、长期边际成本曲线、长期平均成本曲线五条线交于一点。

当市场实现长期均衡时，厂商以可能的最低成本组织生产，消费者以可能的最低价格购买产品，资源实现了最有效的配置。实现长期均衡需要相当长的时间，而在短期内，厂商仍然可能获得利润或发生亏损。先进入有利润行业的厂商往往比后进入的厂商可以获得更多的利润，先退出无利可图行业的厂商比后退出的厂商可以节省更多的资源。因此，长期均衡的概念告诉厂商应当采取的行动方向。

四、要素市场的经营决策分析

本部分主要讨论要素市场中厂商的经营决策。要素市场主要由劳动力市场、资本市场和土地市场组成，它们和产品市场一起组成了完整的市场体系，目的是使稀缺资源得到有效的配置。要素市场与产品市场有相似性但也有差异，因此本部分从要素市场的特征与要素市场中企业经营决策分析两方面展开研究。

（一）要素市场的特征和边际分析

1. 要素市场与产品市场的区别

要素市场和产品市场有许多相似点，它们都是由供给和需求双方相互作用的供求机制来共同决定要素的市场价格，并且以市场价格作为信号，协调经济资源的有效配置，决定国民收入的分配。因此，在产品市场中讨论的供求理论和边际分析方法，同样适用于对要素市场的分析。在不同的要素市场结构下，厂商的经营决策有不同的特点。但要素市场和产品市场也存在一些差异，主要表现为以下3点：

（1）供求换位。一般来说，在产品市场上，企业是产品的供给者，作为最终消费者的城乡居民是产品的需求者。而在要素市场上，要素的需求者通常是厂商，而不是城乡居民。重要的投入要素（如劳动）是由城乡居民来提供的；而企业需要的资本也同样来源于城乡居民，即无论是直接融资还是间接融资的资本都来源于居民。它们之间的关系可以用图 2-2-19 来表示。在我国的土地市场上，城市的土地由全民所有，农村的土地由集体所有，即为全体城乡居民所有。因此，相较于产品市场，要素市场供求的位置互换了。

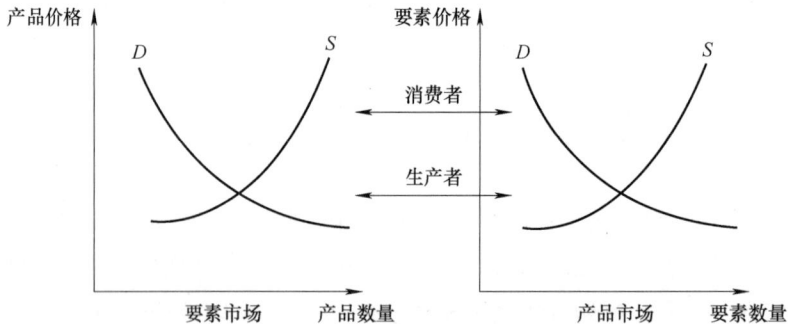

图 2-2-19　生产者和消费者的不同地位

（2）直接需求和派生需求。在产品市场上，消费者对产品的需求来自对产品的消费，通过消费给消费者直接带来快乐和满足，带来消费者效用的变化，是直接的需求。在要素市场上，企业对投入要素的需求，来自消费者对产品的需求派生出来的需求，是一种派生需求。消费者从电子游戏中获得多少快乐决定了软件公司能售出多少游戏软件，从而决定了软件公司需要雇用多少游戏软件设计工程师，租用多大办公场地。消费者越喜欢玩电子游戏，软件公司需要的游戏软件设计工程师就越多，需要租用的办公场地就越大；如果没有人喜欢玩电子游戏，软件公司也就不需要游戏软件设计工程师，也不需要租用办公场地。软件公司对游戏软件设计工程师的需求数量不仅取决于软件工程师的工资，也取决于最终消费市场对游戏软件的需求。

将对生产要素的需求称作派生需求，意味着企业之所以需要某种投入要素，是因为这种要素的投入能生产出消费者现在或将来需要的产品。消费者对最终产品的需求决定了企业对投入要素的需求。派生需求是要素市场的重要特征。

（3）要素需求相互依赖。生产的定义是人们将生产工具作用于劳动对象的过程。企业要组织生产，就要组织投入不同要素，投入单一要素不能完成生产过程。农业生产是指农民拿着锄头作用于土地，只有锄头当然不能完成生产，只有两手空空的农民同样不能生产庄稼，而拿着锄头的农民在戈壁上生产不出小麦。只有靠多种要素共同作用，才能生产出满足人们需求的产品。某种要素的生产率如劳动生产率，不仅取决于投入的劳动要素，还取决于与劳动相配合的其他要素，即人们对要素的需求是相互依赖的。因此，一般情况下，我们很难说清楚某种要素的投入独自创造了多少产出，或者不同要素共同作用下的产出是多少。正是由于劳动、土地、资本要素在生产中相辅相成，才使收入的分配成为一个十分复杂的问题。如果能够判断"土地"独自生产多少，"劳动"独自生产多少，"资本"独自生产多少，那么收入分配就容易得多，即让它们各自享受自己的生产成果。

当然，土地是自然资源，是大自然赋予人类的；从本质上看，资本是过去的劳动创造的成果，是固化的劳动；只有活的劳动才是创造价值的唯一源泉。但在今天，我们要充分认识要素在生产过程中相互依赖的作用，"凡要进行生产，就必须使它们结合起来"。但要素的使用不是无偿的，必须对每种要素支付一定的报酬，因此，收入分配要坚持和完善按劳分配为主体，多种分配方式并存的分配制度，健全劳动、资本，技术管理等生产要素按贡献参与分配的制度。各生产要素按贡献参与分配是当前社会主义市场经济的内在要求。

由于生产要素要按贡献参与分配，因此应当计算各种要素在生产中的贡献，但每种要素的单独贡献很难从整体中分离。为了寻找答案，就要更好地发挥市场机制对资源配置的基础性作用，同时需要考察要素的边际生产率，而要素的边际生产率不仅与要素本身的投入有关，也与其他相关要素的投入有关，因此要素的贡献也是相互依存的。

2. 边际生产力

从实物形态上说，边际生产力就是在其他条件不变时，每增加一个单位要素投入所增加的实物产量，即边际产量（MP）。从价值形态上说，在其他条件不变时，每增加一个单位要素投入所增加的产值称为要素的边际产值（VMP）。对企业来说最重要的是企业的实际收益，即每增加一个单位要素投入所增加的收益，称为要素的边际收益产品（MRP）。不同于边际收益，要素边际收益产品是以投入要素作为变量的。

由于要素的边际产值是指每增加一个单位要素投入所增加的产值，其数量等于该要素的边际产量在市场上的价值量，即边际产量与产品市场价格的乘积：

$$\text{VMP} = P \cdot \text{MP} \tag{2-28}$$

对企业来说，销售总收益是市场价格和销售量的乘积，即：

$$\text{TR} = P \cdot Q \tag{2-29}$$

每增加一个单位产品的销售，企业所增加的收益就是边际收益（MR）。在要素市场上，企业更加关心每增加一个单位要素的投入给企业增加的收益是多少，即要素的边际收益产品。要素的边际收益产品是总收益函数对投入要素这个变量的导数。总收益是产量的函数，产量又是投入要素的函数，可将总收益函数先对产量求导数，再将产量对投入要素求导数。前者结果是产品的边际收益，后者结果是要素的边际产量。这样，某要素的边际收益产品就是该要素的边际收益与该产品的边际产量的乘积。例如，劳动的边际收益产品等于边际收益与边际产量的乘积，即：

$$\text{MRP}_L = \frac{d\text{TR}}{dL} = \frac{d\text{TR}}{dQ}\frac{dQ}{dL} = \text{MR} \cdot \text{MP}_L \tag{2-30}$$

同理，投入资本的边际收益产品如下：

$$\mathrm{MRP}_K = \frac{\mathrm{dTR}}{\mathrm{d}K} = \frac{\mathrm{dTR}}{\mathrm{d}Q}\frac{\mathrm{d}Q}{\mathrm{d}K} = \mathrm{MR} \cdot \mathrm{MP}_K \qquad (2\text{-}31)$$

一个企业的利润为总收益减去总成本，若投入的要素为劳动和资本两种，则总成本如下：

$$\mathrm{TC} = \omega L + rK \qquad (2\text{-}32)$$

那么，企业的利润 π 计算公式如下：

$$\pi = \mathrm{TR} - \mathrm{TC} = PQ - (\omega L + rK) \qquad (2\text{-}33)$$

这里重申一个概念，即上面提及的总成本实际上是投入要素的总成本。每增加一单位要素投入引起的总成本的增加叫作边际支出（ME）。投入要素（劳动和资本）的边际支出分别计算如下：

$$\mathrm{ME}_L = \frac{\partial \mathrm{TC}}{\partial L} = \frac{\partial}{\partial L}(\omega L) \qquad (2\text{-}34)$$

$$\mathrm{ME}_K = \frac{\partial \mathrm{TC}}{\partial K} = \frac{\partial}{\partial K}(rK) \qquad (2\text{-}35)$$

根据企业利润最大化原则，需要对 π 求最大值，即使其一阶偏导数为零，可得：

$$\mathrm{MRP}_L = \mathrm{ME}_L \qquad (2\text{-}36)$$
$$\mathrm{MRP}_K = \mathrm{ME}_K \qquad (2\text{-}37)$$

由以上公式可知，利润最大时要素边际生产收益等于边际支出。其中的道理是显而易见的，只有当投入一单位要素给企业所带来的边际生产收益 MRP 大于为投入该单位要素而引起的成本增加（即边际支出 ME）时，企业的利润才能增加。而当投入要素的边际收益产品小于投入要素的边际支出时，企业的利润就会减少。在投入要素边际收益产品大于投入要素边际支出时，增加对该要素的投入，厂商的利润就会增加，或者亏损会减少。而在投入要素边际收益产品小于投入要素边际支出时，该要素不值得投入，若投入，就会引起利润的减少或者亏损的增加。只有在投入要素边际收益产品等于投入要素边际支出时，厂商的利润最大或者亏损最小。

类似于在产品市场中的边际收益等于边际成本，在产品市场中，边际收益等于边际成本是厂商利润最大化的必要条件，对各种市场结构都适用。在要素市场中，投入要素的边际生产收益等于投入要素的边际支出，同样是利润最大化的必要条件，也同样对各种结构的要素市场都适用。

（二）要素市场的经营决策分析

要素市场和产品市场一样，对于不同的市场结构条件，厂商的决策是不一样的。而且由于要素市场的需求是派生需求，它还受产品市场的影响。在完全竞争的要素市场上采购要素、在卖方垄断的产品市场上出售产品，与在买方垄断的要素市场上采购要素、在完全竞争的产品市场上出售产品，厂商的决策会不一样。我们知道产品市场分为完全竞争市场和不完全竞争市场，不完全竞争市场还包括垄断竞争市场、寡头垄断市场、完全垄断市场。要素市场同样有完全竞争市场和不完全竞争市场等区别。下面我们仅就要素市场与产品市场均为完全竞争时厂商的决策进行分析。

在要素市场上，厂商对要素的需求是派生需求。厂商对投入要素愿意支付的最高价格就是该要素能给厂商带来的边际收益产品，这决定了厂商对要素的派生需求。厂商对要素的需求曲线就是要素的边际收益产品曲线。要素能给厂商带来的边际收益产品为在产品市场上出售产品的边际收益 MR 与该要素的边际产量 MP 的乘积。当产品市场是一个完全竞争市场时，产品价格 P 是一个常数，不随企业产量的变化而变化。因此，在产品市场上的边际收益 MR 就等于产品的市场价格 P。由于要素的边际收益递减法则的作用，要素的边际产量随着要素投入的增加而不断减少。由此可见，企业对投入要素愿意支付的最高价格是随着投入要素的增加而不断减小的。因此，企业对投入要素的需求曲线是一条向右下方倾斜的曲线。虽然在产品市场上，产品的需求曲线是一条水平线，但派生要素的需求曲线是向下倾斜的，如图 2-2-20 所示，曲线 D 是由 $\omega = MRP = MR \cdot MP$ 决定的。

要素市场是完全竞争市场，也就是说要素市场上的要素价格不随厂商要素投入的多少而变动。对单个厂商来说，要素的供给是一条水平线，如图 2-2-20 中

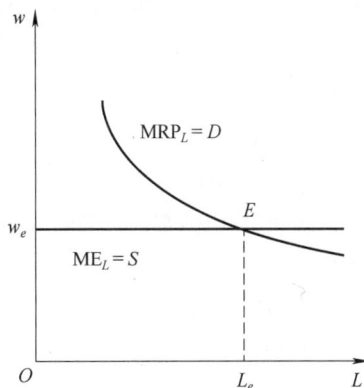

图 2-2-20 完全竞争的要素和产品市场厂商决策

的 S 曲线所示。对企业而言，当其增加要素投入时，投入要素边际支出 ME 也不变，投入要素边际支出曲线和要素的供给曲线重合。投入要素的价格不是投入数量的函数，对于劳动的投入边际支出计算如下：

$$ME_L = \frac{\partial}{\partial L}(\omega L) = \omega \tag{2-38}$$

从图 2-2-20 中可以看到，当要素市场和产品市场均为完全竞争市场时，在要素市场上厂商利润最大化的必要条件是：投入要素边际支出等于要素的边际收益产品，即 ME = MRP，就是图中厂商面临的要素供给曲线 S 和对要素的需求曲线 D 的交点 E。由于要素市场是完全竞争的，对厂商而言，可以以不变的要素价格购买任意数量的要素。此时，要素的价格由要素市场上总供给和需求决定，厂商只是要素价格的接受者，而厂商愿意投入的要素的数量则由 E 点决定。

由 ME = MRP 可得 $\omega = P \cdot MP_L$，P 和 MP_L 决定了投入劳动的数量，同理由 $r = P \cdot MP_K$ 可得，P 和 MP_K 决定了投入资本的数量。因此，在要素市场的要素价格和产品市场的产品价格已知的情况下，可以得出厂商要素投入数量，实现厂商在要素市场上利润最大化的决策。

五、市场失灵与政府管制

在满足一定条件的情况下，市场对资源的配置可以达到完全有效。例如，在完全竞争市场，生产者和消费者拥有完全对称的信息并且可以自由出入市场；生产者根据利润最大化（成本最小化）原则进行生产，消费者根据效用最大化原则进行消费；在市场均衡时，生产者生产的商品数量等于消费者对商品的需求数量；消费者消费额外每一单位产品的边

际收益等于社会生产这一单位商品的边际成本。此时，市场的生产与分配都是有效率的，社会资源实现了最优配置。但是，现实中更多的情况是，商品的生产数量与社会的消费需求数量不相等，社会生产成本与社会边际收益不相等，单凭市场的力量无法实现商品的有效生产与分配及资源的有效配置，容易出现"市场失灵"的情况。此时需要政府对市场采取一定的措施，从而使市场资源得到有效配置。

本部分主要介绍垄断、外部性等几种"市场失灵"的典型现象及政府采取的能够纠正"市场失灵"的措施。

（一）垄断

在前面章节已经对垄断进行了初步介绍。由于垄断市场的价格高于完全竞争市场的价格，产量低于社会有效产量，此时市场对资源的配置是无效率的，属于"市场失灵"的一种情况。

1. 垄断与低效率

垄断虽然具有经济上的必然性，但同时又具有经济上的不合理性，表现为垄断会降低社会总福利。具有市场力量的厂商会将其产品价格定在边际成本之上，消费者对这种产品的购买就会比在完全竞争条件下少，从而造成低效率。

图 2-2-21 中横轴表示产量，纵轴表示价格，曲线 D 和 MR 分别表示厂商面临的需求曲线和边际收益曲线，MC 为厂商的边际成本曲线。垄断厂商根据利润最大化原则，在 MR = MC 时确定产量和价格，此时均衡产量为 Q_m，相应的垄断价格为 P_m。显然 P_m 高于边际成本，这表明消费者愿意为额外多消费一单位产品所支付的价格超过了生产该单位产品的成本。那么，最优均衡产量在什么地方达到呢？在 Q_c 的产量水平上。在 Q_c 的产量水平上，需求曲线与边际成本曲线相交，价格为 P_c，消费者为额外多消费一单位产品支付的价格等于生产该额外产量的成本。在垄断情况下，市场力量不能达到资源的有效配置，社会产出小于需求。

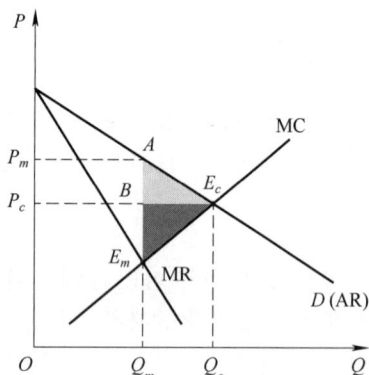

图 2-2-21　垄断与低效率

相比完全竞争情况，垄断均衡的社会效率损失为阴影部分的三角形 AE_mE_c，其中 ABE_c 为消费者福利净损失，BE_mE_c 为生产者福利净损失。

在实际中，均衡产量不是最优产量的原因在于垄断厂商和消费者之间以及各消费者之间难以达成一致意见，例如，垄断厂商和消费者在如何分配增加产出所得到的收益方面可能存在很大分歧，出现了无效率垄断。实际上只要市场不是完全竞争的，企业面临的需求曲线不是一条水平线，而是向右下方倾斜的，企业利润最大化原则就是使边际收益等于边际成本，而不是使价格等于边际成本，此时的市场均衡使资源配置处于低效率状态。

此外，由于垄断可以获得垄断利润，当厂商没有独占资源、没有专利，也没有形成自然垄断的实力时，它可能会想尽办法通过获得政府的特许而获得垄断地位，最终获取垄断利润；当厂商已经具有垄断地位，则会通过游说政府等行为继续保持垄断地位。经济学上将那些为了获得和维持垄断地位从而得到垄断利润的活动称为"寻租"，寻租是利益集团促使政府做出能够使其获得垄断利益的决策的非生产性活动过程。

利益集团寻租的领域和范围是广泛的，例如，通过政府采购、政府承包工程寻租、政府制定贸易政策过程等寻租。寻租不仅会导致社会的纯经济损失，也会产生腐败。

寻租损失主要体现在厂商进行寻租活动并投入了资金，这部分资金没有用于商品的生产经营，产品的产量没有增加，社会没有因为投入该部分资金而获得更多的产品。那么，这部分资金就是在寻租过程中的净损失。此外，如果寻租成功，厂商便拥有了一定的垄断经营权，垄断经营将导致社会效率损失。当社会中的寻租者不止一个时，整个社会的损失还会更大。当然，厂商用来支付寻租的资金不会超过垄断经营时的利润所得，否则寻租就没有意义了。

总之，当存在垄断力量时，市场竞争便不能有效地发挥作用，厂商会根据其对市场的控制力量将价格定在竞争水平以上，并维持相当长时间。这种超常的市场力量限制了产量，扭曲了市场价格，导致社会福利损失，造成市场失灵。

2. 政府对垄断的管制

由于垄断对资源配置的低效率，政府会对垄断实行一定的管制措施，以提高资源配置效率，增加社会整体福利。这里主要介绍政府管制措施中常见的价格管制与法律制定。

（1）价格管制。价格管制是政府主要针对自然垄断进行的一种管制措施，政府对处于自然垄断地位的厂商进行定价管制，以防止它们出于牟取暴利而损害公共利益。在进行价格管制时，要注意以下几点：①管制后的价格应当保证厂商盈利，否则该商品的社会生产为零；②管制成本应当低于垄断管制带来的社会福利的增加。从社会福利最大化的角度，政府需要求厂商按照边际成本等于价格的原则进行定价，此时对整个社会来讲，资源配置最为有效。如果厂商根据需求曲线与边际成本曲线的交点定价，此时整个社会的消费者剩余与生产者剩余面积为需求曲线以下，边际成本曲线以上的面积，无福利损失三角，市场资源配置有效。图 2-2-22 中，AC 为垄断厂商的平均成本曲线，MC 为边际成本曲线。厂商通常在规模报酬递增阶段生产，生产的平均成本大于边际成本。如果按照边际成本定价，则边际成本曲线 MC 与需求曲线 D 相交的 E_c 决定了此时的价格为 P_c，此时的产量为 Q_c。显然此时垄断厂商的平均成本大于边际成本，如果按照价格 P_c 进行生产和销售，垄断厂商将出现亏损并退出经营。

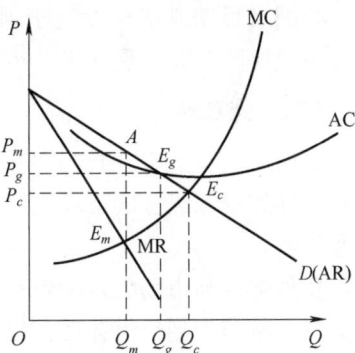

图 2-2-22　政府对垄断的价格管制

如果政府坚持按照边际成本定价以达到资源的有效配置，需要对垄断厂商进行补贴，补贴至少应为垄断厂商的亏损。通常出现的问题是，由于垄断厂商的固定成本占总成本的比例较大，而边际成本较小，因此平均成本要比边际成本大很多，导致补贴金额非常大，会造成严重的财政负担。另外，由于存在信息不对称，垄断厂商可能会为了争取获得补贴而花费大量的精力，产生"寻租"现象，从而降低社会福利，并影响厂商的生产效率。尽管如此，边际成本定价原则仍然可以作为政府价格管制的参考。

另外一种定价方法是令价格等于平均成本，即令 $P = AC$，图 2-2-22 中平均成本曲线 AC 与需求曲线 D 的交点 E_g 决定了价格为 P_g，产量为 Q_g，垄断厂商的超额利润为零。此时产量大于无管制下的产量，但小于边际成本定价下的产量；价格低于无管制下的价格，但高于边际成本定价下的价格；垄断厂商会保持生产。

由于信息不对称的存在，实施价格管制的主要困难在于垄断企业会千方百计地让政府相信自己花费的成本高于其实际成本。如果政府允许垄断厂商提高价格，直至接近垄断价格水平，就会削弱政府管制的效果。

（2）法律制定。政府对垄断更加严格的管制措施是制定反垄断法或反托拉斯法。由于垄断厂商存在弊端，许多国家的政府都不同程度地制定并执行了反垄断政策，其中以美国最为突出。1890—1950 年，美国国会通过了一系列反垄断法案，其中包括《谢尔曼法》（1890）、《克莱顿法》（1914）、《联邦贸易委员会法》（1914）、《罗宾逊-帕特曼法》（1936）、《惠特-李法》（1938）和《塞勒-凯弗维尔反兼并法》（1950）。西方其他国家也先后出现了类似的法律规定。美国的反托拉斯法规定，限制贸易的协议或共谋、垄断或企图垄断市场、排他性规定、价格歧视、不正当的竞争或欺诈行为等都是非法的。美国反托拉斯法的执行机构是联邦贸易委员会和司法部反垄断局，对犯法者可以由法院提出警告、罚款、改组公司甚至判刑。

2007 年 8 月 30 日，中华人民共和国第十届全国人民代表大会常务委员会第二十九次会议讨论通过《中华人民共和国反垄断法》（以下简称《反垄断法》），这是我国第一部系统的反垄断法规。在总体框架和主要内容上，《反垄断法》和其他国家的反垄断法基本一致，确立了禁止垄断协议、禁止滥用市场支配地位以及控制经营者集中三大制度。同时，我国《反垄断法》立足于国情，每项制度都体现了鲜明的中国特色，反映了我国目前经济发展阶段和发展水平、市场竞争状况、市场主体成熟程度等实际情况的要求。

（二）外部性

在前面的章节中，我们学习过在存在外部性的情况下，市场往往不能提供最优的供给数量，导致资源配置的市场失灵。本部分将对由外部性引起的市场失灵和解决方法进行进一步讲解。

负外部性与市场配置无效率。如果生产者和消费者的经济活动会使第三方利益受损，而第三方不能得到任何补偿，便产生了负外部性。例如，企业在生产过程中通常要向外部排放废水及废气，这些排放物会对环境与人体健康产生危害，这就是典型的负外部性。在存在负外部性的情况下，市场往往生产过剩。

以某个制药厂为例，制药厂的生产过程具有显著的负外部性，每天排放的大量刺激性气体会对环境造成严重的污染，人们健康会受到影响，而克服这些危害和影响需要治理污染并为此付出成本。若制药厂不支付成本，就要由外部来支付，即成为边际外部成本（MEC）。药品产量越大，排放的有害气体就越多，引起的边际外部成本就越大。考虑外部成本后，药厂的真正边际成本应该是药品生产的边际成本加上为治理污染而付出的边际外部成本，称为边际社会成本（MSC），即 $MSC = MC + MEC$，如图 2-2-23 污染厂商的曲线所示。MSC 即为计入外部成本后，制药厂的供给曲线。制药行业的供给曲线就是单个边际社会成本 MSC 的横坐标相加，得到总的供给曲线，即图 2-2-23 中 MSC$_1$ 为修正后的污染行业供给曲线。其与市场上药品的需求曲线 D 的交点决定的成交量 Q$_s$ 才是药品有效的社会产出水平，对应的价格 P$_s$ 是有效的社会产出价格水平。即考虑外部成本后，药品的社会最优产量 Q$_s$ 小于没有考虑外部成本时的产量 Q$_c$；考虑外部成本的最优价格 P$_s$ 大于没有考虑外部成本时的价格 P$_c$。负的外部性使社会生产、消费了过多的药品，导致过多的污染，此时市场对资源的配置是无效率的，导致了额外的社会成本。

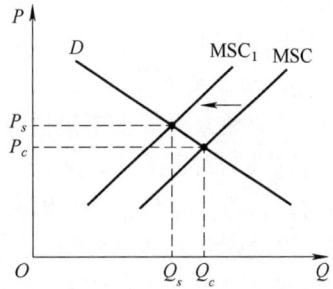

图 2-2-23 污染厂商的曲线

第三节 企业管理概述

现代社会从某种意义上来说是企业社会，企业不仅是市场经济的主体，而且是经济社会的根基。一个国家的经济发展水平在很大程度上取决于企业的运行状况；而企业的运行效率、效益主要取决于企业的经营管理水平，对此人们已经形成共识。复杂多变的社会与市场环境也对企业的经营管理提出了更高的要求。企业管理应具有完整的理论体系，包括企业经营管理、企业市场营销管理、企业生产运作管理、企业要素管理、企业文化建设，本节内容将从以上模块展开介绍。

一、企业管理总论

(一) 企业管理的概念与内容

企业管理是指在一定的生产方式和文化背景下，由企业的高管人员或管理机构按照一定的原理、原则和方法，对企业的人、财、物、信息和技术等生产要素进行计划、组织、领导、控制和创新，以提高经济效益，实现经营目标。企业管理的内容主要包括以下几个部分：

1. 企业经营管理

企业经营管理包括企业战略管理与决策管理，是指在对企业内外环境进行分析研究和对行业基本竞争力量进行分析的基础上，制定企业总体战略、经营单位战略和职能战略，并对企业经营过程进行决策，以保证企业经营目标的实现。

2. 企业市场营销管理

企业市场营销管理包括进行市场分析、制定市场营销组合策略、创造和促进消费者对企业产品和服务的需求、调整和开发新的营销方式和渠道，以保证企业目标利润的实现。

3. 企业生产运作管理

企业生产运作管理包括生产管理和质量管理。生产管理是指通过生产计划、生产组织、生产过程控制，按照市场和用户需要的质量、价格和交货期，以高效率、低成本的办法制造产品和提供服务。质量管理是指企业为了经济地、高效率地制造使用户满意的产品和提供使用户满意的服务，在保证与提高产品和服务质量方面所进行的系统管理活动。质量管理包括研究市场所需的质量水平，确定符合市场需求的质量标准、国际质量认证等。

4. 企业要素管理

企业要素管理主要包括人力资源管理、财务管理、物资管理等主要内容。人力资源管理是以人为对象的管理活动，包括人员的招聘、录用、分派、培训、提升、激励、奖惩等活动。财务管理包括制订财务计划、对资金筹集和使用进行管理、进行库存控制与成本控制，以及进行财务分析等，从而使企业的资本在利润稳定增长的基础上不断增值。物资管理包括为了保证生产需要制定物资消耗定额，进行物资的订购、供应、使用、储备、流通、周转等一系列活动，以及节约物资降低成本的活动。

5. 企业文化建设

企业文化是一个组织的价值观、信念、仪式、符号、处事方式等组成的特有的文化形象，是企业在日常运行中表现出的各个方面。

（二）企业管理的任务与特征

企业管理的任务是合理组织生产力以及维护和改善社会生产关系。合理组织生产力是现代企业管理最基本的任务，指合理配置企业现有生产要素，把企业现有的土地、资本、劳动力和科学技术等要素合理组织在一起，协调各要素之间的关系和比例，实现高效生产。合理组织生产力还体现在开发新的生产力，通过不断改进生产技术，发展新的原材料，更新生产工艺、流程等，并持续地对职工进行技术培训以及引进优秀技术人员和管理人员，以提高企业整体资源配置效率。

社会生产关系是企业管理的基础，它从根本上决定着企业管理的社会属性，从全局上制约着企业管理的基本过程。因此，企业管理的另一个重要任务是维护其赖以产生、存在的社会关系。另外，由于生产关系具有相对稳定性，在相当长的一个历史阶段内，其基本性质可以保持不变，而生产力却是非常活跃、不断变革的因素，必然会与原有的生产关系在某些环节、某些方面发生矛盾。为了保证生产力的不断发展，有必要在保持原有生产关系基本性质不变的前提下，通过改进企业管理手段、方法和途径，对生产关系的某些环节、某些方面进行调整改善，以适应生产力不断发展的需要。

根据企业管理的任务及其内容，企业管理具备以下特征：

1. 企业管理是一种文化现象和社会现象

在人类的社会生产活动中，将多人组织起来进行分工会达到单独活动所不能达到的效果，而多人共同活动需要通过制订计划、确定目标等来达到协作的目的，这就需要进行管理。因此，管理的载体是组织。一个组织往往包括五个基本要素，即人（管理的主体和客体）、物（管理的客体、手段和条件）、信息（管理的客体、媒介和依据）、机构（反映了管理的分工关系和管理方式）、目的（表明为什么要有组织）。外部环境对组织的效果与效率有很大影响，外部环境一般包含行业、原材料供应、财政资源、产品市场、技术、经济形势、政治状况及国家法律法规、社会文化。一般认为，组织内部要素是可以控制的，组织外部要素部分可以控制（如产品市场），部分不可以控制（如国家政策）。

2. 企业管理的主体是管理者

管理者既需要管理一个组织，又需要管理其他管理者以及管理工作和工人。企业管理者在企业生产活动中处于领导地位，具有特殊和重要的作用。管理者独立于企业的资本所有者，自主地从事企业经营活动，是企业的最高决策者和各项经营活动的统一领导者，其职能主要有：

(1) 确定企业的目标与计划。企业管理都有既定的最终目标。在一定时期内，为了实现最终目标，企业往往会制定具体的经营目标。企业经营目标可分为长期目标与短期目标、总体目标与部门目标。企业经营者通过确定企业的目标和计划来统一企业全体成员的思想和行动，引导企业通过最有利的途径来实现其既定目标。企业的目标和计划的正确与否决定着企业经营的成败，因此，它是企业经营者的首要职能。

(2) 建立和健全企业的组织机构。建立和健全企业的组织结构，使其充分发挥各自的作用，并保证企业整体达到最高的效率是实现企业目标的手段。因此，任何企业的组织机构都必须适应企业目标或任务的需要，而且还要不断地健全和完善。

(3) 配备重要的企业主管人员。企业经营者需要重视企业中人才的整体质量，因此，经营者要重视人才的选拔、培训、考核与评价，该过程是提高员工积极性，提升员工质量的重要方式。

(4) 实现对企业全局的有效领导。企业经营者需要学会激励下属人员的行为动机，调动其工作积极性，使其从思想到行为认可企业，从而为企业的共同目标做出努力。

(5) 实现对企业经营全局的有效控制。企业经营者在确定企业的目标和计划后，需要激励企业全体成员去执行这些既定的目标和计划，其控制职能在于保证成员的执行活动始终不会偏离目标和计划的要求，从而保证企业最终目标的顺利实现。

(6) 实现对企业整体经营的有效协调。企业的经营活动是由众多相互联系的部门、环节和因素构成的统一体，存在一定的相互制约关系。企业在经营过程中有可能出现矛盾，使这种相互制约关系出现不协调的现象。作为经营者需要设法解决这些矛盾，保证企业的生产活动始终处于和谐状态，从而保证企业计划和预期目标的顺利实现。

3. 企业管理逐步趋向于多目标管理，自由式经营管理和动态管理

随着经济社会的发展，顾客对产品的需要逐步趋向多元化，企业为满足顾客越来越复杂的需求而进行多目标管理。同时，导致多目标管理的原因还有企业的内部经济原理，企业进行多目标管理可以在原料的采购上得到某些方便与利益，或者对副产品与废料进行充分利用进而提高企业利润。此外，由于科技不断革新，企业重视创新研究往往也导致了新产品的出现。

4. 企业管理的核心是处理好人际关系

人在企业管理中既是主体又是客体，在大多数情况下管理是在人和人之间进行的。企业管理的最终目的是使多人共同完成企业目标，因此，管理者对人际关系的处理至关重要。

二、企业经营管理

(一) 企业战略管理

1. 企业战略的概念与特征

企业战略是企业根据内外部环境变化，结合自身资源状况，为实现企业生存和长期稳

定发展，对企业发展目标及其实现途径和手段的总体谋划，是企业经营思想的集中体现。

企业战略一般具有全局性与复杂性、稳定性与动态性、收益性与风险性的特征。全局性与复杂性体现在企业战略是根据企业总体发展的需要而制定的，是一种总体决策。企业发展全局由若干局部组成，且企业战略包括战略的分析、实施和评价等环节，是一项复杂的系统工程。稳定性与动态性体现在企业制定的战略目标需要考虑长远的效益，因此，企业战略的实施过程具有较强的稳定性；同时，企业战略必须随着企业内外部环境的改变而做出调整，因此，企业战略也具有动态性的特点。收益性与风险性体现在企业的战略目标是实现企业发展，因此，企业战略能够带来显性或隐性的收益；同时，由于内外部环境的不确定性，企业战略的制定及实施往往具有一定的风险。

2. 企业战略管理的概念与特征

企业战略管理是指企业根据组织外部环境和内部条件设定企业的战略目标，为保证目标的正确落实和实现进行谋划，并依靠企业内部的能力将这种谋划付诸实践，以及在实施过程中进行控制的一个动态管理过程。企业战略管理具有以下特征：

（1）战略管理是全局性的管理。战略管理不是强调企业某一事业部或某一职能部门的重要性，而是通过制定企业的使命、目标和战略来协调企业各部门的活动。在评价和控制过程中，战略管理关注的不是各个事业部或职能部门自身的表现，而是它们对实现企业使命、目标、战略的贡献大小。

（2）战略管理的主体是企业的高层管理人员。在战略管理中起决定性作用的是企业高层管理人员。尽管战略管理过程需要企业各层管理者的参与，但高层管理人员无疑是最重要的。这是因为高层管理人员能够统观全局、了解企业全貌，更重要的是他们拥有对企业的战略资源进行分配的权力。

（3）战略管理涉及企业大量资源的配置问题。战略管理需要在相当长的时间内进行一系列的活动，这些活动需要有充足的资源作为保证。因此，为保证战略目标的实现，企业需要对资源进行统筹规划、合理配置。

（4）战略管理具有长远性。战略管理是指面向未来，对企业生存发展面临的问题进行统筹规划。战略决策是指以经理人员期望或预测将要发生的情况为基础，在迅速变化和竞争性的环境中做出长期性的战略规划。

（5）战略管理需要考虑企业外部环境等诸多因素。企业存在于一个开放的系统中，受许多企业自身无法控制的因素的影响。因此，在未来的竞争性环境中，企业要想占据有利地位并取得竞争优势，就必须考虑各种相关的外部因素，包括竞争者、顾客、资金供给者、政府等，以使企业的行为适应不断变化的外部力量，保证企业生存和发展。

3. 企业战略管理的内容与过程

企业战略管理是指制定企业未来发展方向的决策和实施这些决策的动态管理过程，规范的、全面的战略管理过程可大体分为战略分析阶段、战略选择及评价阶段、战略实施及控制阶段，各阶段的内容如下：

（1）战略分析阶段。战略分析是指对企业的战略环境进行分析、评价，并预测这些环境未来的发展趋势，以及这些趋势可能对企业造成的影响。战略分析包括企业外部环境分析和企业内部条件分析两部分，其目的是适时地寻找和发现有利于企业发展的机会，以及对企业来说存在的威胁，以便在选择战略和实施战略时能扬长避短、发挥优势，有效地利用企业的资源。

（2）战略选择及评价阶段。战略选择及评价需要对战略进行探索、制订以及选择。企业可能会制订达成目标的多种方案，并对每种方案进行鉴别和评价，以选择适合企业自身的方案。

（3）战略实施及控制阶段。企业的战略方案确定后，必须通过具体化的行动将方案落实。为了实现既定的战略目标，企业必须对战略的实施过程进行控制，将实际成效与预定的目标进行比较，若出现差异，及时采取有效的措施进行纠正。若出现由于战略分析失误或环境意外变化而引起的偏差，企业甚至需要重新评估环境，制订新的战略，进行新一轮的战略管理。

（二）企业经营决策

1. 企业经营决策的概念与特征

企业在经营的各个环节与过程中都离不开决策。决策正确，企业的生产经营活动才能顺利开展；若决策失误，企业的生产经营活动就会遇到挫折，甚至失败。经营决策是指企业在生产经营活动过程中，为实现预定的经营目标或解决遇到的重大经营问题，在充分考虑企业内部条件和外部环境的基础上，拟订若干可行方案，通过分析、评价，从中选出满意方案的过程。经营决策具有以下特征：

（1）目标性。经营决策是为了达到一个既定的目标，没有目标，就没有所谓的经营决策。经营决策的目标需要根据企业的资源能力等情况制定，并且应具备一定的超前性。

（2）选择性。经营决策是对多方案进行择优选择的过程。因此，经营决策一般有两个以上的可行方案，企业通过分析和评价进行选择。

（3）标准性。在进行方案的选择与评价时，经营决策应依据一定的标准。现代决策理论认为决策过程应遵循"满意标准"，而不是机械地追求"最优标准"。由于主客观条件的制约，即使选择最优方案，也难以达到最优效果，因此只要能够达到令人满意的效果，方案就是可行的。

（4）实践性。经营决策的目的在于执行和实施，所有的决策最终都将落实，而不是仅停留在书面。

2. 企业经营决策的分类与内容

（1）战略决策、战术决策和业务决策。根据企业经营决策的层次，可以将经营决策划分为战略决策、战术决策和业务决策。其中，战略决策是指涉及企业命运和前途的、重大的、长远问题的决策。战略决策通常关系企业的长远发展，如企业的长远规划、企业的经营总目标、企业经营方针的确定等；战术决策是指企业在实现战略经营目标、经营方向、经营规划等战略决策过程中，对具体经营问题、管理问题、业务问题、技术问题的决策；业务决策是指企业在日常经营活动中，为提高生产效率以及更好地执行战术决策所进行的具体决策。

（2）单一目标决策和多目标决策。根据企业经营决策目标的数量可以将经营决策划分为单一目标决策和多目标决策。在企业经营决策中，无论是战略决策还是战术决策，都是为了实现某种目标。单一目标决策是指企业为了实现单个目标而进行的决策；多目标决策是指企业为了实现若干个目标进行的决策。在实际工作中单一目标决策更为常见。

（3）确定型决策、风险型决策和非确定型决策。根据企业经营决策的可靠度，可以将经营决策划分为确定型决策、风险型决策和非确定型决策。确定型决策问题的条件比较明确，概率和效益也可以确定，其特点是各个备选方案同目标之间都存在明确的数量关系，并且在各个备选方案中只有一个自然状态。风险型决策问题较复杂，而且较多见，往往各个备选方案同目标之间具有明确的数量关系，但方案中存在两个以上的自然状态。所谓"自然状态"，是指决策者无法予以控制的状态。因此，自然状态越多，决策风险越大。在多数决策问题中，自然状态出现的概率可以运用数理统计方法或者采用预测方法获得。非确定型决策问题面临的自然状态既不能完全肯定，又不能完全否定，同风险型决策问题的区别在于其自然状态出现的概率无法计算和预测，主要靠决策者的经验和智慧予以判断和估计，因此该类决策的正确性往往取决于决策者个人的素质。

（4）程序化决策和非程序化决策。根据企业经营决策问题的重复性，可以将经营决策划分为程序化决策和非程序化决策。程序化决策也称重复性决策，是指按规定的程序、处理方法和标准来解决企业经营中经常重复出现的问题。在企业经营管理中，绝大多数决策问题属于程序化决策，如制订发电计划、发放薪酬等，其过程已经标准化，可由专门的机构或专门的人员按规定的程序、已有的决策模式进行。非程序化决策也称非重复性决策，是指对牵涉面广，没有出现过或不经常出现的问题所进行的决策。非程序化决策往往比较复杂，决策时无章可循，如企业改变生产规模、企业长远规划决策等，这类决策主要由高层管理人员做出。由于非程序化决策要考虑企业内、外部条件和环境的变化，无法用常规的办法来处理，因此除了采用定量分析，决策者个人的经验、知识、洞察力、直觉、信念等主观因素都非常重要。

（5）高层决策、中层决策和基层决策。根据企业决策者的层次，可以将经营决策划分为高层决策、中层决策和基层决策。高层决策是指由高层管理者所做的，决定企业经营方向和目标的重大决策。这类决策大多数属于非确定型或风险型决策。中层决策一般是由中级管理者所做的业务性决策。基层决策是由基层管理者所做的执行性决策。

三、企业市场营销管理

（一）市场营销的概念

市场营销是指从卖方立场出发，以买方为对象，在不断变化的市场环境中，以顾客需求为中心，通过交易程序，向顾客提供商品或劳务，满足顾客需求与利益，从而获取利润的综合活动。

准确把握市场营销的概念应注意以下几个问题：

1. 区分"市场营销"的双重含义

"市场营销"一词有两种含义：一是指一种行为，一种实践活动，即由企业等组织的市场营销活动；二是指一门科学，其以市场营销活动为研究对象也叫市场营销学。

2. 区分市场营销的微观和宏观层次

宏观市场营销是一种社会经济活动过程，目的在于达到社会生产与需求之间的平衡，从而实现社会目标。微观市场营销是一种企业经济活动过程，目的在于满足目标顾客需要，从而实现企业目标。

3. 市场营销不等于推销

现代营销学之父菲利普·科特勒指出："推销不是市场营销最重要的部分，只是市场营销冰山的尖端。推销是企业市场营销人员的职能之一，但不是最重要的职能。"

4. 市场营销的含义不是固定不变的

市场营销的含义是从工商企业的市场营销活动和实践中概括出来的，因此，它是随工商企业的市场营销活动和实践的发展而发展的。

5. 市场营销的核心观念是交换

企业的一切市场营销活动都与商品交换相关，都是为了实现潜在商品交换，与顾客达成交易。市场营销的交换过程是企业主动、积极地寻找机会，满足企业与消费者双方需求和欲望的社会管理过程。

（二）市场营销管理的含义与步骤

市场营销管理是指企业为实现经营目标，对建立、发展、完善与目标顾客的交换关系的营销方案进行的分析、设计、实施与控制。市场营销管理是企业规划和实施营销理念、制定市场营销组合，为满足目标顾客需求和企业利益而创造交换机会的动态、系统的管理过程。市场营销管理的一般步骤如下：

1. 分析市场机会

市场机会是指市场上存在的未被满足的消费需求。在当今时代，没有一家公司可以依赖目前的市场和产品而实现长盛不衰。因此企业必须不断寻找、发现和分析新的市场机会，为企业的生存和发展寻找出路。

2. 发掘市场机会

企业可以通过系统化或非正式化的方法来随时获取市场情报，挖掘现有市场的潜力，指导现有产品进一步渗透到现有的目标市场上，扩大销售量；或者在现有市场无挖掘潜力的情况下，以现有的产品开发新的市场；或者在现有市场无挖掘潜力时，考虑进行新产品开发。此外，还可以通过多元化经营，在多种经营中寻求新的市场机会。

3. 评估市场机会

在发掘市场机会后，进行市场机会的鉴别是营销成功的重要前提。要想使市场机会变成企业的机会，市场机会必须与企业的目标相一致，同时企业还必须具有利用该市场机会的能力。如果市场机会与企业目标不一致，或企业暂时无能力开发市场，则市场机会是不适宜的。因此评估市场机会是否与企业目标相匹配，是制定企业经营战略的一个关键环节。

4. 选择目标市场

企业在发现和评估市场机会过程中，往往会产生许多新的市场开发构想。企业要做的是从若干构想中选出最符合企业目标与开发能力的一项。

5. 拟定市场营销组合

企业制订产品开发的计划后，便可以开始策划市场营销组合的细节。市场营销组合是企业针对确定的目标市场，综合运用各种可能的营销手段，将其组合成一个系统化的整体策略，以便达到企业经营目标。

6. 组织、执行和控制市场营销

为了贯彻落实营销工作，企业必须设立一个营销组织，由营销经理负责组织和实施。营销经理需要协调所有营销人员的工作，并与财务、生产、研究与开发、采购和人事主管密切配合，督导、激励、考核、培训下属，检查任务执行情况。

四、企业生产运作管理

（一）企业生产管理

1. 生产管理的概念与任务

生产是一切社会组织将输入转换为输出的过程，是一个投入一定资源，经过生产运作和系统转化使其价值增加，最后以产品或服务形式将产出供给社会的过程。生产包括投入、转换、产出 3 个要素，转换是指通过人类的生产劳动使劳动要素价值增加的过程，生产管理即为对转换过程进行管理。因此，生产管理是为实现组织目标、合理利用资源，对企业生产运作过程进行的计划、组织、实施和控制，是为生产出满足社会需要的产品与服务而开展的各项管理工作总称。

生产管理的目的在于做到投入少、产出多，取得最佳经济效益，其具体任务主要包括以下几个：

1）通过生产组织工作，按照企业目标的要求，设置技术上可行、经济上合算、物质技术条件和环境条件允许的生产系统。

2）通过生产计划工作，制定生产系统优化运行的方案。

3）通过生产控制工作，及时有效地调节企业生产过程的各种内外关系，使生产系统的运行符合既定的生产计划要求，实现预期的生产品种、质量、产量、出产期限和生产成本的目标。

2. 生产管理的内容与原则

为实现生产经营目标、完成生产任务，生产管理的内容包括生产准备和组织、生产计划、生产控制 3 个部分。生产准备和组织具体包括工艺路线和工艺方案制定、工厂布置、生产过程组织、方法研究、工时测定、劳动组织等；生产计划主要包括编制年度生产计划、编制生产作业计划以及作业分配等工作；生产控制主要包括进度控制、库存控制、质量控制以及成本控制等。在长期的管理实践中，根据各个生产环节的内容特点，生产管理需要遵循以下指导原则：

（1）讲求经济效益。讲求经济效益是指企业用最少的劳动消耗和资金占用，生产尽可能多的适销对路产品。具体体现在实现生产管理目标上，要做到数量多、质量好、交货及时、成本低，即对产品的质量、品种、数量、成本、交货期等进行综合考虑，对其分别确定不同的要求，以使经济效益最优。

（2）适应市场需求。企业需要按照社会和市场日益增长和变化的需求来生产，这要求生产管理人员重视市场调查和预测，研究市场需求的发展和变化，并在企业内部处理好生产与销售的关系，既要满足销售又要兼顾生产，生产要为销售服务，满足销售需要。同时，企业还需要适应市场需求的发展变化，尽可能满足顾客的要求，还要研究市场竞争态势，注意竞争对手的生产战略与策略、市场营销战略与策略，提高企业的市场竞争能力，增强生产上的竞争优势。企业应采用不同的销售策略或生产结构，参与市场竞争，提高产品的市场占有率和市场覆盖面。

（3）实行科学管理。实行科学管理是指在生产过程中建立科学的管理制度、规程、标准，建立适宜的生产指挥系统，做好基础工作，使制度更加完善，实现管理工作程序化、制度化以及管理思想和方法的现代化。

（4）组织均衡生产。组织均衡生产既是科学管理的要求，也是建立正常生产秩序和管理程序、保证质量、降低消耗的前提条件。

（5）坚持可持续发展。企业需要积极实施清洁生产，清洁生产包括节约原料和能源，按期淘汰落后的生产能力、工艺和产品，淘汰有毒原材料，并在全部排放物和废料离开生产过程以前减少它们的数量和标性。同时，加强生产技术和设备管理，充分利用好各种资源、能源，提高原料、能源利用率，不产生或少产生废弃物。

（二）企业质量管理

1. 质量的含义

我国国家标准 GB/T 19000—2016（等同于国际标准 ISO 9000：2015）对质量定义是：客体的一组固有特性满足要求的程度。

"特性"是指"可区分的特征"，包括各个种类的特性，如物的特性（机械性能等），感官的特性（气味、噪音、色彩等）。固有特性是指某事或某物中本来就有的，永久的特性，如螺栓的直径、机器的生产率等技术特性。

"要求"是指"明示的，通常隐含的或必须履行的需求或期望"。"明示的""必须履行的"可以理解为规定的要求，如在文件或标准中有强制要求的。"通常隐含的"是指组织、顾客和其他相关方的惯例或一般做法，其所考虑的需求或期望是不言而喻的，如"化妆品对顾客皮肤的保护性"等。"要求"应当由不同的相关方提出，不同的相关方对同一产品的要求可能是不相同的。"要求"可以是多方面的，如需要指出，可以用修饰词表示，如产品要求、质量管理要求、顾客要求等。因此，质量的含义可以分为广义和狭义两种，狭义的质量是指产品质量，而广义的质量则包括产品质量、工序质量以及工作质量。

（1）产品质量是指产品（包括有形产品和无形产品）用以满足人们需要的某种属性和特性。不同的产品具有不同的属性，可以满足不同的需要，这种需要通常会被转化为产品质量指标。一般有形产品的质量指标包括性能、使用寿命、可靠性、安全性以及经济性。无形产品的质量特性一般包括功能性、经济性、安全性、时间性、舒适性和文明性。产品质量强调及时、圆满、准确与友好。

（2）工序质量又称工程质量，它是指企业为保证生产合格产品而具备的全部手段和条件所达到的水平。影响工序质量的因素主要包括人、机器、材料、方法以及环境。工序质量是保证整个生产过程稳定、生产合格产品的基础，决定产品质量的高低。因此，想要提高产品质量，首先必须提高工序质量。

（3）工作质量是指对产品质量的保证程度。工作质量涉及企业所有部门和人员，体现在产品从开发、设计、生产、控制直到销售、服务等一系列活动中。每个工作岗位都直接或间接地存在着工作质量。企业工作质量的高低可以通过工作效率、工作成果，最终通过产品质量及经济效果表现出来。

产品质量、工序质量和工作质量是 3 个不同的概念，但它们之间有密切联系。产品质量取决于工序质量和工作质量，它是企业各项工作的综合反映，工序质量和工作质量是企业产品质量的保证。

2. 全面质量管理的含义与特点

质量管理是指确定质量方针、目标和职责，并通过质量体系中的质量策划、控制、保证和改进来使其实现的全部活动。从 20 世纪初开始，质量管理理论经历了质量检验阶段、统计质量管理阶段。随着质量管理理论的不断发展，从 20 世纪 60 年代开始，质量管理进入到全面质量管理阶段。

全面质量管理是指一个组织以产品质量为核心，以全员参与为基础，通过顾客满意和本组织所有成员及社会受益而达到长期成功的管理途径。全面质量管理具有以下特点：

（1）全面质量管理是内容全面的质量管理。全面质量管理中关于质量的概念是广义的，以产品质量为核心不仅要求搞好产品质量，还要求搞好工序质量和工作质量，通过提高企业各个部门的工序质量和工作质量来保证和提高产品质量。

（2）全面质量管理是全过程的质量管理。全面质量管理是设计、生产、销售的全过程管理。任何一个产品的质量都包括产生、形成和实现的过程，不仅要搞好生产过程的质量管理，还要搞好设计过程和销售过程的质量管理，并对与产品质量有关的各个环节加以管理，形成一个综合性质量管理体系。

（3）全面质量管理是全员参与的质量管理。产品质量是企业各方面的综合反映，涉及企业所有部门和人员。全面质量管理要求企业的全体人员都按照其所承担的质量职能开展工作并发挥作用。

（4）全面质量管理是科学的质量管理。全面质量管理的科学性体现在多个方面：第一，需要具有明确的管理目标，只有具有明确的目标才能进行高效的管理工作；第二，需要具有合理的企业结构和明晰企业的组织架构；第三，要做到工作程序合理，制定明确的管理制度；第四，要做到方法和手段先进，综合运用多种管理技术和方法，包括科学的组织工作、数理统计方法和科学技术手段等，以实现高效全面管理。

（5）全面质量管理是以预防为主的管理。全面质量管理的以预防为主指的是预防质量问题产生的安全问题和不安全因素，在事前进行控制，在产品出厂之前及时采取预防问题产生的措施。

（6）全面质量管理是为用户服务的管理。为用户服务有两个含义：①企业为用户服务，企业以满足消费者需求为最高目标；②企业工序之间相互服务，上道工序要为下道工序服务，上道工序质量合格与否直接影响着下道工序的产品质量。因此，为实现最终产品的质量，工序之间相互服务也是一种为用户服务的观念。在企业内部，各部门工序彼此都是对方的用户，这样才能够形成一个主体并提高产品质量。

五、企业要素管理

（一）企业人力资源管理

1. 人力资源的概念与特征

人力资源是指在一定社会组织范围内，在人口总量中处在劳动年龄内的具有劳动能力的人的总和，是能够推动社会和经济发展的、具有智力和体力劳动能力的人的总称。人力资源蕴含在劳动者的体内，表现在劳动者的思想或行动上，且以劳动者的数量或质量来表示。

对企业而言，企业人力资源是指企业拥有的员工的总数量及有益于企业发展的，包括员工的思想素质、文化素质、专业技术水平、身心素质等方面的总质量。根据人力资源的概念，其特征主要有以下几个方面：

（1）智能性。人力资源包含智力的内容，即具有智能性，这使它具有强大的功能。人类的智能具有继承性，这使人力资源具有的劳动能力可以随着时间的推移积累延续和进一步增强。教育是保证人力资源智能得以大规模继承的主要手段。

（2）个体差异性。不同的人力资源个体在个人的知识技能素质、劳动参与率倾向、劳动供给方向、工作动力、工作行为特征等方面均有一定的差异性。人的个体差异性会导致社会人力资源需求岗位对其选择产生一定的差异性。因此，基于人力资源的个体差异性，在配置人力资源时，应当在微观层次上通过个人与用人单位的相互选择，完成有差异性和有针对性的配置，从而达到人力资源与物质资源及其他资源的合理配置。

（3）时效性。人力资源的生产、配置和使用都有时间方面的限制。从个体的角度看，人具有生物有机体的生命周期，并且人在其能够从事劳动的青年、壮年、老年等不同时期，其劳动能力也有所不同。

（4）资本性。人力资源作为一种特殊的资源，具有资本的特性。它能够在投资经营活动中为投资者带来收益，这符合资本的一般特性；同时人力资源所具备的知识技能同物质资本一样，在使用或闲置中会出现有形磨损和无形磨损。

（5）动力性。人力资源的动力性体现在"发挥动力"和"自我强化"两个方面。发挥动力，即人对自身能力或能量的自觉运用，这是人类能动性的重要体现，它对"人力"这一资源的潜力发挥和由此产生的工作绩效具有决定性的影响。自我强化是指人们通过具有目的性的积极行为，如接受教育培训、努力学习、锻炼身体、积累经验，使自身获得更高的工作能力。

（6）自我选择性。自我选择性是人力资源动力性的延伸。"人"具有社会意识，这种意识是指其对自身和外界具有清晰看法、对自身行动做出抉择、调节自身与外部关系的意识。由于人具有社会意识，作为劳动者的人在社会生产中居于主体地位，使人力资源具有能动的选择性。

（7）非经济性。人作为生产要素的供给者，除了追求经济利益，还有非经济方面的考虑。人的职业选择、劳动付出往往与职业的社会地位、工作的稳定性、晋升机会、管理特点、工作条件、个人兴趣爱好、技能水平等非经济、非收入因素相关联。

2. 人力资源管理的概念与内容

人力资源管理是指以从事社会劳动的人和有关的事为对象，通过组织、协调、控制、监督等手段，谋求人与事以及共事人之间的相互适应，为实现充分发挥人的潜能、把事情做得更好这一目标所进行的管理活动。它强调要根据每个人的能力和特点，将其安置在适宜的岗位上，给予其发展的机会。人力资源管理内容主要包括人力资源规划、员工招聘与配置、培训与开发、绩效考评、薪酬福利管理以及劳动关系管理 6 大模块。

（1）人力资源规划。人力资源规划是指企业从战略规划和发展目标出发，根据其内外部环境的变化，预测企业未来发展对人力资源的需求，以及为满足这种需要所提供人力资源的活动过程。人力资源规划主要程序包括收集有关信息资料、人力资源需求预测、人力资源供给预测、确定人力资源净需求、编制人力资源规划、实施人力资源规划、人力资源规划评估、人力资源规划的反馈与修正。

（2）员工招聘与配置。由于组织人力资源自然减员、组织业务量的变化使现有的人员无法满足需要或现有人力资源配置情况不合理等原因，企业需要对员工进行纳新及重新配置。员工招聘与配置主要包括 3 个阶段：①准备阶段，需要进行招聘需求分析、明确招聘工作特征和要求、制订招聘计划和招聘策略；②实施阶段，招聘工作的实施是整个招聘活动的核心，需要经历招募、筛选、录用 3 个步骤；③评估阶段，在招聘结束后及时总结，发现问题、分析原因、寻找对策，有利于及时调整有关计划并为下次招聘提供经验教训。

（3）培训与开发。随着市场竞争的不断加剧，企业为了提高竞争力，就要提升员工的整体素质，而培训与开发是提升员工素质的重要途径。培训与开发主要包括 4 个阶段。第一个阶段是培训需求评估阶段，需要在规划与设计每项培训活动之前，由培训部门主管人员采取各种方法和技术确定是否需要培训及培训内容的一种活动或过程。第二个阶段是培训规划阶段，培训规划必须密切结合企业的生产和经营战略，满足企业资源条件并符合员工素质基础，考虑人才培养的超前性和培训效果的不确定性，确定员工培训的目标，选择培训内容、培训方式。第三个阶段是培训的实施阶段。制订培训规划后，接下来的工作就是计划的实施。良好的培训开发需要企业领导重视并提供经费支持，需要员工认同，需要做好外出培训的相关组织工作并制订奖惩措施。国内外的研究学者均认为多样化的培训方式会比传统的讲授式培训达到更好的效果。第四个阶段是培训效果的评估阶段，主要研究培训方案是否达到培训的目标、培训方案是否有价值、培训工作是否给企业带来效益。

（4）绩效考评。绩效考评是一个系统性工作，评价体系包括"德""能""勤""绩""关键事件" 5 个子系统，是素质结构、能力结构、态度结构和业绩结构等子系统的有机结合。对员工的绩效考评需要采取定性与定量相结合的方法并从静态和动态两个层面进行评价。常用的评价体系包括关键绩效指标考核法、目标管理法、平衡记分卡、360 度反馈以及主管述职评价等。

（5）薪酬福利管理。薪酬福利是提升员工满意度的关键因素之一。公平性和竞争性是维护员工对薪酬满意度的两大原则，其内容一般包括薪酬水平的确定、薪酬体系的构建、薪酬制度的建立、薪酬结构的确定以及福利内容的确定和发放等。

（6）劳动关系管理。劳动关系是指劳动者与用人单位在工作时间、休息时间、劳动报酬、劳动安全、劳动卫生、劳动纪律及奖惩、劳动保护、职业培训等方面形成的关系。此外还包括劳动行政部门与用人单位、劳动者在劳动就业、劳动争议以及社会保险等方面的关系等。正确处理企业劳动关系需要以法律为准则，兼顾各方利益，以协商为主，并需要积极预防劳动争议的产生。

(二) 企业财务管理

1. 财务管理的概念与特征

企业作为自主经营、自负盈亏的经济组织，其生产过程以及产品、服务均需以价值形式来实现。企业在生产经营的过程中，其资金的筹集、运用和分配构成了企业财务的基本内容。因此企业财务是企业为达到既定目标而进行的资金筹集、运用和分配活动以及其中体现的关系。企业财务是一种客观存在的社会经济现象，其自身的规律性需要人们自觉地加以利用，同时受人们主观意志的影响而体现出社会制度的要求。因此，财务管理是指企业遵循资金运动的客观规律，按照国家的财经政策、法令和制度，有效地组织企业的资金运动，正确地处理企业与各方面的财务关系，为有效地筹集资金和最大限度地提高资金利用效果而对资金的筹资、运用和分配进行的综合性管理。

财务管理作为企业管理的重要组成部分，既具有一般管理的共同性质，又具有不同于一般管理的特殊性。其特征主要表现在以下几个方面：

（1）财务管理是一种价值形态的管理活动。财务管理是对资金的筹集、运用和分配所进行的管理，是利用会计信息对生产经营活动中的资金及其运动进行管理，因此，财务管理是从价值形态对企业生产经营活动进行的管理。

（2）财务管理是一种涉及范围广的管理活动。财务管理是对企业财务活动及其财务关系进行的管理。因此，有关资金的一切活动都属于财务管理的范围。它既与企业内部各部门发生联系，同时还与外部投资者以及其他企业、单位和个人发生联系，并且还涉及国家财税部门，可以说企业财务管理活动涉及社会的各个相关方面。因此，财务管理是一种涉及范围广的管理活动。

（3）财务管理是一种综合性的管理活动。企业管理中的其他管理，如设备管理、人力资源管理、销售管理等只是对某个特定对象进行的管理。财务管理则是对整个生产经营活动的全过程进行的管理，是一种综合性的管理活动。

（4）财务管理是一种法制性的管理活动。企业进行财务管理必须依据国家的经济法规、财经政策，特别要遵循《中华人民共和国会计法》《企业财务通则》等法律法规。因此，财务管理是一种法制性的管理活动。

2. 财务管理的内容与任务

财务管理是对资金的筹集、运用和分配所进行的管理，因此，企业财务管理的内容主要有筹资活动、投资活动、资金营运活动和分配活动等几个方面。

（1）筹资活动。企业进行生产经营活动必须以一定的资金为前提，企业从各种渠道以各种形式筹集资金，这种由筹集资金而引起的财务活动是企业财务管理的主要内容之一。

（2）投资活动。企业取得资金后，会将资金投放到各个方面进行使用，形成投资活动，由投资而产生的财务活动也是企业财务管理的主要内容。

（3）资金营运活动。为了满足企业日常生产经营活动的需要，企业要把资金投放到内部进行使用。这些资金会随着企业的生产经营过程的进行不断发生增减变化。这种在企业日常生产经营过程中发生的资金收付活动称为资金营运活动，这种活动也是企业财务管理的主要内容之一。

（4）分配活动。企业通过投资会取得收益，并相应实现资金的增值。分配是对投资成果的分配，也是企业财务管理的主要内容之一。企业的投资成果表现为取得各种收入，并在扣除各种成本费用及税金后获得利润，所以分配是对投资收入和利润进行分割的活动。

企业财务管理的核心任务是提高企业的经济效益，即以尽可能少的消耗与占用，生产更多社会需要的产品。根据企业财务管理的内容，其具体任务主要体现在以下几个方面：

1）有效组织资金筹集与运用。企业进行生产经营活动必须拥有一定数量的资金，因此，财务管理的具体任务之一是及时组织资金筹集，合理使用资金，提高资金利用的经济效益，保证企业生产经营活动的资金需要。

2）降低成本，增加企业盈利。企业进行生产经营活动必然要发生一定的生产经营耗费，同时获得一定的生产经营成果，并力争获得盈利。因此，财务管理任务的一个重要方面是利用成本、价格、利润等经济杠杆，挖掘企业内部潜力，促进节约，降低消耗，增加盈利。

3）正确分配收入。财务管理的一个重要任务是正确分配收入。企业收入是多方面的，主要是销售产品所得的收入。企业的产品销售收入首先应补偿已消耗的生产资料、原材料、燃料等物资消耗；其次，按照社会主义分配原则和国家工资制度支付工资、津贴及奖金；最后，剩余部分构成按规定交纳所得税等税金后的利润，并将其按规定向投资者进行分配。

4）实行财务监督。实行财务监督的目的是发挥财务管理对企业生产经营活动及其成果的积极作用，保证党和国家的方针、政策以及财经法规制度等的贯彻执行，维护财经纪律，促进企业改善经营管理。

（三）企业物资管理

1. 物资的概念与分类

物资泛指生产和生活中所需的物质资料，即生产资料和生活资料的总称。企业的物资是指用于企业生产并在生产过程中消耗的生产资料，包括原料、材料燃料、辅助材料、工具和设备等。企业在生产过程中消耗的物资种类繁多，各种物资具有不同的特点。为便于物资的管理、合理采购，一般将物资按如下进行分类：

（1）按物资在生产中的作用分类。按物资在生产中的作用划分，有利于企业制定物资消耗定额，计算各种物资需要量。为计算产品成本，可将物资分为主要原材料、辅助材料、燃料、动力、配件和工具等。主要原材料是指构成产品实体的物资，包括钢材、铸钢、铸铁、木材、塑料和有色金属材料等；辅助材料是指用于生产过程，有助于产品形成但不构成产品实体的物资，包括工艺辅助材料（如型砂）、设备辅助材料（如润滑油）和包装辅助材料等；燃料是指产生热能、动能的可燃性物质，包括石油、木材、煤炭等；动力是指用于生产和管理等方面的电力、蒸汽、压缩空气等；配件是指预先准备的用于更换设备中已磨损和老化的零件和部件的各种专用零件；工具是指生产中所使用的各种刀具、量具、卡具等。

（2）按物资的自然属性分类。按物资的自然属性划分，有利于企业编制物资供应目录，也便于物资采购、存储、保管和运输。按物资的自然属性可将其分为金属材料、非金属材料和机电产品。金属材料一般指黑色金属和有色金属；非金属材料包括木材、煤炭、化工产品、纺织品、建筑材料等；机电产品包括电机、电线、仪表、机械设备、电子和光学仪器以及液压配件等。

（3）按物资的使用范围分类。按使用范围，可将物资分为基本建设用物资、生产产品用物资、维修技改用物资、科学研究开发新产品用物资和工艺装备物资等。

2. 物资管理的概念与内容

企业的物资管理是指对企业生产经营活动所需的各种物资进行有计划的采购、储备供应、保管、使用等一系列管理工作的总称。物资管理工作的好坏直接影响企业的生产、技术、财务、劳动和运输等方面的经营活动和经济效益。因此加强物资管理工作，合理组织采购、储备、供应、保管和使用，对保证企业正常运行、提高企业产品质量、降低企业生产成本、提高企业经营效益具有十分重要的意义。

物资管理的主要内容一般包括 5 个部分：

1）保质、保量、按时地为企业供应其所需的各种物资，保证企业生产经营活动顺利进行。

2）制定先进合理的物资消耗定额，实行集中下料和限额发料，搞好物资综合利用和废料利用，督促物资使用部门努力降低物资消耗。

3）确定合理的物资储备定额，妥善保管，减少存储损耗，加快资金周转。

4）编制物资供应计划，做好各种物资的日常管理工作。

5）节省采购、运输、仓储及其他物资管理费用的支出。

六、企业文化建设

（一）企业文化的内涵

企业文化是企业在长期发展过程中形成的、被企业多数成员共同遵循的经营观念或价值观体系。企业文化的内容包括价值标准、企业哲学、管理制度、行为准则、道德规范、文化传统、风俗习惯、典礼仪式以及组织形象等。企业文化可以从以下几个方面来理解：

（1）企业文化的核心是企业价值观。企业价值观制约和支配着企业的宗旨、信念、行为规范和追求目标，是企业文化的核心。

（2）企业文化的中心是以人为本。人是企业重要的资源和财富，也是企业活动的中心和主旋律。因此企业只有充分重视人的价值，调动人的积极性，发挥人的主观能动性，努力提高全体成员的社会责任感和使命感，使企业和成员成为真正的命运共同体和利益共同体，才能不断地增强企业的内在活力和实现企业的既定目标。

（3）企业文化的管理方式以软性管理为主。企业文化是一种以文化的形式出现的现代管理方式，它通过柔性的而非刚性的文化引导，建立企业内部合作、友爱、奋进的文化心理环境，协调企业成员的心态和行为，并通过对这种文化的心理认同逐渐内化为企业成员的主体文化，使企业的共同目标转化为成员的自觉行动，使群体产生最大的协同合力。

（4）企业文化的重要任务是增强群体凝聚力。一个企业的成员往往来自五湖四海，企业成员间不同的风俗习惯、文化传统、工作态度、行为方式、目的愿望等都会导致成员之间的摩擦、排斥、对立、冲突乃至对抗，不利于企业目标的顺利实现。而企业文化通过建立共同的价值观和寻找观念共同点，不断强化企业成员之间的合作、信任和团结，使之产生亲近感、信任感和归属感，实现文化的认同和融合，企业才能拥有更强大的向心力和凝聚力。

企业文化包括物质层、行为层、制度层和观念层 4 个层次。物质层指的是由企业员工创造的产品和各种物质设施等构成的器物文化，主要包括企业产品结构和外表、款式、企业劳动环境和员工休闲娱乐环境、员工的文化设施，以及厂容厂貌等。物质层文化是企业员工的理想、价值观、精神面貌的具体反映，所以尽管它是企业文化的最外层，但却集中体现了一个现代企业在社会上的外在形象。因此，它是社会对一个企业总体评价的起点。行为层指的是企业员工在生产经营、学习娱乐中产生的活动文化，它包括企业经营、教育宣传、人际关系的活动、文娱体育活动中产生的文化现象。它是企业经营作风、精神面貌、人际关系的动态体现，也折射出企业精神和企业的价值观。制度层也叫企业的制度文化，它在企业文化中居于中层，是具有企业文化特色的各种规章制度、道德规范和职工行为准则的总称，包括厂规、厂纪以及生产经营中的交往方式和行为准则等，也包括企业内部长期形成的企业风俗，是一种强制性文化。企业文化中最核心的层次为观念层，是指企业在生产经营中形成的具有企业特征的意识形态和文化观念，它包括企业精神、企业伦理、价值观念、企业目标等。

(二) 企业文化的建设步骤

企业文化在企业管理中起着重要的作用，企业通过文化建设可以使企业管理更具活力。从企业的角度来说，文化建设可以使广大员工更积极地投入到本职工作中，形成良好的行为意识，进而保证内部凝聚力的大幅提高。企业文化建设也可以使企业在市场中的竞争实力进一步加强。加强企业文化建设可以进一步促进企业稳健发展。一般来说，企业进行文化建设主要有以下几个步骤：

1. 企业文化准备

在进行企业文化建设之前，首先要在企业内部达成企业文化建设的共识。只有企业内部对文化弊端有透彻的认识并具备改变的坚定决心，企业文化建设才有成功的可能。企业文化准备主要包括以下步骤：第一，通过了解企业基本资料、访谈企业负责人与高阶主管，了解企业目前面临的问题类型以及高阶主管对进行企业文化建设的意愿，并确认企业目前的改善需求与期望，同时与企业负责人沟通对企业文化建设的观念、做法与应有的认识。第二，在达成共识之后，应立即成立企业文化项目小组，商讨具体实施事宜。第三，拟定企业文化建设计划，充分了解企业背景问题、项目目标范围、小组规章等前提下，详细制定文化建设专案管理体系。第四，召开企业文化管理层研讨会以及企业文化创建动员大会，争取获得领导支持与群众认可。

2. 企业文化诊断

当今企业文化建设存在的最大问题就是不进行诊断或者不重视诊断，这一弊端使企业文化缺乏实证基础，这是企业文化被诟病的根源所在。企业文化诊断首先要对企业文化现状进行调查，从而对企业文化面临的问题有透彻清晰的了解。其次，要建立企业文化模型——"竞争性文化价值模型"，把企业文化指标按照内部外部导向和控制授权两个维度进行分类，最后形成 4 个基本的价值模式，为未来的文化发展提供策略指导。最后，进行企业文化差距分析，对企业现有文化与期望文化差距进行详细分析，寻找变革突破口。

3. 企业文化战略性规划

在企业文化的建设过程中，只有对企业文化进行战略性规划，才有可能真正地对经营层面产生影响。制定企业文化战略性规划首先要明确企业文化建设目标，该目标应该源自企业的总体经营战略，并对总体经营战略起支持作用，而不是所谓的"凝聚力""形象提升"等空话。其次，进行企业文化战略的选择应分别根据不同层次选择"集团企业文化战略""业务单位企业文化战略"内容。最后，制定企业文化战略性规划，从企业核心价值观到物质文化，在企业文化的不同层次结构以及整体文化的体现中，确定企业文化的定位，对企业文化进行要素设计。

4. 企业文化实施

企业文化建设的关键步骤在于如何实施，实施难度在于如何将价值观念传递到员工的心中，并不断强化而使其成为行为方式。仅仅导入是不够的，还必须在企业的管理模式上加以调整，使之能够对企业文化进行正强化。企业文化实施分为以下五步：第一，需要设置企业文化管理机构，只有常设企业文化管理机构，才能有专业的团队负责企业文化建设，企业文化工作才不会被高层领导忽视。第二，建立文化导向的管理流程。企业文化只有渗透企业的方方面面，尤其渗透到工作流程中才能真正落地。第三，设置企业文化手册，明确企业文化的实施细则，进一步体现企业文化的细节内容。第四，企业文化内部传播。企业文化内部传播是极为重要的企业文化实施活动，着眼于全体成员对企业文化的了解、领悟和实践，可以通过培训、仪式庆典等形式进行。第五，企业文化外部推广。企业文化外部推广不仅能够与内部推广形成强大的钳形攻势，而且能够使企业文化转变为品牌文化，从而打造强势品牌，进一步提升企业的综合竞争力。

本章习题

一、名词解释

请对下列名词进行解释：

企业；企业组织形式；需求价格弹性；需求收入弹性；需求交叉弹性；平均产量；边际产量；边际收益递减规律；边际技术替代率递减法则。

二、简答

1. 什么是企业？企业的特征有哪些？
2. 简述各类组织结构的特点及适用范围。
3. 简要概括不同企业运行目标的区别。
4. 简述需求价格弹性的分类。
5. 请根据需求价格弹性理论分析产品提价是否一定能增加销售收益？
6. 简要说明无差异曲线和等产量曲线的特征。
7. 在完全竞争市场中，企业的短期经营决策和长期经营决策有何差异？
8. 产品市场和要素市场有何异同？
9. 市场失灵是如何出现的？有哪几种典型的表现形式？
10. 存在负外部性和正外部性的市场有何特点？如何解决外部性引起的市场无效率？

第三章　企业管理决策与可行性研究

第一节　企业管理与投资项目决策

在企业管理的过程中，每个环节在面临方案抉择的时候都离不开决策，好的决策可以促进企业沿着正确的方向顺利、健康地成长和发展，使企业取得良好的经济效益；反之，则会给企业带来损失。因此，在企业的生存与发展过程中，决策起着决定性的作用。本节将从企业管理决策、企业投资与投资项目决策两部分对企业决策相关内容进行介绍。

一、企业管理决策

（一）决策的含义与地位

1. 决策的含义

有关决策的概念有着不同的定义。一种简单的定义认为，从两个以上的备选方案中选择一个的过程就是决策。一种较具体的定义是：决策是指组织或个人为了实现某种目标而对未来一定时期内有关活动的方向、内容及方式进行选择或调整的过程。另一种定义是：管理者识别并解决问题以及利用机会的过程。综合以上观点，决策就是决策者为了解决组织面临的问题、实现组织目标，在充分搜集并详细分析相关信息的基础上，提出解决问题和实现目标的各种可行方案，依据评定准则和标准，选定方案并加以实施的过程。这一概念包括以下两层含义：①决策是一种自觉的、有目标的活动，决策是为了解决某个问题、达到某种目的而采取的行动。②决策必然伴随着某种行动，是决策者与外部环境、内部条件进行某种交互作用的过程。

科学的决策必须具备以下条件：①明确合理目标。在决策之前，必须清楚地知道决策的目标是什么。目标越明确，决策就越有依据，行动会越有效率。②对系统要素的寻求及考虑要深入而广泛，对各要素间的顺序排列要合乎逻辑。③决策结果应当满足预定目标的要求。④决策本身应当符合效率性、满意性和经济性。

决策的主体是管理者，既可以是单个的管理者，也可以是由多个管理者组成的集体或小组。决策在本质上是一个系统的过程，而不是在一个瞬间做出的决定。人们可能认为决策者的工作只是从所有可能的方案中选取最优方案，但事实上，决策者需要做大量的调查、分析和预测工作，然后确定行动目标，找出可行方案，并进行判断、权衡，最后选择最优方案。在这个过程中，每个阶段都相互影响，外部环境的变化和信息的取得都会影响决策的过程，因此，良好的决策活动必须依赖整个管理系统的辅助。

2. 决策在企业管理中的地位

1978 年诺贝尔经济学奖获得者赫伯特·西蒙提出："管理就是决策"。这一论断使决策在管理中的地位跃然而出。之所以说"管理就是决策"，是因为决策是管理的核心内容，决策贯穿于管理过程的始终。无论进行计划、组织还是领导，各项管理职能的开展都离不开决策，决策是管理工作的基本要素。

在企业管理的过程中，决策同样是基础。企业确定其使命目标、制订各种战略计划和战术计划等，都需要在两个以上可供选择的方案中决定选取哪个，这便是企业管理中计划工作的决策问题。企业组织机构的设置、部门化方式的选择、职责和权限的分配以及各职位人员的选配等是企业组织工作中的决策问题。而配备人员以后如何对其加以使用和激励同样要做一系列的决策，因此，决策是企业管理的基础，保证了企业的持续经营。

决策是企业各级主管人员的首要工作。上至企业最高领导，下至基层的班组长，均要做出决策，只是决策的重要程度和影响范围不同。正确的行为来源于正确的决策，因此，对每个主管人员来说，需要考虑如何使决策做得更好、更合理、更有效。决策的正确与否将决定企业工作效率的高低、企业的成败，甚至决定其对社会造成的影响。因此，提高企业管理中的决策水平是各级主管人员需要注意的重要问题之一。

决策贯穿于企业管理的方方面面，在企业管理中发挥着举足轻重的作用，关系着企业的发展方向和事业的成败。好的决策可以促进企业沿着正确的方向发展，提高企业竞争力，取得良好的经济效益，为社会做出更多贡献；反之，则会给企业带来损失，给社会带来危害。因此，决策是企业管理中必不可少的一环，做出正确、有效的决策，是企业走向成功的必由之路。

（二）决策的步骤

从决策的概念可以看出，决策是一个科学的过程。赫伯特·西蒙将管理者的决策过程描绘为3个阶段：智力、设计和选择。智力阶段包括收集进行决策所需要的环境条件；设计阶段包含提出、形成和分析可行性方案的过程；选择阶段指的是选择一种行动方案的过程。在此，可以进一步将赫伯特·西蒙所描绘的决策过程具体描述为以下几个步骤：识别机会或诊断问题、确定目标、拟订备选方案、寻求相关或限制因素、评价备选方案、选择满意方案、方案实施、监督和评估实施结果。

1. 识别机会或诊断问题

识别机会是决策过程的起点。及时识别机会或发现问题并正确界定机会或问题的性质及其产生的根源是利用机会、解决问题、提出改进措施的关键。这要求管理者具备正确的识别机会或诊断问题的能力，通常他们要密切关注与其责任范围有关的数据。这些数据包括外部的信息和报告以及组织内的信息，实际状况和理想状况的偏差，以提醒管理者潜在机会或问题的存在。识别机会和问题并不总是简单的，还要考虑组织中人的行为。有些问题可能根植于个人过去的经验、组织的复杂结构或个人和组织因素的某种混合，因此，管理者必须尽可能精确地评估问题和机会；另外一些问题可能简单明了，只要稍加观察就能识别。

评估机会和问题的精确程度有赖于信息的精确程度，所以管理者要尽力获取精确的、可依赖的信息。低质量的或不精确的信息可能使管理者无从发现导致问题出现的潜在原因。即使管理者收集到的信息是高质量的，在解释的过程中，信息也可能发生扭曲。有时，随着信息持续地被误解或有问题的事件一直未被发现，信息的扭曲程度会加重。大多数重大灾难或事故都有一个较长的潜伏期，在这一时期，有关征兆被错误地理解或不被重视，因而管理者未能及时采取行动，导致灾难或事故的发生。更糟的是，即使管理者拥有精确的信息并正确地解释，处在他们控制之外的因素可能会对机会和问题的识别产生影响。但是，只要管理者坚持获取高质量的信息并仔细地解释，就会提高做出正确决策的可能性。

2. 确定目标

目标体现的是组织想要获得的结果，目标的数量和质量最终决定决策者对合适的行动路线的选择。决策的目标往往不止一个，而且多个目标之间有时还会有矛盾，这就给决策带来一定的困难。要处理好多个目标的矛盾，一是要尽量减少目标数量，把要解决的问题尽可能地集中起来；二是要把目标根据重要程度进行排序，对重要程度高的目标先行决策，减少目标间的矛盾；三是要进行目标协调，即以总目标为基准进行协调。目标的衡量方法有很多种，如我们通常用货币单位来衡量利润或成本目标，用次品率或废品率来衡量质量目标。根据时间的长短，可把目标分为长期目标、中期目标和短期目标。长期目标通常用来指导组织的战略决策，中期目标通常用来指导组织的战术决策，短期目标通常用来指导组织的业务决策。无论时间长短，目标总指导着随后的决策过程。

3. 拟订备选方案

一旦机会或问题被正确地识别出来，管理者就要提出达到目标和解决问题的各种方案。在提出备选方案时，管理者必须把方案试图达到的目标牢记在心，并提出尽可能多的方案，而且这些可能的备选方案应互相具有替代作用。方案的数量越多、质量越好，管理者选择的余地就越大。管理者常常借助其个人经验、经历和对有关情况的把握来提出方案。为了提出更多、更好的方案，需要从多种角度审视问题，这意味着管理者要善于征询他人的意见。备选方案可以是标准的和鲜明的，也可以是独特的和富有创造性的。

4. 寻求相关或限制因素

寻求相关或限制因素是指考虑备选方案可能涉及的有利或不利的因素，例如，对采购问题进行决策时，应该考虑的因素有价格、成本、品质、交货时间、交货持续性、售后服务、互惠条件、累计折扣等。不同的决策问题有不同的考虑因素，决策者必须针对特定问题，思考可能的相关因素，以免遗漏。

5. 评价备选方案

决策过程的第五步是确定所拟定的各种方案的价值或可行性，即确定最优的方案。为此，管理者需要具备评价每种方案的价值或相对优劣的能力。在评估过程中，要使用预定的决策标准（如想要达到的质量标准）对每种方案的预期成本、收益、不确定性和风险进行评估，并对各种方案进行排序。

6. 选择满意方案

在决策过程中，管理者通常要根据多个方案的评价结果做出最后的选择。尽管选择一个方案看起来很简单，但实际上做出选择是很困难的。由于最好的决定通常建立在仔细判断的基础上，因此管理者要想做出一个好的决定，必须仔细考察全部事实，确定是否可以获取足够的信息并最终选择最好方案。

7. 方案实施

方案实施是决策过程中至关重要的一步，在方案选定以后，管理者就要制定实施方案的具体措施和步骤。方案实施过程中通常要做好以下工作：制定相应的具体措施，保证方案的正确实施；确保与方案有关的各种指令能被所有相关人员充分接受和彻底了解；应用目标管理方法把决策目标层层分解，落实到每个执行单位和个人；建立重要的工作报告制度，以便及时了解方案进展情况，及时进行调整。

8. 监督和评估实施结果

一个方案可能涉及较长的时间，在这段时间内，形势可能发生了变化，而初步分析建立在对问题或机会的初步估计上，因此，管理者要不断对方案进行修改和完善，以适应变化后的形势。同时，连续性活动及多阶段控制也需要进行定期分析。由于组织内部条件和外部环境的不断变化，管理者要不断修正方案来减少或消除不确定性，定义新的情况，建立新的分析程序。具体来说，职能部门应对各层次、各岗位履行职责情况进行检查和监督，及时掌握执行进度，检查有无偏离目标的现象，并及时将信息反馈给决策者。决策者则根据职能部门反馈的信息，及时追踪方案实施情况，对与既定目标发生偏离的，应采取有效措施，以确保既定目标的顺利实现；对客观情况发生重大变化，使原先目标确实无法实现的，需要重新寻找问题或机会，确定新的目标，重新拟订可行的方案，并进行评估、选择和实施。

（三）决策的方法

在管理实践中，由于决策目标、可利用的资源及组织内外部环境的复杂多变性，决策者需要借助决策模型和数学工具进行周密、全面的分析权衡，以实现对未来不确定性的管理，提高管理的正确性。有些问题决策者可以通过运用历史经验和主观判断来完成。决策有以下几种常用方法。

1. 定性决策方法

（1）头脑风暴法。头脑风暴法是比较常用的专家论证决策方法，该方法便于与会者发表创造性意见，因此主要用于收集新设想。头脑风暴法通常是将对解决某一问题有兴趣的人集合在一起，使他们在完全不受约束的条件下打开思路、畅所欲言。头脑风暴法的创始人是英国心理学家奥斯本，他为该决策方法的实施提出了四项原则：

1）对别人的建议不做任何评价，将相互讨论限制在最低限度内。

2）建议越多越好，在这个阶段，参与者不需考虑自己所提建议的质量，想到什么就应该说出来。

3）鼓励每个人独立思考，广开思路，想法越新颖、奇异越好。

4）可以补充和完善已有的建议，以便其更具说服力。

头脑风暴法的目的在于创造一种畅所欲言、自由思考的氛围，诱发创造性思维的共振和连锁反应，使人们产生更多的创造性思维。这种方法的时间安排应在 1～2 小时以内，参加者以 5～6 人为宜。

（2）德尔菲法。德尔菲法是美国兰德公司在 20 世纪 40 年代提出的，是指按照规定的程序，背靠背地征询专家对决策问题的意见，然后集中专家的意见做出决策的方法。该方法常常被用来听取有关专家对某一问题或机会的意见。运用德尔菲法首先要确定决策课题，通常是定性的、技术性的决策问题。其次，要设法与有关专家进行合作。专家人数不宜过多，一般为 10～20 人。再次，设计咨询和信息反馈。这是最重要的环节，一般要经过 4 轮征询和信息反馈：第一轮，组织者根据决策课题设计出反映决策主题、易于专家填写和整理归类的咨询表，将该咨询表连同有关背景资料分别寄发给大家，征得专家的初次书面意见，并将其汇总归纳成决策表；第二轮，要求专家针对决策表的每一项写出自己的意见，由组织者整理汇总，列出几种不同的判断；第三轮，要求专家根据第二轮的统计材料，重新评价、修改自己的意见和判断并陈述理由；第四轮，在第三轮修正结果的基础上，由专家再一次做出判断。这样，意见就可以达到较为集中和固定的程度。最后，采用统计方法对所得数据进行处理，即可确定决策方案。

（3）波士顿矩阵法。大部分企业都有两个以上的经营单位，每个经营单位都有相互区别的产品市场，企业应该为每个经营单位确定其活动方向。波士顿矩阵法认为在确定每个经营单位的活动方向时，应综合考虑该经营单位在市场上的相对竞争地位和业务增长率。相对竞争地位往往体现在企业的市场占有率上，它决定了企业获取现金的能力和速度，因为较高的市场占有率可以为企业带来较高的销售量和销售利润，从而给企业带来较多的现金流量。业务增长率对活动方向的选择有两方面的影响：一方面它有利于市场占有率的扩大，因为在稳定的行业中，企业产品销售量的增加往往来自竞争对手市场份额的下降；另一方面它决定着投资机会的大小，因为业务增长迅速可以使企业迅速收回投资，并取得可观的投资报酬。根据上述两个标准，即相对竞争地位和业务增长率，可把企业的经营单位分成 4 类，如图 3-1-1 所示。企业应根据各类经营单位的特征，选择合适的活动方向。

"金牛"型经营单位的特征是市场占有率较高，而业务增长率较低。较高的市场占有率为企业带来较多的利润和现金，而较低的业务增长率需要较少的投资。"金牛"型经营单位所产生的大量现金可以满足企业的经营需要。

"明星"型经营单位的市场占有率和业务增长率都较高，因而需要的和产生的现金都很多。"明星"型经营单位代表着最高利润增长率和最佳投资机会，因此企业应投入

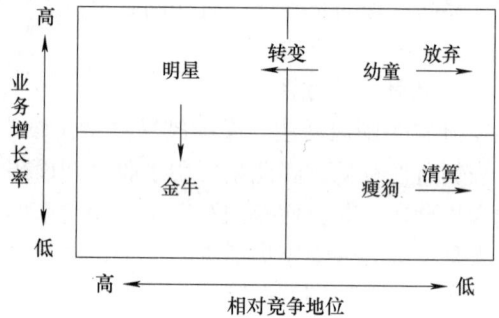

图 3-1-1　波士顿矩阵图

必要的资金，增加它的生产规模，使它成为业务增长稳定并且能给企业提供大量现金的"金牛"型经营单位。

"幼童"型经营单位的业务增长率较高，但目前的市场占有率较低，这可能是企业刚刚开发的很有前途的领域。由于高增长速度需要大量投资，而较低的市场占有率只能提供少量的现金，企业面临的选择是投入必要的资金，提高市场份额，扩大销售量，使其转变为"明星"型经营单位，或者认为其不能转变成"明星"型，就应放弃该领域。

"瘦狗"型经营单位的特征是市场份额和业务增长率都较低，甚至出现负增长。"瘦狗"型经营单位只能带来较少的现金和利润，而维持生产能力和竞争地位所需的资金甚至可能超过其提供的现金，从而可能成为资金的陷阱。因此，对这种不景气的经营单位，企业应采取收缩或放弃的战略。

（4）政策指导矩阵。政策指导矩阵主要从市场前景和相对竞争能力两个角度来分析企业各个经营单位的现状和特征，并把它们标示在矩阵上，据此指导企业活动方向的选择。市场前景取决于盈利能力、市场增长率、市场质量和法规限制等因素，分为吸引力强、中等、弱三种；相对竞争能力取决于经营单位在市场上的地位、生产能力、产品研究和开发等因素，分为强、中、弱 3 种。根据上述对市场前景和相对竞争能力的划分，可把企业的经营单位分成 9 类，如图 3-1-2 所示。管理者可根据经营单位在矩阵中所处的位置来选择企业的活动方向。

处于区域 1 和区域 4 的经营单位竞争能力较强，市场前景也较好。应优先发展这些经营单位，确保它们获取足够的资源，以维持企业的有利市场地位。

处于区域 2 的经营单位虽然市场前景较好，但竞争能力不够强。应分配给这些经营单位更多的资源以提高其竞争能力。

处于区域 3 的经营单位市场前景虽好，但竞争能力弱。要根据不同的情况来区别对待这些经营单位：最有前途的应得到迅速发展，其余的则需逐步淘汰，这是由企业资源的有限性决定的。

处于区域 5 的经营单位一般在市场上有 2~4 个强有力的竞争对手，应分配给这些经营单位足够的资源以使它们随着市场的发展而发展。

图 3-1-2　政策指导矩阵图

处于区域 6 和区域 8 的经营单位市场吸引力不强，竞争能力较弱。应缓慢放弃这些经营单位，以便把收回的资金投入赢利能力更强的经营单位。

处于区域 7 的经营单位竞争能力较强，但市场前景不容乐观。这些经营单位本身不应得到发展，但可利用它们较强的竞争能力为其他快速发展的经营单位提供资金支持。

处于区域 9 的经营单位市场前景暗淡，且竞争能力较弱。应尽快放弃这些经营单位，把资金抽出来并转移到更有利的经营单位。

2. 定量决策方法

定量决策方法是建立在数学模型基础上的决策方法。它根据决策目标，把决策问题的变量因素以及变量因素与决策目标之间的关系用数学模型表达出来，并通过数学模型的求解来确定决策方案。由于决策方案是在未来实施的，因此管理者在计算方案的经济效果时，要考虑未来的情况。根据未来情况的可控程度，可把有关活动方案的决策方法分为 3 类：确定型决策方法、风险型决策方法和不确定型决策方法。

（1）确定型决策方法。在比较和选择活动方案时，如果未来只有一种情况并为管理者所知，则应该采用确定型决策方法。常用的确定型决策方法有线性规划和盈亏平衡分析法等。

线性规划是在一些线性等式或不等式的约束条件下，求解线性目标函数的最大值或最小值的方法。运用线性规划建立数学模型的步骤是：确定影响目标大小的变量、列出目标

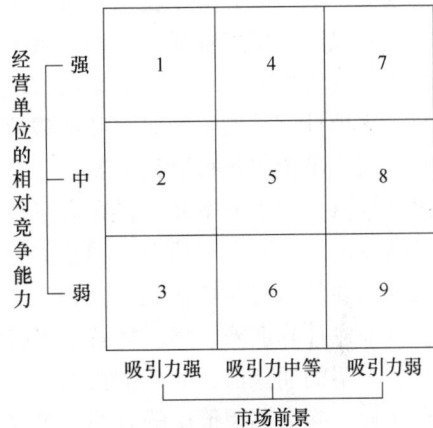

函数方程、找出实现目标的约束条件、找出使目标函数达到最优的可行解，即为该线性规划的最优解。

盈亏平衡分析法是通过考察产量和销售量、成本和利润的关系以及盈亏变化的规律来为决策提供依据的方法。这种方法是简便有效、使用范围较广的定量决策方法，它广泛应用于生产方案的选择、目标成本预测、利润预测、价格制定等决策问题上。

（2）风险型决策方法。风险型决策是指由于存在着不可控的因素，一个决策方案可能出现几种不同的结果，但对各种可能结果都可以用客观概率为依据来进行决策。由于客观概率只代表可能性大小，与未来的实际情况还存在差距，这就使任何方案的执行都要承担一定的风险，所以称为风险型决策。风险型决策的常用方法是决策树法。简单地说，决策树法是利用树形图来进行决策的方法。它是通过图解的方式将决策方案的相关因素进行分解，逐项计算其发生的概率和期望值，进而进行比较和选优的方法。

应用决策树法进行决策主要有三个步骤：第一步是绘制决策树图形。从左至右，首先绘出决策点，引出方案枝，再在方案枝的末端绘出状态结点，引出概率枝，然后将有关参数包括概率、不同自然状态、损益值等注明于图上。第二步是计算各方案的期望值。期望值的计算要从右向左依次进行。首先将各种自然状态的损益值分别乘以各概率枝上的概率，再乘以计算期限，然后将各概率枝的值相加，标于状态结点上。第三步是剪枝决策。比较各方案的期望值，如方案实施有费用产生，应将状态结点值减去方案产生的费用后再进行比较。除去期望值小的方案，最终只剩下一条贯穿始终的方案枝，它是期望值最大的最佳方案，将此最大值标于决策点上。

（3）不确定型决策方法。不确定型决策是指由于存在不可控的因素，一个方案可能出现几种不同的结果，在各种可能结果没有客观概率作为依据的情况下进行的决策。不确定型决策包括一些常用的决策方法，如小中取大法、大中取大法和最小最大后悔值法等。

小中取大法一般是管理者对未来持悲观的看法，认为未来会出现最差的自然状态，因此不论采取哪种方案，都只能获取方案的最小收益。采用小中取大法进行决策时，首先计算各方案在不同自然状态下的收益，并找出各方案带来的最小收益，即在最差自然状态下的收益，然后进行比较，将在最差自然状态下收益最大或损失最小的方案作为所选择的方案。

大中取大法一般是管理者对未来持乐观的看法，认为未来会出现最好的自然状态，因此不论采取哪种方案，都能获取该方案的最大收益。采用大中取大法进行决策时，首先计算各方案在不同自然状态下的收益，并找出各方案带来的最大收益，即在最好自然状态下的收益，然后进行比较，将在最好自然状态下收益最大的方案作为所要的方案。

最小最大后悔值法一般是管理者在选择了某方案后，如果将来发生的自然状态表明其他方案的收益更大，那么他会为自己的选择而后悔。最小最大后悔值法就是使后悔值最小的方法，采用这种方法进行决策时，首先计算各方案在各自然状态下的后悔值，某方案在某自然状态下的后悔值等于该方案在该自然状态下的最大收益减去该方案在该自然状态下的收益，并找出各方案的最大后悔值，然后进行比较，将最大后悔值中最小的方案作为所选择的方案。

（四） 数智化时代下企业决策的实践

在数智化时代背景下，企业面临数字化、智能化转型的巨大机遇和挑战。在企业战略决策中，数据资源逐渐成为最重要的组成部分，而以数据驱动的智能决策也正在成为企业资源优化配置的"利器"。通过端到端的数据深度感知与决策优化，大数据的价值将发挥到最大化。企业管理将从经验决策向科学决策、进而向智能决策演进。

数智化决策是指利用数据、信息和技术等工具，通过科学的方法和手段对企业运营、业务和市场等方面进行分析、预测和优化，从而支持决策制定和执行的一种方法。数智化决策可以通过各种数据分析技术、算法模型和可视化工具等手段，将复杂的商业数据转化为直观、可操作和具有预测能力的信息，帮助企业快速了解市场和客户需求，优化业务流程和决策过程，提高企业的竞争力和创新能力。

数智化决策具有以下三个特点：①数据驱动。智慧决策的基础是海量的数据，通过对数据的分析和挖掘，可以发现隐藏在数据中的规律和趋势，从而为决策提供更加科学和准确的依据。②智能化。智慧决策借助人工智能等技术，可以实现自动化、智能化的决策支持，提高决策效率和准确性。③可预测性。通过大数据分析和人工智能技术，智慧决策可以对未来趋势进行预测，为企业提供前瞻性的决策支持。

1. 数智化时代下企业决策的变革

数智化时代的到来为企业决策带来了深刻的变革。这一变革的触发点在于信息技术的飞速发展，特别是云计算、大数据、人工智能等技术的日渐成熟，使得企业能够有效处理和分析大规模数据。数据因此成为企业的宝贵资产，推动了市场竞争的加剧、消费者行为的多样化以及经营环境的不确定性。这些变化迫使企业必须调整其决策方式。

企业决策的数智化变革具有重要意义，因为它使企业能够利用先进技术对市场动态进行深入分析，从而提高决策的速度和准确性。这不仅能帮助企业抓住市场机遇、保持竞争力，还能帮助企业更好地满足消费者需求，以应对外部环境的不确定性。同时，数智化决策支持企业实现战略转型，优化运营流程，减少成本，增强创新能力，为企业的持续成长提供强有力的支撑。因此，在数智化时代，企业决策的变革成为推动企业发展的重要动力。这种变革体现在以下几个方面：

（1）数据驱动的决策制定。企业通过收集和分析大量数据，能够更准确地预测市场趋势、识别消费者需求，以及评估潜在风险和机会。这种数据驱动的决策模式使企业能够更加依赖实证分析而非直觉或经验，从而提高决策的科学性和前瞻性。

（2）实时性和敏捷性。数智化工具能够实时收集和处理信息，使企业能够迅速响应市场变化和消费者反馈。这种实时性和敏捷性是企业在快速变化的商业环境中保持竞争优势的关键。

（3）个性化和定制化决策。通过数智化分析，企业能够深入了解每个消费者的独特需求和行为模式，从而提供个性化的产品和服务。这不仅能够提高顾客满意度，还能够提升企业的市场份额和客户忠诚度。

（4）跨部门协同和智能化决策支持。数智化平台能够打破部门之间的信息壁垒，促进跨部门协作，提高决策效率。同时，智能化的决策支持系统能够辅助管理层进行复杂的决策制定，提供模拟、预测和优化建议，帮助企业做出更明智的选择。

2. 数智化时代下企业决策的应用

数智化决策可以应用于企业管理的各个方面，以提高决策的质量、效率和适应性，从而在激烈的市场竞争中保持优势。具体可以应用于以下关键环节：

（1）战略规划与决策。企业可以利用大数据分析市场趋势，预测行业发展，从而制定或调整长期战略。例如，零售企业可以通过分析消费者购买行为数据来规划产品线和库存策略。

（2）业务流程优化。通过数字化流程，如企业资源计划（Enterprise Resource Planning，ERP）系统，企业可以实时监控业务流程，识别瓶颈，并进行优化。例如，制造业通过数字化生产线实现资源的优化配置，提高生产效率。

（3）数据驱动的运营决策。企业运用客户关系管理（Customer Relationship Management，CRM）系统收集内部数据，通过市场报告、社交媒体等获取外部数据，使用统计分析、数据挖掘、机器学习等方法对数据分析并进行可视化呈现，定期生成报告，追踪关键绩效指标，为决策提供依据。同时实施实时监控系统，跟踪决策结果和业务表现，并根据反馈循环，不断调整和优化决策模型，以适应变化的环境。

（4）人力资源管理。利用数智化工具，如人力资源信息系统（Human Resource Information System，HRIS），帮助企业进行人才管理、绩效评估和组织架构优化。例如，通过分析组织内部的人员分布、岗位结构和沟通效率等数据，优化组织架构，提高管理效率；利用数据评估团队协作效果，调整团队结构和人员配置，提升团队效能。

（5）财务管理与决策。企业利用现代信息技术进行进行预算管理、成本分析和财务预测，以提高财务管理决策的准确性、效率和前瞻性。例如，企业通过分析成本数据识别成本节约的机会，并通过算法优化成本结构，实施成本控制措施，持续降低成本，提高盈利能力。企业还可以通过数据分析识别潜在的财务风险和内部控制缺陷，建立风险预警机制，制定有效的风险控制和合规策略。

（6）创新与研发管理。数智化工具可以帮助企业分析市场反馈和用户数据，在研发过程中进行模拟和测试，提高研发效率。例如，通过分析用户评论，企业可以决定产品的改进方向。

数智化决策的成功实施需要企业具备先进的数据技术、强大的数据处理能力以及相应的数据治理框架。通过这些技术和工具的应用，企业可以更有效地处理复杂的信息，提高决策的速度、质量和准确性。

3. 数智化时代下企业决策的风险与挑战

数智化技术的飞速发展恰似一股强大无比的推动力，驱动着企业坚定地向前迈进。然而，在这一过程中，也不可避免地带来了一系列不容忽视的风险与挑战。具体来说，企业在进行决策时所面临的主要风险与挑战有以下几点。

（1）技术风险。数智化技术的快速更新迭代要求企业不断更新系统，以适应新的技术标准和安全要求。这不仅涉及硬件和软件的升级，还包括对新技术的深入了解和应用。否则，企业可能会面临技术过时风险，从而影响决策效率和质量。

（2）数据风险。随着企业对大量数据的收集、存储与分析，数据泄露、隐私侵犯和数据质量问题等风险也随之而来。这些问题可能会对企业声誉和合规性造成严重损害，甚至可能导致法律诉讼和罚款。

（3）操作风险。数智化系统需要专业知识和操作技能。如果企业员工缺乏适当的培训，可能会导致系统操作失误，影响决策效率和质量。因此，企业需要投资于员工的培训和发展，以确保他们能够有效地使用数智化工具和系统。

（4）法律和合规风险。随着数据保护法规的日益严格，企业在使用数据进行决策时，需要确保其符合相关的法律法规要求。否则，企业可能会面临法律诉讼和罚款，甚至对企业的生存造成威胁。

此外，变革阻力是企业决策需要面对的挑战之一。数智化转型可能会遇到组织内部的抵抗，员工可能对新技术和新流程感到不安或担忧。这需要企业进行有效的变革管理和沟通，以减少转型过程中的摩擦和阻力，确保转型顺利进行。

最后，过度依赖数智化系统和算法可能导致企业忽视基本的商业判断和人际交往能力。这在一定程度上可能削弱企业的应变能力，使企业在面对突发事件时变得脆弱。

为了应对这些风险和挑战，企业需要建立健全的数据治理体系，加强数据安全和隐私保护，确保技术的稳定性和兼容性，提供员工培训，以及制定灵活的战略决策流程，同时保持对市场动态的敏感性和适应性。通过这些措施，企业才能在数智化时代的浪潮中乘风破浪，实现可持续发展。

二、企业投资与投资项目决策

在企业的众多决策中，投资决策是最关键、最重要的决策。一个企业要想获得预期的收益，必须进行投资，投资是企业生存与发展的基本前提，也是企业风险控制的重要手段，因此，企业需要选择合适的投资机会，避免投资陷阱。投资决策是企业投资活动中的关键环节，决定着投资活动的成败，甚至会对企业的未来发展产生重大影响。

（一）投资与投资项目内涵

1. 投资

（1）投资的含义。投资形式的多样化使人们对投资概念的理解也是多种多样的，从已有的研究来看，目前人们对投资一词有着以下不同的表述：

1）从投资和消费的关系来界定投资。人们对投资的解释一般是与投资者的消费动机相联系的，投资者无非想通过投资使自己的财富保值增值，从而使自己的消费安排不受影响，使自己的消费效用得到提高。例如，威廉·夏普将投资定义为："为了（可能不确定的）将来的消费（价值）而牺牲现在一定的消费（价值）"。

2）从资本的形成过程来界定投资。保罗·萨缪尔森在《经济学》中写道："对于经济学家而言，投资的意义总是实际的资本形成——增加存货的生产，或新工厂、房屋和工具的生产，只有当物质资本形成生产时，才有投资"。西方经济学家编写的《现代经济学辞典》对投资概念的解释是："该术语最常用来指能增加或保持实际资本存量的支出流量"。

3）从金融和经济方面来界定，投资是指经济主体（法人或自然人）为了获得预期收益而在现时投入生产要素（资金或资源），从而形成资产并实现其增值的经济活动的总称。预期收益主要是指经济收益，也包括社会效益。投入的生产要素可以是货币资本，也可以是实物资金或其他资源。

实际上，人们对投资的理解是认为投资总是一定主体的经济行为，投资花费现期的一定收入是为了获取一定的效益，并且获取的预期收益具有风险性。

（2）投资的特征。

1）投资资金使用的长期性。从资金的投入到最终效益的产出一般需要经历相当长的时间，投资存在明显的时滞。现时投入资金的活动要持续很长时间，而且投入的资金在一段时期内不能为社会提供有效的产出。因此，为了使投资能够发挥正常的扩大再生产能力，保证经济运行的连续性，需要合理安排每个时期的投资活动。

2）投资风险性与收益性的均衡。投资必定有风险，而投资者希望获取预期的收益。只有在效益和风险相统一的条件下，投资行为才能得到有效调节。

3）投资影响的不可逆性。投资的过程是组合各种资源形成新的生产能力的过程，它主要是资金的物化过程。投入的资金一旦得到了物化，就会被固化在某一场所，具有显著的固定性和不可分割性。投资产生的效果无论好坏都将对国民经济产生持续影响，如果某项投资行为被证明是错误的，在短期内将难以消除其不良影响；同时，扭转错误的投资行为也需要付出巨大的代价。这意味着在相当长的一段时期，投资的影响通常是不可逆的。投资的这一特点要求人们在投资活动中应保持谨慎的态度，尽力提高投资的质量。

2. 投资项目

（1）投资项目的含义。在我国，关于投资项目目前尚无公认的界定。按照世界银行的解释，投资项目是指在规定的期限内，为完成某项开发目标而实施的包括规划投资、政策措施、组建机构等内容的一系列活动，它是一个独立的整体活动。

一个投资项目一般包括以下因素或其中的几个因素：

1）具有能用于土建工程和（或）机器设备及其安装等投资的资金。

2）具备提供有关工程设计、技术方案、施工监督、改进操作和维修等的业务能力。

3）拥有一个负责实施各项活动的，协调各方面关系，并能促进各类要素合理配置，高效、精干的组织机构。

4）改进与项目有关的价格、补贴、税收和成本回收等方面的政策，使项目能与所属部门和整个国民经济的发展目标协调一致，并能提高项目自身的经济效益。

5）具备明确的项目目标以及项目的具体实施计划。

（2）投资项目的分类。根据不同的分类标准，投资项目可划分为不同的类型。

1）根据项目目标不同，可分为经营性项目和非经营性项目。经营性项目以实现所有者权益最大化为目标，以投资盈利为行为趋向，绝大多数生产或者流通领域的项目都是这种类型。非经营性项目不以盈利为目标，包括本身没有经营活动、没有收益的项目，如城市道路、路灯、公共绿化和植树造林等项目。这类项目的投资一般由政府安排，营运资金由政府支出。另外有些项目直接为公众提供基本生活服务，项目本身有生产经营活动和营业收入，但产品价格不由市场机制形成。这种项目有的能收回投资，有财务生存能力；有的不能收回全部投资，需要政府补贴才能维持运营；有的能够回收全部投资成本或略有结余。对于这类建设项目，国家有相应的配套政策。

2）根据项目投资管理形式不同，可分为政府投资项目和企业投资项目。政府投资项目是指使用政府性资金的建设项目以及有关的投资活动。政府性资金包括财政预算投资资金（含国债资金）、利用国际金融组织和外国政府贷款的主权外债资金、纳入预算管理的专项建设资金以及法律和法规规定的其他政府性资金。政府按照资金来源、项目性质和宏观调控需要，分别采用直接投资、资本金注入、投资补助、转贷和贴息等方式进行投资。

3）根据项目产品（或服务）属性不同，可分为公共项目和非公共项目。公共项目是指为满足社会公众需要，生产或提供公共物品（包括服务）的项目，一般多为非经营性项目。公共项目主要包括基础性投资项目或公益性投资项目。基础性投资项目是指投资于为其他产业发展提供基本生产资料和生产条件的基础产业的项目；公益性投资项目是指投资于为满足社会公众公共需要的项目。非公共项目是指除了公共项目以外的其他项目，这类项目可以通过收费回收投资，并且通过收费获得利润。公共物品的特征是具有非排他性或排他无效率，有很多公共物品无法收费或不应收费。非公共项目一般都是竞争性投资项目，如加工工业、商业和服务业等领域的投资项目。

4）根据项目与企业原有资产的关系，可分为新建项目和改扩建项目。新建项目是指从无到有，重新开始建设的项目。改扩建项目是企业在原有基础上进行建设的，在不同程度上利用了企业原有的资源，以增量带动存量，以较小的新增投入取得较大的新增效益。

5）根据项目投资主体不同，可分为国内投资项目和外商投资项目。国内投资项目是指全部由国内投资者投资兴建的项目，其资金来源可以是投资者的自有资金，也可以是在国内外筹集的资金。外商投资项目具体包括3类，一是中外合资经营投资项目，简称合资项目，是指由一个或几个我国的企业或其他经济组织与一个或几个外国的企业或个人共同出资而兴建的项目，合资各方按股权比例分配收益和承担风险；二是中外合作经营投资项目，简称合作项目，是一种契约式合营项目，一般由中方合作者提供土地、厂房、劳动力等，由外方合作者提供设备、资金和技术等，合作各方按契约规定的比例分配收益和承担风险；三是外商独资项目，即由外商独自出资兴建的项目。

（3）投资项目对企业发展的重要性。投资项目作为企业投资的一部分，对企业的发展有着重要作用。

1）投资项目可以增强投资者技术经济实力。投资者通过投资项目可以扩大其资本积累规模，提高其收益能力，增强其抵御风险的能力。

2）投资项目可以提高投资者创新能力。投资者通过自主研发和购买知识产权，结合投资项目的实施，通过实现科技成果的商品化和产业化，不仅可以不断获得技术创新和利润，而且能够为科技转化为生产力提供更好的业务操作平台。

3）投资项目可以提升投资者的市场竞争力。市场竞争不仅是人才的竞争、产品的竞争，从根本上说是投资项目的竞争。一个不具备核心竞争能力的投资项目注定是要失败的。因此，投资实践无论获得了成功的经验还是失败的教训，都有助于促进投资者自觉按市场规律办事，不断提升其市场竞争力。

（二）投资项目决策及其程序

1. 投资项目决策的概念

投资项目决策是指根据预期的投资目标，拟订若干有价值的投资方案，按照一定的程序，采用科学的方法或工具，对这些方案进行分析、比较和筛选，以确定最佳实施方案的过程。

在一定时期内，企业可利用的资源是有限的，需要合理配置资源，提高资源的利用效率。投资者必须审慎地选择投资项目，对投资项目进行科学的、全面的分析论证，在权衡利弊的基础上做出是否实施该项投资的决定，以实现最佳的资源配置，达到生产最有效率的目的。另外，投资项目在未来具有很大的不确定性，投资者的预期收益取决于未来社会经济发展的条件、经济环境和发展趋势等，这需要项目的投资者和资金的供给者在项目建设之前进行科学的投资决策，并充分估计未来的不确定性，使投资者获得预期的投资回报。

2. 投资项目决策的重要意义

投资项目决策对项目建设的成败和项目投资效益的高低具有决定性的影响。投资项目建设具有整体性和固定性，只有整个项目全部完成，才能形成综合生产能力，发挥投资效益，并且项目一经建成并投产交付使用，就不能随意移动和变更。项目决策得当，建成后的项目在使用期内能发挥良好效益；决策失误会使建成后的项目难以发挥生产经营效益，甚至导致项目的报废。投资项目一般建设时间长、投资金额大，项目决策失误会影响项目的施工进度。工期延长一方面会积压和浪费已投入的大量人力、物力、财力，提高投资费用；另一方面，还会使建设项目错过最佳投产时间。这两个方面都会影响项目投资效益的提高，关系项目建设的成败。

此外，企业投资项目决策对整个国家经济也会产生重大影响。首先，我国国民经济效益是由一个个微观项目的效益综合而成的，项目决策成功、项目投资效益良好，就会对国民经济产生有利的影响；反之则将影响宏观效益。其次，投资活动是实现社会扩大再生产的基本手段。在投资项目建设时，进行科学的项目决策、从多个方案中选出最佳投资行动方案，可以保证社会扩大再生产的顺利进行。再次，项目建设是实现社会生产结构合理化的有效手段。投资活动不仅扩大了社会再生产的规模，也改变了社会再生产的生产结构。政府通过对不同行业企业投资项目进行扶持或调整，改变原有不合理的生产结构，以提高整个社会的经济效益。最后，投资项目决策还是合理控制投资规模的重要手段。通过投资项目决策，可以对建设项目进行全面的分析和论证，从而决定取舍。这样就可以避免重复建设、盲目建设，从宏观视角来看，压缩了不利于国民经济综合平衡、协调发展的项目，使投资建设规模得到了合理控制。

3. 投资项目决策的基本程序

投资项目决策一般要经过投资项目的提出、投资项目的可行性分析、投资项目的方案评价以及投资项目的组织实施4个步骤：

(1) 投资项目的提出。在企业的生产经营过程中，会不断产生新的投资需求，也会出现很多新的投资机会，企业相关部门会提出新的投资项目。这些项目一般由项目的提出者以报告的形式上报管理当局，以便他们研究和选择。管理当局会从各种投资方案中进行初步筛选、排序，同时结合企业的长期目标和具体情况，制订初步的投资计划。

(2) 投资项目的可行性分析。企业通过专门人员或委托专业机构对项目进行可行性分析，主要有以下方面：

1) 技术上要考虑项目的技术能否取得、能否实施、是否先进，同时要考虑项目本身在设计、施工等方面的具体要求。

2) 经济上首先要预测资金的需要量，如果资金不足，能否筹集到所需资金，这是投资项目的前提；接着，财务人员要计算项目的现金流量和以现金流量为基础的各种评价指标；同时，要考虑项目投产后产品销量如何，能增加多少销售收入，为此发生多少成本和费用，能产生多少利润，面临哪些主要风险等。

除了以上的分析评价，通常还要考虑投资项目是否符合产业政策，项目对环境的影响，原材料供应、基础设施、人力资源能否达到项目要求等多个方面。

（3）投资项目的方案评价。企业决策者要综合技术人员、市场人员、财务人员的评价结果，集思广益。全面分析，最后做出是否采纳或采纳何种项目方案的决定。

（4）投资项目的组织实施。项目批准采纳后，要筹集资金并付诸实施。大项目一般由专门的工程部来负责，拟定具体的计划并组织协调落实项目实施工作，如财务、技术部门要密切配合，保障项目的实施。企业也可以让项目的提出部门或原设计人员组成的专门小组来负责项目的实施。

第二节　项目可行性研究的概念与依据

在投资项目决策的过程中，可以看出可行性研究是投资项目决策的重要环节，投资决策者主要根据可行性研究的评价结果决定一个建设项目是否应该投资和如何投资。因此，本节内容对项目可行性研究进行介绍，包括项目可行性研究的概念与发展、项目可行性研究的依据与原则。

一、项目可行性研究的概念与发展

（一）项目可行性研究的概念

可行性研究是为确定某一特定项目是否合理可行，专门在实施前对该项目进行调查研究及全面的技术经济分析论证，为项目决策提供科学依据的一种科学分析方法。可行性研究考察项目经济上的合理性、盈利性，技术上的先进性、适用性以及实施上的可能性、风险性。可行性研究需要回答的问题有：为什么要进行这个项目，项目的建设条件是否具备，项目的产品或劳务市场的前景如何，项目的规模多大，项目厂址选在何处，项目所需的各种原材料、燃料及动力供应条件怎样，项目采用的设备和工艺技术是否先进可靠，项目的筹资方式、融资渠道、盈利水平以及风险程度如何等。可行性研究从项目立项、建设到生产经营的全过程来考察、分析项目的可行性，为投资者的最终决策提供直接的依据。

（二）项目可行性研究的发展

1. 国外项目可行性研究发展

可行性研究起源于美国。早在 20 世纪 30 年代开发田纳西河流域时，美国就开始试行可行性研究，并把它作为田纳西河流域开发规划的重要阶段，取得了显著的技术经济效益。到 20 世纪 60 年代，随着科学技术的迅猛发展，可行性研究得以不断充实、完善和迅速发展，逐步形成了一套较为完整、系统、科学的研究方法。目前可行性研究已经在世界各国的各个领域得到了广泛应用，并已发展成一门综合运用各学科研究成果的新型综合性科学。可行性研究自诞生以来，大致经过了3个发展阶段。

第一个阶段是20世纪50年代以前，项目可行性研究主要从企业的立场出发，侧重财务分析，通过对项目收入和支出的比较来判断项目的优劣。但人们逐渐注意到仅用财务分析方法不能正确评价公用事业项目对整个社会的经济效益，进而产生"消费者剩余"的思想。这种思想后来发展成为社会净收益的概念，成为费用——效益分析的基础。

第二个阶段是20世纪50年代初到60年代末，经济分析作为一种选择项目的方法被普遍接受，这使可行性研究从侧重微观财务分析发展到同时从微观和宏观角度评价项目的经济效果，经济分析理论进一步完善。1958年诺贝尔经济学奖获得者、荷兰计量经济学家简·丁伯根提出了在经济分析中使用影子价格的主张。此后，世界银行和联合国工业发展组织都在其贷款项目中同时使用财务分析和经济分析这两种方法。

第三个阶段是20世纪60年代以后，这一时期推出了社会分析方法，把可行性研究及项目评价水平提高到了一个新的高度。社会分析把增长目标和公平目标结合在一起作为选择项目的标准。增长目标就是增加国民收入，公平目标则要求对国民收入在时间和空间上实现合理分配。增长目标和公平目标统称为国民福利目标。一个项目的收益即使很大，如果将其过多地分配于当前消费，或分配于某个本来就很富有的阶层或地区，那么这个项目对国民福利目标的贡献也不大。因此，一个项目的价值不仅取决于其净收益，还取决于其净收益的分配。社会分析以国民福利最大化为目标，被认为是最理想的项目评价方法。

2. 国内项目可行性研究的发展

我国充分参考和学习国外普遍采用的可行性研究理论，根据我国国情发展演变出了适用于我国社会环境的研究方法。总体来说，在政府力量的推动下，可行性研究发展经历了3个阶段。

第一个阶段是新中国成立后到20世纪70年代，对可行性研究的认识从空白阶段进入到学习认识阶段。1952年颁布的《基本建设工作暂行办法》是新中国第一个关于基本建设程序和项目的文件，该管理办法成为了我国可行性研究的一个里程碑，也成为了工程项目决策的主要依据。

第二个阶段是20世纪80年代到90年代初，这个阶段是可行性研究理论适合我国经济社会发展初步形成阶段。1981年，国务院颁布了《国务院关于加强基本建设计划管理、控制基本建设规模的若干规定》，把可行性研究作为建设前期工作中的一个重要技术经济论证阶段纳入基本建设程序。1983年国家计委颁发的《建设项目进行可行性研究的试行管理办法》明确指出了可行性研究是建设前期工作的重要内容，并提出了可行性研究报告的内容与要求。国务院技术经济研究中心和国家科委于1985年联合编写了《工业建设项目可行性研究经济评价方法——企业经济评价》，我国项目可行性研究取得了进一步发展。

第三个阶段是20世纪90年代初至今，可行性研究理论进一步完善，在我国建设和项目投资实践中逐步得到推广。90年代，可行性研究的应用由工业领域向其他专业领域渗透，典型的成果有《系统工程与项目管理概论——三峡工程论证与建设管理研究》《广西石山地区生态重建工程可行性研究》《铁路项目可行性研究编制纲要》等。2002年1月，国家计划委员会委托中国国际工程咨询有限公司组织编写了《投资项目可行性研究指南（试用版）》，它总结了我国可行性研究 20 多年的实践经验，同时借鉴吸收了国际上的有益经验，是指导我国投资项目可行性研究工作的规范性文本。2004 年国务院发布《国务院关于投资体制改革的决定》，我国投资项目可行性研究进入了投资体制改革后的新阶段。根据"谁投资、谁决策、谁受益、谁承担风险"的原则，对政府直接或间接投资的项目实行审批制，对企业不用政府投资的项目实行核准制或备案制，这对我国可行性研究产生了重大的影响。2006 年 7 月，在适应新形势要求的情况下，国家发展和改革委员会和建设部联合编制了《建设项目经济评价方法与参数（第三版）》。随着应用领域的不断扩大和可行性研究的不断发展，2023 年 5 月，国家发展和改革委员会发布《政府投资项目可行性研究报告编写通用大纲（2023 年版）》和《企业投资项目可行性研究报告编写参考大纲（2023 年版）》，这些是继《投资项目可行性研究指南（试用版）》发布之后，时隔 20 年由国家投资主管部门发布的关于规范投资项目可行性研究报告编写工作的新的纲领性文件，标志着我国投资项目可行性研究工作将迈入高质量论证的新阶段。可以看出，目前投资项目的可行性研究已经在世界各国的各个领域中得到广泛应用，并且已经发展成一门综合运用各学科研究成果的新型综合性科学。

二、项目可行性研究的依据与原则

（一）项目可行性研究的依据

一个项目的可行性研究必须在国家有关规划、政策、法规的指导下完成，同时还必须有相应的各种技术资料，一般可行性研究工作的主要依据有以下内容：

1）国家经济和社会发展的长期规划，部门与地区发展规划，经济建设的指导方针、任务、产业政策和投资政策等。

2）经过批准的项目建议书和委托单位的要求。

3）国家批准的资源报告、国土开发整治规划、区域规划、工业基地规划等。交通运输项目需要江河流域规划与路网规划。

4）有关自然、地理、气象、水文、地质、经济、社会、环保等的基础资料。

5）有关行业的工程技术、经济方面的规范、标准、定额资料，以及国家正式颁发的技术法规和技术标准。

6）国家颁发的评价方法与参数，如国家基准收益率、行业基准收益率、外汇影子汇率、价格换算参数等。

（二）项目可行性研究的原则

1. 经济性原则

项目可行性研究的经济性原则是指项目需要以社会主义市场经济为基本特色，以社会主义国民经济增长及真正实现公平分配为目标。在我国，项目投资的目的并不是培养少数富有的阶层，而是使全社会人民达到共同富裕的目标，最终实现国富民强。因此，在进行项目可行性研究时需要遵循经济性原则。

2. 评价性原则

评价性原则指的是科学性、客观性和公正性原则。科学性原则是指可行性研究需要按客观规律办事，这是可行性研究工作必须遵循的最基本的原则。科学性原则要求企业用科学的方法和认真负责的态度来收集、分析和鉴别原始的数据和资料，以确保数据、资料的真实性和可靠性，要求每个技术方案与经济指标都要有科学的依据，都是经过认真分析计算得出的，以保证可行性研究论证结果的正确性。客观性原则是指进行项目可行性研究时要坚持从实际出发、实事求是的原则，要求建设条件必须是客观存在的，而不是主观臆造的。公正性原则是指在可行性研究工作中要排除各种干扰，尊重事实，不造假，使可行性研究正确、公正地为项目投资决策提供可靠的依据。

3. 技术性原则

技术性原则是指可行性研究首先应坚持技术先进合理且经济适用，即工程项目建设应该在不影响结构使用性和经济合理性的条件下，尽可能采用先进的技术，从而提高空间的利用率；其次是局部利益服从整体利益，工程项目中的单个构建需要服从整体结构的技术经济要求，也要服从城市的规划；最后是系统全局优化，在技术设计中要进行多方案比较，做出决策，决策设计阶段虽然成本最低，却对工程项目的总体投资有着重大影响。

第三节　项目可行性研究的内容

在决定投资和实施一个项目之前，进行具体的项目可行性研究是至关重要的。只有经过充分的可行性研究，才能为项目的顺利实施提供坚实的基础和保障，确保项目实现预期效益和目标。因此，本节对项目可行性研究展开讨论，包括项目可行性研究的阶段划分、具体内容、工作程序和可行性研究报告4个主要部分。

一、项目可行性研究的阶段划分

联合国工业发展组织编写的《工业可行性研究编制手册》规定：投资前期的可行性研究工作分为机会研究（投资机会鉴定）、初步可行性研究（预可行性研究）、详细可行性研究（最终研究，或称可行性研究）、项目评估与决策4个阶段。项目可行性研究的阶段划分及工作内容如表3-3-1所示。

由于建设前期各阶段的研究性质、工作目标、工作要求及作用不同，因此其工作时间与费用也各不相同。通常因为各阶段的研究内容由浅入深，所以项目投资和成本估算的精度要求由粗到细，研究工作量由小到大，研究的目标和作用逐步提升，因而研究工作时间和费用也逐渐增加。

投资前期的可行性研究工作的4个阶段是一环套一环的，前者是后者的基础，后者是前者的深入。一旦在某个阶段得出"不可行"的结论，则停止下一步的研究工作。一般而言，前面两个阶段可以否定一项投资，但不能肯定一项投资。只有经过详细可行性研究后，才能肯定一项投资。可行性研究的步骤并不是绝对不变的，其工作阶段和内容可以根据项目规模、性质、要求和复杂程度的不同进行适当的调整和简化，如对有关项目建设的关键性问题把握较大，就可以越过前面两个阶段直接进行详细的可行性研究。

表 3-3-1　项目可行性研究的阶段划分及工作内容

工作阶段	机会研究	初步可行性研究	详细可行性研究	项目评估与决策
工作性质	项目设想	项目初选	项目拟定	项目评估
工作内容	鉴别投资方向，寻找投资机会（地区、行业、资源和项目的机会研究），提出项目投资建议	对项目进行专题辅助研究，广泛分析、筛选方案，确定项目的初步可行性	对项目进行深入细致的技术经济论证，重点对项目进行财务效益和经济效益分析评价，进行多方案比较，提出项目投资的可行性和选择依据标准	综合分析各种效益，对可行性研究报告进行评估和审校，分析判断项目可行性研究的可靠性和真实性，对项目做出最终决策
工作成果及作用	提出项目建议，将其作为制订经济计划和编制项目建议书的基础，为初步选择投资项目提供依据	编制初步可行性研究报告，判断是否有必要进行下一步详细可行性研究，进一步判断建设项目的生命力	编制可行性研究报告，将其作为项目投资决策的基础和重要依据	提出项目评估报告，为投资决策提供最后的决策依据，进行项目取舍和最佳投资选择
估算精度	30%	20%	10%	10%
费用占总投资的百分比	0.2%~1.0%	0.25%~1.25%	大项目 0.8%~1.0%，中小项目 1.0%~3.0%	
需要时间	1~3 月	4~6 月	8~12 月或更长	

二、项目可行性研究的具体内容

任何一个投资项目的目标都是以最小的消耗为社会制造或生产一定量的产品，并通过市场实现其期望的经济效益。要达到这个目标，必须在生产与经营过程中不断与外界环境进行人、财、物及信息的交换。能否正常生产、经营并取得预期的经济效益，除了与所用的技术、管理水平等因素有关，主要取决于在生产经营过程中与外界环境的交换是否有保证。为使项目获得较好的社会经济效果，可行性研究通常要包括以下内容：

1. 必要性研究

主要是从地方经济发展的需要与企业发展的战略角度来研究项目是否必要、适时，并研究项目的合理投资时机。

2. 市场与项目规模的研究

在必要性研究的基础上，对项目产品在项目寿命期内的总需求发展趋势、市场结构的变化方向和特征，以及价格变动情况进行全面的研究，以估计出项目产品的有效需求量和可能的销售量，以此为依据，结合项目所用技术和外部条件，研究确定项目的合理规模。

3. 技术问题分析

研究所有项目可用的生产技术、经济特性，结合项目的实际情况选择最佳的技术方案。同时研究各种可行的技术来源及获得方式，寻求最佳的方案。

4. 项目选址

以使项目能够取得最佳经济、社会效益为宗旨，对各种可能的厂址进行综合分析和评价，从中选出项目的厂址。

5. 投资与成本的估算

投资与成本的估算是研究项目经济性的基础工作，可以利用各种估算技术与经验，全面、科学地估算项目的全部投资和总成本费用。

6. 项目资金的筹措

实际经济社会中有多种资金来源，但人们对如何筹集项目所需资金才能使项目顺利完成并有较高的财务效率的问题，必须加以详细研究。

7. 项目计划与资金规划

这项研究主要根据项目工程量、工程难度等实际情况初步设计项目的实施计划以及保证项目实施的资金规划。

8. 项目的财务评价

根据前面的各项研究结果，对项目投入营运后可能的财务状况以及财务效果进行科学的分析、预测和评价。

9. 项目的国民经济评价

项目建设将消耗和占用大量的经济资源，这种消耗和占用能否为国民经济带来足够的效益？项目是否做到了合理的资源配置？国民经济评价正是从国民经济的角度来分析和评价项目对国民经济的贡献，进而回答上述问题。

10. 项目的不确定性分析

实际经济状况是不断变化的，那么项目能否保持一定的经济和社会效益水平？这就需要研究项目的风险。不确定性分析就是分析项目在可能的变化下所做出的反应，从而为决策提供依据。

三、项目可行性研究的工作程序

项目可行性研究的工作程序一般包括以下几个步骤：

1. 签订委托协议

可行性研究编制单位与委托单位应就项目可行性研究工作的范围、内容、重点、深度要求、完成时间、经费预算和质量要求进行讨论，并签订委托协议，据此开展可行性研究各阶段的工作。

2. 组建工作小组

对拟建的工程项目进行可行性研究首先要确定工作人员。可行性研究工作小组一般包括工业经济学家、市场分析专家、财务分析专家、土木建筑工程师、专业技术工程师和其他辅助人员等。

3. 制订工作计划

工作计划包括各项研究工作开展的步骤、方式、进度安排、人员配备、工作保证条件、工作质量评定标准和费用预算，制订工作计划后应当与委托单位交换意见。

4. 数据调研和收集

根据分工，工作小组各成员分头进行数据调查、整理、估算、分析以及有关指标的计算等。在可行性研究过程中，数据的调查和分析是重点。可行性研究需要的数据可来自 3 个方面：①委托方（投资者）提供的资料；②工程咨询机构本身拥有的信息资源；③通过调研获得的信息。

5. 方案编制与优化

在取得信息资料后，应当对其进行整理和筛选，并组织有关人员进行分析论证，以考察其全面性和准确性。在此基础上，对项目的建设规模与产品方案、厂址方案、技术方案、设备方案、工程方案、原材料供应方案、总图布置与运输方案、公用工程与辅助工程方案、环境保护方案、组织机构设置方案、实施进度方案以及项目投资与资金筹措方案等编制备选方案，并在进行方案论证后提出推荐方案。

6. 经济分析和评价

按照建设项目经济评价方法的要求，对推荐的建设方案进行详细的财务分析和国民经济分析，计算相应的评价指标，评价项目的财务生存能力，从国家角度分析项目的经济合理性。在经济分析和评价中，需对各种不确定因素进行敏感性分析和风险分析，并采取风险转移、规避等防范措施。当项目的经济评价结构不能达到有关要求时，可对建设方案进行调整或重新设计，或对几个可行的建设方案同时进行经济分析，选出技术、经济综合条件较优者。

7. 形成可行性研究报告初稿

在提出推荐方案以后，即进入可行性研究报告的编写阶段。根据可行性研究报告的要求和分工，编写可行性研究报告的初稿。报告的编写要求工作小组成员能够进行很好的衔接，因为可行性研究报告的各项内容是相互联系的，需要各成员的衔接、配合和联合工作才能完成。

8. 论证和修改

编写可行性研究报告的初稿后，由工作小组成员进行分析论证，提出修改意见。对于可行性研究报告初稿，要注意前后的一致性、数据的准确性、方法的正确性和内容的全面性等，提出的每个结论都要有充分的依据。有些项目还可以扩大参加论证人员的范围，可以请有关方面的专家和投资者等参与讨论。在经过充分讨论以后，再次对可行性研究报告初稿进行修改，并最后定稿。

四、可行性研究报告

可行性研究报告是根据研究项目的性质、规模和复杂性，以及机会研究、初步可行性研究、详细可行性研究及项目评价的结果，提出项目是否可行的结论或建议的正式报告。可行性研究报告的编制应由技术经济专家负责，还要有市场研究专家、专业工程师、土建工程师和财会专家等参加，此外，法律、环保及其他方面的专家给予的协助和咨询也是必不可少的。编制可行性研究报告应依据以下资料：

1）国民经济和社会发展的长期规划，部门、行业、地区的发展规划与计划，国家的进出口贸易政策和关税法规政策，国家、地方经济建设的方针、政策（产业政策、投资政策、技术政策、金融政策、信贷政策、财税制度），以及地方的法规。

2）经批准的项目建议书和项目建议书批准后签订的意向性协议。

3）国家批准的资源报告、区域国土开发整治规划、建厂地区的规划（如城市建设规划、生产力布局、交通道路网的规划等）。

4）拟建厂址的自然、经济、文化、社会等的基础资料。

5）有关投资项目的工程技术规范、标准、定额等资料。

6）国家正式公布的编制可行性研究报告的内容、编制程序、评价方法和参数等。

第四节　可行性研究与技术经济学

项目可行性研究在企业管理决策中发挥着不可替代的作用，而技术经济学思维在可行性研究中具有重要意义。因此，本节从可行性研究的作用与可行性研究中的技术经济学思维两大方面展开，分析可行性研究与技术经济学之间的关系。

一、可行性研究的作用

可行性研究的最终成果是可行性研究报告，它是投资者在前期准备工作阶段的纲领性文件，是进行其他各项投资准备工作的主要依据。在我国，对投资者而言，可行性研究有如下作用：

1. 为投资者进行项目投资决策提供依据

投资业主和国家审批机关主要根据可行性研究提供的评价结果，确定是否对项目进行投资和如何进行投资，评价结果是项目建设单位决策性的文件。进行可行性研究是投资者在投资前的重要工作，投资者需要委托有资质的、有信誉的工程咨询机构，在充分调研和分析论证的基础上，编制可行性研究报告，并以可行性研究的结论作为其决策的主要依据。

2. 为投资者筹措项目资金提供依据

经批准的可行性研究是项目建设单位筹措资金，特别是向银行申请贷款或向国家申请补助资金的重要依据，也是其他投资者的合资依据。凡是应向银行申请贷款或申请国家补助资金的项目，必须向有关部门报送项目的可行性研究。银行和其他金融机构在受理项目贷款申请时，首先要求申请者提供可行性研究报告，然后对其进行全面细致的审查和分析论证，并在此基础上编制项目评估报告。项目评估报告的结论是金融机构发放贷款的重要依据。世界银行集团的国际复兴开发银行、国际开发协会、国际金融公司和亚洲开发银行等国际金融机构都将提交可行性研究报告作为申请贷款的先决条件。

3. 为项目审批、签订协议与合同提供依据

经批准的可行性研究是项目建设单位向国土开发及土地管理部门申请建设用地的依据。因为可行性研究对拟建项目如何合理利用土地的设想提出了办法和措施，国土开发和土地管理部门可根据可行性研究具体审查用地计划，办理土地使用手续。可行性研究为确保项目达到环保标准提出了治理措施和办法，这些信息可作为环保部门对项目进行环评、签发项目建设许可文件的主要依据。有些项目可能需要引进技术和进口设备，如与外商谈

判时要以可行性研究报告的有关内容（如设备选型、生产能力、技术先进程度等）为依据，在可行性研究报告被批准之后才能与外商签约。项目在实施与投入运营后，需要与各供水、供气、通信和原材料等单位或部门协作配合，因此，要根据可行性研究报告的有关内容与这些单位或部门签订有关合同或协议。

4. 为工程设计提供依据

在可行性研究报告中，对项目的产品方案（生产规模、厂址选择、生产工艺、设备选型和环境保护等）都进行了方案比较和论证，确定了最优方案。在可行性研究报告获得批准之后，可依据可行性研究报告的结论进行工程设计。

5. 为编制初步设计任务书提供依据

初步设计任务书是根据可行性研究对所要建设的项目规划建设蓝图，即较详尽地规划项目的规模、产品方案、总体布置、工艺流程、设备选型、劳动定员、三废治理、建设工期、投资概算、技术经济指标等内容，并为下一步实施项目设计制订具体操作方案。初步设计不得违背可行性研究已经论证的原则。

6. 为编制发展计划提供依据

由于建设项目尤其是大中型项目考虑因素多，涉及范围广，投入资金数额大，可能对全局和当地的近、远期经济生活产生深远的影响，因此这些项目的可行性研究内容应该更加详细，为计划综合部门对固定资产投资进行调控管理和编制国民经济及社会发展计划提供依据。

此外，可行性研究报告还可以为寻求合作、设备订货、施工准备、机构设置和人员培训等提供依据。

二、可行性研究中的技术经济学思维

技术经济学思维在可行性研究中具有重要意义。可行性研究是对项目进行技术、经济、社会和环境影响的综合研究，以确定项目是否值得投资和实施。在可行性研究中包含着技术经济学的基本思维，可以表现为如下方面：

1. 系统思维

可行性研究中包含必要性研究、市场与项目规模的研究、技术问题分析、项目选址、投资与成本的估算、项目资金的筹措、项目计划与资金规划、项目的财务评价、项目的国民经济评价、项目的不确定性分析等内容，这符合技术经济学思维强调的对项目进行系统思考，全面考虑项目的各个方面，包括技术、经济、社会和环境等因素。这样可以确保决策的科学性和全面性。

2. 技术创新思维

在可行性研究中，要关注项目采用的创新技术是否具有先进性和适用性，是否能够提高生产效率，降低生产成本，从而提高项目的竞争力。这对应了技术经济学中"创新是提高生产效率的关键"这一命题。

3. 投资回报评估思维

在可行性研究中，要对项目的投资回报进行评估，包括静态投资回收期、动态投资回收期、净现值等指标，以确定项目的投资价值和可行性。这对应了技术经济学中的资金的时间价值等内容。

4. 成本效益分析思维

在可行性研究中，要对项目的成本和效益进行详细分析，包括投资成本、运营成本、环境成本和社会成本等，以及项目带来的经济效益、社会效益和环境效益等，以评估项目的整体效益。这对应了技术经济学强调的成本和效益的平衡，对应了项目经济效益分析等内容。

5. 风险评估思维

在可行性研究中，要考虑项目可能面临的技术风险、市场风险、政策风险等，分析项目的抗风险能力和风险应对措施，以确保项目的稳定性和可持续性。这对应了技术经济学中的项目风险评估和不确定性分析。

6. 资源优化配置思维

在可行性研究中，要考虑项目所需资源的可获得性、成本和技术要求，分析项目是否具有合理利用资源和降低成本的潜力。这对应了技术经济学中考虑如何实现资源优化配置以达到效益最大化，表现为技术经济学的价值工程等内容。

7. 可持续性发展思维

在可行性研究中，需要考虑项目的环境影响、社会影响和长期经济影响，确保项目符合可持续发展的要求，而技术经济学的发展将是多学科、多领域的交叉相融，技术经济学的未来方向不仅包含项目的可持续发展，也包含经济、社会和环境等的可持续发展。

综上所述，在可行性研究中体现着技术经济学思维，故下文将展开技术经济学的相关理论知识。

本章习题

一、名词解释

请对下列名词进行解释：

决策；风险型决策方法；最小最大后悔值法；投资项目；投资项目决策；可行性研究。

二、简答

1. 科学的决策需要满足什么条件？
2. 简述定性决策的方法。
3. 简述确定型决策方法、风险型决策方法和不确定型决策方法各有哪些？
4. 简述投资项目的含义和分类。
5. 简述投资项目决策的基本程序。
6. 企业为什么要对投资项目进行可行性研究？
7. 可行性研究包括哪些内容？研究过程中需要遵循什么基本原则？
8. 投资项目评估的重要意义是什么？
9. 投资项目评估与可行性研究是什么关系？
10. 简述项目主要内容的具体选择。

第四章　技术经济学理论及方法

第一节　技术经济学的产生及发展

技术经济学是一门研究辩证关系的新学科。它是从经济角度研究在一定社会条件下的再生产过程中即将采用的各种技术措施和技术方案的经济效果的科学。技术经济学研究的主要目的是将技术更好地应用于经济建设，包括新技术和新产品的开发研制、各种资源的综合利用、发展生产力的综合论证。

技术经济学研究的不是纯技术，也不是纯经济，而是两者之间的关系，即把技术与经济结合起来进行研究，以选择最佳技术方案。因此，技术和经济作为技术经济学的两个基本概念，深入理解其基本内涵和相互关系是学习和掌握技术经济学的重要前提。

一、技术与经济的关系

（一）技术与经济的概念

1. 技术

技术一词最早于 17 世纪出现在英文中，当时仅用来讨论技术应用问题。在我国古汉语中，"技"字意指技艺、本领，"术"字则含有方法、手段的意思。古汉语中无"技术"这一组合词，但"技"字与"术"字的含义与西方对技术一词的理解具有相似之处。

随着科技革命的深入发展，科学、技术和生产之间的相互作用日益增强，技术已广泛存在于自然和社会各领域中，技术的含义也得到不断扩展。但由于人们对技术的理解不尽相同，因而对它的定义也存在一定的差异。最早给"技术"下定义的是 18 世纪法国的启蒙主义思想家、科学家与唯物主义者狄德罗，他认为"技术是为某一目的共同协作组成的各种工具与规则的体系"。国际工业产权组织（AIPO）对技术的定义是：技术是指制造一种产品或提供一项服务的系统的知识。这种知识可能是一项产品或工艺发明、一项外形设计、一种实用形式，也可能是一种设计管理等的专门技能。美国国家科学基金会（NSF）在 1983 年的技术创新文集评论中认为，技术是指扩展人类能力的任何工具或技能，包括有形的装备或无形的工作方法。

随着历史发展，人类对技术的认识也在不断深化。技术可以从狭义和广义两个角度来定义。

（1）技术的狭义定义。在对技术的狭义定义中，由于对构成技术要素的理解不同，技术有不同的定义，主要有以下 4 种：

1）技术是人的一种能力，是技巧、技能或操作方法的总称。这种认识类似于人类社会早期对技术的理解。

2）技术是劳动手段的总和。这种认识把技术视为人们从事社会物质生产的劳动手段，反映了大机器生产时代机器和工具作为技术因素的作用。它强调的是技术的物化作用，掩盖了科学理论的作用。

3）技术是一种知识，是"实践技巧的学问"。例如，中华书局出版的《辞海》的"技术"条目认为"技术是人类在争取征服自然力量、争取控制自然力量的斗争中，所积累的全部知识与经验"。这种理解忽视了技术作为劳动手段、劳动对象的物质因素的作用。

4）技术是劳动工具、劳动对象、劳动者的劳动技能等的总称，是生产要素的特定组合。它表现了人的知识、能力、技能、劳动手段、劳动对象等要素有机结合所形成的一个能够改变自然的有效的运动系统或动态过程。

狭义的技术的基础和核心是劳动工具，其缺点是忽视了技术的动态过程。

（2）技术的广义定义。广义的技术是指人类在认识自然和改造自然的实践中，按照科学原理及一定的经济需要和社会目的发展起来的，为达到预期目的而对自然、社会进行协调、控制、改造的知识、技能、手段、方法和规则的复杂系统，包括"硬技术"和"软技术"。这具体表现在：

1）技术是为完成某种特定目标而协同运作的方法、手段和规则的完整体系。

2）技术是按照某种价值的实践目的，用来控制、改造和创造自然与社会的过程，并受科学方法制约的总和。

目前，越来越多的人接受了广义的技术定义，认为技术是人们控制自然和改造自然的手段的总和。

2. 经济

"经济"一词在古汉语中具有"经邦济世""经国济民"的含义，是指治理国家、拯救庶民。19 世纪后半期，日本学者在翻译西方著作时将"economy"一词翻译为"经济"。在西方国家，经济的原意是家庭管理，希腊哲学家亚里士多德将"经济"定义为谋生手段。

现在通用的"经济"一词的含义与古代不同，它是个多义词，大体有 4 个方面的含义：

（1）经济是生产关系的总和，是人类历史发展到一定阶段的社会经济制度，是政治和思想等上层建筑存在的基础。

（2）经济是社会生产和再生产，即物质资料的生产、交换、分配、消费等活动的总称。

（3）经济是一个社会或者国家的国民经济的总称及其组成部分，如工业经济、农业经济及旅游经济等。

（4）经济是节约或节省，如经济效益、经济的合理性等，它强调对资源的合理配置、利用和节约。

在技术经济学中，经济的含义与以上概念都有关，但主要是指资源的合理利用和经济效益。技术的实施需投入大量人力、物力、财力等，研究以最少的投入取得最大的效益是技术经济学中关于经济的含义。

（二）技术与经济的关系

技术和经济在人类进行物质生产、交换活动中始终并存，是不可分割的两个方面。技术具有强烈的应用性和明显的经济目的性，没有应用价值和经济效益的技术是没有生命力的；而经济的发展必须依赖于一定的技术手段，世界上不存在没有技术基础的经济发展。技术与经济是相互依存、相互促进而又相互制约的，存在着极为密切的、不可分割的关系。

1. 技术进步是经济发展的重要条件和手段

经济的发展必须依靠一定的技术手段，技术的进步永远是推动经济发展的强大动力。无论是早期的手工技术，后来的机械化技术、自动化技术，还是现代的信息化技术、生物工程技术，都极大地推动了社会经济的发展。人类历史上 3 次世界性的重大技术革命都是由新的科学发现和技术发明而引发的。这些新的发现和发展导致了生产手段和生产方法的重大变革，有力地推动了经济的发展和社会的进步。

2. 经济发展为技术进步提供了物质保障

科学技术的发展，特别是高新技术的发展，需要有财政的支持和巨额资金的投入，殷实的经济是科技进步的物质基础。在经济发展水平较低的时代，由于社会支付能力相应较低，因此，一项技术从发明到广泛应用经历的时间相当长，从而导致技术进步速度相当慢；而在经济发展水平较高的时代，一项技术从发明到广泛应用经历的时间相对较短，因而技术进步的速度相对较快。当今工业发达国家正是由于其经济基础雄厚及生产发展的强烈需求，才得以投入巨大的财力推进科技事业的发展，并基本形成了科技、经济相互促进的机制，在世界范围内保持着科技与经济的领先优势。美国、日本、德国、英国和法国等国家的研究与开发费用在 20 世纪 80 年代就已占国民生产总值的 2.3% ~ 2.8%，而大部分发展中国家由于经济的制约，这个比例在 1% 以下。巨大的科技投入差距无疑会导致发展中国家与发达国家在科技水平上的巨大差距。这说明，只有以强大的经济作为后盾，并投入大量的研发费用，才可能引起技术的进步和发展。

二、技术经济学的发展过程

技术经济学是新中国成立后我国建立的一门新兴学科，是由我国广大技术经济工作者在总结我国的经济建设实践经验，广泛吸收国外科学技术及相近学科有益成分的基础上形成的。国外很少使用"技术经济学"这个术语，但相近学科较多，如日本的经济工学，欧美各国流行的工程经济学、可行性研究、费用效益分析及价值工程等，另外还有信息论、控制论、对策论在经济中的应用等。这些内容与研究方法与我国的技术经济学比较接近或者有所交叉，有的已经被吸收到我国的技术经济学中。归纳起来，我国技术经济学的发展过程可划分为 4 个时期，即初创期、停滞期、发展期和调整发展期。

（一）初创期：20 世纪 50 年代中期—1965 年

新中国的第一个五年计划即"一五"期间（1953—1957 年），在基本建设上，全国完成投资总额 550 亿元，新增加固定资产 460 亿元，相当于 1952 年年底全国固定资产原值的 1.9 倍。五年内施工的工矿建设项目有 1 万多个，苏联帮助我国建设的 156 个重点建设项目，到 1957 年年底，有 135 个已施工建设，有 68 个已全部建成或部分建成投入生产。可以说，"一五"计划的顺利实施为新中国的经济发展做出了重大贡献。值得一提的是，为了科学制订"一五"计划，我国的经济工作者从当时国家的人力、物力、财力状况，空间布局，技术选择等宏观方面进行了实事求是、周密细致的分析论证，而且在项目的具体选址、产品、规模、原料燃料供应、劳动组织、工艺流程和工艺参数以及设备等方面也都做了可靠的技术经济分析评价。这些做法为后来技术经济理论的形成积累了很多实践经验。

于光远等学者敏锐地认识到了技术经济分析在经济建设实践中的重要性，积极倡议建立技术经济学。中央对此也非常重视，1962 年我国制定的《1963—1972 年科学技术发展规划纲要》提出了技术经济学的概念，并将技术经济学作为重点发展的七门学科之一。这标志着我国技术经济学正式诞生。

（二）停滞期：1966—1976 年

1966 年，"文化大革命"时期，技术经济工作遭到严重破坏，技术经济学受到批判，技术经济研究机构全部被撤销，技术经济队伍被拆散下放，技术经济学科的发展全部停顿。因此，这一时期是技术经济研究工作被摧残的阶段，一些重大项目建设出现严重失误。

（三）发展期：1976 年—20 世纪 90 年代

1976 年粉碎"四人帮"后，特别是在 1978 年 12 月党的十一届三中全会以后，我国实行了改革开放的新政策，党的工作重点转移到以经济建设为中心的轨道上来，这为技术经济学的发展创造了极为有利的条件。国家制定的《1978—1985 年全国科学技术发展规划纲要》将技术经济与管理现代化理论与方法的研究列入了 108 项重大研究课题。

1978 年年底，在于光远等学者倡导和主持下，我国重建了技术经济研究队伍，成立了中国技术经济研究会。1980 年，中国社会科学院成立了中国第一个技术经济研究所（现为数量经济与技术经济研究所）。大多数省份成立了技术经济专门研究机构，许多高校设置了技术经济及相关专业，相继设置了技术经济与管理硕士专业和博士专业，培养了一大批从事技术经济分析的专业人才。

此时的技术经济学科呈现出"百家争鸣"的学术气氛，吸收了一些西方现代经济理论和先进的评价方法，总结了实际经济建设中的经验，使技术经济学在经济建设的宏观项目评价和微观项目评价中得到了广泛应用。

1983 年国家计委颁发了《关于建设项目进行可行性研究的试行管理办法》，把可行性研究列为基本建设中一项不可缺少的重要程序，规定工业投资项目必须进行可行性研究和编制可行性研究报告，否则一律不予审批。1987 年国家计委和建设部发布了《建设项目经济评价方法与参数》（第一版），以后经过两次修订，第三版于 2006 年正式颁布。第三版借鉴了世界银行、亚洲开发银行和英国财政部发布的经济评价的指导手册和研究成果，使经济评价与国家财税制度相匹配，又与国际投资建设项目经济评价做法接轨，使经济评价工作更具操作性。这是一部面向各行各业的指导性、规范性文件，顺应了投资体制改革的需要，促进了社会主义市场经济的发展。

（四）调整发展期：20 世纪 90 年代中后期以后

自 1992 年党的十四大确定我国改革目标模式是建立社会主义市场经济后，我国经济进入一个持续增长的新时期。为适应新时期经济技术发展需要，技术经济学研究领域不断深化和扩展。例如，新型工业化与技术创新关系的理论研究、知识经济研究、循环经济研究、能源技术经济研究、可持续发展研究、区域经济研究、信息化理论和应用研究、高新技术发展及产业化研究、建设项目的社会经济评价、科学发展观与创新型国家研究等。各种技术经济学专著和论文大量出现，数量远超过前一时期。其中不乏重要的文献出版，如《投资项目可行性研究指南》《建设项目经济评价方法与参数（第三版）》，以"技术经济学"为名的专著数量也不断增加。全国科技大会召开后，有关技术创新的论文数以千计。同时，技术经济学研究队伍经历更新换代，一批学术新秀开始涌现。

继 1980 年中国社会科学院成立全国第一个技术经济研究所之后，很多部门相继成立了技术经济研究机构。许多理工科大学开设了技术经济课程，不少文科大学也开设了技术经济课程。一些大学和研究机构专门培养了技术经济专业博士生、硕士生和本科生。这个时期，技术经济学理论方法体系得到了不断改进和完善。在社会主义市场经济条件下，技术经济这门学问越来越重要，研究工作的深度和广度都在加大。技术经济学在实际中的应用越来越广，技术经济学分支学科越来越多。

20 世纪 90 年代以来，技术经济分析论证工作在经济建设中普遍展开，技术经济学研究范围的扩展不但丰富和完善了微观层次的理论和方法，而且将研究领域扩展到中观和宏观的层次，同时借鉴了国外工程经济学、价值工程、可行性研究、预测和决策理论方法，丰富了技术经济学的内容，促进了学科的进一步发展。

随着管理科学的发展，运筹学、概率论、计算机的应用使对比分析方法日渐多样化。随机过程、数学规划、最佳化等方法使分析评价技术经济效果及选择最佳技术方案的方法有了质的飞跃。过去无法用数学计量的经济因素开始可以用数学方法计量，一些变化的经济因素变量可借助数学模型加以计量，过去用统计、对比、计算选择方案的方法已被大量连续变量计算最佳化的方法所代替。技术经济学超出了原有工程经济学的范畴。

第二节　技术经济学的研究对象及内容

技术经济学是一门研究技术领域经济问题和经济规律，研究技术进步与经济增长之间相互关系的科学，是研究技术领域内资源的最佳配置，寻找技术与经济的最佳结合从而实现可持续发展的科学。技术经济学研究的内容涉及生产、分配、交换、消费各个领域和国民经济各个部门、各个方面，也涉及生产和建设的各个阶段。例如，对以下经济活动的技术可行性和经济效果进行分析：各种资源的合理开发和综合利用；农业优良品种的选择；各种工业原料、材料的选择；能源的生产和供应；新技术、新工艺和新装备的采用；各种标准和系列的制定；产品的造型和结构；生产的专业化、协作化和联合化；企业规模、布局和结构；建设方式和建设周期的确定；各种交通、邮电、通信方式的选择和配合；环境污染防治方法；工艺条件和工艺参数的合理选择；引进技术的合理选择等。因此，明确技术经济学的研究对象和研究内容与范围对掌握技术经济学有着至关重要的意义。

一、技术经济学的研究对象

技术经济学作为一门独立的学科，有其明确的研究对象，并形成了逻辑严密的科学理论体系。技术经济学并不研究纯技术问题，也不笼统地研究纯经济问题，而是研究技术领域的经济问题、经济领域的技术问题、技术与经济的相互关系问题以及技术发展所面临的新问题。具体而言，它的研究对象主要有以下几个方面：

（一）技术领域的经济问题

任何技术问题本质上都是经济问题，即任何技术活动都是为了推动经济发展。从这个意义上说，技术经济学研究的就是技术实践的经济效果，也就是研究技术的可行性与经济的合理性，即研究技术方案、技术措施、技术政策的经济效果，寻求提高经济效果的途径和方法。所谓技术的经济效果分析，就是研究各种技术在使用过程中如何以最小的投入取得最大的产出。任何技术的使用都会直接和间接地涉及生产活动中的投入和产出。投入是指生产过程中各种资源（包括劳动力、资金、技术等）的消耗或占用。产出是指用货币表示的各种形式的产品或服务的价值。技术经济学研究的经济效果范围比较广泛，既有直接经济效果也有间接经济效果，既有微观经济效果也有宏观经济效果，既有有形经济效果也有无形经济效果。

我国历来重视研究技术的经济效果。1949 年以后，我国曾引进苏联的技术经济分析方法，要求项目既有技术上的先进性，又有经济上的合理性，给国民经济的发展带来了巨大的经济效益和社会效益。随后引进的西方的项目可行性研究理论和方法，要求在项目建设前期选择最合理的技术方案，为投资决策提供依据。这些均已成为技术经济学核心的研究问题。

（二）经济领域的技术问题

技术创新是技术进步中最活跃的因素，是经济增长的根本动力，是高质量经济增长的源泉。经济增长是指在一国范围内，年生产的商品和劳务总量的增长，通常用 GDP（国内生产总值）或 GNP（国民生产总值）的增长来表示。经济增长可以通过多种途径来实现，既可以通过生产要素投入的增加，即经济规模"量"的增长来促进，也可以通过劳动生产率的提高，即单位投入资源产出量的提高来实现经济"质"的增长。而劳动生产率的提高往往依赖于技术的发展。各国的经济发展历史也表明经济增长与技术发展有着密切的相关关系。例如，18 世纪的工业革命出现了蒸汽机、纺织机等新技术、新工具，使英国一跃成为当时世界上经济增长最快的国家。而 19 世纪末 20 世纪初开始的电气革命，又促使德国、美国的经济蓬勃发展，尤其使美国后来发展成为世界头号发达国家。我国改革开放以来经济发展取得了巨大的成就，一个重要原因就是技术创新的活跃。

技术创新是企业科技进步的源泉，是现代企业发展的动力，是促进经济增长的根本途径。技术创新是生产要素的一种新的组合，是创新者将科学知识与技术发明用于工业化生产，并在市场上实现其价值的一系列活动，是将科学技术转化为生产力的实际过程。技术创新不断促进新产业的诞生和传统产业的改造，不断为经济注入新的活力。要促进我国经济结构的优化升级，推动我国经济的持续快速健康发展，只能持续不断地推进技术创新，从根本上解决技术落后、效率低下的问题。由于技术创新对促进国家和企业的经济增长具有非常重要的意义，因此技术创新一直是技术经济学研究的对象，其主要内容包括技术创新的动力机制、技术创新战略的选择、企业技术创新的组织形式、企业技术创新的管理、技术创新的服务体系及技术创新的产权配置问题等。

（三）技术与经济的相互关系问题

研究技术与经济的相互关系，寻求技术与经济相互促进、协调发展，也是技术经济学研究的重要问题。任何一个技术经济问题都不是单纯的技术问题，也不是单纯的经济问题，其中技术是手段，经济才是目的。技术与经济是人类社会生产发展中不可缺少的两个重要方面。一方面，技术进步永远是推动经济增长的根本途径，经济的发展必须依靠技术创新；另一方面，技术发展总是在一定的经济条件下进行的，经济上的需求是技术发展的直接动力，同时，技术的进步又必然会受经济条件的制约。技术与经济之间存在着相互渗透、相互促进，又互相制约的关系，任何技术的发展与应用都不仅是一个技术问题，同时也是一个经济问题。技术与经济之间的关系及使两者协调发展的途径，也是技术经济学固有的研究对象。

（四）技术发展规律面临的新问题

从世界范围来看，人们对技术发展规律的研究是从 20 世纪 60 年代开始的。我国对技术发展规律的研究晚于国外，从 20 世纪 80 年代初开始起步。纵观过去对技术发展规律的研究，可以发现技术在发展过程中主要存在以下问题：

1. 技术与外部环境的问题

技术作为一种社会现象，有其相对独立的自我增长特点，但又与社会有着不解之缘。许多因素影响着技术的发展，我们需要从总体上分析技术的发展。关于这一点，技术哲学的奠基人拉普认为，"为了从总体上分析技术的发展，我们可以这样来说明技术变化的过程：由特殊的文化制度、法律制度、社会结构和政治力量构成的社会，根据给定的技术知识和技能，考虑特殊的价值和目标观念，运用物质资源，在经济过程的框架内生产和应用技术系统。然后，这个过程又反作用于以前的技术系统，从而促进技术进一步发展。具有决定意义的不是描述所讨论的元素、因素、条件或原因的特殊方法，而是所有这些不可忽略的因素所构成的环境，它们总是在整体中起着各自的作用"。由此可见，研究技术发展规律要抓的主要矛盾是技术的内在逻辑和技术与外部世界的关系，只有抓住主要矛盾，研究技术的发展规律才有意义。因此，技术问题不仅是技术本身的问题，还是技术与外部环境的问题。

2. 技术选择的判断标准问题

技术体系作为技术在社会中现实存在的方式，是社会的一个有机组成部分。如果把影响技术体系的众多社会因素整合为一种"环境"，可称其为技术体系的"外部环境"。相对于"外部环境"来说，技术体系还有一种促使其自我增长的"内部环境"。技术体系的发展既在于接收"内部环境"中的信息，也在于接收"外部环境"中的信息。同时，技术体系的发展还在于技术自身发展信息不断向"外部环境"进行反馈。因此，技术体系的发展并不是一个简单的、静态的过程，而是一个不断进行信息交流、不断变化的动态过程。在技术选择的过程中，其判断标准不仅要遵循技术自身的标准，还要遵循社会的标准，如可持续发展问题、外部社会效应问题、生态环境问题等。

3. 技术变革过程中的"技术轨道"问题

1982 年，著名创新学者多西在研究技术变革的过程中提出了"技术轨道"的概念，明确了技术在变迁过程中的发展方向和主要动力，阐述了进化机制下技术创新遵循的规则与过程。近年来，经过众多国内外学者的研究，"技术轨道"理论逐渐成为技术创新理论的一个重要组成部分，其指导下的后发国家创新与追赶问题也受到了普遍的关注。

多西指出"技术轨道"是由技术范式中隐含的对技术变化方向做出明确取舍后决定的技术演进路径，或一组可能的技术方向。"技术轨道"的外部边界由技术范式本身的性质决定。

"技术轨道"理论研究的一个核心问题是总结技术轨道的性质。综合相关理论文献，"技术轨道"具有连续性（即积累性）、有限性（但无限逼近）、系统性、排他性与多样性等基本特性。

高速发展的我国经济如何把握选定的战略性新兴技术演化的基本规律、选择正确的技术发展路径，以实现自主创新能力的提升等问题显得至关重要，"技术轨道"理论多年的研究对此具有较大的实践指导意义。

二、技术经济学的研究内容与范围

(一) 技术经济学的研究内容

技术经济学是应用经济学的一个分支，它是技术发展与经济发展密切结合的产物，是研究技术要素的形成和发展的学科。从生产要素的视角看，技术经济学与劳动经济学、资源经济学等都属于要素经济学，它的研究对象包括技术创新、技术选择、技术的经济效果评价、技术与经济的协调发展等。

根据技术经济学的研究对象，技术经济学的研究内容可以归纳为两大方面：一方面是技术经济学的基本理论与方法；另一方面是如何将技术经济学的理论与方法在实践中进行应用。

1. 技术经济学的基本理论与方法

技术经济学基本理论与方法的研究包括技术进步与经济增长的相互关系、相互作用、相互推动的原理与方法；技术创新的原理与方法；技术先进性与经济发展条件的最佳结合、协调发展的原理与方法；各种技术方案选择、比较、评价的原理与方法等。

2. 技术经济学理论与方法的应用

技术经济学的研究内容包括如何将技术经济的理论与方法在实践中进行应用，即对应用原理与方法解决大量实际问题的研究。例如，投资项目、技改项目的技术经济评价分析；各种新产品、新工艺开发的技术经济分析；各种引进资金、技术项目的技术经济分析；各种投资项目的可行性研究；技术政策制定的技术经济分析等。

(二) 技术经济学的研究范围

技术经济学的范围非常广泛，涉及技术与经济领域的各个方面和层次。从横向看，涉及生产领域的各个部门，无论工业、农业还是服务业都有应用各种技术工作或应用各种技术政策、技术规划、技术措施的经济效果问题。从纵向看，技术经济学涉及的范围包括宏观、中观和微观各个领域科学发展中的经济问题，具体包括以下4个层次：

1. 项目层面的技术经济问题

项目层面的技术经济问题主要是指项目可行性研究、项目评估、项目管理等一切与投资项目相关的技术经济问题。投资项目有多种类型，包括工程建设项目、科技开发项目、公共投资项目等。

2. 企业层面的技术经济问题

一般来说，企业层面的技术经济问题包括企业发展战略、新产品开发、技术战略、技术开发、技术选择、技术创新、技术改造、技术整合、组织创新、知识管理、商业模式创新等。

3. 产业层面的技术经济问题

产业层面的技术经济问题主要包括产业发展、产业结构优化升级、产业技术创新、产业技术扩散、产业规模经济、产业集聚、产业技术轨道、产业技术政策等。

4. 国家层面的技术经济问题

国家层面的技术经济问题涉及国民经济全局问题，主要包括国家技术政策、创新驱动发展、技术进步与经济增长、国家的科技战略、科技发展规划及科技政策、知识产权制度、国家创新系统等。

上述4个层面的技术经济问题的划分不是绝对的，而是相互渗透、相互影响的。通常，较高层面的技术经济问题往往包含了较低层面的技术经济问题，对较低层面技术经济问题的解决起着决定性的影响，而较低层面的技术经济问题的解决又是搞好较高层面技术经济问题的基础。例如，科技战略、科技政策、科技规划、技术措施、技术方案等宏观与微观的经济决策问题，都必须从理论与实际的结合上，从经济、技术、社会协调发展的角度，探讨国内外环境和条件的相互适应性、技术可行性和经济合理性，以求其互相促进，并取得最大的经济效益。

第三节　技术经济学的基本原理及方法

技术经济学把技术问题置于经济建设的系统之中，用系统的观点、系统的方法进行各种技术经济问题的研究。技术经济学将定性研究和定量研究结合起来，并采用各种数学公式、数学模型进行分析评价，在研究中通常采用两种以上的技术方案进行分析比较，并在分析比较中选择经济效果最好的方案。本节主要介绍技术经济学的7个基本原理以及常见的4种研究方法。

一、技术经济学的基本原理

（一）机会成本原理

机会成本是指将一种具有多种用途的有限（或稀缺）资源置于特定用途时所放弃的收益。当一种稀缺的资源具有多种用途时，可能有许多投入这种资源获取相应收益的机会。如果将这种资源置于某种特定用途，必然要放弃其他的机会，同时也放弃了相应的收益。所有放弃的机会中的最佳机会可能带来的收益，就是将这种资源置于特定用途的机会成本。

例如，某企业欲投入 50 万元购置一台设备，这 50 万元也可用于购买债券、股票或存入银行生息。假定投资期限相同，且购买债券的收益率最高，年收益率为 12%，则这 50 万元购置设备的年机会成本就是 $50 \times 12\% = 6$（万元）。

机会成本是技术经济分析中的重要概念。只有充分考虑将某种资源用于其他用途时的潜在收益，才能对投资项目做出正确的决策。

（二）经济效果原理

经济效果是指技术在社会实践中的效果与费用、损失之比。对于取得的一定有用成果和支付的资源代价及损失的对比分析，就是经济效果评价。

当效果与费用、损失为不同度量单位时，经济效果可表示如下：

$$经济效果 = \frac{效果}{费用 + 损失}$$

当效果与费用、损失为相同度量单位时，经济效果可表示如下：

$$经济效果 = 效果 - （费用 + 损失）$$

人类的技术实践活动不论其主体是个人还是机构，都具有明确的目标，都是为了直接或间接地满足人类自身的需要。例如，人类的生产性技术经济活动是通过新材料、新能源和新制造技术的使用为人类生存和发展提供更多、更好的物品和服务；教学技术实践活动是通过先进的信息技术和手段将知识及技能传播给更多的人，以便更充分地利用这些知识与技能；医疗技术实践活动是指应用生物工程、遗传学和生命科学的成果更好地防病、治病，救死扶伤，造福人类。

由于各种技术实践活动的性质不同，因此会取得不同性质的效果，如环境效果、艺术效果、军事效果、政治效果、医疗效果等。但无论哪种技术实践活动都会涉及资源的消耗，都有浪费或节约问题。由于在特定的时期和一定的地域范围内，人们能够支配的经济资源总是稀缺的，因此，人们需要在有限的资源约束条件下对采用的技术进行选择，并对活动进行有效的计划、组织、协调和控制，以最大限度地提高技术实践活动的效果，降低损失或消除负面影响，最终提高技术实践活动的经济效果，而这正是对各种技术实践活动进行技术经济分析的目的。

提高技术实践活动的经济效果是技术经济分析的出发点和归宿。一般来说，提高经济效果有以下两种途径：

第一，用最低的寿命周期成本实现产品、作业或服务的必要功能。世界上第一辆汽车是在 19 世纪 80 年代由戈特利布·戴姆勒和卡尔·弗里德里希·本茨制造的。由于生产成本太高，在相当长的一段时间内，汽车仅是贵族的一种玩物。后来，经过亨利·福特的努力，每辆汽车的售价降至 1000～1500 美元，后来又降至 850 美元，到 1916 年甚至降至 360 美元，汽车的使用成本也有所降低。这为汽车的广泛使用创造了条件，最终使汽车工业成为美国经济的一大支柱。汽车工业的发展又推动了美国的钢铁、石油、橡胶等一系列工业部门的发展，同时极大地改变了人们的生活方式。这一事例说明在保证实现产品

（作业、服务）必要功能的前提下，不断追求更低的寿命周期成本，对社会经济的发展具有重要意义。

第二，在费用一定的前提下，不断改善产品、作业或服务的质量，提高其功能。电子计算机自问世以来，储存空间不断增大，运算速度不断提高，兼容性日益改善，而价格不断降低的事实，使其应用领域大大拓展，以至于人们的生活和生产方式都为之改变。

（三）可比性原理

在对各项技术方案进行评价和选优时，只有通过比较才能辨别其优劣，因此技术经济学应遵循可比性原理，使各方案的条件等同化。由于各方案涉及的因素极其复杂，并且存在难以定量表达的不可转化因素，因此不可能做到绝对的等同化。在实际工作中一般只能使对各方案经济效果影响较大的主要方面达到可比性要求，包括产出成果使用价值的可比性、投入相关成本的可比性、时间因素的可比性、价格的可比性、定额标准的可比性、评价参数的可比性等。时间因素的可比性是经济效果计算中通常要考虑的一个重要因素。例如，两个技术方案的产品种类、产量、投资、成本完全相同，但时间上有差别，其中一个方案投产早，另一个方案投产晚，这时很难直接对两个方案的经济效果下结论，因此，必须考虑资金的时间价值，将两个方案的效果和成本都换算到同一个时点，再进行经济效果的评价和比较。

（四）预见性原理

人们对客观世界规律的认识使人们可以对自身活动的结果做出一定的科学预见。根据对活动结果的预见，人们可以判断一项活动目标的实现程度，并相应地修正或采取更好的方法。如果人们缺乏这种预见性，就不可能了解一项活动是否能够实现既定的目标、是否值得去做，也就不可能做到有目的地从事各种技术实践活动。以三峡工程为例，如果我们不了解三峡工程建成后可以获得多少电力，能在多大程度上改进长江航运和提高防洪能力等结果，那么建设三峡工程就会成为一种盲目的活动。因此，为了有目的地开展各种技术实践活动，就必须对活动的后果进行慎重的估计和评价。

技术经济分析正是对技术实践方案付诸实施之前或实施之中的各种结果进行的估计和评价，属于事前或事中的主动控制，即信息搜集 - 资料分析 - 制定对策 - 防止偏差。只有提高预测的准确性，客观地看待未来的不确定性，才能提高决策的科学性。事后评价和总结是为了在新的项目中吸取经验教训。这项工作要求人们面对未来，对可能发生的后果进行合理的预计。例如，工程建设项目前期的可行性研究工作的重要前提是进行周密的市场调查工作，准确地估计项目的效果和费用及损失，通过技术分析、财务分析和国民经济分析，对各种方案的技术可行性和经济合理性进行综合评价，为决策提供准确的依据。可行性研究工作的提出使技术经济分析的预见性提高到一个新的水平。

当然，由于人的理性有限性，不可能对所有活动后果的估计都准确无误，总会产生一定的偏差，特别是对具有创新性的项目。正因为如此，人们才会不断地在风险分析和不确定性分析中进行大量拓展知识范围及提高预见能力的研究工作。

（五）全局性原理

人类社会发展至今，由于分工的细化和合作的加强，各个利益主体（如国家、民族、政府、社团、企业、家庭）在国民经济中的职能、作用、权利和追求的目标存在着一定的差异，而且同一利益主体的目标在时间上也存在可变性。例如，一个国家在对外经济贸易和国际事务中，为了维护本国的合法权益，追求的目标包括：主权和领土完整、稳定且持续的经济增长、国际竞争力的提高、综合国力的增强、出口的增加和抵御金融风险能力的增强。一个国家的政府作为社会公众的代言人，需要站在宏观的层面上考虑国民经济全局，其追求的目标包括：币值稳定、法制健全、产权明晰、社会安定、缩小地区差距、经济适度增长、充分就业、生态环境的治理、经济结构调整和经济体制改革。而对于从事商品生产和销售的企业，一般是站在微观层面上追求自我生存和自我发展，其基本目标是实现利润或企业价值最大化，同时考虑企业信誉、产品和服务质量、技术创新等方面。

由于不同利益主体追求的目标存在差异，因此，不同利益主体对同一技术实践活动进行技术经济评价的立场不同、出发点不同、评价指标不同，评价的结论就有可能不同。例如，某些地区的造纸厂或化工厂为了降低成本，从企业自身利益出发在生产活动中排出了大量废物，对附近河流、湖泊造成了严重污染，是国家所不允许的。因此，为了防止一项技术实践活动在对一个利益主体产生积极效果的同时，可能损害另一些利益主体的目标，技术经济分析需要体现较强的整体性。整体性主要表现在根据经济评价时所站的立场或看问题的出发点的不同，经济评价分为企业财务评价、费用效益分析和费用效果分析，同时，当企业财务评价结果与费用效益分析结论不一致时，企业财务评价应服从费用效益分析结论。

（六）适用性原理

首先，经济是技术进步的目的，技术是达到经济目标的手段，是推动经济发展的强大推动力。当今社会，人类更加强调资源、环境、经济的可持续发展，而要想以不牺牲环境和资源为代价来发展经济，技术进步是必由之路。其次，技术与经济之间还存在着相互制约和相互矛盾的一面。有些先进技术需要相应的技术经济条件起支撑作用，需要相应的资源结构相配合。对于不具备相应条件的地区和国家，这样的先进技术很难发挥出应有的效果。这正是在相同的生产力发展阶段，不同的地区要根据社会经济技术基础选择适用技术的原因。

我国是一个发展中国家，必须根据国情确定技术选择的原则，既要防止故步自封，又要防止生搬硬套；既要考虑技术的先进性，缩短与世界先进水平的差距，又要兼顾技术的适用性，充分发挥技术的效果。我国同时又是一个发展中的大国，各地区资源条件和经济发展水平很不均衡，这决定了我国现阶段的技术体系应该同时包含多种层次的技术，既要有新技术、高技术，也要有中间技术和传统技术。当然，随着我国经济的发展和科学技术水平的提高，在整个技术体系中，前一种技术的比例会不断增加，后一种技术的比例会不断减少。

（七）技术创新原理

技术创新是以创造新技术为目的的创新或以科学技术知识及其创造的资源为基础的创新。前者如创造一种新的激光技术，后者如以现有的激光技术为基础开发一种新产品或新服务，常合二为一。技术创新是企业竞争优势的重要来源，也是企业可持续发展的重要保障。认识技术创新本质、特点和规律，是技术创新有效管理的重要前提。技术创新是技术与市场的结合，是科学技术转化为社会生产力的具体表现，是当今促进技术进步、实现经济增长的主要方式。

技术创新有狭义和广义之分。狭义技术创新是指始于研究开发而终于市场实现的技术创新；广义技术创新是指始于发明创造而终于技术扩散的技术创新。通常，我们理解的技术创新主要是指狭义的技术创新。

创新的产品、技术将会通过市场或非市场的渠道进行传播，被其他企业通过合法的手段采用，该过程称为技术扩散。技术扩散从本质上来说，其核心就是采用者对技术创新的学习和模仿行为，是技术创新的延伸。技术扩散一般起始于某项根本性创新的首次商业化应用，从推广使用直到被淘汰的过程对应一个技术周期。

二、技术经济学的研究方法

技术经济学是一门以技术经济分析方法为主体的应用学科，其方法体系主要分为三个层次：第一层次是哲学意义上的方法论；第二层次分为解决技术经济问题的基本方法和解决某个特定问题的专门方法；第三层次则是一些具体的分析方法。一般来说，根据研究对象的不同，技术经济学的基本方法可以分为以下几种：

(一) 系统分析法

由于技术经济问题的系统性特征，技术经济学应当采用系统分析的理论和方法进行研究。在技术经济的研究中，要用系统的观点去研究问题，把研究对象当作由若干作用于一个共同目标、互相联系又互相影响的单元组成的有机整体，把各种要素及多方面的效果结合在一起，进行系统性的综合分析论证。常用的综合分析论证方法有综合评分法、模糊评价法、层次分析法、多目标规划法、运筹学方法等。

(二) 方案比较法

方案比较法是通过若干从不同方面说明方案技术经济效果的指标，对完成同一任务的几个技术方案进行计算、分析和比较，从中选出最优方案或者进行方案优劣排序。这是技术经济学最常用的传统方法，比较简单，易于掌握，而且已有一套较为完整、成熟的程序。常用的方案比较法有净现值法、内部收益率法、现值费用法、差额投资回收期法、决策树法、数学规划法、目标排序法、逐步淘汰法、两两比较法等。

(三) 效益评价法

在技术经济分析中，需要对有关方案的经济效益、社会效益、环境效益等特性进行对比分析，并按一定的标准对其进行评价。常用的效益评价法有投资回收期法、净现值法、投资收益率法、费用效益分析法、功能评价系数法等。

(四) 推断预测法

技术经济学的研究多以事前研究为主，具有推断性、预见性特点，需要对将来可能出现的结果进行推断和预测，这些预测既有定性的也有定量的，主要包括技术预测和经济预测两个方面。常用的推断预测法有德尔菲法、回归分析法、指数平滑法、时间序列分析法、投入产出法、专家预测法、系统动力学法、目标预测法、包络曲线法、相关产品法、估算法、概算法等。

20 世纪 80 年代之前，技术经济学的研究方法主要以逻辑推理、案例研究和数据分析为主，分析的指标多以静态分析指标为主。20 世纪 80 年代以来，随着西方经济学思想的引进，西方的经济分析方法逐渐被技术经济研究者接纳，项目评价指标将市场价格、净现值和动态投资回收期等作为评价指标。技术经济学采用了许多定量分析的方法，并把定量分析与定性分析相结合。在定量分析时，以动态分析为主，静态分析为辅，把分析的因素量化，通过数学计算进行分析比较。因此，在技术经济理论研究方面更多合理地采用模型化的数学方法，在实证研究方面也更多采用计量经济的分析方法。

本章习题

一、名词解释

请对下列名词进行解释：

机会成本；经济效果；技术创新。

二、简答

1. 技术和经济之间存在什么样的关系？

2. 技术经济学的概念是什么？

3. 技术经济学在我国是怎么发展起来的？

4. 技术经济学的研究对象有哪些？

5. 技术经济学的主要研究内容有哪些？你认为技术经济学有哪些新的研究内容？

6. 机会成本和沉没成本有什么区别？

7. 经济效果应如何表示？

8. 提高技术实践的经济效果有哪些途径？

9. 技术经济学的研究方法有哪些？并简述每种基本方法的内容。

三、计算

某企业欲投入 50 万元购置一台设备，当然这 50 万元也可用于购买债券、股票或存入银行生息。假定投资期限相同，且购买债券的收益率最高，年收益率为 12%，求这 50 万元购置设备的年机会成本。

第五章 资金的时间价值

第一节 资金时间价值的基本原理

资金时间价值理论应用广泛，具有较强的实用性。根据资金时间价值理论计算不同时期资金的现值从而对投资方案进行费用效益分析的方法早已在西方被全面推广。随着我国对外开放的不断深入，外商投资企业或投资项目逐渐出现，使很多学者和技术经济工作者对资金时间价值理论的实用性有了进一步的了解。将此理论应用在对项目进行技术经济分析或方案评价比较，不仅可以提升资金使用的合理性，还有利于做出正确的投资决策以及促进外资工作的发展。本节在讨论资金时间价值、利息、利率等基本概念的基础上，对复利计算基本公式进行了介绍，并对资金等值的计算方法进行研讨。

一、资金的时间价值概念

资金的时间价值是指资金在生产、流通过程中，资金的价值随着时间的推移而增值的这部分，就是原有资金的时间价值，它是时间的函数。资金的时间价值是技术经济分析中重要的基本原理之一，是用动态分析法对项目投资方案进行对比、选择的依据和出发点。任何一个工程项目、技术方案的建设与实施都有时间上的过程；对于任何一个投资者来说，资金的投入与收益的获取往往构成一个时间上有先后的现金流量序列。因此想要客观地评价工程项目或技术方案的经济效果，不仅要考虑现金流出与现金流入的数额，还必须考虑每笔现金流量发生的时间。

用于投资的资金在经过一定时间后会产生净效益，使原始资金得到增值，从而获得比原始投资额更多的资金。如果数年一直保有一定数额的资金，在经过一定时间后，虽然资金的数额不变，但其实际价值却发生了变化，这就是资金时间价值的实质表现。

货币的时间价值也被称为资本或资金时间价值，实质上是投资者对以货币表现的资本或资金与其带来的价值增值（利息或利润）之间的一种量的关系的认识，即这种增值与资金占用的时间呈几何级数关系。市场经济条件下，在资本所有者看来，资本具有净生产率，即一定量的资本用于投资项目（或存入银行）会带来收益，这种收益（ΔCap）与投入资本量（Cap）的比率，被称为资本或投资项目的净生产率（$P = \Delta Cap/Cap$），每年积累的收益，又可充当下年度的资本而再度带来收益，随着时间的推移，一定量的资本净生产率是一种按几何级数增长的复利率。由于资本或资金的初始表现为货币，因此，资本的净生产率可看作投资于社会生产的货币的净生产率。另外，将资金用于投资的同时就要放弃将它用于消费，显然，牺牲现时的消费是为了将来得到更多的消费，因此，从消费者的角度看，推迟现时的消费应获得补偿，推迟消费的时间越长，补偿也就越多，并与时间呈几何级数关系。

由于资金价值的比较要在同一时间点才具有科学性，因此在进行资金价值比较时应考虑时间因素，即在对投资项目进行经济评价时需要将时间序列上的资金折算到同一时间点上。

资金时间价值产生的原因有多种，本书着重从投资角度进行分析：

1）投资盈利率或收益率，即在不考虑通货膨胀和风险的情况下，单位投资所能取得的收益。

2）通货膨胀因素，即因货币贬值造成的损失应得的补偿。

3）风险因素，即因风险存在可能带来的损失应作的补偿。

如果同时考虑以上所有因素，则构成了广义上的资金时间价值；如果只考虑扣除通货膨胀和风险因素后的资金价值真实变化量，则构成了狭义上的资金时间价值。技术经济分析中通常采用狭义上的资金时间价值。在技术经济分析中，资金时间价值的计算方法与银行利息的计算方法相同。实际上，银行利息也是资金时间价值的表现形式之一。

反映资金时间价值的形式大致可以分为绝对指标与相对指标两种。绝对指标是指用绝对数表示的资金时间价值，即资金时间价值额，如利息、盈利、净收益等，这些都是使用资金的报酬，是投入资金在一定时间内的增值。一般把银行存款获得的资金增值称为利息；把资金投入生产的资金增值称为盈利或利润、净收益。可见，利息、盈利、净收益等都是资金时间价值的体现。

相对指标是指用相对数表示的资金时间价值，即资金时间价值率，是一定时间内的利息或收益占原投入资金的比率，或称为收益资金的报酬率，反映了资金随时间变化的增值率，如利率、盈利率、收益率等。

在技术经济分析中需要注意，利息与盈利、净收益，利率与盈利率、收益率并不相同。净收益和收益率的概念一般适用于研究某项投资的经济效果；在计算分析信贷资金时，则使用利息和利率的概念。例如，利息是指占用资金所付出的代价，也可以认为是放弃使用资金所得到的补偿，体现了资金时间价值的绝对量。如果将一笔资金存入银行，这笔资金就是本金，经过若干时间后，资金所有者可以从银行获得本金之外的一笔利息，此时，资金所有者拥有的资金除了本金，又增加了利息，资金绝对量增加了。

通过资金时间价值的研究，能够更客观地、真实地评价方案的技术经济效果。在生产实践和工程建设实践中主要涉及以下几类问题：

1）投资时间不同的工程项目技术方案的经济效果评价问题。

2）投产时间不同的工程项目技术方案的经济效果评价问题。

3）使用寿命不同的工程项目技术方案的经济效果评价问题。

4）技术方案实现后，经营费用不同的技术方案的经济效果评价问题。

5）技术方案实现后，产出效果不同的技术方案的经济效果评价问题。

二、利息与利率

（一）利息

狭义的利息（interest）是指占用资金所付出的代价（或放弃使用资金所得到的补偿），广义的利息是指资金投入到生产和流通领域中一定时间后的增值部分，它包括存款

（或贷款）所得到（或付出）的报酬和投资的净收益（或利润）。技术经济分析中的利息是指广义的利息，它是衡量资金时间价值的绝对指标。

（二）利息率

利息率（interest rate，计作 i，简称为利率）是资金在单位时间内所产生的利息与投入的本金之比，通常以百分数表示，即：

$$利率 = \frac{单位时间的利息 \times 100\%}{本金}$$

利率是衡量资金时间价值的相对指标，在实际中，一般根据利率来计算利息。利率的实质是社会资金利润率，贷款利率、债券利率等各种形式的利率就是根据社会资金利润率确定的。一般的利息率包括风险价值和通货膨胀等因素，但是资金时间价值通常被认为是没有风险和没有通货膨胀条件下的社会平均利润率，这是利润平均化规律作用的结果。作为资金时间价值表现形态的利息通常以利率来计算。利率是使用资金的报酬率，反映了资金时间价值的相对量。

（三）计息周期

计息周期（简称为计息期）是计算利息的时间单位，计息周期通常有年、半年、季、月、周等。按计息周期的长短，利率相应地分为年利率、半年利率、季利率、月利率和周利率等。在技术经济分析中，常以年为计息周期。

利息通常由本金和利率计算得出，计算方法可分为单利法和复利法两种。

（四）利息计算方法

1. 单利法

单利法计息是指仅本金生息，利息不再生息。其计算公式如下：

$$I = P \times n \times i \tag{5-1}$$

n 个计息周期后的本利和如下：

$$F_n = P(1 + i \times n) \tag{5-2}$$

式中，I 为总利息；P 为本金额；i 为每个计息周期的单利率；n 为计息周期数；F_n 为 n 年末本利和。

2. 复利法

复利法是用本金和前期累计利息总额之和计算利息，即除最初的本金要计算利息，每一计息周期的利息都要并入本金，再计利息，即所谓的"利滚利"。复利法中资金随时间的推移呈指数变化趋势。

复利计算公式如下：

$$F_n = P(1 + i)^n \tag{5-3}$$

上式可由表 5-1-1 推导得出。

表 5-1-1　复利法本利和的推导

计 息 期 次	期 初 本 金	本 期 利 息	期末累计本利和
1	P	P_i	$P(1 + i)$
2	$P(1 + i)$	$P(1 + i)i$	$P(1 + i)^2$

（续）

计息期次	期初本金	本期利息	期末累计本利和
3	$P(1+i)^2$	$P(1+i)^2 i$	$P(1+i)^3$
……	……	……	……
n	$P(1+i)^{n-1}$	$P(1+i)^{n-1} i$	$P(1+i)^n$

对于相同数额的存款，在利率和计息周期相同的情况下，采用复利法计算的利息和本利和大于单利法。当本金越多、利率越高、周期越长时，两种计息方法计算的结果差距就越大，如图 5-1-1 所示。

复利计息较符合资金在社会生产中运行的实际状况，能体现资金的时间价值。因此，在技术经济分析中一般采用复利计息。复利计息有间断复利和连续复利之分。如果计息周期为一定的时间区间（如年、季、月），并按复利计息，称为间断复利；如果计息周期无限缩短，则称为连续复利。在实际的商业活动中，计息周期不可能无限缩短，因而都采用较为简单的间断复利计息。

3. 名义利率和实际利率

在技术经济分析中，复利的计算多以年为计息单位，即采用年利率。但在实际的经济活动中，利率的时间单位可能与计息周期不一致，例如，计息周期为半年、季度或月等，一年内的计息次数相应为 2 次、4 次或 12 次等。由于一年内的计息次数不止一次，在复利计息的条件下，每计息一次，就会产生新的利息滚入下一个计息周期的本金部分，由此实际产生的本利和、利率与以年计息的本利和、利率会出现差值，这就产生了名义利率和实际利率的问题。

假设按月计算利息，月利率为 1%，通常称为"年利率为 12%，每月计息一次"；按季度计算利息，季度利率为 3%，则可称为"年利率为 12%，每季度计息一次"，这个年利率 12% 就称为"名义利率"。"名义利率"是每一计息周期的利率与每年的计息次数的乘积。若按单利计算，名义利率与实际利率是一致的；若按复利计算，实际利率不等于名义利率。

假设现有本金 1000 元，年利率为 12%，若每年计息一次，一年后的本利和计算如下：

$$F_1 = 1000 \times (1 + 0.12) = 1120 \text{（元）}$$

若按年利率为 12%，每月单利计息一次，一年后的本利和计算如下：

$$F_2 = 1000 \times (1 + 1\% \times 12) = 1120 \text{（元）}$$

若按年利率为 12%，每月复利计息一次，一年后的本利和计算如下：

$$F_3 = 1000 \times (1 + 1\%)^{12} = 1126.8 \text{（元）}$$

可见，在单利计息条件下，名义利率与实际利率是一致的，但在复利计息条件下，实

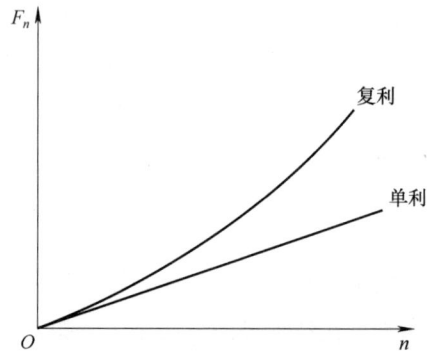

图 5-1-1　资金随时间变化的规律曲线

际年利率计算如下：

$$i = \frac{1126.8 - 1000}{1000} \times 100\% = 12.68\%$$

在复利计息条件下，名义利率 12% 与实际利率 12.68% 不一致，实际利率要高于名义利率。计息次数越多，则实际利率与名义利率的差值越大。设年名义利率为 r，一年内的计息次数为 m 次，则每个计息周期的利率 r^* 计算如下：

$$r^* = \frac{r}{m}$$

一年后的本利和计算如下：

$$F = P(1 + r^*)^m = P\left(1 + \frac{r}{m}\right)^m \tag{5-4}$$

一年内的利息 I 计算如下：

$$I = F - P = P\left(1 + \frac{r}{m}\right)^m - P$$

则年实际利率 i 计算如下：

$$i = \frac{I}{P} = \frac{P\left(1 + \frac{r}{m}\right)^m - P}{P} = \left(1 + \frac{r}{m}\right)^m - 1 \tag{5-5}$$

式（5-5）是名义利率与实际利率的换算公式。当 $m = 1$ 时，实际利率等于名义利率；当 $m > 1$ 时，实际利率大于名义利率；当 $m \to \infty$ 时，即按连续复利计算时，i 与 r 的关系计算如下：

$$i = \lim_{m \to \infty}\left[\left(1 + \frac{r}{m}\right)^m - 1\right] = e^r - 1 \tag{5-6}$$

式中，e 为自然对数函数的底数，其值为 $2.7182818\cdots\cdots$

表 5-1-2 以年名义利率 12% 为例，给出了对应不同计息周期的年实际利率的计算结果。

表 5-1-2 不同计息周期的年实际利率

计息周期	一年内计息次数（m）	年名义利率（r）	计息周期利率（r^*）	年实际利率（i）
年	1		12%	12.000%
半年	2		6%	12.360%
季	4		3%	12.551%
月	12	12%	1%	12.683%
周	52		0.2308%	12.736%
日	365		0.03288%	12.747%
连续	∞			12.750%

由表 5-1-2 可见，连续利率与按日进行复利计算的实际利率是非常接近的。实际上，当名义利率不是很大时，计息次数从 365 增加到无限大，其实际利率增加的幅度是很小的。

第二节　资金等值计算与应用

在技术经济分析中，为了考察投资项目或技术方案的经济效果，需要对项目在寿命期内不同时点发生的全部现金流量进行计算和分析对比。如果考虑资金的时间价值，则对不同点上发生的现金流入或流出的数值不能直接相加或相减，而需要通过资金等值计算方法将其折算到同一时点上再进行分析对比。因此，本节重点介绍了有关资金等值计算的相关知识内容，分别对资金等值计算要素、计算工具进行了详细介绍，并根据支付类型对一次支付类型、等额分付类型计算方法予以说明，最后又对等差序列现金流的等值计算以及等比序列现金流的等值计算涉及的公式进行了归纳整理，以便帮助大家更好地将理论知识应用于实践中。

一、资金等值计算要素

在资金等值计算中，主要有以下几种最基本和最典型的现金流量：现值、终值、年值、等差递增（减）年值及等比递增（减）率。

1）现值是发生在时间序列起点的资金值，通常用符号 P 表示。时间序列的起点通常是经济评价时刻的起点，即现金流量图的零点。现值具有相对性，一笔资金相对未来某个时刻而言是现值，但相对过去某个时刻就不再是现值了。

2）终值表示某一特定的时间序列的终点值，通常用符号 F 表示。终值也称为未来值、将来值。

3）年值表示某一特定的时间序列的每期期末相等的现金流入或流出，若是现金流入可称为年金，若是现金流出则可称为年费用，通常用符号 A 表示。由于在技术经济评价中，资金发生的时间间隔通常为一年，因而习惯称之为年值。即使资金发生的时间间隔不是一年，每期发生的资金额也仍可称为年值。

4）等差递增（减）年值表示某一特定的时间序列上现金流量逐期等差递增（减）时，每一期比前一期等额增加或减少的资金额，也称为等差值，用符号 G 表示。如在一个现金流量序列80、90、100 中，等差值 G 等于10。

5）等比递增（减）率表示某一特定的时间序列上，现金流量呈现等比递增（减）趋势，其中现金流量逐期递增（减）的百分比称为等比递增（减）率，用符号 q 表示。

另外，在进行资金等值计算时，还会涉及贴现和贴现率的概念。将终值换算为现值的过程称为贴现或折现。贴现率亦称折现率，是指将未来某一时点的资金折算为现值所使用的期利率，在技术经济分析中常以年为计息周期，因而通常使用年利率。

二、资金等值计算工具

工业企业的生产活动总是伴随着一定的物流和货币流。从物质形态来看，工业生产活动表现为人们通过使用各种工具和设备，消耗一定量的能源，将各种原材料加工转化成需要的产品。从货币形态来看，工业生产活动表现为投入一定量的资金，花费一定量的成本，通过产品销售获取一定量的货币收入。

在技术经济分析中，通常总是将工程项目或技术方案视为一个独立的经济系统来考察系统的经济效果。对一个特定的系统而言，在某一时点上流出系统的货币称为现金流出或负现金流量；流入系统的货币称为现金流入或正现金流量；现金流入与现金流出的代数和称为净现金流量。现金流入，现金流出及净现金流量统称为现金流量。

一个工程项目或技术方案的实施往往要持续一段时间。在工程项目或技术方案的寿命期内，各种现金流入和现金流出的数额和发生的时间都不相同，为了便于分析，通常采用现金流量表或现金流量图的形式表示特定系统在一段时间内发生的现金流量，如表5-2-1和图5-2-1所示。

表 5-2-1　现金流量举例

年　　份	0	1	2	3	4	5
现金流入	0	0	100	150	150	150
现金流出	100	100	0	0	0	0
净现金流量	− 100	− 100	100	150	150	150

因现金流量图直观、简单又形象，同时有利于对不同时刻各种现金流量进行折算，因而在投资项目分析、技术方案选择中得到了广泛应用（见图5-2-1）。

现金流量图的表示规则如下：

（1）用一根横轴表示时间轴和分析的对象系统。对象系统就是工程经济分析的对象，可以是一个建设项目，也可以是一个技术方案。时间轴从左到右表示时间的延续，并在时间轴上标注时间刻度用于表示现金流量发生的时间点，时间刻度的单位可以是年、季、月、旬、周、日等。

（2）用垂直于横轴的单箭线表示流入或流出系统的现金流量。单箭线与横轴相交的时间点表示现金流量发生的时点，向上的单箭线表示现金流入，向下的单箭线表示现金流出，箭线长短示意现金流量的大小。

（3）单箭线端部标注现金流量的准确数值。

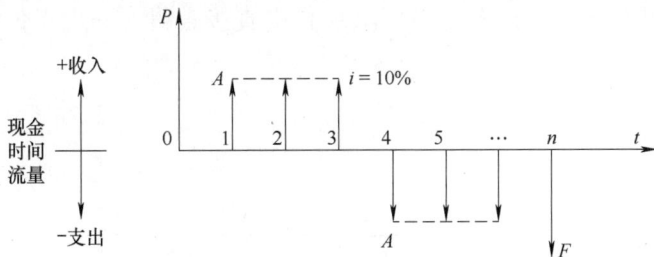

图 5-2-1　现金流量图

为了统一绘制和便于比较，如果没有特别说明，默认按以下规定：时间坐标轴的原点设在建设期初；投资发生在各时期的期初；销售收入、经营成本和税金发生在各时期的期末；回收固定资产净值和流动资金发生在系统寿命期结束时。

对比现金流量图与现金流量表可以看出，现金流量图的优点是表达直观，能直接从图中清晰地看出现金流入、现金流出的数量及发生的时点；缺点是不容易通过计算机对数据进行计算。与现金流量图相比，现金流量表的直观性相对弱一些，但现金流量表可以更方便地使用计算机进行大规模的数据计算。

三、一次支付类型

一次支付又称整收、整付，是指经济系统的现金流量无论是流入还是流出，均在一个时点上一次发生。一次支付典型现金流量图如图 5-2-2 所示。一次支付类型涉及两笔现金流量，即现值（P）和终值（F），对应的等值计算公式有一次支付终值公式和一次支付现值公式。

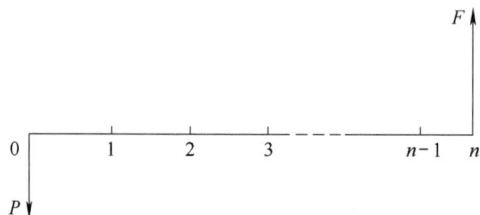

图 5-2-2　一次支付典型现金流量图

（一）一次支付终值公式

一次支付终值公式与复利计算的本利和公式一样，它是等值计算的基本公式，即已知现值 P 求终值 F。

一次支付终值公式如下：

$$F = P(1 + i)^n = P(F/P, i, n) \tag{5-7}$$

式中，P 为现值（本金）；F 为终值（本利和）；i 为折现率；n 为时间周期数。式中的 $(1 + i)^n$ 称为一次支付终值系数，可表示为符号 $(F/P, i, n)$，其中，斜线右边字母表示已知的参数，左边表示欲求的等值现金值。一次支付终值系数的经济含义为 1 元本金在 n 年后的本利和，其值可在复利系数表（书后附录）中直接查得。一次支付终值现金流量图如图 5-2-3 所示。

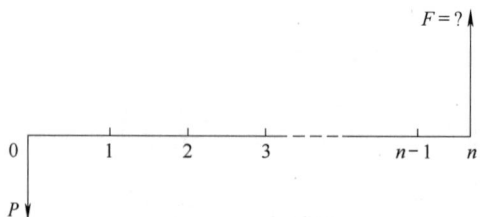

图 5-2-3　一次支付终值现金流量图

[例 5-1]　某大学生毕业后计划自主创业，向银行借款 10 万元，年利率为 10%，借期为 5 年，则该大学生 5 年后应一次性归还银行的本利和是多少？

解：（现金流量图略）

5 年后应归还银行的本利和的现值应与现在的借款金额等值，折现率即为银行利率。根据一次支付终值公式计算如下：

$$F = P(1 + i)^n = 10 \times (1 + 10\%)^5 = 16.105 \text{（万元）}$$

或通过查复利系数表，当 $i = 10\%$，$n = 5$ 时的一次支付终值系数 $(F/P, i, n)$ 为 1.6105。故：

$$F = P(F/P, i, n) = 10 \times 1.6105 = 16.105 \text{（万元）}$$

（二）一次支付现值公式

一次支付现值问题是指为了在 n 年后有终值为 F 的资金，计算现在需要一次性存入多少现值 P，如图 5-2-4 所示。

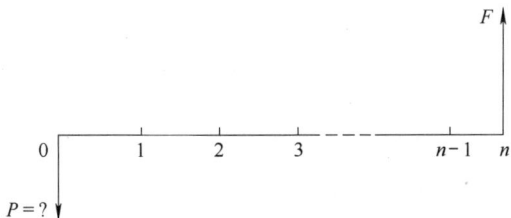

图 5-2-4　一次支付现值现金流量图

一次支付现值公式是一次支付终值公式的逆运算，是已知终值 F 求现值 P 的等值公式，可由式（5-7）直接推导出：

$$P = F\left[\frac{1}{(1 + i)^n}\right] \tag{5-8}$$

式中，$\left[\dfrac{1}{(1 + i)^n}\right]$ 为一次支付现值系数，亦可记为 $(P/F, i, n)$，其经济含义是 n 期后 1 元资金的现值。它和一次支付终值系数互为倒数。

[例 5-2]　某人计划在 3 年后修读工商管理硕士学位，需支付学费 5 万元，如果银行利率为 10%，现在应存入银行多少钱？

解：（现金流量图略）

根据一次支付现值公式，可得：

$$P = F\left[\frac{1}{(1 + i)^n}\right] = 5 \times \left[\frac{1}{(1 + 10\%)^3}\right] = 3.757 \text{（万元）}$$

或通过查复利系数表，当 $i = 10\%$，$n = 3$ 时的一次支付现值系数 $(P/F, i, n)$ 为 0.7513。故：

$$P = F(P/F, i, n) = 5 \times 0.7513 = 3.757 \text{（万元）}$$

四、等额分付类型

等额分付是多次支付形式中的一种。多次支付是指现金流入和流出在多个时点上发生，而不是集中在某个时点上。现金流数额的大小可以是不等的，也可以是相等的。当现金流序列是连续的，且数额相等时，称之为等额序列现金流。等额序列现金流主要有 4 个等值计算公式：等额分付终值公式、等额分付偿债基金公式、等额分付现值公式和等额分付资本回收公式。

（一）等额分付终值公式

等额分付终值公式也称为年金终值公式。等额分付现金流量如图 5-2-5 所示，从第 1 年末至第 n 年末有一等额的现金流出序列，每年的金额均为 A，称为等额年值。根据资金时间价值的条件，n 年内系统的总现金流出应等于总现金流入，则第 n 年末的现金流入 F 应与等额现金流出序列等值，相当于等额年值序列的终值。等额分付现金流量图中应注意两点：第一个等额年值 A 发生在第一年末；最后一个等额年值 A 与终值 F 同时发生。

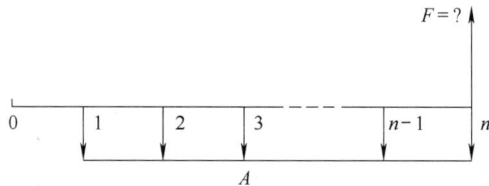

图 5-2-5　等额分付现金流量图

若已知每年的等额年值 A，欲求终值 F，则可由一次支付系列公式推导出等额分付终值公式：

$$F = A(1 + i)^{n-1} + A(1 + i)^{n-2} + \cdots + A(1 + i) + A$$
$$= A\left[\frac{(1 + i)^n - 1}{i}\right] = A(F/A, i, n) \tag{5-9}$$

式中，系数 $\left[\dfrac{(1 + i)^n - 1}{i}\right]$ 称为等额分付终值系数或年金终值系数，亦可记为（$F/A, i, n$），其经济含义是 1 元资金在连续 n 年支付后的本利和，其值可从复利系数表中查得。

［例 5-3］　某企业计划连续 5 年向银行存入企业储备金，每年末存入 10 万元，若银行存款利率为 8%，按复利计息，则到第 5 年末基金总额为多少？

解：由式（5-9）可得：

$$F = A\left[\frac{(1 + i)^n - 1}{i}\right] = 10 \times \left[\frac{(1 + 8\%)^5 - 1}{8\%}\right] = 58.666（万元）$$

或通过查复利系数表计算得：

$$F = A(F/A, i, n) = 10 \times (F/A, 8\%, 5) = 10 \times 5.8666 = 58.666（万元）$$

（二）等额分付偿债基金公式

等额分付偿债基金是指为了偿还一笔债务或为未来积累一笔资金，在利率为 i 的情况下，每年末应存储的资金，即已知终值 F，求与之等价的等额年值 A。等额分付偿债基金现金流量如图 5-2-6 所示。

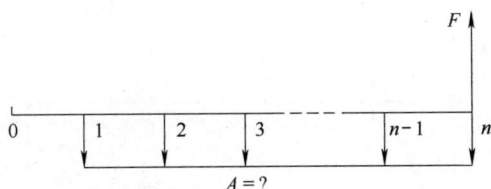

图 5-2-6　等额分付偿债基金现金流量图

等额分付偿债基金公式是等额分付终值公式的逆运算，由式（5-9）可直接推导出：

$$A = F\left[\frac{i}{(1+i)^n - 1}\right] = F(A/F, i, n) \qquad (5\text{-}10)$$

式中，系数 $\left[\dfrac{i}{(1+i)^n - 1}\right]$ 称为等额分付偿债基金系数，亦可记为 $(A/F, i, n)$，其经济含义是若在 n 年后需要 1 元资金用于偿债，则从现在起每年末应存储的偿债资金，其值可从复利系数表中查得。

[例 5-4]　某人计划在 3 年后修读工商管理硕士学位，需支付学费 5 万元，如果银行利率为 10%，则每年末应存入银行多少钱？

解：由式（5-10）可得：

$$A = F\left[\frac{i}{(1+i)^n - 1}\right] = 5 \times \left[\frac{10\%}{(1 + 10\%)^3 - 1}\right] = 1.5105 \text{（万元）}$$

或通过查复利系数表计算得：

$$A = F(A/F, i, n) = 5 \times (A/F, 10\%, 3) = 5 \times 0.3021 = 1.5105 \text{（万元）}$$

在使用式（5-9）和式（5-10）进行计算时应注意使用条件，等额分付现金流序列从第一年末开始至第 n 年末结束（见图 5-2-6）。如果等额分付现金流序列从第一年初开始（见图 5-2-7），则不可直接用式（5-9）和式（5-10），必须进行相应的变换。

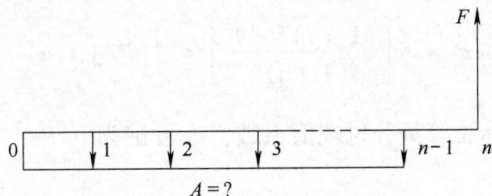

图 5-2-7　等额分付序列现金流量图

[例 5-5]　某学生在大学四年学习期间，每年初从银行借款 5000 元用以支付学费，若按年复利率 5% 计息，则第四年末一次应归还银行本利和共多少钱？

解：本题的现金流量如图 5-2-8 所示。

由于每年的借款发生在年初，需要先将其折算成年末的等值金额，再套用等额终值公式：

$$F = A(1 + i)(F/A, i, n) = 5000 \times (1 + 5\%) \times 4.31 = 22627.5 \text{（元）}$$

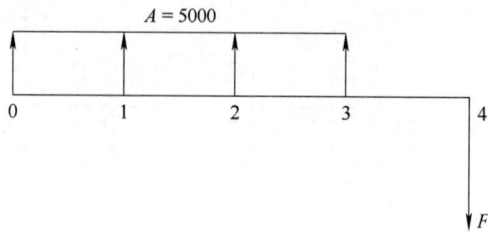

图 5-2-8　例 5-5 现金流量图

（三）等额分付现值公式

等额分付现值公式为已知 A 求 P，即若在收益率为 i 的前提下，希望在未来 n 年内每年年末能获得等额的收益 A，求现在需要投入多少本金（P），其现金流量如图 5-2-9 所示。

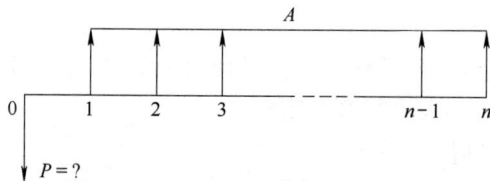

图 5-2-9　等额分付现值现金流量图

由等额分付终值公式 $F = A\left[\dfrac{(1+i)^n - 1}{i}\right]$ 和一次支付终值公式 $F = P(1+i)^n$ 可得：

$$P(1+i)^n = A\left[\frac{(1+i)^n - 1}{i}\right]$$

整理得：

$$P = A\left[\frac{(1+i)^n - 1}{i(1+i)^n}\right] = A(P/A, i, n) \tag{5-11}$$

式中，$\left[\dfrac{(1+i)^n - 1}{i(1+i)^n}\right]$ 称为等额分付现值系数，亦可记为（$P/A, i, n$），其值可从复利系数表中查得。

[例 5-6]　某企业计划从当年开始连续 5 年于每年末提出 50 万元用于员工的培训，若银行年利率为 6%，则该企业现在应向银行存入多少钱？

解：由式（5-11）可得：

$$P = A\left[\frac{(1+i)^n - 1}{i(1+i)^n}\right] = 50 \times \left[\frac{(1+6\%)^5 - 1}{6\% \times (1+6\%)^5}\right] = 210.62\,(\text{万元})$$

或可查复利系数表计算得：

$$P = A(P/A, i, n) = 50 \times (P/A, 6\%, 5) = 210.62\,(\text{万元})$$

由于：

$$\lim_{n \to \infty} \frac{(1+i)^n - 1}{i(1+i)^n} = \frac{1}{i}$$

当周期数 n 足够大时，可近似认为：

$$P = \frac{A}{i}$$

（四）等额分付资本回收公式

等额分付资本回收公式为已知 P 求 A，即若现在投资本金为 P，按收益率 i 复利计息，希望在 n 期期末等额回收，求每次应回收多少（A）才能连本带利全部收回。等额分付资本回收现金流量如图 5-2-10 所示。

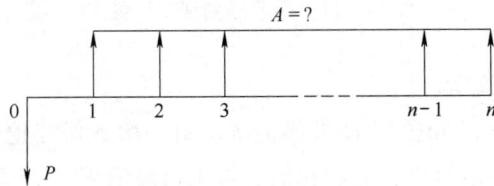

图 5-2-10　等额分付资本回收现金流量图

等额分付资本回收公式是等额分付现值公式的逆运算，可由式（5-11）直接导出：

$$A = P\left[\frac{i(1+i)^n}{(1+i)^n - 1}\right] = P(A/P, i, n) \tag{5-12}$$

式中，$\left[\dfrac{i(1+i)^n}{(1+i)^n - 1}\right]$ 称为等额分付资本回收系数，亦可记为（$A/P, i, n$），其值可从复利系数表中查得。这是一个重要的系数，对工业项目进行技术经济分析时，它表示在考虑资金时间价值的条件下，对工业项目的单位投资在项目寿命期内每年至少应该回收的金额。如果对应的单位投资的实际回收金额小于这个值，在项目寿命期内就不可能将全部投资收回。

等额分付资本回收系数与等额分付偿债基金系数之间存在如下关系：

$$(A/P, i, n) = (A/F, i, n) + i$$

［例 5-7］　某企业从国外引进一条新的生产线，项目初始投资为 5000 万元，如果项目顺利投产，投资方希望在 10 年内等额收回全部投资，若折现率为 6%，则每年至少应回收多少投资？

解：由式（5-12）可得：

$$A = P\left[\frac{i(1+i)^n}{(1+i)^n - 1}\right] = 5000 \times \left[\frac{6\%(1+6\%)^{10}}{(1+6\%)^{10} - 1}\right] = 679.34 \text{（万元）}$$

或可查复利系数表计算得：

$$A = P(A/P, i, n) = 5000 \times (A/P, 6\%, 10) = 679.34 \text{（万元）}$$

五、等差序列现金流的等值计算

等差序列现金流是一种等额增加或减少的现金流量序列，即这种现金流量序列的现金流入和流出在每个时间周期以相同的数量发生变化。例如，物业维修费用往往按照房屋的陈旧程度而逐年增加，而物业的租金收入通常随房地产市场的发展逐年增加等。等差序列现金流量如图 5-2-11 所示。等差支付序列常用的有等差序列终值公式、等差序列现值公式、等差序列年值公式。

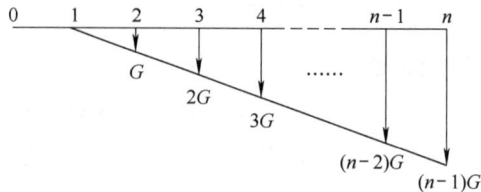

图 5-2-11　等差序列现金流量图

（一）等差序列终值公式

等差序列终值公式即已知公差 G 求终值 F。用一次支付终值公式将每期的现金流量 G、$2G$、$3G$……折算到终值时点，然后相加，可求得终值 F：

$$F = G(1+i)^{n-2} + 2G(1+i)^{n-3} + 3G(1+i)^{n-4} + \cdots + (n-2)G(1+i)^{n-(n-1)} + (n-1)G$$

上式两边乘以 $(1+i)$ 得：

$$F(1+i) = G(1+i)^{n-1} + 2G(1+i)^{n-2} + 3G(1+i)^{n-3} + \cdots + (n-2)G(1+i)^2 + (n-1)G(1+i)$$

将上面两式相减得：

$$Fi = G\left[(1+i)^{n-1} + (1+i)^{n-2} + (1+i)^{n-3} + \cdots + (1+i)^2 + (1+i) + 1 - n\right]$$

$$= G\left[\frac{1-(1+i)^n}{1-(1+i)}\right] - nG$$

$$= G\left[\frac{(1+i)^n-1}{i}\right] - n$$

所以：

$$F = \frac{G}{i}\left[\frac{(1+i)^n-1}{i} - n\right] = G(F/G,i,n) \tag{5-13}$$

式中，$\dfrac{1}{i}\left[\dfrac{(1+i)^n-1}{i} - n\right]$ 称为等差序列终值系数，亦可记为 $(F/G,i,n)$。

（二）等差序列现值公式

等差序列现值公式即已知公差 G 求现值 P。由式（5-13）可计算出终值 F，将终值 F 贴现至初始时点，即可得到现值 P。

$$P = F\left[\frac{1}{(1+i)^n}\right] = \frac{G}{i}\left[\frac{(1+i)^n-1}{i} - n\right] \times \left[\frac{1}{(1+i)^n}\right]$$

$$= G\left[\frac{(1+i)^n-in-1}{i^2(1+i)^n}\right] = G\frac{1}{i^2}\left[1 - \frac{1+in}{(1+i)^n}\right] = G(P/G,i,n) \tag{5-14}$$

式中，$\left[\dfrac{(1+i)^n - in - 1}{i^2(1+i)^n}\right]$ 或 $\dfrac{1}{i^2}\left[1 - \dfrac{1+in}{(1+i)^n}\right]$ 称为等差序列现值系数，亦可记为 $(P/G,i,n)$。

（三）等差序列年值公式

若将等差序列折算成等额序列，可得等差序列年值公式，即已知 G 求 A。由等差序列终值公式和等额分付偿债基金公式，可得等差序列年值公式：

$$
\begin{aligned}
A &= G(F/G,i,n)(A/F,i,n) \\
&= \frac{G}{i}\left[\frac{(1+i)^n - 1}{i} - n\right]\frac{1}{(1+i)^n - 1} \\
&= \frac{G}{i}\left[1 - \frac{in}{(1+i)^n - 1}\right] \\
&= G(A/G,i,n)
\end{aligned} \tag{5-15}
$$

式中，$\dfrac{1}{i}\left[1 - \dfrac{in}{(1+i)^n - 1}\right]$ 称为等差序列年值系数，亦可记为 $(A/G,i,n)$。

[例 5-8] 某物业公司计划从第 1 年年末起，连续 5 年每年预留一部分资金作为小区公共设施维护费用，现金流量如图 5-2-12 所示（单位：万元）。若按利率 6% 计算，则：（1）最终的总预留款数额为多少？（2）与这些预留款等值的等额年金是多少？（3）总现值为多少？

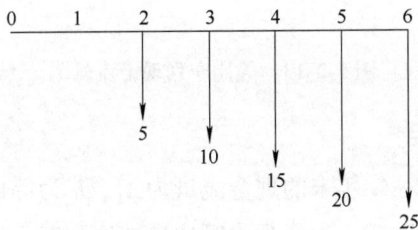

图 5-2-12　例 5-8 现金流量图

解：据题意，这是一个标准的等差序列现金流量。

（1）求 F。

$$
\begin{aligned}
F &= G \times (F/G,6\%,6) = G \times \frac{1}{i}\left[\frac{(1+i)^n - 1}{i} - n\right] \\
&= 5 \times \frac{1}{6\%}\left[\frac{(1+6\%)^6 - 1}{6\%} - 6\right] = 81.28 \ (\text{万元})
\end{aligned}
$$

（2）求 A。

$$
\begin{aligned}
A &= G \times (A/G,6\%,6) = G \times \frac{1}{i}\left[1 - \frac{in}{(1+i)^n - 1}\right] \\
&= 5 \times \frac{1}{6\%}\left[1 - \frac{6\% \times 6}{(1+6\%)^6 - 1}\right] = 11.65 \ (\text{万元})
\end{aligned}
$$

（3）求 P。

$$P = G \times (P/G, 6\%, 6) = G \times \frac{1}{i^2}\left[1 - \frac{1 + in}{(1 + i)^n}\right]$$

$$= 5 \times \frac{1}{(6\%)^2} \times \left[1 - \frac{1 + 6\% \times 6}{(1 + 6\%)^6}\right] = 57.3 \text{（万元）}$$

六、等比序列现金流的等值计算

等比序列是一种等比例增加或减少的现金流量序列，即这种现金流量序列的流入和流出在每个时间周期都以一个固定的比例发生变化。例如，建筑物的建造成本以 10% 的比例逐年增加、房屋租金水平以 5% 的速度逐年增加等。等比序列现金流量如图 5-2-13 所示。等比支付序列公式常用的有等比序列现值公式、等比序列终值公式、等比序列年值公式。

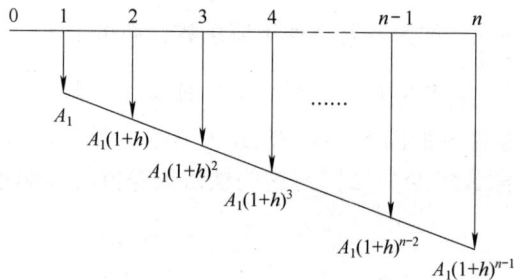

图 5-2-13　等比序列现金流量图

（一）等比序列现值公式

设等比序列现金流量第一年年末的现金流量为 A_1，h 为等比系数，$t = 1, 2, 3, \cdots\cdots, n$，当序列为等比递增序列时，$h > 0$；当序列为等比递减序列时，$h < 0$。

等比序列现金流的现值公式如下：

$$P = \sum_{t=1}^{n} A_1 (1 + h)^{t-1} (1 + i)^{-t} \tag{5-16}$$

上式右边是公比为 $\frac{1+h}{1+i}$ 的等比数列之和，若 $i \neq h$，由等比数列求和公式可得：

$$P = A_1 \left[\frac{1 - (1 + h)^n (1 + i)^{-n}}{i - h}\right] \tag{5-17}$$

式中，$\left[\dfrac{1 - (1 + h)^n (1 + i)^{-n}}{i - h}\right]$ 称为等比序列现值系数，亦可记为（$P/A_1, q, i, n$）。

（二）等比序列终值公式

$$F = P(1 + i)^n = A_1 \left[\frac{1 - (1 + h)^n (1 + i)^{-n}}{i - h}\right](1 + i)^n$$

整理可得：

$$F = A_1 \left[\frac{(1+i)^n - (1+h)^n}{i-h} \right] \tag{5-18}$$

式中，$\left[\dfrac{(1+i)^n - (1+h)^n}{i-h} \right]$ 为等比序列终值系数，亦可记为 $(F/A_1, q, i, n)$。

式（5-18）即等比序列终值公式。

（三）等比序列年值公式

等比序列现金流量的等额年值 A 公式如下：

$$A = A_1 \left\{ \frac{i(1+i)^n - i(1+h)^n}{(i-h)\left[(1+i)^n - 1\right]} \right\} \tag{5-19}$$

式中，$\left\{ \dfrac{i(1+i)^n - i(1+h)^n}{(i-h)\left[(1+i)^n - 1\right]} \right\}$ 称为等比序列年值系数，亦可记为 $(A/A_1, q, i, n)$。

[例 5-9] 某公司租用工业园区的厂房，当前年租金为 5 万元，每年上涨 5%，若连续租用 10 年，按折现率 12% 计算，则所付租金的现值共计多少？

解：根据题意，$n=10$，$A_1=5$，$h=5\%$，$i=12\%$，则：

$$P = A_1 \left[\frac{1 - (1+h)^n(1+i)^{-n}}{i-h} \right] = 5 \times \left[\frac{1 - (1+5\%)^{10}(1+12\%)^{-10}}{12\% - 5\%} \right] = 33.97 \ (万元)$$

各种支付方式下的资金等值计算公式见表 5-2-2。

表 5-2-2 资金等值计算公式

支付方式	已知	求解	公式	系数名称及符号
一次支付	P	F	终值公式 $F = P(1+i)^n$	一次支付终值系数 $(F/P, i, n)$
	F	P	现值公式 $P = F\left[\dfrac{1}{(1+i)^n}\right]$	一次支付现值系数 $(P/F, i, n)$
等额分付	A	F	等额分付终值公式 $F = A\left[\dfrac{(1+i)^n - 1}{i}\right]$	等额分付终值系数 $(F/A, i, n)$
	F	A	等额分付偿债基金公式 $A = F\left[\dfrac{i}{(1+i)^n - 1}\right]$	等额分付偿债基金系数 $(A/F, i, n)$
	A	P	等额分付现值公式 $P = A\left[\dfrac{(1+i)^n - 1}{i(1+i)^n}\right]$	等额分付现值系数 $(P/A, i, n)$
	P	A	等额分付资本回收公式 $A = P\left[\dfrac{i(1+i)^n}{(1+i)^n - 1}\right]$	等额分付资本回收系数 $(A/P, i, n)$

（续）

支付方式	已　知	求　解	公　式	系数名称及符号
变额支付	G	F	等差序列终值公式 $F = \dfrac{G}{i}\left[\dfrac{(1+i)^n - 1}{i} - n\right]$	等差支付序列终值系数（$F/G,i,n$）
		P	等差序列现值公式 $P = G\dfrac{1}{i^2}\left[\dfrac{1+in}{1-(1+i)^n}\right]$	等差序列现值系数（$P/G,i,n$）
		A	等差序列年值公式 $A = \dfrac{G}{i}\left[1 - \dfrac{in}{(1+i)^n - 1}\right]$	等差序列年值系数（$A/G,i,n$）
	A_1 和 h	F	等比序列现值公式 $P = A_1\left[\dfrac{1-(1+h)^n(1+i)^{-n}}{i-h}\right]$	等比序列现值系数（$P/A_1,q,i,n$）
		P	等比序列终值公式 $F = A_1\left[\dfrac{(1+i)^n-(1+h)^n}{i-h}\right]$	等比序列终值系数（$F/A_1,q,i,n$）
		A	等比序列年值公式 $A = A_1\left\{\dfrac{i(1+i)^n - i(1+h)^n}{(i-h)\left[(1+i)^n - 1\right]}\right\}$	等比序列年值系数（$A/A_1,q,i,n$）

本章习题

一、名词解释

请对下列名词进行解释：

利息；利息率；名义利率；实际利率；现值；终值。

二、简答

1. 什么是资金的时间价值，为什么会产生资金的时间价值？

2. 资金时间价值的表达形式有哪些？

三、计算

1. 某人将 1000 元存入银行，若年利率为 4%，单利计息，求 6 年后的终值。

2. 某人为了 6 年后能从银行取出 5000 元，在年利率为 6%、单利计息的情况下，目前应存入银行的金额是多少？

3. 某人将 1000 元存入银行，若年利率为 5%，每年复利一次，求 8 年后的终值。

4. 某人为了 8 年后能从银行取出 5000 元，在年复利率为 6% 的情况下，目前应存入银行的金额是多少？

5. 如果 1~5 年每年末收付 10000 元，利率为 10%，则第 5 年末的终值为多少？

6. 某人计划第 1 年初收款 800 元，第 1 年末收款 1000 元，第 3 年初收款 2000 元，第 4 年末收款 2500 元。假定年利率为 10%。分别按单利和复利计算出系列收款在第 1 年初的现值。

7. 某人拟在 5 年后还清 10000 元债务，从现在起每年末等额存入银行一笔款项。假设银行存款利率为 8%，每年需要存入多少元？

8. 某人每年年末支付房租 10000 元，共支付 3 年，设银行存款利率为 10%，3 年支付的所有房租相当于现在多少钱？

9. 投资项目于某年年初动工，假设当年投产，从投产之日起每年末可得收益 10000 元。按年利率 6% 计算，计算预期 10 年收益的现值。

10. 假设以 10% 的利率借款 10000 元，投资于某个寿命为 10 年的项目，每年至少要收回多少现金才是有利的？

第六章　项目现金流分析

第一节　项目现金流量

项目现金流量是指项目流入和流出的现金量。项目现金流量分析是指把整个项目视为一个独立的财务系统，对项目在计算期内的现金流入、现金流出以及净现金流量进行全面的计算和分析。项目现金流量分析结果是各年现金流量情况的呈现，这些数据是进行项目财务论证、评估指标计算以及企业项目决策所需的重要信息。因此，本节将从现金流量的概念及现金流量的构成两方面展开。

一、现金流量的概念

现金流量是指公司在一定的会计期间内按照现金实现制度，通过一定的经济活动（包括经营活动、投资活动、筹资活动等）而产生的现金流入、现金流出的总金额的总称，即一定时期内公司现金及现金等价物的流入和流出的金额。在考察一个项目的建设过程时，人们往往会从物质形态和货币形态两个方面来进行。一方面，就物质形态而言，项目的建设表现为使用各种工具、设备，并消耗一定的能源，从而生产出某种商品或提供某种服务；另一方面，就货币形态而言，项目的建设表现为投入一定的资金，支出一定的成本，通过销售产品获得一定的货币收入。在一个项目的建设过程中投入的资金、支出的费用和获得的收入都可以视为以货币形式实现的现金流出或现金流入。人们把在各个时刻实际发生的现金流入或流出称为现金流量，流入系统的资金称为现金流入，流出系统的资金称为现金流出，现金流入与现金流出的差额称为净现金流量。

1. 现金流量的具体内容

（1）现金流入。现金流入是投资项目发生的全部资金收入。它包括以下几项：

1）营业收入。企业经营过程中销售产品的收入。

2）残值收入或变价收入。固定资产使用寿命结束时的残值，或因某种原因未到使用寿命结束时，出售该固定资产所能得到的现金收入。

3）收回的流动资产。在投资项目使用寿命结束时收回的流动资产初始投资额。此外，执行决策后减少的成本金额也作为现金流入处理。

（2）现金流出。现金流出是投资项目的资金支出总额。它包括以下几项：

1）固定资产投资。购置或建造固定资产的资本性支出。

2）流动资产投资。投资项目所需的存货、现金和应收账款等项目占用的资金。

3）营运成本。投资项目在经营过程中发生的生产成本、管理费用和销售费用等。通常表示为所有成本费用减去折旧后的余额。

（3）净现金流量。净现金流量是指项目年度计算期内由各指标序列形成的现金流入量与流出量之间的差额。当现金流入量大于现金流出量时，现金净流量为正；反之，现金净流量为负。

正确理解现金流量需要注意以下三点：

1）每笔现金流入和流出都必须有一个明确的发生时间点。每笔现金流入和流出都发生在一个特定的时间点上，因此，在分析现金流入和流出时，除了要指出现金流入和流出的数额，还必须指出其发生的具体时点。另外，需要注意的是，为了简化分析和计算，一般可以假定一个时期（年、半年、季、月等）内发生的现金流入或流出集中在该时期的期初、期中或期末，本书假定集中在该时期的期末。

2）现金流量不受经济系统内部现金转移和人为调整的影响。这一点意味着现金流量必须实际发生，而且每一笔现金流量都必须有可靠的凭证加以核实。例如，应收票据、应付账款、暂时无法兑换的有价证券以及无法立即出售的固定资产的账面价值都不应作为现金流量。

3）现金流量会因视角不同而产生不同的结果。例如，国家对企业经济活动征收的税金，从企业角度看是现金流出，但从整个国民经济的角度看，由于税金对国家来说所有权并未改变，只是在国家范围内的一种资金再分配，所以它既不是现金流入也不是现金流出。

现金流量是企业的血液，也是促进企业可持续发展的关键，不仅会对企业外部的生产经营产生影响，也会对企业内部资金的调配以及财务管理产生影响。企业一旦出现现金流中断、资金调度困难的问题，就会面临倒闭的风险，之前所做的努力和付出的心血都会付之东流。企业的现金流量表示企业的支出和收入，现金流量的管理效率和管理水平影响企业的生产经营进度。现金流量管理有助于促使企业的经营活动、投资活动按照企业的发展目标和规划要求，制定符合企业实际情况的现金支配规划，保证资金的合理运用和调配，促进企业的可持续发展。

2. 现金流量的特性

（1）共存性。资金是企业从事生产经营的必要条件。没有一定数额的资金，企业就不能从事生产经营活动。

一般来讲，企业资金的最初表现形式为现金。即使企业资金的最初表现形式不全是现金，拥有相当数量和比例的现金仍然是企业生产经营不可或缺的基本条件。企业为了取得生产经营的基本条件，保证生产经营的正常运行，需要千方百计筹集现金，促进现金的流入；为了实现资本的增值，企业在生产经营活动中需要经常垫支或收回现金，努力保证现金的流入大于现金的流出；为处理和维护各种财务关系，履行必要的社会义务，企业也要经常进行现金的收入或支出。所以现金流量与企业相随相伴、共生共存。若企业没有现金流量，那就意味着企业资金周转失灵，不能产生必要的现金流入，也不能进行必要的日常现金支付或偿还到期债务，企业生产经营活动必然终结，企业就会随之消亡。

（2）非完全相关性。现金流量以现金（广义的现金，下同）为核心，遵循现金收付实现基础。这决定了企业的现金流量与企业发生的各项经济业务事项的非完全相关性。经济业务事项是否会引起现金流入或流出取决于两个标准：①现金的收付是否实际发生；②现金的总额是否发生了增减变动。这两个标准必须同时满足，即只有实际发生现金收付，并且企业现金总额发生变化的经济业务事项，才会引起现金的流入或流出。实际工作中同时符合这两个标准的经济业务事项主要表现为"现金各项目与非现金各项目之间的增减变动"。例如，接受股东以现金缴入股本、向银行借款、发行债券、收回债券投资、销售商品收到货款、发放工资、以现金购买材料、以现金支付广告费等。如果某项经济业务事项不能同时满足这两个标准，则不能形成现金流量，不能计入现金流量的范畴。此类经济业务事项大致可以分为两类：一类是现金项目之间的增减变动事项，例如，从银行提取现金、将库存现金存入银行、购买或收回3个月期的债券投资等，这些经济业务事项虽然有现金收付，但由于只是现金内部的增减变动，并不会引起企业现金总额的变动，因此不属于现金流量业务；另一类是各非现金项目之间的增减变动事项，例如，生产领用库存材料，用固定资产和存货清偿债务（不涉及补价），对外投资，以资本公积、盈余公积转增资本，将债务转为资本，接受债务人以存货等非现金资产清偿债务（不涉及补价）等，这些经济业务事项既不涉及现金的收付，也不会导致企业现金总额发生变化，因此也不属于现金流量业务。

（3）阶段性。企业对某项产品的生产经营活动大致可以划分为3个阶段，依次为成长期、成熟期和衰退期，而现金流量会由于企业所处阶段的不同呈现不同的特点。当企业处于成长期时，营业额和利润不断增长，市场份额迅速扩大，企业一方面需要投入大量的现金用于购建固定资产、补充流动资金，以扩大生产规模；另一方面，存货周转加快，应收账款余额降低，现金回笼加速。但当企业进入成熟期后，市场竞争加剧，营业额增长速度变缓，利润也将随之下降，应收账款开始增加，现金收益率下降，固定资产投入较小，现金流量处于稳定和均衡状态。

现金流量的阶段性还表现在同一阶段中的不同时段。由于采取的策略不同，或者由于经营环境的变化，同一交易事项所产生的现金流入、流出量也会存在一定的差异。

（4）非对称性和非同步性。现金流量的非对称性是针对某一特定对象在不同时点的现金流量而言的。也就是说，某一项目在某一时点产生的现金流入量与在另一时点的相应现金流出量不相等；或者相反，在某一时点的现金流出量与日后产生的相应现金流入量不相等。例如，公司在某一时点借入一笔现金贷款所产生的现金流入量，与后来偿还贷款所产生的现金流出量就不相等（因为既要偿还本金又要支付利息）；又如公司购进一批商品所产生的现金流出量与后来销售商品所产生的现金流入量也不一定相等。因为按照一般规律而言，后来的现金流入量往往会大于原来的现金流出量，否则企业无利可图，就不会发生原先的现金流出。当然也有例外情况，例如，购买商品时市场行情下跌，出售产品时收到的现金流入量就会小于初始现金流出量。又比如，在出售产品时未及时收现，债务人由于财务困难没有立即履行义务，现金无法收回或收回的金额小于最初的现金流出量。现金流量的非同步性是针对企业某一特定时点的现金流入量和流出量而言的。也就是说，企业在某一时点的现金流出量与现金流入量可能不相等。特定时点的现金流出量无法被该时点产生的现金流入量所抵消。

总之，现金流量的非对称性和非同步性的共同特征是现金流入量和流出量之间的不平衡，前者为在不同时点的不平衡，后者为在同一时点的不平衡。而且这种不平衡是绝对的，偶然的平衡是相对的。

（5）影响因素的多样性。企业现金流量的大小是多种因素共同作用的结果。一般来说，企业的产业归属、经营规模、发展阶段、资信状况、产品生产组织形式、工艺流程、经营方式、交易方式、结算方式、信用政策、收账政策等对企业现金流量的大小有着决定性的影响。

企业的产业归属是指企业是属于第一产业、第二产业还是第三产业；是从事农业还是商品贸易、金融保险、交通运输、新闻出版等；是劳动密集型产业还是技术密集型产业；是属于"三高"产业（即高成本、高产出、高附加值）还是"三低"产业；是成熟产业还是新兴产业；是"夕阳产业"还是"朝阳产业"。不同的产业归属有着不同的生产经营特点、不同的资本流动形式，因此现金流量也不相同。

企业的交易方式是以现销为主还是以赊销为主，是以货币性交易为主还是以非货币性交易为主。贷款交易和付款交易所占的比例等，这些都会影响现金流量的多少。以现购现销为主的企业的现金流量会高于以赊销为主的同类企业，而大量使用非货币交易的企业的现金流量会低于以货币性交易为主的同类企业。此外，企业的生产组织形式是大规模批量生产，还是单件小规模生产；生产工艺特点是复杂的多工序生产，还是简单的单工序生产；结算方式是以银行支票、本票、汇票结算为主，还是以商业汇票、托收承付结算为主；以及企业的信贷和收款政策等，都会对企业的现金流量水平产生重大影响。

基于以上 5 个特性，不同企业的现金流量呈现出不同的情况，企业的现金流量管理策略和方法也各具特色。因此，研究现金流量的上述特性对于正确认识现金流量的内在规律、客观分析和评价企业的现金流量信息、科学决策、降低风险、提高资金效益，无疑会产生积极有益的影响。

二、现金流量的构成

现金流量分为 3 类，即经营活动现金流量、投资活动现金流量和筹资活动现金流量，如图 6-1-1 所示。其中，经营活动是企业的主流业务，经营活动产生的现金流量在总现金流量中的占比最大。投资活动和筹资活动相对来讲更像一种辅助活动，能够优化现金流量的分布。

（一）经营活动现金流量

经营活动是指企业投资活动和筹资活动以外的所有交易和事项。根据定义，经营活动的范围很广，它包括企业投资活动和筹资活动以外的所有交易和事项。就工商业企业来说，经营活动主要包括：销售商品、提供劳务、经营性租赁、购买商品、接受劳务、职工工资、交纳税款等。

1. 经营活动流入的现金

（1）销售商品、提供劳务收到的现金。反映企业因销售商品、提供劳务而实际收到的现金（含销售收入和应向购买者收取的增值税销项税额），包括

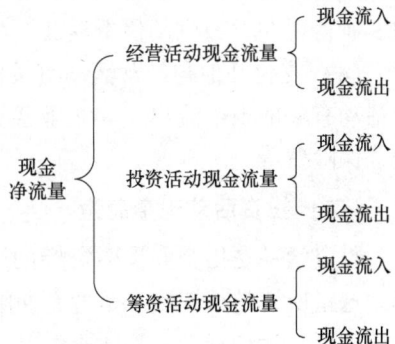

图 6-1-1　现金流量的分类

本期销售商品、提供劳务收到的现金，前期销售商品和前期提供劳务在本期收到的现金，本期预收的账款，减去本期退回本期销售的商品和本期退回前期销售的商品支付的现金。企业销售材料和代购代销业务收到的现金也包括在本项目中。

（2）收到的税费返还。反映企业收到返还的各种税费，如收到的增值税、消费税、所得税、关税、教育费附加返还款等。

（3）收到的其他与经营活动有关的现金。反映企业除了上述各项目，收到的其他与经营活动有关的现金流入，如经营性租赁收到的租金、罚款收入、流动资产损失中由个人赔偿的现金收入等。

2. 经营活动流出的现金

（1）购买商品、接受劳务支付的现金。反映企业购买材料、商品、接受劳务实际支付的现金，包括本期购入材料、商品、接受劳务支付的现金（包括增值税进项税额），以及本期支付前期购入材料、商品、接受劳务的未付款项和本期预付款项。本期因购货退回而收到的现金应从本项目中减去。

（2）支付给职工以及为职工支付的现金。反映企业实际支付给职工以及为职工支付的现金，包括本期实际支付给职工的工资、奖金、各种津贴和补贴等职工薪酬（包括代扣代缴的职工个人所得税）。不包括支付给离退休人员的各项费用和支付给在建工程人员的工资等。企业支付给离退休人员的各项费用，包括支付的统筹退休金以及未参加统筹的退休人员的费用，在"支付的其他与经营活动有关的现金"项目中反映；企业支付给在建工程人员的工资，在"购建固定资产、无形资产和其他长期资产所支付的现金"项目中反映。企业为职工支付的养老、失业等社会保险基金、补充养老保险、住房公积金、支付给职工的住房困难补助，以及企业支付给职工或为职工支付的其他福利费用等，应该按照职工的工作性质和服务对象，分别在"支付给职工以及为职工支付的现金"和"购建固定资产、无形资产和其他长期资产所支付的现金"项目中反映。

（3）支付的各项税费。反映企业按规定支付的各种税费，包括本期发生并支付的税费，以及本期支付以前各期发生的税费和预交的税费，如支付的所得税、增值税、消费税、印花税、房产税、土地增值税、车船使用税、教育费附加等。不包括计入固定资产价值、实际支付的耕地占用税等，也不包括本期退回的增值税、所得税。本期退回的增值税、所得税在"收到的税费返还"项目中反映。

（4）支付其他与经营活动有关的现金。反映企业除了上述各项目，支付的其他与经营活动有关的现金流出，如企业经营性租赁支付的租金、罚款支出、差旅费、业务招待费、保险费等。

（二）投资活动现金流量

投资活动是指企业长期资产的购建和不包括在现金等价物范围内的投资及其处置活动。这里所说的长期资产是持有期限在一年或一个营业周期以上的资产，包括固定资产、在建工程、无形资产、其他资产等。因此，企业的投资活动主要包括：取得和收回投资，购建和处置固定资产、无形资产和其他长期资产，子公司及其他营业单位收入，其他与投资活动有关的现金等。

1. 投资活动流入的现金

（1）取得投资收益收到的现金。反映企业除现金等价物以外的对其他企业的权益工具、债务工具和合营中的权益投资分回的现金股利和利息等，不包括股票股利。

（2）收回投资收到的现金。反映企业出售、转让或到期收回除现金等价物以外的对其他企业的权益工具、债务工具和合营中的权益而收到的现金，不包括长期债权投资收回的利息，以及收回的非现金资产。

（3）处置固定资产、无形资产和其他长期资产收回的现金净额。反映企业处置固定资产、无形资产和其他长期资产所取得的现金，减去为处置这些资产而支付的有关费用后的净额。由于自然灾害造成的固定资产等长期资产损失而收到的保险赔偿收入，也在本项目中反映。

（4）处置子公司及其他营业单位收到的现金净额。

（5）收到的其他与投资活动有关的现金。反映企业除了上述各项目，收到的其他与投资活动有关的现金流入。

2. 投资活动流出的现金

（1）购建固定资产、无形资产和其他长期资产支付的现金。反映企业购买、建造固定资产、取得无形资产和其他长期资产所支付的现金（含增值税款）以及用现金支付的应由再建工程和无形资产负担的职工薪酬。不包括为购建固定资产而发生的借款利息资本化的部分，以及分期付款方式购入固定资产支付的租赁费。借款利息和分期付款方式购入固定资产支付的租赁费在筹资活动产生的现金流量中反映。

（2）投资支付的现金。反映企业取得除现金等价物以外的对其他企业的权益工具、债务工具和合营中的权益所支付的现金以及支付的佣金、手续费等附加费用。

（3）取得子公司及其他营业单位支付的现金净额。

（4）支付的其他与投资活动有关的现金。反映企业除了上述各项目，支付的其他与投资活动有关的现金流出。

企业购买股票和债券时，实际支付的价款中包含的已宣告但尚未领取的现金股利或已到付息期但尚未领取的债券利息，应在投资活动的"支付的其他与投资活动有关的现金"项目中反映；收回购买股票和债券时支付的已宣告但尚未领取的现金股利或已到付息期但尚未领取的债券利息，应在投资活动的"收到的其他与投资活动有关的现金"项目中反映。

（三）筹资活动现金流量

筹资活动是指导致企业资本及债务规模和构成发生变化的活动。这里所说的资本包括实收资本（股本）和资本溢价（股本溢价）。与资本有关的现金流入和流出项目包括吸收投资、发行股票、分配利润等。筹资活动中的债务是指企业对外举债所借入的款项，如发行债券、向金融企业借入款项以及偿还债务等。

1. 筹资活动流入的现金

（1）吸收投资收到的现金。反映企业收到的投资者投入的现金，包括以发行股票、债券等方式筹集资金时实际收到的款项，减去直接支付给金融企业的佣金、手续费、宣传费、咨询费、印刷费等发行费用后的净额。

以发行股票、债券等方式筹集资金而由企业直接支付的审计、咨询等费用，在"支付的其他与筹资活动有关的现金"项目中反映。

（2）借款收到的现金。反映企业举借各种短期、长期借款所收到的现金。

（3）收到的其他与筹资活动有关的现金。反映企业除了上述各项目，收到的其他与筹资活动有关的现金流入。

2. 筹资活动流出的现金

（1）偿还债务支付的现金。反映企业以现金偿还债务的本金，包括偿还金融企业的借款本金、债券本金等。企业偿还的借款利息、债券利息，在"分配股利、利润或偿付利息所支付的现金"项目中反映，不包括在本项目内。

（2）分配股利、利润或偿付利息所支付的现金。反映企业实际支付的现金股利，支付给其他投资单位的利润以及支付的借款利息、债券利息等。

（3）支付的其他与筹资活动有关的现金。反映企业除了上述各项目，支付的其他与筹资活动有关的现金流出，如捐赠现金支出、承租人偿还租赁负债本金和利息支付的现金等。

第二节 现金流量的估算

在资本预算中，项目的现金流量是投资决策的首要依据。投资决策是在投资前做出的，而所有现金流量都会在未来产生。因此，对项目的投资支出、销售量、销售价格和生产成本等进行预测，以估算出项目的现金流量，这项预测工作在资本预算中十分重要。企业必须不断研究未来的政治、经济环境、市场和竞争情况，通过认真分析相关资料，将现金流量的估算建立在科学预测的基础上，这是实施资本预算的首要步骤。因此本节将对现金流量估算的概念进行介绍，并从投融资、收入、成本费用、税金、利润、借款偿还、付息估算等方面对现金流量的估算进行介绍。

一、现金流量估算的概念

现金流量估算是指从项目投资开始到项目生产服务期限终止，对每年净现金流量进行估算，以反映整个项目的资金运动状况，并为计算分析项目盈利能力提供数据资料。估算期为项目的整个寿命期。

（一）估算现金流量的原则

现金流量的估算困难且复杂，但其准确性直接关系到资本预算的正确性。通常情况下，在对现金流量进行估算时需要财务人员、营销人员和生产工程师的共同参与，以保障数据的准确性。同时，在估算现金流量时应遵循以下原则，以尽量减少估计误差。

1. 使用现金流量而不是利润

在公司理财中，我们强调的是现金流量而不是利润。利润（或称会计收益）是按照权责发生制确定的，而现金流量是根据收付实现制确定的，两者既有区别又有联系。公司在做出资本预算决策时主要依靠项目的现金流量，而不是账面收益。这是因为：

1）在项目的整个投资有效期内，利润合计与净现金流量合计是相等的，所以净现金流量可以取代利润作为评价长期投资方案优劣的基础指标。

2）现金流量的使用有利于科学地考虑时间价值因素。投资项目具有长期性，为了进行科学决策，需要考虑资本的时间价值，将不同时点的现金收入或支出调整到同一时点进行汇总和比较。这要求投资决策者清楚地了解每项预期收入和支出产生的具体时间。而会计收益的计量遵循权责发生制原则，收入和支出的会计核算不考虑实际款项的收支时间。例如，企业在购买某设备时的支出是一次性发生的，但购买设备的费用不会计入当期，而是将其资本化后在使用期以折旧的形式计入成本；企业收到销货款，属于现销的确认为收入，属于预收下期货款的确认为合同负债，属于上期赊销货款的冲减应收账款。因此，在投资决策中考虑时间价值因素时，不能使用会计收益来衡量项目的优势和劣势，必须采用现金流量。

3）采用现金流量的概念将使投资决策更加客观和符合实际。会计收益的计量有时是带有主观性的，因为对同一交易有多种会计处理方法，如存货计价法、固定资产折旧法等。使用不同的方法可能导致同一笔收入或费用项目产生不同的发生额，从而产生不同的会计收益。但是，同一笔交易只能对现金流量产生一种影响，具体影响取决于实际收到的或支付的金额。例如，采用直线法计提折旧时的会计收益分布与采用加速折旧法时的会计收益分布不同，但它们的经营现金流量却是相同的。

4）在投资分析中，现金流状况比盈亏状况更重要。企业有利润不代表会有过剩的现金用来对其他项目进行再投资。衡量一个项目能否维持下去，不是看它在一定期间能否盈利，而是看它有没有现金用于各种支出。

2. 考虑增量现金流

资本预算是一个决策过程，是在众多投资项目中进行取舍、择优的过程。即便公司只提供了一个投资项目，决策者仍然要选择是否接受该项目。这种择优的理念，使分析人员对投资项目中的各种现金流量更加关注，而且更加重视项目之间的现金流量比较，同时考虑增量现金流。增量现金流是指企业的总现金流量在企业选择接受或拒绝某个项目后所发生的变动。只有由于企业采纳某个项目而引起的现金支出增加额，才是该项目的现金流出量；只有由于企业采纳某个项目而引起的现金流入增加额，才是该项目的现金流入量。总之，在资本预算中，只有增量现金流才是与项目相关的现金流量。

3. 关注关联现金流

当新项目生产的产品或提供的服务与公司现有的产品或服务在功能上相关时（功能也许互斥，也许互补），两者会产生关联效应。当两者功能相互排斥时，新产品或服务会挤占现有产品或服务的市场份额，减少现有产品或服务带来的现金流量；相反，当功能互补时，新项目的实施增加了现有产品或服务带来的现金流量。例如，甲公司准备增加一条新的产品线用来生产新产品 A，而现有产品 B 继续生产和销售。如果 A 的生产销售减少了 B 的销售量，使 B 每年的现金流量减少了 80 万元，那么这 80 万元应被认为是 A 的现金流出量；如果生产销售 A 导致 B 成本降低，使 B 的现金流出量每年减少了 60 万元，则这 60 万元应算作 A 的现金流入量。因此，投资项目对公司其他方面产生的关联效应体现为增量现金流，尽管增量现金流很难预测和计量，但必须在资本预算中给予考虑。

4. 考虑营运资本的需求

通常，公司的新项目在开始运营时需要库存现金的支持，并且随着销售额的增加，会产生应收账款。公司的采购或分配政策会使各种应付款项自发形成，从而为项目筹集新的资本。

净营运资本的需求量是指项目增加的流动资产与增加的流动负债之间的差额。如果差额为正，意味着公司正在投资营运资本，公司有现金流出量；相反，如果差额为负，意味着公司正在对营运资本进行回收，公司有现金流入量。项目结束后，公司将出售与项目相关的库存，应收账款将转换为现金，应付账款也随之偿付，净营运资本将恢复到原来的水平。因此，在对项目现金流量进行分析时，可以假设在项目开始时投入的净营运资本将在项目结束时收回。

5. 沉没成本不是增量现金流

项目现金流量考虑的是增量成本及增量收益。沉没成本又叫历史成本，是指在决策时点前已经发生的成本。由于沉没成本是在项目决策之前发生的，它并不因公司接受或拒绝某个项目而改变，因此我们应该忽略这类成本。沉没成本通常包括调研费、咨询费等，而在资本预算中，只有受新项目决策影响的现金流量才是与该项目相关的现金流量。

6. 机会成本

在长期投资决策中，相关现金流量并非都是项目中实际收入或支出的现金流量。这是因为在一般情况下，每项资源通常都有多种用途，但是由于资源的稀缺性，将资源用于某一方面的同时就不能将其用于另一方面。也就是说，资源在某一方面使用机会之所得，正是在另一方面使用机会之所失。机会成本是指一项经济资源选择了某一使用方案而放弃其他使用方案，被放弃方案的预期收益就是被选择方案的机会成本。简单来讲，机会成本就是一项经济资源的潜在收益，是只有通过比较才能计算出来的现金流量，因此，它是增量现金流，资本预算应考虑这一成本。若新项目需要使用公司现有资源，那么在计算该项资源在新项目中的成本时，资本预算人员应以其机会成本计算，而不能按其账面价值计算。

7. 考虑相关的非现金费用

非现金费用对现金流量有间接影响。非现金费用没有引起现金的流出，但对税收有影响，因此在税前收益中扣除后，应该在税后收益上再加回。例如，折旧费用、无形资产摊销费用由于没有引起现金的流出，不应包括在现金流量分析中。但是课税是依照扣除折旧费用和无形资产摊销费用后的利润计算的，折旧费用和无形资产摊销费用可以作为税盾使税基降低并产生节税收益，从而影响投资项目的现金流量。因此，在计税利润中扣除后，我们应该在税后净利上再加回折旧费用和无形资产摊销费用。

8. 忽略利息支付和融资现金流量

在评价新项目和确定现金流量时，我们往往将投资决策和融资决策分开，即从全部资本角度来考虑。此时，我们不应将利息费用和项目的其他融资现金流量看作该项目的增量现金流。也就是说，即使接受项目时不得不通过债券或银行贷款来筹集资本，与之相关的利息支出及债务本金的偿还也不是相关的现金流出量。这是因为当我们将公司要求的收益率作为折现率来贴现项目的增量现金流时，该折现率已经包含了此项目的融资成本。分析人员通常先确定项目的收益率要求，然后再寻求最佳融资方式。因此，项目现金流量分析不必考虑利息支出，而期初投资中已考虑了本金，故不应在经营现金流中减去本金，否则会造成重复计算。

（二）经营期间的现金流量计算

有关经营期间的现金流量通常采用以下方法计算。

1. 间接法

根据前面的分析，评估投资项目带来的现金流量应考虑增量现金流量，特别是税后净现金流量。因此，用 ΔEAT 表示税后利润的变化，ΔD 表示折旧费用的变化，则税后净现金流量（NCF）公式如下：

$$NCF = \Delta EAT + \Delta D \tag{6-1}$$

因为

$$\Delta EAT = \Delta EBT(1 - T) \tag{6-2}$$

而 ΔEBT 表示税前收益的变化，T 为税率，所以：

$$\Delta EBT = \Delta R - \Delta E - \Delta D \tag{6-3}$$

其中，ΔR 表示现金收入的变化，ΔE 表示经营成本的现金费用的变化，因此：

$$\Delta EAT = (\Delta R - \Delta E - \Delta D)(1 - T) \tag{6-4}$$

将公式（6-3）代入公式（6-2）得净现金流量：

$$NCF = （现金收入的变化 - 现金费用的变化 - 折旧费用的变化）\times$$
$$（1 - 所得税税率）+ 折旧费用的变化$$

即：

$$NCF = (\Delta R - \Delta E - \Delta D)(1 - T) + \Delta D \tag{6-5}$$

若让 $\Delta R = R_2 - R_1$，$\Delta E = E_2 - E_1$，$\Delta D = D_2 - D_1$，则：

$$NCF = [(R_2 - R_1) - (E_2 - E_1) - (D_2 - D_1)](1 - T) + (D_2 - D_1) \tag{6-6}$$

式中，R_1 为企业不投资该项目的收入；R_2 为企业投资该项目的收入；E_1 为企业不投资该项目的经营费用；E_2 为企业投资该项目的经营费用；D_1 为企业不投资该项目的折旧费用；D_2 为企业投资该项目的折旧费用。

2. 直接法

将上述公式整理，得到计算净现金流量的直接法：

$$NCF = （现金收入的变化 - 现金费用的变化）\times（1 - 所得税税率）+$$
$$折旧费用的变化 \times 所得税税率$$
$$= （现金收入的变化 - 现金费用的变化）\times（1 - 所得税税率）+$$
$$折旧费用的纳税节约额 \tag{6-7}$$

（三）项目终结时的现金流

在项目终结时，最后一期的现金流量包括处理设备的售价和营运资本的回收。有关处理设备缴纳税款的问题，一般原则如下：

1）公司处理设备的售价与设备的账面价值相等，这说明公司既无收益，又无损失，因此不考虑税收。

2）若公司处理设备的售价低于设备的账面价值，则可将二者的差额视为经营损失，用于抵扣应税收益。

3）若公司处理设备的售价大于设备的账面价值，但小于设备的原始价值，则售价与账面价值差额应作为经营收益纳税。

4）若公司处理设备的售价大于设备的账面价值，并且大于设备的原始价值，则售价与账面价值差额部分要视具体情况纳税。

二、项目现金流量的估算

项目现金流量的估算实际上是对项目各现金流量的预测，主要的项目现金流量预测如下所述。

（一）投融资估算

投资和融资是互相联系、互相制约的，二者的关系是需求与供给的关系。投资决定融资，项目投资者的背景、财务状况、投资项目的预期经济效益和风险水平等情况决定融资的结构、条件等；同时，融资制约着投资，如果没有便利的资金融通渠道和工具，投资者即使拥有再多的资源，也无法实施项目的投资活动。

确切地说，投资活动引起融资，通过融资弥补投资资金的不足。融资包括融入资金和融出资金，从资金融入者角度是一种融资，从资金融出者角度又是一种投资。因项目的投资与项目的融资是一个整体的过程，故把二者合称为投融资。

1. 投资项目的现金流量

在确定投资项目相关的现金流量时，应遵循的基本原则是：只有增量现金流量才是与项目相关的现金流量。增量现金流量是指接受或拒绝某个投资方案后，公司总现金流量因此发生的变动。只有由于采纳某个项目引起的现金流入增加额，才是该项目的现金流入；只有由于采纳某个项目引起的现金支出增加额，才是该项目的现金流出。

项目总投资的估算主要包括项目固定资产投资估算（某些项目会有无形资产投资估算）和项目建设期的贷款利息估算。另外，在项目总投资的估算中，如果需要垫支流动资金，还需要做项目流动资金投资的估算。

（1）固定资产投资估算。项目固定资产投资包括工程费、设备费、预备费（或项目风险费用）和其他费用。由于工程项目的长期性，对项目的投资需要分阶段进行计算，而且由于不同计算期间投资额的计算依据不同，因此计算的结果也有差异。由于人们采用的是估算数据，因此会有一定的误差，但这种误差必须被控制在一定的范围之内。常用的项目固定资产投资估算方法有两类：一类是生产能力指数估算法或类比法，这类方法参照历史同类项目的固定资产投资额推算出拟建项目投资额。这类方法相对简单，但估算结果的精度较低。另一类方法是详细估算法，这类方法先将项目固定资产的各构成部分加以估算，然后汇总得出固定资产投资总额。

详细估算法中项目各投资科目及其估算方法如下：

1）工程费估算。按项目估算的方法，项目工程费的计算公式如下：

$$工程费 = \sum_{i=1}^{n}（单位工程估算价格 \times 单位工程量 \times 修正系数）\tag{6-8}$$

式中，单位工程估算价格为项目实施工程的单位费用；单位工程量为项目实施工程的工程总量；修正系数为无法按照单位数量行业价格计算的补充部分。

2）设备费估算。按项目运行所需设备的购置情况，可以估算出项目的设备费。项目的设备费估算方法相对比较简单，只要将项目运营所需的各种设备数量和价格估算出来，然后将项目所需全部设备的费用加总即可，具体如公式（6-9）所示：

$$设备费 = \sum_{i=1}^{n} (项目所需设备完全单价 \times 设备数量) \tag{6-9}$$

但要注意在设备费的估算中必须计算完全成本，如进口设备不但包括设备的购置价格，还包括设备的国际和国内运费、保险费、关税和增值税等。

3）预备费估算。项目的预备费是为应对项目风险而预先估算的费用，包括项目的基本预备费和涨价预备费。其中，基本预备费按工程费和其他费用之和乘以项目风险损失的大小和概率即可得到估算结果，而涨价预备费则需要根据投资所在国家发布的预测投资品物价上涨指数来估算。国际通行的涨价预备费的具体估算公式如下：

$$P_E = \sum_{i=0}^{N} I_t + \left[(1+f)^t - 1 \right] \tag{6-10}$$

式中，P_E 为涨价预备费；t 为项目建设期年份；I_t 为建设期第 t 年的投资计划额；N 为建设期年份数；f 为年均投资价格上涨率。

4）其他费用估算。其他费用是指项目建设的其他费用，有些是国家规定的收费科目（如文明施工费和税金等），这些需要按国家有关规定估算。有些是项目特殊收费，这些如果没有规定收费标准，多数需要按照项目投资的具体情况估算。

由于不同项目包括的内容不同，项目总投资包括的科目也会不同。例如，有的项目没有固定资产投资（轻资产项目可以直接租赁厂房与设备），有的项目没有建设期利息（全部使用自有资金因而没有贷款利息），有的项目总投资中不包括预备费和垫支流动资金。因此，不同项目要按照实际情况进行项目总投资的估算。

（2）建设期的贷款利息估算。为了计算简便，人们在项目论证与评估中假定，凡是国内借款，无论实际是按季还是按月计息，一律转化为按年计息，其计算公式如下：

$$每年利息 = (年初贷款累计额 + 本年借款支用额 /2) \times 年有效利率 \tag{6-11}$$

式中，年初贷款累计额为本年初借款本金和利息的累计额，年有效利率为根据年名义利息，统一以年为计算单位换算得到的年度利率，换算公式如下：

$$R = \left(1 + \frac{r}{m}\right)^m - 1 \tag{6-12}$$

式中，R 为年有效利率；r 为年名义利率；m 为每年计息次数。

（3）项目流动资金估算。项目流动资金估算包括对项目流动资金总额的估算和年流动资金增加额的估算。其中，项目流动资金总额等于项目正常经营年份的流动资产额减去流动负债额，而年流动资金增加额等于本年流动资金需用额减去年初流动资金累计数。项目流动资金估算方法有比例估算法和分项估算法，其中比例估算法相对粗略，而分项估算法因为比较精确而使用较多。分项估算法先按照项目流动资产与流动负债进行分项估算，然后加总全部流动资产，再减去加总后的全部流动负债，最终得出项目流动资金投资需要量。这种估算方法首先要确定分项流动资产或负债所对应的费用，再确定该项资产（负债）的最低周转天数，然后按公式（6-13）计算流动资产投资需要量。

$$年流动资产估算额 = 年现金 + 年应收账款 + 年存货 \quad (6-13)$$

其中：

$$年现金 = （年工资及福利 + 年其他费用）/ 周转次数 \quad (6-14)$$

$$年应收账款 = 年营业成本 / 周转次数 \quad (6-15)$$

$$年存货 = 外购原材料、燃料及动力费 + 在产品费 + 产成品费 \quad (6-16)$$

上述公式主要适用于产品生产类项目的投资估算，不适用于其他类项目的投资估算。

（4）折旧问题。固定资产随其在使用过程中的磨损和损耗而将其价值逐次转移到产品中，计入产品成本，从产品的销售收入中计提的折旧是对这种磨损和损耗的补偿。

常用的固定资产折旧方法有年限平均法、工作量法、加速折旧法等。由于固定资产折旧方法的选用直接影响企业成本、费用的计算，也影响企业的利润和纳税，从而影响国家的财政收入，因此，我国对固定资产折旧方法的选用历来有较严格的规定，企业应在国家规定的范围内，根据固定资产所含经济利益的预期实现方式选择折旧方法。

1）年限平均法。年限平均法又称直线法，是将固定资产的应计折旧额均衡地分摊到固定资产使用年限内的一种方法。采用这种方法计算的每期折旧额是相等的。年限平均法的计算公式如下：

$$年折旧额 = \frac{固定资产原值 - 预计净残值}{预计折旧年限}$$

$$= \frac{固定资产原值 \times （1 - 预计净残值率）}{预计折旧年限} \quad (6-17)$$

式中，预计净残值率为预计净残值占固定资产原值的百分比。

在日常核算中，固定资产的折旧额是按固定资产的折旧率来计算的。固定资产折旧率是折旧额占固定资产原值的百分比。固定资产折旧率通常是按年计算的。在按月计算折旧时，可将年折旧率除以 12，折合为月折旧率，再与固定资产原值相乘。固定资产年限平均法下的折旧率和折旧额的计算公式如下：

$$年折旧率 = \frac{年折旧额}{固定资产原值} \times 100\%$$

$$= \frac{固定资产原值 \times （1 - 预计净残值率）}{预计折旧年限 \times 固定资产原值} \times 100\%$$

$$= \frac{1 - 预计净残值率}{预计折旧年限} \times 100\% \quad (6-18)$$

$$月折旧率 = \frac{年折旧率}{12} \quad (6-19)$$

$$月折旧额 = 固定资产原值 \times 月折旧率 \quad (6-20)$$

采用年限平均法计算固定资产折旧的优点是计算简便，但这种方法只注重固定资产使用时间的长短，而忽视了其实际利用程度。只有当固定资产在各期的负荷程度相同时，采用年限平均法计算折旧才显得合理。如果固定资产在各期的负荷程度不同，采用年限平均法计算的折旧额与固定资产的实际损耗程度就不一致，就不能合理反映固定资产的实际使用情况。因此，这种方法适用于各个时期使用程度和使用效率大致相同的固定资产。

[例6-1] 某企业预计购入一台机器设备，价格为 50000 元，预计可使用 12 年，预计净残值率为 4%。试用年限平均法计算该机器设备的折旧率和折旧额。

解：

$$年折旧额 = \frac{50000 - 50000 \times 4\%}{12} = 4000 （元）$$

$$年折旧率 = \frac{1 - 4\%}{12} \times 100\% = 8\%$$

$$月折旧率 = 8\% \div 12 = 0.67\%$$

$$月折旧额 = 50000 \times 0.67\% = 335 （元）$$

上述折旧率的计算是以单项固定资产为基础的，称为个别折旧率。此外，还有分类折旧率和综合折旧率。分类折旧率是某类固定资产折旧额与该类固定资产原值的比率。采用这种方法，需先将性质、结构和使用年限接近的固定资产归为一类，再计算该类固定资产折旧率，最后用该折旧率计算该类固定资产折旧。综合折旧率是指某一期间企业全部固定资产折旧额与全部固定资产原值的比率。

个别折旧率是按单项固定资产计算的，其折旧计算准确性高，但工作量大；采用分类折旧率计算折旧的优点是计算简便，但准确性不如个别折旧率高；与个别折旧率和分类折旧率相比，采用综合折旧率计算固定资产折旧的计算结果的准确性较差。在实务中，未使用电算化处理账务的企业大多采用分类折旧率，采用电算化处理账务的企业更多选择个别折旧率。

2）工作量法。工作量法是根据固定资产实际工作量计提折旧的一种方法。这种方法可以弥补年限平均法只注重固定资产的使用时间，不考虑其实际利用程度的缺点。计算公式如下：

$$单位工作量折旧额 = \frac{固定资产原值 \times （1 - 预计净残值率）}{预计总工作量} \qquad (6-21)$$

[例6-2] A 企业一台机器价值为 30000 元，预计工作时长为 24000 小时，报废时预计的残值收入为 3000 元，预计清理费用为 300 元，该机器本月工作时长为 480 小时。试用工作量法计算该机器的本月折旧额。

解：

$$每小时折旧额 = \frac{30000 - （3000 - 300）}{24000} = 1.1375 （元/小时）$$

$$本月折旧额 = 480 \times 1.1375 = 546 （元）$$

工作量法的优点是能够使每期计提的折旧额与固定资产在当期实际使用程度一致，固定资产使用程度越高，工作量越大，计提的折旧费数额就越大。因此，这种方法较适用于磨损程度与完成工作量成正比例关系的固定资产，或在使用期限内不能均衡使用的固定资产。

3）加速折旧法。加速折旧法又称快速折旧法，是指在固定资产的有效使用年限内前期多提折旧，后期少提折旧，折旧费用逐年递减的一种折旧方法。采用这种方法可相对加快折旧速度，从而使固定资产的成本在有效使用年限内尽快得到补偿。常用的加速折旧法有双倍余额递减法和年数总和法两种。

① 双倍余额递减法。双倍余额递减法是在不考虑固定资产预计净残值的情况下，根据每期期初固定资产原值减去累计折旧后的金额（即固定资产净值）和双倍的直线法折

旧率计算固定资产折旧的一种方法。采用双倍余额递减法，折旧率是固定不变的，而计提折旧的基数为逐年递减的固定资产净值，因此，计提的年折旧额逐年递减。计算公式如下：

$$年折旧率 = \frac{2}{预计的折旧年限} \times 100\% \quad (6\text{-}22)$$

$$年折旧额 = 固定资产期初净值 \times 年折旧率 \quad (6\text{-}23)$$

$$月折旧额 = 年折旧额 \div 12 \quad (6\text{-}24)$$

采用这种方法计算折旧时应注意，在计算时不能使固定资产的账面净值低于它的预计净残值。因此，在固定资产的使用后期，如果发现使用双倍余额递减法计算的折旧额小于采用直线法计算的折旧额，就可以改用直线法计提折旧。为了操作方便，采用双倍余额递减法计提折旧时，应当在固定资产折旧年限到期前两年内，将固定资产净值扣除预计净残值后的余额平均摊销。

［例6-3］ 甲公司有一台机器原价为80000元，预计使用年限5年，预计净残值为2000元。按双倍余额递减法计提折旧，计算如下（见表6-2-1）：

解：双倍直线折旧率 = 2 ÷ 5 × 100% = 40%

从第四年起改按年限平均法计提折旧

第四、五年应提的折旧额 = （17280 - 2000）÷ 2 = 7640（元）

表 6-2-1 双倍余额递减法折旧计算表

年　　数	年初账面净值	年折旧率（%）	年折旧额（元）	累计折旧额（元）	年末账面净值（元）
1	80000	40	32000	32000	48000
2	48000	40	19200	51200	28800
3	28800	40	11520	62720	17280
4	17280		7640	70360	9640
5	9640		7640	78000	2000

② 年数总和法。年数总和法又称年限合计法，是指将固定资产的原值减去预计净残值后的余额乘以一个逐年递减的分数计算每年的折旧额，其中，分数的分子为固定资产的尚可使用年数，分母为使用年数的逐年数字总和。年数总和法折旧率是逐年降低的，而计提折旧的基数为固定资产原值减去预计净残值后的余额（即应计折旧总额），是固定不变的，因此，计提的折旧额也是逐年递减的。计算公式如下：

$$年折旧率 = \frac{尚可使用年数}{预计使用年限的年数总和} \quad (6\text{-}25)$$

$$年折旧额 = （固定资产原值 - 预计净残值）\times 年折旧率 \quad (6\text{-}26)$$

$$月折旧额 = 年折旧额 \div 12 \quad (6\text{-}27)$$

［例6-4］ 甲企业某项固定资产原价为60000元，预计使用年限5年，预计净残值为3000元，采用年数总和法计算各年折旧额见表6-2-2。

表 6-2-2　年数总和法折旧计算表

年　数	尚可使用年数	原值 – 净残值	年 折 旧 率	每年折旧额	累计折旧
1	5	57000	5/15	19000	19000
2	4	57000	4/15	15200	34200
3	3	57000	3/15	11400	45600
4	2	57000	2/15	7600	53200
5	1	57000	1/15	3800	57000

双倍余额递减法与年数总和法在计算折旧时的主要区别在于，双倍余额递减法每年折旧率不变，折旧基数逐年递减，计算的每年折旧额也逐年递减（最后两年除外）；而年数总和法每年折旧基数不变，折旧率逐年递减，计算的每年折旧额也逐年递减。

加速折旧法克服了直线法的不足。这是因为采用加速折旧法进行计算时，固定资产早期计提的折旧费较多而发生的维修费较少，后期计提的折旧费较少而维修费较多，从而保持了各个会计期间固定资产使用成本的均衡性。此外，由于加速折旧法早期计提的折旧费较多，能使固定资产投资在早期较多地收回，在税法允许将企业计提的折旧费作为税前费用扣除的前提下，还能减少企业早期的所得税额，这样可以把税款延迟到以后年份缴纳，相当于从政府那里取得一笔无息贷款，这对一些企业缓解资金紧张的情况是很有利的。

2. 融资项目的现金流量

融资与投资像一对姐妹，共同支撑着企业的财务活动和经营活动。广义的融资可以分为内部融资与外部融资。内部融资是指企业通过自身经营活动中的收益留存而实现的融资，实质上是企业收益分配的结果。外部融资是指企业通过一定的方式向企业外部筹集资金的行为，如企业发行债券、向金融机构借款、发行股票等。狭义的融资一般是指外部融资。

公司估值是创业公司在融资之前必须要做的准备，公司估值的高低决定融资额的高低。只有搞清楚估值，才能把握好融资的节奏，更好地掌握创业公司的融资需求量。

公司在成长过程中的不同阶段都会涉及融资问题。公司所处阶段不同，融资的目的和方式也有所不同，并非估值越高、融得的资金越多，就越有利于创业公司的发展。对创业公司而言，在融资过程中应积极采取各种措施和手段降低融资成本，因为控制并降低融资成本是降低创业风险、提高创业成功率的有效途径。

1）估算销售额。为了预测融资需要量，应该明确影响资金需要量的主要因素。一般情况下，影响资金需要量最主要的因素是企业的销售额，因此估算销售额是估计资金需要量的主要依据。

2）估算所需总资产。根据销售量预测及价格预测可以估算出计划期的销售收入。通常，大部分资产是销售收入的函数，根据历史数据可以分析出该函数关系，在此基础上结合计划期的销售收入，可以估算所需总资产。估算的总资产的货币表现是计划期总资产的需求量。

3）估算留存收益。留存收益包括盈余公积和未分配利润。盈余公积来源于净收益。计划期净收益的大小取决于计划期的销售收入和费用，根据对计划期净收益的估计及股利分配的估计就可以估算出留存收益所能提供的资金数额。

4）估算外部融资需求量。计划期总的资金需要量从来源上看分为内部来源资金和外部来源资金。内部来源包括留存收益和折旧，外部来源包括流动负债、非流动负债等。大部分流动负债也是销售收入的函数，如在购买材料过程中形成应付账款、应付票据等。因此，可以根据计划期的销售收入预测负债的自然增长，总的资金需求量扣除留存收益和负债的自然增长就可以估算外部融资需求量。

5）投资额预测。投资额预测主要是指新建、扩建项目需要的总的投资额。进行投资额预测有利于正确评价投资方案的经济效果。同时，只有合理地预测企业的投资额，才能合理地融资。

与投资活动一样，融资活动也会使企业的现金流量发生变化。但是，与投资不同的是，融资是现金流量流入在先，流出在后，现金流出量大于现金流入量的部分为资本成本。

投资与融资在产生现金流量的过程中存在着对立统一的关系，主要体现在：某一经济行为对某一经济主体来说是融资行为，但对另一经济主体而言却是投资行为。投资方的初始现金流出会形成融资方的初始现金流入；融资方的终止现金流出会形成投资方的终止现金流入。因此，在投融资过程中，投融资双方的现金流入量和流出量达到交叉平衡。当然，由于投融资行为通常存在交易费用和税金，融资主体初始发生的现金流入量会小于投资主体初始产生的现金流出量；而投资主体产生的现金流入量会小于融资主体产生的现金流出量。也就是说，投融资主体的现金流入量与流出量由于交易费用和税金的存在而不对等。

（二）收入估算

营业收入的估算通常假定当年的产品在当年全部销售，也就是说当年产品的产量等于当年销售量。

1. 确定项目运营期的运营（生产）负荷

运营负荷的确定一般有两种方法：一是经验设定法，它是指根据以往类似项目的经验，结合项目的实际情况，粗略估计项目运营期各年的运营负荷；二是营销计划法，它是通过制订详细的产品或服务的分年营销计划，确定各种产出物各年的生产量。

2. 确定产品销售价格

1）对于市场上已有的产品，应在项目市场分析的基础上确定产品的销售价格。

2）对于尚未上市的新产品、某些订单制产品或市场销售价格不能准确反映市场均衡价格的产品，评估时可按产品计划成本、计划利润和计划税金等推算销售价格，也可以按计划成本利润率推算。

3）对于为社会提供准公共产品或服务，且运营维护采用经营方式的项目，由于价格受到政府管制，评估人员应以相关批复文件作为定价依据，这类项目的产品定价又分为两种模式：①政府定价，评估需要取得政府有关定价的批复文件作为收入测算依据。如，高速公路、供水、污水处理、供气、市政公共交通、殡葬业等行业。②政府管制价格，例如，高等院校的收费标准，一般由财税、物价部门下发的收费文件确定学费、住宿费等各项费用的基准价，并给予一定的上浮比例，允许各学校在比例内自行确定最终收费标准。

4）对于为社会提供公共产品或服务或以保护环境等为目标的非经营性项目，其没有直接的营业收入，也没有直接的财务效益，需要政府提供补贴才能维持正常运转。评估这类项目时应将补贴作为项目收入的一部分。

3. 确定产品销售量

评估中，产品销售量的确定是基于当期产量等于当期销售量的假定。因此确定产品销售量的基础是项目的设计生产能力，即根据项目设计方案中的设计生产能力和测算的生产负荷，来测算年产品销售量。即：

$$产品销售量 = 产品产量 \times 项目设计生产能力生产负荷(\%) \tag{6-28}$$

［例6-5］ 某化学材料项目年产涤纶长丝 POY30 万吨，涤纶长丝 FDY20 万吨。该项目在生产期内各年的生产负荷测算如下：第 1 年生产负荷 70%，第 2 年生产负荷 85%，第 3 年生产负荷 100%。该项目逐年的产品销售量计算方法如下：

解：投产期第 1 年：POY 销量 $= 30 \times 70\% = 21$（万吨）

FDY 销量 $= 20 \times 70\% = 14$（万吨）

投产期第 2 年：POY 销量 $= 30 \times 85\% = 25.5$（万吨）

FDY 销量 $= 20 \times 85\% = 17$（万吨）

达产期内各年：POY 销量 30（万吨）

FDY 销量 20（万吨）

4. 多种产品销售收入测算

项目涉及多种产品，且能够分别计算每种产品价格的，年产品销售收入 $= \sum Q_I \times P_I$。公式中，Q_I 为第 I 种产品的年产量，P_I 为第 I 种产品的单价。项目涉及多种产品时，由于品种规格过多，产品价格不能穷尽，应选取产量或产值占比较大的产品作为代表产品，将其他产品折算成代表产品的销量，以此来计算销售收入。

（三）成本费用估算

成本是一个反映项目经营过程中资源消耗的主要基础数据，是产品价格的重要组成部分，是影响经济效益的重要因素，也是技术经济分析中现金流出量的主要组成部分。

在工业生产经营活动中，费用泛指企业在生产经营过程中发生的各项耗费，成本通常指企业为生产商品和提供劳务发生的各项费用。总成本费用是指项目在一定时期内（一般为一年）为生产和销售产品而花费的全部成本和费用。

产品的总成本费用按其经济用途与核算层次可分为直接费用、制造费用和期间费用，或生产成本、管理费用、财务费用和销售费用。总成本费用构成如图 6-2-1 所示。

$$总成本费用 = 生产成本 + 期间费用 \tag{6-29}$$

生产成本由生产过程中消耗的直接费用（直接材料费用、直接燃料动力费、直接工资、其他直接支出）和制造费用构成。

1. 直接费用

直接费用包括直接材料费用、直接燃料动力费、直接工资和其他直接支出。直接材料费用是指在生产中用来形成产品主要部分的材料的费用；直接燃料动力费是指在项目（课题）实施过程中直接使用的相关仪器设备、科学装置等运行发生的水、电、气、燃料消耗费用等；直接工资是指在产品生产过程中直接对材料进行加工的人员的工资、奖金、津贴和补贴等；其他直接支出包括直接从事产品生产的人员的职工福利费等。

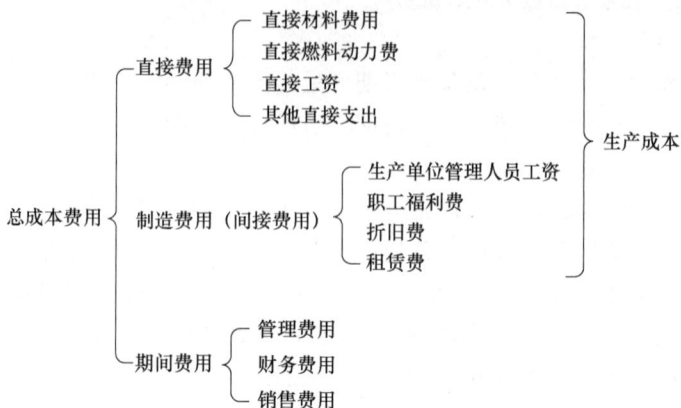

图 6-2-1　总成本费用构成

2. 制造费用

制造费用是指为组织和管理生产所发生的各项间接费用，包括生产单位（车间或分厂）管理人员工资、生产单位房屋、建筑物、机器设备等的折旧费、租赁费（不包括融资租赁费）、机物料消耗、低值易耗品摊销、取暖费、水电费、办公费、差旅费、运输费、保险费、设计制图费、劳动保护费、职工福利费、季节性和修理期间的停工损失以及其他制造费用。

3. 期间费用

期间费用包括管理费用、财务费用和销售费用。

（1）管理费用。管理费用是指企业为组织和管理企业生产经营活动所发生的各项费用，包括企业的董事会和行政管理部门在企业的经营管理中发生的，应当由企业统一负担的公司经费。管理费用包括公司经费、工会经费、职工教育经费、劳动保险费、待业保险费、董事会费、咨询费、诉讼费、排污费、绿化费、税金、土地使用费、技术转让费、研究开发费、无形资产摊销、开办费摊销、业务招待费及其他管理费用。

（2）财务费用。财务费用是企业为筹集生产经营所需资金等而发生的各项费用。它包括企业生产经营期间发生的应作为期间费用的利息支出（减利息收入）、汇兑净损失、银行手续费以及为筹集资金发生的其他财务费用。

（3）销售费用。销售费用是指销售商品过程中发生的费用，包括应由企业负担的运输费、装卸费、包装费、保险费、差旅费、广告费以及专设销售机构的人员工资及福利费、折旧费、修理费和其他费用。

在技术经济分析中，为了便于计算，通常按照各费用要素的经济性质和表现形态将其归类，总费用可以分成以下几个方面：①外购材料（包括主要材料、辅助材料、半成品、包装费、修理用备件和低值易耗品等）费用；②外购燃料费用；③外购动力费用；④工资及福利费；⑤折旧费；⑥摊销费；⑦利息支出；⑧修理费；⑨其他费用。这里的"其他费用"是指在制造费用、管理费用、财务费用和销售费用中扣除工资及福利费、折旧费、修理费、摊销费、利息支出后的费用。

（四）税金估算

利润是企业在一定时期内获得的总收入扣除总成本之后的差额，但利润不是企业能够最终全部获得和支配的，这是因为企业获得利润后还必须依法向国家缴纳税金。

税金是纳税义务人依照税法向国家缴纳的税款。对于国家财政，税收是国家财政收入的主要来源；而对于企业财务，税金是企业财务上的一种支出、一种费用。具体到投资项目或投资方案上，税金是国家征收选定方案或项目收益的一部分。建设项目评价涉及的税金主要包括关税、增值税、消费税、所得税、资源税、城市维护建设税和教育费附加等，有些行业还包括土地增值税。税种和税率的选择应根据相关税法和项目的具体情况来确定。如有减免税优惠，应说明依据及减免方式并按相关规定估算。

1. 城市维护建设税

城市维护建设税是对缴纳增值税、消费税的单位和个人征收的一种税，其收入专用于城市公用事业和公共设施的维护建设。其计算公式如下：

$$应纳税额 = 纳税人实际缴纳的增值税、消费税税额 \times 适用税率 \qquad (6\text{-}30)$$

2. 教育费附加

教育费附加是向缴纳增值税、消费税的单位和个人征收的一种费用。它以纳税人实际缴纳的上述两种税额为计征依据。其计算公式如下：

$$应纳税额 = （实际缴纳的增值税 + 实际缴纳的消费税） \times 3\% \qquad (6\text{-}31)$$

3. 资源税

资源税是一种对自然资源所有者依据其资源所有权征收，或针对开采者获得的级差收入征税的税种。在我国，资源税征收范围包括能源矿产、金属矿产、非金属矿产、水气矿产和盐五大类，其中包括164个子项，基本涵盖了已知的矿产和水资源等亟须保护的稀缺资源。资源税的应纳税额按照从价定率或者从量定额的办法，其计算公式分别如下：

从价计征：

$$应纳税额 = 应税销售额 \times 适用税率 \qquad (6\text{-}32)$$

从量计征：

$$应纳税额 = 课税数量 \times 单位税额 \qquad (6\text{-}33)$$

4. 消费税

消费税是指在消费场合对货物和服务（含虚拟物品）征收的税，简称消费税。是指按税率征收对最终消费者（消费者）的税收，也叫最终消费税，它是随着消费税种涨落而增减的。消费税是国家采取税务手段来控制消费支出，促进内需和拉动经济增长的重要政策工具。消费税的计算分为从价计征、从量计征、复合计征三种类型，计算公式如下：

从价计征：

$$应纳税额 = 应税消费品的销售额 \times 消费税比例税率 \qquad (6\text{-}34)$$

从量计征：

$$应纳税额 = 应税消费品销售数量 \times 定额税率 \qquad (6\text{-}35)$$

复合计征：

$$应纳税额 = 应税消费品的销售额 \times 消费税比例税率 + 应税消费品销售数量 \times 定额税率$$

$$(6\text{-}36)$$

（五）利润估算

利润反映企业在一定时期内生产经营活动的最终成果。利润的实现表明企业生产消耗得到了补偿并取得了盈利。企业利润既是国家财政收入的基本来源，又是企业扩大再生产的重要资金来源，它是考核企业生产经营情况的一个综合性指标。企业的利润应当是企业的总经营收益减去企业投入的成本和相关税金的差额，由于成本有多种不同的含义，因此利润也有不同的含义。这里主要介绍会计利润、经济利润和边际利润。

1. 会计利润

会计利润是指企业经营收益减去会计成本和相关税金后的余额，它包括销售利润、利润总额及税后利润。销售利润是销售收入扣除成本、费用和产品销售税金及附加后的余额；利润总额是企业在一定时期内实现的盈亏总额；税后利润是企业利润总额扣除应交所得税后的余额。

（1）销售利润。销售利润的计算公式如下：

$$销售利润 = 销售收入净额 - 销售成本、销售税金及附加 - 销售费用 -$$
$$管理费用 - 财务费用 \qquad (6\text{-}37)$$

其中：

$$销售收入净额 = 销售收入总额 - （销货退回 + 销货折扣与折让）$$

销售税金及附加主要包括：资源税、消费税、城市维护建设税和教育费附加等。

（2）利润总额。利润总额的计算公式如下：

$$利润总额 = 销售利润 + 其他业务利润 + 投资净收益 + 营业外收入 -$$
$$营业外支出 \qquad (6\text{-}38)$$

其中：①投资净收益是指投资收益扣除投资损失后的余额。投资收益包括对外投资分得的利润、股利和债券利息等。投资损失包括投资作价损失、投资到期收回或者中途转让取得款项低于账面净值的差额等。②营业外收入和营业外支出是指与企业生产经营无直接关系的各项收入和支出。营业外收入包括处置固定资本净收益、罚款净收入、确实无法支付的应付账款等。营业外支出包括固定资本盘亏、报废损毁损失，研究与开发失败损失，非常损失，以前年度损失等。

（3）税后利润。税后利润的计算公式如下：

$$税后利润 = 利润总额 - 应交所得税 \qquad (6\text{-}39)$$

2. 经济利润

经济利润又称为超额利润，是指公司或个人在生产经营中产生的总收益减去经济成本和相关税金后得到的余额。一个企业要想继续在原行业经营，企业主所有投入的自有要素必须得到最低的报酬，否则，企业就会关门，自有资金就会投入他用，企业家也会另谋他业；换言之，要想让该企业继续在原行业经营，经济利润必须大于或等于零。经济利润的计算公式如下：

$$经济利润 = 会计利润 - 隐形成本 \qquad (6\text{-}40)$$

3. 边际利润

边际利润为边际收益扣除边际成本后的余额，即每增加一单位产品产量所增加的利润。边际收益是指每增加一单位产品产量时总收入的增加值；边际成本是指企业每增加一单位产品产量所产生的总成本增加。边际利润的计算公式如下：

$$边际利润 = 边际收益(产品价格不变时,边际收益等于销售单价) - 边际成本 \quad (6-41)$$

（六）借款还本付息估算

借款还本付息估算主要通过测算借款还款期的利息和偿还借款的时间，来观察项目的借款偿还能力，为财务分析和项目决策提供依据。

通常，一般建设项目还本付息的资金来源主要是项目投产后的未分配利润、折旧额和摊销费等，在估算了这些数额后，就可以测算还本付息的时间。但是，有时在特定还款方式下，未分配利润、折旧额和摊销费等不足以按期归还本息，企业需要通过短期借款来还款。

1. 利息的计算方法

（1）有效利率。有效利率计算公式如下：

$$有效利率 = \left[1 + (r_t/m)\right]^m - 1 \quad (6-42)$$

式中，r_t 为名义期利率；m 为每期计息次数。

（2）每期应计利息。如前所述，按期计息时，为简化计算，假定当期借款均在期中支用，按半期计息，其后各期按全期计息；借款当期未偿还，按全期计息。每期应计利息的近似计算公式如下：

$$每期应计利息 = (期初借款本息累计 + 本期借款 /2) \times 利率 \quad (6-43)$$

式中，"期"根据情况可以是年、季、月等，一般情况下为年。

（3）等额还本付息方式。等额还本付息是指在借款的还贷期限内，每年支付相等的本息和，其计算公式如下：

$$A = I_C \frac{i(1+i)^n}{(1+i)^n - 1} \quad (6-44)$$

式中，A 为每期的还本付息额；I_C 为宽限期末固定资产投资和开发产品成本的借款本金或本息与初始经营资金借款本金之和；i 为当期利率；n 为贷款要求的借款偿还时间（由还款期开始计算）。

等额还本付息方式中，各期偿还的本金和利息不相等，偿还的本金比重将逐期增多，支付的利息比重将逐期减少，其计算公式如下：

$$每期支付利息 = 期初本金累计 \times 利率 \quad (6-45)$$

$$每期偿还本金 = A - 每期支付利息 \quad (6-46)$$

$$期初本金累计 = I_C - 本期以前各期偿还本金累计 \quad (6-47)$$

（4）等额还本，利息照付的方式。等额还本，利息照付的计算公式如下：

$$A'_t = \frac{I_C}{n} + I_C \left(1 - \frac{t-1}{n}\right)i \quad (6-48)$$

式中，A'_t 为第 t 期还本付息额；t 表示还本期次；其余字母含义与式（6-46）一致。

"等额还本，利息照付"方式中各期之间的本金及利息之和是不相等的，偿还期内每期偿还的本金额是相等的，利息将随本金逐期偿还而减少，其计算公式如下：

$$每期支付利息 = 期初本金累计 \times 利率 \tag{6-49}$$

$$每期偿还本金 = \frac{I_C}{n} \tag{6-50}$$

国外借款除支付银行利息，还要另计管理费和承诺费等财务费用。为简化计算，可采用适当提高利率的办法进行处理。

2. 借款偿还期

（1）借款偿还期的概念。借款偿还期是指根据国家财税规定及技术方案的具体财务条件，以可作为偿还贷款的技术方案收益（利润、折旧、摊销费及其他收益）来偿还技术方案投资借款本金和利息所需要的时间。借款偿还期的计算公式如下：

$$I_d = \sum_{t=0}^{P_d} (B + D + R_0 - B_r)_t \tag{6-51}$$

式中，I_d 为投资借款本息和（不包括已用自有资金支付的部分）；P_d 为借款偿还期（从借款开始年计算；当从投产年算起时，应予以注明）；B 为第 t 年可用于还款的利润；D 为第 t 年可用于还款的折旧和摊销费；R_0 为第 t 年可用于还款的其他收益；B_r 为第 t 年可用于还款的企业留利。

（2）借款偿还期的计算。实际工作中，借款偿还期可通过借款还本付息计算表推算，以年来表示。具体推算公式如下：

$$借款偿还期(P_d) = 借款偿清的年份数 - 1 + \frac{偿清当年应付的本息数}{当年用于偿清的资金总额} \tag{6-52}$$

（3）借款偿还期的判别准则。当借款偿还期满足贷款机构要求的期限时，即认为技术方案是有借款偿债能力的。

（4）借款偿还期的适用范围。借款偿还期指标适用于未预先给定借款偿还期，且按最大偿还能力计算还本付息的技术方案；它不适用于预先给定借款偿还期的技术方案。对于预先给定借款偿还期的技术方案，应采用利息备付率和偿债备付率指标分析技术方案的偿债能力。

[例6-6]　已知某项目借款还本付息数据如表6-2-3所示，计算该项目借款偿还期。

表6-2-3　某项目借款还本付息计算表　　　　（单位：万元）

序号	项　目	建　设　期			生　产　期		
		1 年	2 年	3 年	4 年	5 年	6 年
1	年初借款累计	0					
2	本年新增借款	400	600				
3	本年应付利息（$i = 6\%$）						
4	本年偿还本金			300	400	354.72	
5	还本资金来源			300	400	440	
5.1	利润总额			200	310	350	
5.2	用于还款的折旧和摊销费			150	150	150	
5.3	还款期企业留利			50	60	60	
6	年末借款累计						

根据已知条件，先计算表内各年的项目数据，填入表格内，再根据公式计算借款偿还期。

解：（1）计算表内各年的项目数据，并填入表6-2-4。

表6-2-4　某项目借款还本付息计算表　　　　（单位：万元）

序号	项　目	建　设　期			生　产　期		
		1 年	2 年	3 年	4 年	5 年	6 年
1	年初借款累计	0	412	1054.72	754.72	354.72	0
2	本年新增借款	400	600				
3	本年应付利息（$i=6\%$）	12	42.72	63.28	45.28	21.28	
4	本年偿还本金			300	400	354.72	
5	还本资金来源			300	400	440	
5.1	利润总额			200	310	350	
5.2	用于还款的折旧和摊销费			150	150	150	
5.3	还款期企业留利			50	60	60	
6	年末借款累计	412	1054.72	754.72	354.72	0	

（2）根据借款偿还期计算公式，计算该项目的借款偿还期。

$$借款偿还期(P_d) = 借款偿清的年份数 - 1 + \frac{偿清当年应付的本息数}{当年用于偿清的资金总额}$$

$$P_d = 5 - 1 + \frac{354.72}{440} = 4.800$$

3. 利息备付率

（1）利息备付率的概念。利息备付率（Interest Coverage Ratio，ICR）也称已获利息倍数，是指项目在借款偿还期内各年可用于支付利息的息税前利润（Earnings Before Interest and Tax，EBIT）与当期应付利息（Present Interest，PI）的比值。它从付息资金来源的充足性角度反映项目偿付债务利息的保障程度，其计算公式如下：

$$ICR = \frac{EBIT}{PI} \tag{6-53}$$

$$息税前利润(EBIT) = 利润总额 + 计入总成本费用的利息费用 \tag{6-54}$$

当期应付利息（PI）是指计入总成本费用的全部利息。

（2）利息备付率的判别准则。利息备付率分年计算。利息备付率越高，表明利息偿付的保障程度越高。

利息备付率表示使用项目利润偿付利息的保证倍数。对于正常经营的项目，利息备付率应当大于1，否则项目的付息能力保障程度不足。当利息备付率低于1时，表示技术方案没有足够资金支付利息，偿债风险很大。参考国际经验和国内行业的具体情况，并根据我国企业历史数据统计分析，一般情况下，利息备付率不宜低于2，并满足债权人的要求。

4. 偿债备付率

（1）偿债备付率的概念。偿债备付率（Debt Service Coverage Ratio，DSCR）是指项

目在借款偿还期内，各年可用于还本付息的资金（EBITDA – TAX）与当期应还本付息金额（PD）的比值。它表示可用于还本付息的资金偿还借款本息的保障程度，其计算公式如下：

$$DSCR = \frac{EBITDA - TAX}{PD} \tag{6-55}$$

式中，EBITDA 为息税前利润加折旧和摊销；TAX 为企业所得税；EBITDA – TAX 为可用于还本付息的资金。

可用于还本付息的资金包括可用于还款的折旧和摊销、成本中列支的利息费用、可用于还款的扣除所得税后的利润等。当期应还本付息金额包括当期应还贷款本金金额及计入成本的全部利息。融资租赁的本息和运营期内的短期借款本息也应纳入当期应还本付息金额。

（2）偿债备付率的判别准则。偿债备付率应分年计算。偿债备付率高，表明可用于还本付息的资金保障程度高。

偿债备付率表示可用于还本付息的资金偿还借款本息的保证倍数，其正常情况下应当大于1。根据我国企业历史数据统计分析，一般情况下，偿债备付率不宜低于1.3，并满足债权人的要求。

三、现金流量表

（一）现金流量表的概念

现金流量表是以现金及现金等价物为基础来编制的，是反映企业在一定会计期间内现金及现金等价物流入和流出信息的会计报表。现金流量表通过对企业现金流入量、现金流出量和现金净流量的反映来具体说明企业现金的变动过程，以便于财务报表使用者评价和分析企业获取现金和现金等价物的能力，并据以预测企业未来现金流量。

经营活动产生的现金流量、投资活动产生的现金流量、筹资活动产生的现金流量是现金流量表的三大要素。

（二）现金流量表的格式

现金流量表如表 6-2-5 所示。

表 6-2-5　现金流量表

序号	项　目	合计	建　设　期		投　产　期		达到设计生产能力期					
			1	2	3	4	5	6	7	8	9	10
	生产负荷（%）											
1	现金流入											
1.1	营业收入											
1.2	补贴收入											
1.3	回收固定资产余值											
1.4	回收流动资金											

（续）

序号	项　　目	合计	建　设　期		投　产　期		达到设计生产能力期					
			1	2	3	4	5	6	7	8	9	10
2	现金流出											
2.1	建设投资											
2.2	流动资金											
2.3	经营成本											
2.4	税金及附加											
2.5	维持运营投资											
3	所得税前净现金流量											
4	累计所得税前净现金流量											

本章习题

一、名词解释

请对下列名词进行解释：

现金流量；现金流出；现金流入；净现金流量；筹资活动；现金流量估算；利息备付率。

二、简答

1. 简述现金流量的特性。

2. 财务现金流量与国民经济效益费用流量有何区别？

3. 简述经营活动、投资活动、筹资活动现金流量的构成。

4. 现金流量估算的原则是什么？

5. 简述计算经营期间现金流量计的直接法和间接法的区别。

6. 如何区别相关成本和非相关成本？机会成本属于相关成本还是非相关成本？

7. 在现金流量的产生过程中，投资行为和融资行为对现金流量的影响是什么？

8. 企业生产经营的总成本费用包括哪些？

9. 简述会计利润、经济利润和边际利润的区别。

10. 什么是借款偿还期？借款偿还期应如何计算？

三、计算

某方案固定资产投资12000元，设备寿命5年，直线法计提折旧，五年末残值2000元。另需垫支营运资金3000元。年收入8000元，付现成本第一年3000元，以后逐年递增400元。所得税40%，资金成本10%。计算该方案的现金流量。

第七章 项目经济效益评价

第一节 财务评价

财务评价又称财务分析，是项目经济分析与评价中为判定项目财务可行性所进行的一项重要工作，是项目经济评价的重要组成部分，是投融资决策的重要依据。熟练掌握财务评价的定义和必要性有利于大家更好地掌握财务评价，学习财务评价的原则与步骤有利于大家更好地使用财务评价，学习静态分析方法和动态分析方法有利于大家熟练地通过财务分析知识解决相应的问题。

一、财务评价的概述

（一）财务评价的定义

财务评价是指根据国家现行财税制度和价格体系，分析计算项目的财务效益和费用，编制财务报表，计算财务指标，考察项目盈利能力、清偿能力等财务状况，以判别财务可行性。对于中外合资公路建设项目、世界银行贷款公路建设项目以及其他必须偿还建设投资的公路建设项目，都必须做财务评价。

（二）财务评价的必要性

我国在实行企业法人责任制后，要求企业法人对建设项目的整个流程负责，包括前期筹划阶段、筹集资金、开始建设直到该项目开始生产经营，还包括对前期贷款进行归还等过程。整个项目流程除需要将国家安排的具体资金以及外部环境进行整体安排，还需要按照相关规定进行报批。只要是符合国家产业政策，由企业进行投资的经营性项目，该项目的具体可行性研究和初步设计都需要法人进行自主决策。如果企业在决策过程中出现重大失误或者由于其管理不当从而无法正常偿还债务，银行有权利根据前期合同取得抵押资产，或者要求担保人偿还具体的债务。因此，企业的所有者和经营者对具体项目的盈利水平是否会低于该行业的基准、能否按照银行要求的时间偿还贷款等问题非常关心。为确保项目在后期能够正常进行，有必要在前期对该项目进行财务分析。

财务评价有利于衡量非经营性项目的财务可持续性。对公益项目、基础项目等非经营性项目，经主管部门批准，企业可以采用偿债价格或者低利润价格。在这类项目的决策过程中，需要对投资进行财务计算，以吸引当地社区和企业。在某些情况下，还可以吸引外商直接投资。因此，非经营性项目的融资必须体现社会导向、市场力量和经济效益，以确定项目能在多大程度上从国家或地方政府获得必要的财政支持，补贴或优惠经济措施，如减税和免税。

财务评价是合营项目谈判签约的重要依据。合同条款是中外合资企业开展合作项目的首要前提。合同的正式签订离不开经济效益分析。合同条款的协商过程实际上就是财务评价的计算过程。

财务评价是对项目的资金进行规划的一个重要内容。分析具体建设项目的投资规模、可能的资金用途和融资方案，这些都是在财务评价中非常重要且需要重点解决的问题。因此，为了保证项目所需的资金能够及时到位且不影响项目的进度，投资者、项目经理和相应的贷款部门都应对项目所需金额进行深入了解，并采取相应的融资计划和国家的资金预算。

（三）财务评价的主要内容

企业财务评价的基本目标是评价项目盈利能力，即项目是否盈利。项目盈利能力是评价项目财务可行性的基本指标。因此，财务评价主要包括下列内容：

1）当项目达到计划生产能力时，在正常生产年所能获得的利润水平，即用正常生产年的利润与总投资的比例来考虑项目投资的年度盈利能力。

2）贷款还款期限的时间长短是指利用项目投产之后获得的年利润和折旧资金来计算偿还该项目的贷款本金和利息需要的时间，这是用来评价该企业能否正常还款的重要指标。

3）项目整个生命周期的利润水平，即企业在项目整个生命周期的财务收入和总收益率，需要考虑资金的时间因素并采用动态计算分析，有利于客观反映企业能够实现的实际财务收入。

4）需要对项目的具体资金流动进行相应的分析。这个过程需要对项目的资金流动率和资金负债率等各项具体的财务指标进行计算，从而对投产后期的资金流向进行具体的分析。它要求评估效益、损益、资产和负债、资金来源及使用，整个项目期间资金和债务的财务状况以及资产结构的合理性，同时要求及时了解应付账款和资金周转率，报告项目风险，还要求非常清晰地知道该项目偿还流动负债的具体能力。

5）针对涉外项目，需要对外汇效果进行相应的计算分析，这样才能计算出项目实施会对国家的外汇情况产生多大影响，同时还要对产品的出口能力和在海外市场的竞争能力进行分析。在此需要对外汇的净现值和换汇成本等指标进行相应的计算。

6）分析客观因素的变化对项目盈利能力的影响，即考虑不断变化的不确定因素对业绩指标的影响，通过不确定性分析（如敏感性分析、盈亏平衡分析和概率分析），研究项目对各种投资风险的承受能力，提高项目投资的可靠性和盈利能力。

（四）财务评价的原则与步骤

1. 财务评价的原则

为了保证财务评价过程的客观性以及有效性，财务评价过程应当遵循的原则如下：

（1）微观利益与宏观利益相协调的原则。在进行财务评价时，应注意遵守国家相应的法律法规和国家在经济发展领域的相关规定等。这将有助于协调企业的微观利益和国民经济的宏观利益。

（2）费用与效益识别的有无对比原则。费用与效益识别的"有"是针对实施项目的将来进行分析，"无"是针对不实施项目的将来进行分析，在这个分析的过程中，必须注意"有"和"无"对比的是由于项目的实施增加的效益以及费用。只有这样，才能真正体现项目的净利润。

（3）定量分析与定性分析相结合的原则。财务分析主要是定量分析，但由于分析过程将使用大量的预测数据，因此不可避免地要对预测数据进行定性分析，以提高预测数据的可靠性。同时，对评价结果的分析也不可避免地采用定性分析。

（4）将动态分析同静态分析相结合，但应以动态分析为主。国际公认的财务分析是基于动态分析方法，即不仅考虑资金的时间价值，还要通过计算整个过程的内部收益率、净现值等动态评价指标来判断项目的效益和成本。

2. 财务评价的一般步骤

财务评价通常需要在确定项目的建设方案、投资估算和融资方案等基本条件的基础上进行，其主要步骤如下：

（1）针对项目目标进行财务效益和费用的识别。项目目标通常是指获得利益，因此利益可以被理解为对目标的贡献；成本对目标是一个负面的好处。在计算中，只考虑项目的直接收入和费用。

（2）对数据进行预测和选取相关参数，以及编制相应的辅助报表。这包括市场调研、预测分析、项目投资方案技术分析、产品方案确定、确定合理生产规模、生产工艺方案选择、确定设备类型、确定工程技术方案、确定施工现场及投资计划、确定具体项目的进度安排等，还包括财务预测的编制、获取投资、生产成本、营业额等，以及对基础财务数据进行分析、审核，编制相应的财务评价辅助报表。

（3）编制和评估财务评价的基本报表。在此基础上确定财务效益和成本，并编制相关报表。主要财务报表包括项目现金流量表、利润分配计划表、财务相应计划表、项目资金负债表和贷款本金利息表。

（4）计算财务评价指标。各财务评价指标均应根据基本财务报表计算。通过对评价标准或基准值的比较分析，对项目的盈利能力和偿付能力进行评估，以确定项目的财务可行性。

（5）进行不确定性分析。采用对项目进行盈亏平衡分析、敏感性分析和概率分析等方法，分析在不确定条件下项目可能存在的风险和项目的抗风险能力，得出在不确定条件下项目财务评价的结论或建议。

二、财务分析指标

按照财务分析目标的不同，投资项目分析可以从盈利能力分析、偿债能力分析以及财务生存能力分析三个方面进行。

盈利能力分析的主要指标包括项目投资财务内部收益率、财务净现值、项目资本金财务内部收益率、投资回收期、总投资收益率、项目资本金净利润率等，可以根据项目的特点及财务分析的目的、要求等选择具体指标。投资项目分析结果的好坏一方面取决于基础数据的准确性，另一方面则取决于指标体系选取的合理性。只有选取正确的指标体系，项目财务盈利能力的分析结果才能与客观情况相吻合并具有实际意义。

偿债能力分析应通过计算利息备付率、偿债备付率和资产负债率等指标，分析判断财务主体的偿债能力。

　　财务生存能力分析应在财务分析辅助表和利润与利润分配表的基础上编制财务计划现金流量表，通过考察项目计算期内的投资、融资和经营活动所产生的各项现金流入和流出，计算净现金流量和累积盈余资金，分析项目是否有足够的净现金流量维持正常运营，以实现财务的可持续性。

　　财务分析指标见表 7-1-1。

表 7-1-1　财务分析指标

分 析 内 容	静 态 指 标	动 态 指 标
盈利能力分析	静态投资回收期	动态投资回收期
	总投资收益率	净现值
	投资利润率	内部收益率
	投资利税率	净年值
	资本金净利润率	净现值率
		费用现值和费用年值
偿债能力分析	借款偿还期	
	利息备付率	
	偿债备付率	
财务生存能力分析	资产负债率	
	流动比率	
	速动比率	

　　本书侧重对项目盈利能力的分析，因此仅对盈利能力分析指标进行详细介绍。

（一）静态指标

　　在对技术方案的经济效益进行分析的时候，如果不考虑融资时间的相关影响，属于静态分析。静态分析方法适用于生命周期短、现金流量均匀分布的技术方案的估值。此外，由于这些方法计算简单，经常用于初步选择阶段。

　　1. 静态投资回收期

　　（1）概念与公式。静态投资回收期是指投资项目的净现金流量抵消原有投资总额所需要的总时间。静态投资回收期又称投资回收期或投资回收期法，是指从项目投资和建造之日起，用项目年度净收入（年度收入减去年度支出）收回项目全部投资所需的期间。在实际计算过程中通常会将累计净现金流量等于零的时间作为投资回收期。静态投资回收期的计算公式如下：

$$\sum_{t=0}^{P_t} (\text{CI} - \text{CO})_t = 0 \text{ （累计净现金流量为 0）} \tag{7-1}$$

式中，CI 为第 t 年的现金流入量；CO 为第 t 年的现金流出量（包括投资）；t 为年份。

　　如果各年净收益相等，即：

$$(\text{CI} - \text{CO})_1 = (\text{CI} - \text{CO})_2 = \cdots (\text{CI} - \text{CO})_t = \text{NB} \tag{7-2}$$

则静态投资回收期的计算公式可简化如下：

$$T_P = \frac{K}{NB} \tag{7-3}$$

式中，NB 为正常年份的净现金流量（或年平均净收益）；K 为投资总额（包括固定资产和流动资金等）。

实际上，对静态投资回收期的计算是利用列表法得到的，即利用财务现金流量表其中的累计净现金流量来计算，当其值从负值变为正值时，计算公式如下：

$$T_P = T - 1 + \frac{\text{第}(T-1)\text{年的累计净现金流量的绝对值}}{\text{第 }T\text{ 年的净现金流量}} \tag{7-4}$$

式中，T 为项目各年累计净现金流量首次出现正值的年份。

静态投资回收期的评价原则为 $T_P \leqslant T_b$，方案可行；$T_P > T_b$，方案不可行。

T_b 为基准投资回收期，是指行业或项目标准（或一般的）的投资回收时间。

［例 7-1］ 某项目投资与现金流如表 7-1-2 所示，计算项目的静态投资回收期 T_P。

表 7-1-2　某项目投资与现金流　　　　　　　　　（单位：万元）

项　　目	年　　份						
	0	1	2	3	4	5	6
总投资	6000	4000					
收　入			5000	6000	8000	8000	7500
支　出			2000	2500	3000	3500	3500
净现金流量	−6000	−4000	3000	3500	5000	4500	4000
累计净现金流量	−6000	−10000	−7000	−3500	1500	6000	10000

解：根据表 7-1-2 中数据，累计净现金流量开始出现正值的年份为第 4 年，根据公式计算得：

$$T_P = 4 - 1 + \frac{|-3500|}{5000} = 3.7 \text{（年）}$$

该项目的静态投资回收期为 3.7 年。

（2）静态投资回收期的优缺点。静态投资回收期在一定程度上反映了项目计划的资金回收能力，易于理解和计算，且现金回收期前的净现金流量信息可直接使用。

静态投资回收期的优点：一是可以直观地反映原有总投资的回收期，既可以判断投资是否可行，又可以判断投资质量；二是它易于理解，计算相对简单，可作为小规模投资方案的初步分析；三是回收期前的净现金流量信息可以直接使用。回收期的长短可以表明初始投资成本的补偿率，可以作为未来承担风险程度的指标。

静态投资回收期的缺点：一是未考虑资金时间价值因素，因此不够真实准确；二是没有考虑回收期满后继续发生的现金流量，没有考虑投资计划使用年限及残值；三是不能正确反映不同投资方式对项目的影响，没有考虑回收期后的计划收益和经济效应以及放弃回收期后的收支数据，不能充分反映项目在使用期的实际效益。

2. 总投资收益率

（1）概念与公式。总投资收益率表示总投资的盈利水平，是指项目达到设计生产能力后在正常年份的年息税前利润或运营期内年平均息税前利润（EBIT）与项目总投资（TI）的比率。其计算公式如下：

$$ROI = \frac{EBIT}{TI} \times 100\% \tag{7-5}$$

投资效益越好，投资收益率越大。投资收益率表达的是单位投资所获得的年度净收益，当 ROI = 20% 的时候，则表示每元投资每年可以获得净收益 0.20 元。

用投资收益率来分析方案，应当将方案实际的投资收益率 ROI 与基准的投资收益率 ROI_C 进行比较，若 $ROI \geqslant ROI_C$，则方案在经济上是可取的；否则，不可取。

［例 7-2］ 某拟建市政工程设施需要总投资额 4000 万元，预计投产后每年销售收入为 2000 万元，年经营成本和销售税金为 1600 万元，试求该项目的投资收益率。

解：根据题意可得：

$$ROI = \frac{EBIT}{TI} \times 100\% = \frac{2000 - 1600}{4000} \times 100\% = 10\%$$

（2）投资收益率的优缺点。投资收益率的优点是指标的经济意义清晰、直观、计算简单，在一定程度上反映了投资效果的优劣，可适用于各种投资规模。缺点是没有考虑资本的时间价值，忽视了资本时间价值的重要性；而且指标计算的主观随机性太强。也就是说，选择正常生产年份比较困难，如何确定正常生产年份存在一定的不确定性和人为因素；另外，虽然可以正确反映工程的工期长短、投资方式的不同以及回收金额，但只有投资回报率大于或等于无风险投资回报率的投资项目才是财务上可行的。因此，作为主要决策依据的投资回报指数并不十分可靠。

3. 投资利润率

（1）概念与公式。投资利润率又称投资收益率，是指投资中心获得的利润与投资额之间的比率，可用于评价和考核由投资中心掌握、使用全部净资产的盈利能力。其计算公式如下：

$$投资利润率 = \frac{年利润总额}{总投资} \times 100\% \tag{7-6}$$

［例 7-3］ 某化肥厂基建投资估算为 60000 万元，建设期借款利息为 6000 万元，流动资金为 4000 万元，投产期为 2 年，达到设计生产能力的生产期为 14 年，其年利润总额均为 7000 万元，计算投资利润率。

解：根据题意可得：

$$投资利润率 = \frac{7000}{60000 + 6000 + 4000} \times 100\% = 10\%$$

若项目生产期较短，且年利润总额波动较大，可以选择生产期的平均年利润总额；若项目生产期较长，年利润总额在生产期波动不大，可选择正常生产年份的年利润总额。

（2）投资利润率的优缺点。投资利润率指标是考核投资中心广泛采用的评价指标，它的优点是：第一，能反映投资中心的综合盈利能力。从分解公式可以看出，投资利润率的高低与收入、成本、投资额和周转能力都有关系，可以通过多种方式实现投资利润率的增长。第二，投资利润率具有横向可比性，其作为相对数指标剔除了因投资额不同而导致利润不同的不可比因素，有利于各投资中心经营业绩的比较。第三，可以作为选择投资机会的依据。第四，可以正确引导投资中心的经营管理行为，使其行为战略化、长期化。投资利润率指标通过反映投资中心运用资产并使资产增值的能力，促使各投资中心负责人盘活闲置资产，减少不合理资产占用，及时处理过时、变质、毁损资产，提高了资产的使用效率。

但投资利润率指标也有局限性，主要表现在：第一，容易受通货膨胀的影响，使公司资产账面价值失真，产生折旧少计、利润多计、投资利润率失实的情况。第二，对于不止一个投资中心的公司集团，以该指标为考核标准往往会使各投资中心只顾自身利益而放弃对整个集团有利的投资机会，导致投资中心短期目标与公司集团长期目标的不一致。第三，从控制角度看，一些共同费用无法为投资中心所控制，使投资利润率的计算不够准确。

4. 投资利税率

投资利税率是指项目达到设计生产能力后在一个正常生产年份的年利税总额，或项目生产期内的年平均利税总额与项目总投资的比值，其计算公式如下：

$$投资利税率 = \frac{年利税总额}{总投资} \times 100\% \tag{7-7}$$

式中的年利税总额可以选择正常生产年份的年利润总额与税金及附加之和，也可以选择生产期内的年平均利润总额与税金及附加之和。选择前者还是后者，要依据项目生产期的长短和利税之和的波动大小来定，选择原则与投资利润率的选择同理。

5. 资本金净利润率

资本金净利润率（ROE）表示项目资本金的盈利水平，是指项目达到设计生产能力后在正常年份的年净利润或运营期内年平均净利润（NP）与项目资本金（EC）的比值，其计算公式如下：

$$ROE = \frac{NP}{EC} \times 100\% \tag{7-8}$$

式中，ROE 为项目资本金净利润率；NP 为项目在正常年份的年净利润或运营期内年平均净利润；EC 为项目资本金（项目公司股东投入的资金）。

（二）动态指标

动态分析法在评价指标时考虑了资金的时间价值因素，比较符合资金的运动规律，使评价更加符合实际。工程项目技术方案的经济分析除了有数量概念，还要有时间概念。动态分析不仅考虑了资金的时间价值，还考虑了项目在整个寿命期内收入与支出的全部经济数据。因此，应用动态分析方法进行技术经济分析比静态分析方法更全面、更科学。

1. 动态投资回收期

（1）概念与公式。投资者一般十分关心投资的回收速度，为了减少投资风险，他们希望越早收回投资越好。动态投资回收期是一个常用的经济评价指标。动态投资回收期弥补了静态投资回收期没有考虑资金的时间价值这一缺点，使其更符合实际情况。

动态投资回收期是指在考虑资金时间价值的条件下，以投资项目净现金流量的现值抵偿原始投资现值所需的全部时间，即项目从投资开始到累计折现现金流量等于 0 时所需的时间，其表达式如下：

$$\sum_{t=0}^{P'_t} (CI - CO)_t (1 + i_c)^{-t} = 0 \qquad (7-9)$$

式中，i_c 为基准收益率；P'_t 为动态投资回收期；CI 为现金流入量；CO 为现金流出量；t 为各年度。

也可以用下列简化公式来计算动态投资回收期 P'_t：

$$P'_t = 累计净现金流量折现值出现正值的年数 - 1 + \frac{上年累计净现金流量折现的绝对值}{当年净现金流量的折现值}$$

$$(7-10)$$

如果 P'_t 小于基准回收期 P_b，则项目可行；否则不可行。动态投资回收期是反映项目财务偿还能力的重要经济指标。

[例 7-4] 某项目投资总额为 1000 万元，投产后年收益、年折现值及累计年折现值见表 7-1-3，财务基准收益率为 10%，试计算动态投资回收期。

表 7-1-3 某项目现金流量表（部分） （单位：元）

项 目	年 份						
	0	1	2	3	4	5	6	7
投资	-800							
年现金净流量		250	250	250	250	250	300	300
年折现值	-800	227.3	206.6	187.8	170.8	155.2	169.3	154
累计年折现值	-800	-572.7	-366.1	-178.3	-7.5	147.7	317	471

$$P'_t = 5 - 1 + \frac{|-7.5|}{155.2} \approx 4.05 \ (年)$$

（2）动态投资回收期的优缺点。动态投资回收期法考虑了资金的时间价值，克服了静态投资回收期法的缺陷，因而优于静态投资回收期法。但它仍然具有主观性，同样忽略了回收期以后的净现金流量。当未来年份的净现金流量为负数时，动态投资回收期可能变得无效，甚至做出错误的决策。因此，动态投资回收期法计算投资回收期限并不完善。

2. 净现值

（1）概念与公式。净现值（Net Present Value，NPV）是以项目寿命各个阶段预期现金流折现现值的加总减去初始投资支出。净现值是指在项目计算期内，按行业基准折现率或其他设定折现率计算的各年净现金流量现值的代数和，是一个绝对值指标。

净现值是对投资项目进行动态评价的重要指标之一，它反映了技术方案在整个分析期内获利的能力。如果计算的净现值大于零，说明方案的投资能获得大于基准收益率的经济效益，则方案可取；如果计算的净现值等于零，说明方案的投资刚好达到要求的基准收益率的水平，方案也可取；如果计算的净现值小于零，说明方案没有达到基准收益率水平，则方案在经济上是不合理的，方案不可取。在进行多方案比较时，以净现值最大的方案为最优方案，其表达式如下：

$$\text{NPV} = \sum_{t=0}^{n} (\text{CI} - \text{CO})_t (1 + i_c)^{-t} \tag{7-11}$$

式中，NPV 为净现值；CI_t 为第 t 年的现金流入额；CO_t 为第 t 年的现金流出额；n 为项目寿命年限（或计算期）；i_c 为基准折现率。

利率可以将不同时刻的资金价值予以换算，这个功能就为不同的投资方案提供了可以立足于相同的基点进行相互比较的可能性。由于现金流量又是反映投资方案在有效期间内的现金流动状况，所以，投资分析在本质上就是对投资方案的现金流量的分析。为便于对现金流量的分析，可绘制现金流量图，如图 7-1-1 所示。

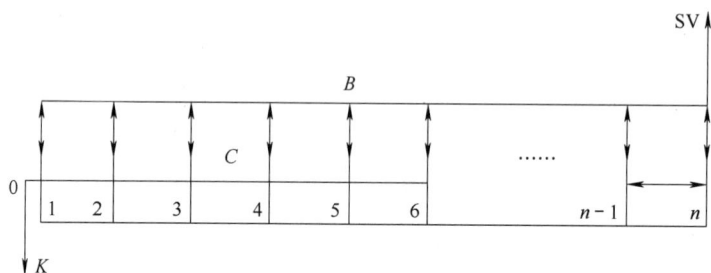

图 7-1-1　投资方案的现金流量

此时，净现值的公式可以表示为

$$\text{NPV} = -K + (B - C)(P/A, i, n) + \text{SV}(P/F, i, n) \tag{7-12}$$

式中，K 为期初投资额；B 为年收入；C 为年经营成本；SV 为残值；$(P/A, i, n)$ 为年金现值系数；$(P/F, i, n)$ 是复利现值系数。

［例 7-5］　某建设工程项目预计投资为 10000 万元，预测在 5 年使用期内，每年平均收入为 5000 万元，每年平均支出为 2200 万元，残值为 2000 万元，基准收益率为 10%，试用净现值法判断该方案是否可行。

解：由题意可以看出，该方案每年的净现金流量都相等，所以可以利用年金现值系数来计算净现值。

$$\begin{aligned}
\text{NPV} &= -K + (\text{CI} - \text{CO})(P/A, i, n) + \text{SV}(P/F, i, n) \\
&= -10000 + (5000 - 2200) \times (P/A, 10\%, 5) + 2000 \times (1 + 0.1)^{-5} \\
&= -10000 + 2800 \times 3.7908 + 2000 \times 0.6209 \\
&= 1856.04 \quad （万元）
\end{aligned}$$

由结果得出，由于 NPV = 1856.04 万元，大于零，所以该方案可取。

（2）净现值判别法的优缺点。净现值判别法的优点是考虑了资金时间价值，增强了投资经济性的评价；考虑了项目或方案全过程的净现金流量，体现了流动性与收益性的统一；考虑了投资风险，风险大则采用高折现率，风险小则采用低折现率。

净现值判别法的缺点是计算较麻烦，难掌握；净现金流量的测量和折现率较难确定；不能从动态角度直接反映投资项目的实际收益水平；项目投资额不等时，无法准确判断方案的优劣。

净现值判别法指标是反映项目投资获利能力的指标。净现值法是一种比较科学也比较相对简便的投资方案评价方法。

3. 内部收益率

（1）概念与计算公式。内部收益率（Internal Rate of Return，IRR）又称内部报酬率，它是经济评价中重要的动态评价指标之一。所谓内部收益率，是指使方案在寿命期内的净现值为零时的折现率。判别准则：设基准折现率为 i_c，若 IRR $\geqslant i_c$，则项目在经济效果上可以接受；若 IRR $< i_c$，则项目在经济效果上不可接受。按照内部收益率的定义，其表达式如下：

$$NPV(IRR) = \sum_{t=0}^{n}(CI_t - CO_t)(1 + IRR)^{-t} = 0 \tag{7-13}$$

式中，IRR 为内部收益率；其他符号意义同式（7-11）。

公式（7-12）是一个高次方程，不易直接求解，通常采用线性内插法求 IRR 的近似解，其原理如图 7-1-2 所示。

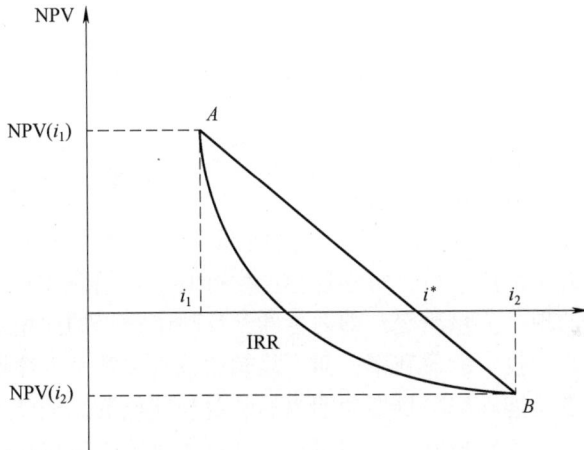

图 7-1-2　线性内插法

从图 7-1-2 可以看出，IRR 在 i_1 与 i_2 之间，用 i^* 近似代替 IRR，将 i_2 与 i_1 的差额控制在一定范围内，可以达到要求的精度。具体计算步骤如下：

1）设初始折现率值为 i_1'，一般可以先取行业的基准收益率 i_c 作为 i_1'，并计算对应的净现值 $NPV(i_1')$。

2）若 $NPV(i_1') \neq 0$，则根据 $NPV(i_1')$ 是否大于零，再设 i_2'。若 $NPV(i_1') > 0$，则设 $i_2' > i_1'$；若 $NPV(i_1') < 0$，则设 $i_2' < i_1'$。i_2' 与 i_1' 的差额取决于 $NPV(i_1')$ 的绝对值，较大的绝对值可以取较大的差额；反之，取较小的差额。计算对应的 $NPV(i_2')$。

3）重复步骤（2），直到 $NPV(i_1) > 0$，$NPV(i_2) < 0$，用线性内插法求 IRR 近似值，即：

$$IRR \approx i^* = i_1 + \frac{NPV(i_1)}{NPV(i_1) + |NPV(i_2)|}(i_2 - i_1) \tag{7-14}$$

式中，i^* 为近似的内部收益率；i_1 为试算用的较低折现率；i_2 为试算用的较高折现率；$NPV(i_1)$ 为用较低折现率计算的净现值（应为正值）；$NPV(i_2)$ 为用较高折现率计算的净现值（应为负值）。

应当指出，用试算内插法计算的误差（i^*-IRR）与选用的两个折现率的差额（i_2-i_1）有直接关系。为了控制误差，两个折现率之差（i_2-i_1）一般不应超过5%。

[例7-6] 某工程的现金流量见表7-1-4，基准收益率为10%，试用内部收益率法分析该方案是否可行。

表 7-1-4 某工程的现金流量表

项　　目	年　　数					
	0	1	2	3	4	5
现金流量	-100	20	30	20	40	40

解：取 $i_1=10\%$，$NPV_1 = -100 + 20 \times (P/F,10\%,1) + 30 \times (P/F,10\%,2) + 20 \times (P/F,10\%,3) + 40 \times (P/F,10\%,4) + 40 \times (P/F,10\%,5) = 10.16$（万元）$>0$；

取 $i_2=15\%$，$NPV_2 = -100 + 20 \times (P/F,15\%,1) + 30 \times (P/F,15\%,2) + 20 \times (P/F,15\%,3) + 40 \times (P/F,15\%,4) + 40 \times (P/F,15\%,5) = -4.02$（万元）$<0$；

可见，IRR 在 10%~15% 之间。

$$IRR = i_1 + \frac{NPV(i_1)}{NPV(i_1) + |NPV(i_2)|}(i_2-i_1) = 13.58\% > 10\%，所以方案可行。$$

（2）内部收益率的经济含义以及优缺点。内部收益率的经济含义是指项目在整个寿命期内抵偿投资在内的全部成本后，每年还会产生 IRR 的经济利率。IRR 是项目投资的盈利率，其大小由项目的现金流量决定，即内生的，反映了投资的使用效率。IRR 反映的是项目寿命期内没有回收的投资的盈利率，而不是初始投资在整个寿命期内的盈利率。

内部收益率的优点是能够把项目寿命期内的收益与其投资总额联系起来，反映项目的收益率，便于将它同行业基准投资收益率对比，确定项目是否值得建设。当使用借款进行建设并且借款条件（主要是利率）还不明确时，内部收益率法可以避开借款条件，直接求得内部收益率，将其作为可以接受的借款利率的高限。但内部收益率反映的是比率，不是绝对值，一个内部收益率较低的方案，可能由于其规模较大而有较大的净现值，因而更值得建设。所以在各个方案比较时，必须将内部收益率与净现值结合起来考虑。

内部收益率是进行盈利能力分析时采用的主要方法。内部收益率普遍被认为是项目投资的盈利率，反映了投资的使用效率，概念清晰明确。比起净现值与净年值，各行各业的经济工作者更喜欢采用内部收益率。内部收益率指标的突出优点是在计算时不需事先给定基准折现率，避开了这一既困难又易引起争论的问题。内部收益率不是事先给定的，而是内生的，即由项目现金流计算出来的。当基准折现率不易确定准确数值，而只有大致的取值区间时，使用内部收益率指标较易进行项目的取舍，因此 IRR 优越性是显而易见的。

但是，内部收益率也有诸多缺陷和问题，如多解和无解问题、与净现值指标的冲突问题等，给我们带来了诸多不便和困惑。由内部收益率的定义公式可知，它对应一个一元高次多项式（IRR 的定义式）的根，该问题也就是内部收益率的多解或无解问题，是内部收益率指标的一个突出缺陷。究其原因，显然与项目的投资结构和全部现金流量紧密相关，这是项目投资的不连续（出现了追加投资）造成的。

4. 净年值

净年值（Net Annual Value，NAV）又叫等额年值或等额年金，是按基准收益率将项目计算期内的净现金流量等值换算而成的等额年值。它与净现值（NPV）的相同之处是，两者都要在给定基准收益率的基础上进行计算；不同之处是，净现值把投资期的现金流量折算为基准期的现值，而净年值则是把现金流量折算为等额年值。净年值的计算公式如下：

$$NAV = \left[\sum_{t=0}^{n} (CI - CO)_t (1 + i_c)^{-t} \right] \frac{i_c (1 + i_c)^n}{(1 + i_c)^n - 1} \tag{7-15}$$

或

$$NAV = NPV \times \frac{i_c (1 + i_c)^n}{(1 + i_c)^n - 1} \tag{7-16}$$

式中，$\frac{i_c (1 + i_c)^n}{(1 + i_c)^n - 1} = (A/P, i, n)$ 为资本回收系数。

由于净现值是项目在计算期内获得的超过基准收益率水平的收益现值，而净年值则是项目在计算期内每期的等额超额收益净年值与净现值仅差一个资本回收系数，并且 $(A/P, i, n) > 0$，因此 NAV 与 NPV 总是同为正数或负数，即 NAV 与 NPV 在评价同一个项目时的结论总是一致的。评价依据是：若 NAV ≥ 0，则项目在经济上可以接受；若 NAV < 0，则项目在经济上应予拒绝。

[例 7-7]　已知某一项目 NPV = 2757.19 元，$i = 10\%$，$n = 6$ 年，试用净年值指标对项目进行决策。

解：由净年值计算公式，

$$NAV = NPV \times \frac{i_c (1 + i_c)^n}{(1 + i_c)^n - 1} = 2757.19 \times (A/P, 10\%, 6) = 633.05 (元)$$

5. 净现值率

在运用净现值对多个互斥方案进行分析与评价时，如果各方案的使用寿命相同，则净现值最大的方案最优。但净现值只能反映技术方案给国民经济带来的盈利总额，而没有说明这种盈利是在何种费用水平上取得的，即没有反映资金的利用效率。也就是说，净现值只是一个绝对的经济效益指标，它没有反映方案的相对经济效益。因此，净现值最大的方案并不一定是最好、最优的方案。单纯用净现值最大为标准进行方案的选优，往往会导致评价人趋向于选择投资大、盈利多的方案，而忽视盈利少，但投资额也少，经济效果更好的方案。因此，在互斥方案经济效果实际评价中，当资金无限制时，用净现值进行分析；当资金有限时，可以考虑用净现值率（Net Present Value Ratio，NPVR）进行辅助分析。

净现值率是项目净现值与项目投资总额现值之比，经济含义是单位投资现值所能带来的净现值，其表达式如下：

$$\text{NPVR} = \frac{\text{NPV}}{I_P} = \frac{\sum_{t=0}^{n} (\text{CI} - \text{CO})_t (1 + i_c)^{-t}}{\sum_{t=0}^{n} I_t (1 + i_c)^{-t}} \quad (7\text{-}17)$$

式中，NPV 为净现值；I_P 原始投资的现值合计；CI 为现金流入量；CO 为现金流出量；n 为项目寿命年限（或计算期）；i_c 为基准折现率。

净现值率是净现值标准的一个辅助指标。在多方案比较中，净现值率越大，表明该方案单位投资的效益越高。用 NPVR 分析与评价互斥方案方法如下：当对比方案的投资额不同，且有明显的资金总量限制时，先行淘汰 NPVR 小于零的方案；对余下的 NPVR 大于零的方案，选 NPVR 较大的方案即可。

6. 费用现值和费用年值

在对互斥方案选优时，当各方案的效益相同或效益基本相同但难以具体估算其效益时，若各方案计算期相同，可采用费用现值或费用年值选优；若各方案计算期不同，可采用费用年值选优。

（1）费用现值。费用现值（PC）是把各方案计算期内的各年费用（包括投资）按财务基准收益率换算为建设期期初的现值之和，其计算公式如下：

$$\text{PC} = \sum_{t=0}^{n} \text{CO}_t (P/F, i, n) \quad (7\text{-}18)$$

式中，CO_t 为第 t 年的现金流出量；i 是折现率；n 是计算期；$(P/F, i, n)$ 是复利现值系数。

（2）费用年值。费用年值（AC）是把各比较方案的投资及各年的费用换算为等额年费用，其计算公式如下：

$$\text{AC} = \left[\sum_{t=0}^{n} \text{CO}_t (P/F, i, n) \right] (A/P, i, n) \quad (7\text{-}19)$$

式中，$(A/P, i, n)$ 为资本回收系数；其他符号同前。

三、多方案选择

在项目决策中，往往会出现在一定的约束条件下有多个方案可供选择的情况。由于约束条件不同，多方案之间的关系不同，选择方案的评价方法也有所不同。

（一）独立方案的选择

独立方案是指作为评价对象的各个方案的现金流是独立的，不具有相关性，且任何方案的采用与否都不影响其他方案。从决策角度来看，独立方案是完全独立的。如果评价对象是单一方案，则可以认为是独立方案的特例。

独立方案采用与否只取决于方案自身的经济性，即只需检验它们是否能够通过净现值、净年值或内部收益率指标的评价标准。因此，多个独立方案与单一方案的评价方法是相同的。

用经济效果评价标准（如 NPV $\geq$ 0，NAV $\geq$ 0，IRR $\geq i_c$）来检验方案自身的经济性，叫作绝对经济效果检验。凡能通过绝对经济效果检验的方案就被认为在经济效果上是可以接受的，否则就应予以拒绝。

对独立方案而言，经济上是否可行的判别依据是其绝对经济效果检验指标是否能达到一定的检验标准。所以，采用净现值、净年值和内部收益率等评价指标均可。

（二）互斥方案的选择

互斥方案是指由于技术或经济的原因，接受某一方案就必须放弃其他方案，即在多个方案比较时，只能选择其中之一。从决策角度来看，这些方案是相互排斥的。

互斥方案的经济效果评价包含了两部分内容：一是考察各个方案自身的经济效果，即进行绝对经济效果检验；二是要对这些方案进行优劣排序，即相对经济效果检验。两种检验的目的和作用不同，缺一不可。

互斥方案经济效果评价的特点是要进行方案比较。参加比较的方案应具有可比性，主要应注意：考察时间段及计算期的可比性；收益与费用的性质及计算范围的可比性；方案风险水平的可比性和评价所使用假定的合理性。

1. 项目计算期相同的方案的选择

对于项目计算期相同的互斥型方案，常用的选择方法有以下两种：

（1）直接选择法。采用直接选择法，首先要排除不能满足资源约束的备选方案，再计算满足资源约束的所有备选方案的差额评价指标。对于效益型的投资方案，应选择效益指标如净现值（NPV）或净年金（NAV）等最大的方案。对于费用型的投资方案，应选择费用指标如费用现值（PC）或费用年值（AC）最小的方案。

（2）差额现金流量法。差额现金流量法是指在进行多方案比较时，将方案按投资从小到大排序，再依次就相邻方案两两比较，将高投资方案的净现金流量减去低投资方案的净现金流量，构成差额现金流量。根据差额现金流量计算经济评价指标称为差额净现值或差额内部收益率。如果根据计算的评价指标判断差额现金流方案可行，即差额净现值大于0或差额内部收益率大于基准折现率，则说明投资金额高的方案优于投资金额低的方案；反之，投资金额低的方案优于投资金额高的方案。经过一一比较，最终可以确定最优投资方案。

2. 项目计算期不同的方案的选择

项目计算期不同的方案严格说来是不可比的，除非能够准确说明计算期较短的方案，当其现金流量终止时到计算期较长的方案现金流量终止时这段时间内的现金流量状况。但计算期较短的方案在此期间的现金流量状况很难估算，因此，为了使投资方案可比，通常依靠假设进行方案比较。

（1）重复更新假设。所谓重复更新假设，是指假设所有投资方案的现金流量可以按相同条件不断复制更新。这样就可以将项目计算期不同的方案，根据所有方案计算期的最小公倍数，将其现金流量按相同条件不断重复更新，最终将所有进行比较的方案均按相同期限（所有方案计算期的最小公倍数）计算其经济效益评价指标，再按上述项目计算期相同的方案选择方法进行选择。

（2）再投资假设。由于在对项目计算期不同的方案进行比较时，很难估算计算期较短的方案，当其现金流量终止时到计算期较长的方案现金流量终止时这段时间的现金流量状况。再投资假设可以将计算期较短的方案在项目计算期内产生的净现金流量以基准贴现率进行再投资，再投资的期限为计算期较长的方案现金流量终止期，这样两种方案的计算期就相同了，然后再计算每个方案的经济效益评价指标，并进行方案比较。

(三) 混合方案选择

混合方案选择是指独立方案选择中包含互斥方案，比如某些大企业或多种经营的企业的投资方向有很多，这些投资方向就业务内容而言是互相独立的，而每个投资方向都有几个可供选择的方案，这些方案之间是互斥的，只允许在其中选一个最优方案。像这种方案选择，我们称为混合方案选择。为解决混合方案的选择问题，通常也有两种方法，即穷举法和差额效率型指标排序法。

1. 穷举法

穷举法是指将所有方案组合的净现值之和计算出来，选取净现值之和最大的方案组合。值得注意的是，在提出方案组合时，每类方案在每种组合中只能出现一次。在排除了超出资源约束条件的方案组合后，再计算满足资源约束条件的方案组合的净现值之和，最终选择净现值之和最大的方案组合作为经济效益最优的项目集合。

2. 差额效率型指标排序法

差额效率型指标排序法是一种简单快速解决混合型方案择优的方法。此方法运用了差额现金流量法，首先将每类投资方案按投资从小到大排序，再依次就相邻方案两两比较，将高投资方案的净现金流量减去低投资方案的净现金流量，构成差额现金流量。根据差额现金流量计算差额内部收益率（ΔIRR），该指标既可以解决互斥型方案的选择问题，又因其为投资效率指标，可以通过方案排序解决独立型方案的集合最优问题。将每类方案追加投资的差额内部收益率从高到低排序，直到满足资源约束条件为止。

第二节　国民经济评价

在市场经济条件下，大多数工程项目的财务评估结论能够满足投资者的决策需求。然而，某些领域中存在市场失灵的情况，这要求我们不能仅仅通过财务评估来判断这些领域中的项目是否可行，还要从整个国家的角度来评估项目在经济资源配置方面的合理性。通过进行国民经济评价，我们能够更加科学地选择方案。本节首先介绍了国民经济评价的含义、特点、作用以及与财务评价的异同，接着对国民经济评价中的效益和费用、指标体系进行了介绍，最后讨论了影子价格的发展及其理论基础、影响因素以及影子价格的确定，以为投资决策提供宏观依据。

一、国民经济评价概述

(一) 国民经济评价的含义及特点

国民经济评价是指根据国民经济的长远发展目标和社会需要，衡量建设项目对国家、社会的经济发展战略目标和社会福利的实际贡献。它从宏观角度出发，利用影子价格、影子工资、社会收益率等参数，全面评价建设项目的实际经济效益和社会效益。对于注重宏观经济效益的社会主义国家来说，国民经济评价是项目经济评价的关键，是项目可行性研究的一个重要组成部分，也是对拟建项目投资取舍的主要依据。

根据国家经济评价的含义，可以看出国民经济评价有以下特点：

1）它从国家角度来考察项目，即把整个国民经济作为一个系统，把考察的项目作为其有机组成部分。进行项目评价时，不仅要考察项目本身的收益，而且要考察项目对整个系统的贡献，以及项目在系统中的最优组合，因此具有整体性和系统性的特点。

2）它利用影子价格、影子工资等参数，以及最优化的方法来计算项目对整个国民经济的贡献，通过对项目的分析评价实现资源的最优分配，从而达到投资结构的优化。这是一项科学的投资项目选择技术。

3）它最终考察的是项目对国民经济的净收益，以便于确定项目对国民经济的真实贡献能力。

（二）国民经济评价与企业财务评价的区别

1. 评价的角度不同

国民经济评价是从国家整体角度考察项目对国家的净贡献，以提高全社会的投资经济效果，从而确定投资行为的宏观可行性；财务评价则是从经营项目的企业角度考察货币的收支和盈利状况以及借款偿还能力，以考察项目的财务生存能力，确定投资行为的财务可行性。

2. 效益与费用的划分范围不同

国民经济评价根据项目所耗费的有限资源和项目对社会提供的有用产品和服务来确定项目的收益和费用，一般不考虑通货膨胀、税金、利息等转移支付；财务评价则是根据企业的实际收支情况确定项目的财务效益和费用，一般需考虑通货膨胀、税金、利息等因素。财务评价只计算项目直接发生的成本和利润；国民经济评价对项目引起的间接费用与效益，即外部效果也要进行计算和分析。

3. 评价采用的价格和参数不同

国民经济评价根据机会成本和供求关系确定影子价格，采用社会收益率等参数；而财务评价对投入物和产出物则采用现行价格，并采用因行业而异的基准收益率或银行贷款利率作为收益率来进行经济评价。

4. 评价的结果不同

国民经济评价与企业财务评价项目所利用的指标不同，所得结果对项目评价的影响也不同。若两种评价结果都较优，那么被评价方案理所当然应该被接受；如果国民经济评价较优，而财务评价不可行，则说明现行的价格及项目本身可能存在问题，国家应该通过价格补贴或减免税等优惠政策，使方案在财务上也可行，或者重新修改方案，改善投资的财务环境，使财务评价也可行；若国民经济评价不可行，则财务评价无论可行与否，都应该予以否定。

（三）国民经济评价的作用

1. 合理配置有限的资源

国民经济评价的目的是评价项目使用资源的经济合理性，使社会在一定时期内的有限资源得到最合理的分配和运用，以取得最佳经济效果。

2. 真实反映项目对国民经济的贡献

科学的国民经济评价可以全面地反映项目对国民经济的贡献，为项目投资决策提供科学的依据。

3. 提高国际竞争能力

通过正确的国民经济评价，我国能有效地参与国际竞争，提高我国的国际竞争能力。

（四）国民经济评价的对象

国民经济评价是一项较复杂的分析评价工作，根据目前我国的实际条件，可以对某些在国民经济建设中有重要作用和影响的重大项目开展国民经济评价工作，具体如下：

1）涉及国民经济若干部门的重大工业项目和重大技术改造项目。

2）严重影响国计民生的重大项目。

3）有关稀缺资源开发和利用的项目。

4）涉及产品或原材料进出口或替代进出口的项目，以及产品和原材料价格明显失真的项目。

5）技术引进、中外合资经营项目。

对以上项目，除了进行企业财务评价，还必须进行详细的国民经济评价。项目决策主要取决于国民经济评价结果。

二、国民经济评价的重要内容

（一）国民经济评价中的效益和费用

国民经济评价中的效益是指项目对国民经济所做的贡献，分为直接效益和间接效益。国民经济评价中的费用是指国民经济为项目所付出的代价，分为直接费用和间接费用。

1. 直接效益和直接费用

直接效益是指由项目产出物产生并在项目范围内计算的经济效益，它一般表现为以下形式：增加产出物数量以满足国内需求的效益；替代其他相同或类似企业的产出物，使被替代物减产以减少对有用资源的消耗的效益；增加出口（或减少进口）所增收（或节支）的国家外汇等。

直接费用是指项目使用投入物所产生的并在项目范围内计算的经济费用，它一般表现为以下形式：其他部门为供应本项目投入物而扩大生产规模所耗用的资源费用；减少其他项目投入物的供应而放弃的效益；增加进口（或减少出口）所耗用（或减收）的外汇等。

2. 间接效益和间接费用

间接效益是指由项目引起并在直接效益中未反映的那部分效益。例如，某项目生产一种新型节能水泵，用户通过节省耗能、降低使用成本所带来的效益。

间接费用又称外部费用，是指社会为项目付出代价，项目本身不需要支付的部分费用。例如，项目投产后排出的"三废"所引起的环境污染便是项目的间接费用。

与项目相关的间接效益和间接费用统称为"外部效果"，通常较难计量。国民经济评价为了考虑"外部效果"，一是采用影子价格对现行财务价格进行调整，使项目的外部效果得到体现；二是通过较为准确的定量、定性分析方法，对实施项目为上下游企业带来的效果，技术扩散的效果，以及环境污染和生态破坏等方面的效益、费用进行确定，以便全面评价项目。

在确定效益和费用范围的过程中，还有税金、国内借款利息和补贴处理问题。这些在财务评价中作为现金收支的项目，从国民经济的角度看并未造成资源耗费的增加，属于国民经济内部的转移支付，故不应计入项目的效益和费用。

（二）国民经济评价的指标体系

国民经济评价是从国民经济整体角度考察项目给国家和社会带来的净收益（即净贡献）。它主要包括国民经济盈利能力的评价，外汇效果评价，以及对难以量化的外部效果和社会效果做定性评价。为此，需要用图 7-2-1 的指标体系来进行评价。

国民经济评价中的大多数指标的计算所需的基础数据与财务效益评价类似，通常是从编制的国民经济评价表中取得。常用的国民经济评价表主要有经济现金流量表和经济外汇流量表。经济现金流量表用于计算项目的经济内部收益率、经济净现值、经济净现值率等评价指标；经济外汇流量表用于计算外汇净现值和经济换汇成本等评价指标。

国民经济评价表是在全面考虑项目效益和费用的基础上编制的，其格式与财务评价表类似。例如，国

国民经济评价指标体系
经济效果：国民收入、社会净效益、经济净现值、经济净现值率、投资净增值率、投资净收益率、经济内部收益率、外汇效果
社会效果：就业效果、产品国际竞争能力、综合能耗及其他、环境保护效果

图 7-2-1　国民经济评价的指标体系

民经济效益费用流量表与财务现金流量表格式基本一样，只是把现金流入量和现金流出量改成对应的效益流量和费用流量。

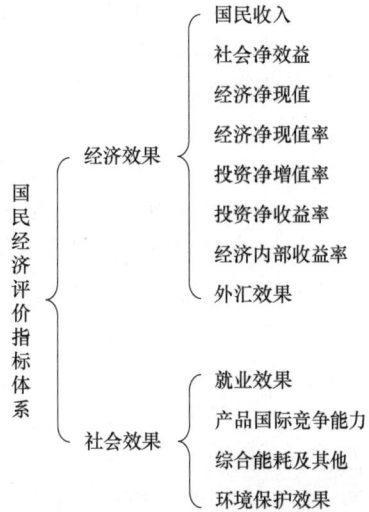

三、国民经济评价中的价格问题

国民经济评价是要确定投资项目对国民经济的贡献，要准确地计量项目的费用和效益，从而要求价格能正确地反映其实际价值。由于财务评价采用的是市场预测价格，如果在较完善的市场机制下，市场价格能够真实反映各种资源的经济价值。然而，由于市场缺陷的存在，市场价格往往不能真实反映项目实际效益，不能作为资源配置的正确信号和计量依据。特别是在我国的经济生活中，由于经济机制、经济政策、社会和经济环境以及历史原因等，市场价格与实际价值严重脱节甚至背离。近几年，虽然我们在不断调整和改革，但现行价格仍不能正确反映经济价值。一般地，原材料、燃料价格偏低，加工工业产品价格偏高，各行业产品的盈利水平差异悬殊。此外，政府对某些行业有大量补贴，导致其价格不能如实反映价值。因此，国民经济评价不能直接用现行的市场价格计算项目的效益和费用，而需要用一种能够准确地反映项目对国民经济的贡献和国民经济为项目所付出代价的合理价格——影子价格。

建设项目经济评价的难点在于对价格失真的调整和对外部效果及无形效果的处理。如果不对价格进行合理的调整，大量外部效果和无形效果会自然消失。影子价格是许多学者在经济研究中提出的合理价格体系。

影子价格是指依据一定原则确定的，能够反映投入物和产出物真实经济价值、市场供求状况、资源稀缺程度，使资源得到合理配置的价格。进行国民经济评价时，项目的主要投入物和产出物价格在原则上都应采用影子价格。

（一）影子价格的发展及理论基础

影子价格的概念是在 20 世纪 30 年代末由荷兰数理经济学、计量经济学创始人之一的丁伯恩和苏联经济学家康托罗维奇分别提出的。一般认为，影子价格是社会经济处于某种最优状态时，能够反映社会劳动消耗、资源稀缺程度和最终产品需求情况的价格。从经济学的角度来分析，影子价格是由消费者支付意愿或机会成本所决定的商品价格。确定了经济价格以后，就可以测算出拟建项目要求为经济整体支付的代价和为经济整体提供的效益，从而得出拟建项目的投资真正能给社会带来多少国民收入增加额或纯收入增加额。

经过 60 多年的研究、使用和演变，影子价格出现了 3 种理论及计算方法：

1. 以线性规划为基础的最优计划价格理论

影子价格起源于线性规划理论，最初是为了求解项目的最优价格，将数学中的线性规划理论应用到了技术经济中。影子价格是一种能够确切地反映社会效益和费用的合理价格，它是在社会最优的生产组织情况下，供应与需求达到均衡时的产品和资源的价格。从理论上说，影子价格可以通过数学规划的方法来求得。影子价格是个内涵丰富和不断深化的概念。在数学上，影子价格是目标函数对某一约束条件的一阶偏导数，表现为线性规划中的对偶解，非线性规划中的拉格朗日乘数，以及最优控制问题中的哈密尔顿乘数。而在不同的经济问题中，影子价格由于目标不一致而呈现出多变的"面孔"。若以最少费用为目标，影子价格表现为增加单位产品所耗费的边际成本；若以最大收益为目标，它表现为增加单位资源投入所获得的边际收益；若以消费者最大效用为目标，它表现为增加单位物品供应所增加的边际效用，或是消费者为了获取效用愿意支付的价格。

2. 以完全竞争市场均衡价格为基础的影子价格理论

这种理论有如下假设：所有企业生产的同种产品质量相同；买主或卖主的产品数量相对市场非常小，企业以现行价格出售产品；资源和技术对所有生产者机会均等；投资建厂不受限制；价格完全由市场调节；市场信息畅通，不存在欺诈；不存在外部效果和无形效果。影子价格既然用于衡量项目对整个国民经济的贡献，因而它必然涉及国民经济的各个环节以及它们相互之间的复杂关系。要想从理论上求解模型得到影子价格，按目前的条件，几乎是不可能的。而西方经济学认为，在完全竞争条件下，由市场供需状况调节的价格能反映其社会价值，因而这种情况下的价格就是影子价格。但是，完全竞争的条件在各国市场都是不存在的。一般来说，国际市场的价格受垄断、干预、控制的情况较少，因而实际上常以国际市场价格代表影子价格。因此影子价格既能反映产品的必要劳动消耗，又能反映物品的稀缺程度，从而从资源高效利用的角度，真实地反映产品合理的经济价格，使资源得到优化配置。

3. 以市场价格为基础经调整形成的影子价格理论

影子价格就是商品和生产要素的用量的任何边际变化对国家基本项目的贡献。它是以市场价格为基础，经调整形成的商品价格。这种理论通过对垄断价格的修正、对税收和补贴的剔除、调整政府价格控制的影响和就业不充分条件下的工资机制来确定影子价格。

（二）影响影子价格的因素

影响影子价格的因素是多方面的，影子价格是根据国家经济增长的目标和资源的可获得性来确定的。如果某种资源数量稀缺，同时，有许多商品完全依靠于它，那么它的影子价格就高；如果这种资源的供应量增多，那么它的影子价格就会下降。影子价格主要由商品供求价格的变化、自然资源稀缺程度的变化和产品社会劳动消耗的变化因素决定。

确定影子价格时，对于投入物和产出物，首先要区分为市场定价货物、政府调控价格货物和特殊投入物三大类别，然后根据投入物和产出物对国民经济的影响分别处理。

（三）影子价格的确定

进行经济费用效益分析时，项目的主要投入物和产出物的价格原则上都应采用影子价格。为了简化计算，在不影响评价结论的前提下，可以只对价值在效益或费用中占比较大，或者对国内价格明显不合理的产出物或投入物使用影子价格。

1. 贸易费用率

贸易费用率是用来计算商品外贸贸易费用的系数。

贸易费用是指外贸公司等商贸部门花费在生产资料流通过程中的，除长途运输费用以外的其他费用，在项目的国民经济评价中用以计量货物在商贸部门的流通费用。它包括货物在经手、储存、再包装、短距离倒运、装卸、保险、检验等所有流通环节上的费用支出，也包括在流通过程中的损耗及按照社会折现率12%计算的资金回收费用，但不包括长途运输费用。

由贸易费用率计算货物的贸易费用时，使用下列公式：

$$进口货物的贸易费用 = 到岸价 \times 影子汇率 \times 贸易费用率$$

$$出口货物的贸易费用 = （离岸价 \times 影子汇率 - 国内长途运费） \div （1 + 贸易费用率） \times 贸易费用率$$

$$非外贸货物的贸易费用 = 出厂影子价格 \times 贸易费用率$$

项目的国民经济评价应采用计算国民经济效益与费用时的专用价格，即影子价格。

2. 外贸货物的影子价格

外贸货物是指生产或使用时会直接或间接影响国家出口或进口的货物。原则上，石油、金属材料、金属矿物、木材及可出口的商品煤一般都划为外贸货物。

外贸货物影子价格的定价基础是国际市场价格。外贸货物中的进口品应满足以下条件，否则，不应进口。

$$国内生产成本 > 到岸价格（CIF）$$

外贸货物中的出口品应满足以下条件，否则，不应出口。

$$国内生产成本 < 离岸价格（FOB）$$

到岸价格与离岸价格统称口岸价格。口岸价格应按本国货币计算，计算公式如下：

$$到岸价格 = 美元结算的到岸价格 \times 影子汇率$$

$$离岸价格 = 美元结算的离岸价格 \times 影子汇率$$

工程项目外贸货物的影子价格按下述公式计算：

$$产出物的影子价格(项目产出物的出厂价格) = 离岸价(FOB) \times 影子汇率 -$$
$$国内运杂费 - 贸易费用$$
$$投入物的影子价格(项目投入物的到厂价格) = 到岸价(CIF) \times 影子汇率 +$$
$$国内运杂费 + 贸易费用$$

3. 非外贸货物的影子价格

非外贸货物是指生产或使用不影响国家出口或进口的货物。根据不能用于外贸的原因，非外贸货物分为天然非外贸货物和非天然非外贸货物。天然非外贸货物是指使用和服务天然地限于国内，包括用于国内施工、国内运输和商业等基础设施的产品和服务。非天然非外贸货物是指由于经济原因或政策原因不能用于外贸的货物，包括由于国家的政策和法令限制不能用于外贸的货物。存在运输费用和贸易费用的前提下，经济性原因造成的非外贸货物满足以下条件：

$$离岸价格 < 国内生产成本 < 到岸价格$$

建设项目非外贸货物的影子价格按下述公式计算：

$$产出物的影子价格(项目产出物的出厂价格) = 市场价格 - 国内运杂费$$
$$投入物的影子价格(项目投入物的到厂价格) = 市场价格 + 国内运杂费$$

4. 劳动力的影子价格

劳动力的影子价格又称影子工资。它是国民经济为项目使用劳动力时，社会为此付出的代价。影子工资主要包括劳动力的机会成本和新增资源耗费。

影子工资一般通过影子工资换算系数来计算。影子工资换算系数是影子工资与财务评价中劳动力的工资和福利费的比值。

5. 土地的影子价格

我国目前取得土地使用权的方式有：行政划拨、协商议价、招标投标、拍卖等。采用不同方式获得土地使用权的投资项目可能具有不同的财务费用，甚至其财务费用为零，但是占用土地的经济费用总是存在的，而且同一块土地在一定时期的经济费用应是唯一的。土地的影子价格是建立在被放弃的最大收益这一机会成本概念上的。

项目占用土地致使土地对国民经济的其他潜在贡献不能实现，这种固有项目不能实现的最大潜在贡献就是项目占用土地的机会成本。因此，土地的影子价格也是建立在被放弃的最大收益这一机会成本概念上的。如果项目占用的土地是荒山野岭，其机会成本可视为零；如果项目占用的是农业土地，其机会成本为原来的农业净收益和拆迁费用与劳动力安置费；如果项目占用城市用地，应以土地市场价格计算土地的影子价格，主要包括土地出让金、基础设施建设费、拆迁安置补偿费等。

6. 自然资源的影子价格

自然资源是一种特殊的投入物，项目使用的矿产资源、水资源、森林资源等都是对国家资源的占用和消耗。矿产等不可再生资源的影子价格是按资源的机会成本计算的。水和森林等可再生自然资源的影子价格是按资源再生费用计算的。

7. 政府调控价格货物的影子价格

市场经济条件下有些货物或者服务不能完全由市场机制形成价格，而要由政府调控价格。例如，政府为了帮助城市中低收入家庭，对经济适用房制定指导价和最高限价。政府调控的货物或者服务的价格不能完全反映其真实价值，确定这些货物或者服务的影子价格的原则是：投入物按机会成本分解定价，产出物按经济增长的边际贡献率或消费者支付意愿定价。政府调控的这些特殊商品主要是影响国计民生的水、电、油、气、铁路运输等垄断行业商品。作为政府调控的投入物和产出物，其影子价格的确定方法是：

1）水作为项目投入物时的影子价格，一般按后备水源的边际成本分解定价，或者按恢复水资源存量的成本计算。水作为项目产出物的影子价格，按消费者支付意愿或者按消费者承受能力加政府补贴计算。

2）电力作为项目投入物时的影子价格，一般按完全成本分解定价，电力过剩时按可变成本分解定价。电力作为项目产出物的影子价格，可按电力对当地经济边际贡献率定价。

3）铁路运输作为项目投入物时的影子价格，一般按完全成本分解定价，对运能富余的地区，按可变成本分解定价。铁路运输作为产出物的影子价格，可按铁路运输对国民经济的边际贡献来定价。

第三节　公益项目评价

随着社会的发展以及公众对社会责任和可持续发展关注度不断增加，公益项目在项目实施过程中承担着越来越重要的角色。公益项目评价在项目实施和效果分析中起着重要的作用。评价公益项目的意义在于客观、全面地了解项目的执行情况，发现问题并及时调整项目策略。公益项目是以社会公众福利为投资根本目的的项目，公益项目评价与其他相比具有独特性，因此本节内容着重对公益项目的特点、公益项目效益与费用类别、公益项目评价考察的角度确定、合理确定公益项目评价的基准折现率以及公益项目评价方法等内容进行展开，为深入掌握公益项目和使用提供更多的帮助。

一、公益项目的特点

公益项目是由政府或以政府投资为主体、与其他投资者共同出资兴建的，不以追求利润为基本目标，而以提高社会公众福利为投资根本目的的项目。公益项目按其满足社会需要程度的不同，可分为文化发展项目、国防建设与社会安全项目、社会服务基础项目、环境保护与灾害防治项目等。

公益项目有其自身的特点，明显有别于一般生产经营性项目，具体表现为投资主体多样化、投资受益者的多元性、公益项目的外部性、公益项目投资大、寿命期长、公益项目效益见效慢、公益项目具有风险性、公益项目评估的不确定性等。因此，对公益项目进行经济评价时，需要立足于更宽广的范围，纵观较长的时间，准确界定各个概念，以保证评价的真实性，实现投资决策科学化。

二、公益项目效益与费用类别

公益项目效益与费用的识别与计量与一般生产经营项目比较，有许多不同之处。一般生产经营项目的投资以追求利润为基本目的，因而，其效益与费用的识别以利润增减为原则，识别的基本方法是追踪项目的货币流动。公益项目投资的基本目的是追求社会利益而非项目利润，其效益与费用是指广泛的社会效益和社会费用，而且这些效益与费用往往由于缺乏市场价格而难以用货币计量，这使公益项目的费用与效益的识别和计量相对复杂与困难。

（一）内部效益（费用）和外部效益（费用）

按照项目受益者的不同，可以将效益（费用）分为内部效益（费用）和外部效益（费用）。内部效益（费用）是由项目投资经营主体获得的效益（费用）。与内部效益（费用）相对应，外部效益（费用）是指落在项目之外的效益与费用。公益项目的特殊性决定了项目既有外部效益（费用），又有内部效益（费用），因此在评价过程中应分别识别与计量。

（二）直接效益（费用）和间接效益（费用）

按照项目效益（费用）的形式，可分为直接效益（费用）和间接效益（费用）。直接效益（费用）是在项目的投资经营中直接产生的效益（费用）。间接效益（费用）是由直接效益（费用）引发生成的。公益项目通常能同时带来直接的和间接的效益（费用），这是公益项目的一个基本属性。因此，在公益项目评价中，除了要考察直接效益（费用），有时还需要考察间接效益（费用），特别是在间接效益（费用）较大时更是如此。

公益项目的直接效益（费用）并不一定等同于内部效益（费用），间接效益（费用）也不一定等同于外部效益（费用），尽管它们在有些情况下可能重合，但并非所有的项目都能重合，两者在概念上的差异不能混淆。一般而言，间接效益（费用）包含在外部效益（费用）之内，内部效益（费用）包含在直接效益（费用）之内。因此，在对项目的费用与效益进行分类识别和计量时，或者按"直接"和"间接"的方式分类，或者按"内部"和"外部"的方式分类，而不能交叉分类，以避免效益与费用的遗漏或重复。

（三）有形效益（费用）和无形效益（费用）

有形效益（费用）是指可以采用货币计量单位（价格）或实物计量单位予以计量的效益（费用）。由于公益项目评价是用经济分析方法对项目的社会经济效益状况进行评价的，因此应当尽量把项目的效益与费用予以货币化，使效益与费用具有同一经济价值量纲，可以直接进行比较。

无形效益（费用）是指既不存在市场价格（难以用货币计量）又难以采用其他计量单位度量的效益（费用）。有的公益项目的无形效益（费用）可能并不重要，可以对其忽略不计，但是有的项目（如古代文物保护项目）无形效益很可能是其根本性效益，就不能对其忽略不计。因此，对需要考察的无形效益与费用，如果无法货币化，也无法采用其他量纲计量，则应采用图片、音像、文字等各种形式予以描述和阐释。

三、公益项目评价的重要内容

公益项目的特点决定了公益项目投资经济效益不是体现在盈利性上，而是体现在其社会效果上。如果用一定的资源消耗获取满足社会需要的实用价值和其他有用效果是有效的、经济的，即以一定的代价获取最大的社会效益或在获取一定的社会收益下付出的代价最小，公益项目就值得投资建设，否则，就要予以否定。

（一）公益项目评价考察的角度确定

在对公益项目进行评价之前，必须确定考察对象的范围，它是项目进行经济评价的前提，考察的范围不同、角度不同，那么得出的评价结果也截然不同。对公益项目经济评价时采用的角度通常有以下几种：得到效益或受到损失的个人；特定的政府机构；城市、乡镇等地域；省等地区；整个国家。但公益项目应该从国家的角度来进行方案选择。

（二）合理确定公益项目评价的基准折现率

公益项目的特点使公益项目的经济效益对基准折现率（最低期望效益率）的敏感性更加显著。因此，合理确定投资的基准折现率对公益项目的经济评价非常重要。基准折现率的确定与投资项目的资金来源有关，近年来我国公益项目建设投资的资金筹集方式主要有以下几种：税收和利润，政府把向企业和个人征收的所得税或利润的一部分用于公用事业投资；政府发行债券或间接向国外政府或金融机构借款；引进外资，共同兴建；公用事业工程本身的经营服务收入。

（三）公益项目评价方法

从 20 世纪 50 年代开始，西方形成了一种评价公益项目的经济评价方法，即成本效益分析法。成本效益分析法按项目的成本和效益是否可用货币衡量可分为"成本-收益评价法"和"成本-效用评价法"：凡是项目的受益收入（包括直接受益收入、间接受益收入）可用货币计量、计算的，能求出受益总额的，可采用"成本-收益评价法"；凡是受益内容不能或无法用货币计量，不能求出受益收入，而只能以受益效用来计量的，可采用"成本-效用评价法"。

1. 公益项目的成本-收益评价法

成本-收益评价法是从国家和社会角度出发，考察和分析项目向社会提供的有益效果，并与其消耗的社会劳动进行比较，以此作为项目的主要判别标准。

当各方案的效益与费用被量化后，可以进行比较。这种比较一般有 3 种方式：在费用相同的条件下，比较各方案的效益大小；在效益相同的条件下，比较各方案费用的多少；比较各方案的效益与费用的比率或效益与费用的差额。于是，有以下基本评价公式：

（1）效益费用比（B/C）。

$$B/C = \frac{\sum\limits_{t=1}^{n} B_t (1+i)^{-t}}{\sum\limits_{t=1}^{n} C_t (1+i)^{-t}} > 1 \tag{7-20}$$

式中，B_t 为第 t 年的效益，设各年相等；C_t 为第 t 年的成本费用，设各年相等；n 为项目的使用寿命，i 为折现率。

（2）净效益。

$$净效益 = 总效益 - 总费用 > 0$$
$$年净效益 = 等额年效益 - 等额年费用 > 0$$

（3）净效益投资比。

$$净效益投资比 = \frac{方案寿命期内净效益}{方案的总投资}$$

（4）多方案评价时，增量效益费用比。

$$\Delta(B/C) = \frac{\sum_{t=1}^{n}(B_{2t} - B_{1t})(1+i)^{-t}}{\sum_{t=0}^{n}(C_{2t} - C_{1t})(1+i)^{-t}} > 1 \tag{7-21}$$

式中，$\Delta(B/C)$ 为增量效益费用比；B_{2t} 为方案 2 在 t 年的效益，$B_{2t} > B_{1t}$；B_{1t} 为方案 1 在 t 年的效益；C_{2t} 为方案 2 在 t 年的费用；C_{1t} 为方案 1 在 t 年的费用，$C_{1t} > C_{2t}$。

（5）多方案评价时，增量投资净效益。

$$\Delta B = \sum_{t=1}^{n}\left[(B_{2t} - B_{1t})(1+i)^{-t}\right] - \sum_{t=1}^{n}\left[(C_{2t} - C_{1t})(1+i)^{-t}\right] > 0 \tag{7-22}$$

式中，ΔB 为增量投资净效益；其余符号意义同前。

（6）成本-收益评价法的步骤如下：①定义项目主要目标；②建立所有可行的、互斥的、待比较的公益项目可行性方案，对明显不符合规定、达不到预期目标的，应该首先给予排除，从而简化整个比较过程，节约人力物力；③在费用效益分析中，首先规定各方案进行比较期，将方案比较的口径统一；④确定受益范围和受益内容，分辨内部效益和外部效益，对效益进行分类，判断各种效益能否用货币进行直接测算，不能直接测算的能否通过其他方法间接测算；⑤确定费用影响的范围及其内容，确定外部费用和内部费用，判断各种费用能否用货币进行直接测算，不能直接测算的能否通过其他方法间接测算；⑥正确选用折现率；⑦采用费用效益法比较待选方案；⑧进行补充分析，最终确定最优方案。

2. 公益项目的成本-效用评价法

成本-效用评价法也是一种在公益项目经济评价中常用的方法，其基本原理与成本-收益评价法相同，不同点在于成本-收益评价法适用于方案收益可用货币计量时的评价，而成本-效用评价法适用于方案收益不能用货币计量时的评价，如投资项目的质量、可靠性、效能等的评价。成本-效用评价法在国防工程、学校、医疗、政府机构、环境保护等公益项目评价上获得了广泛的应用。

在成本-效用评价中，成本是用货币单位计量的，而效用则是用非货币单位计量的。由于效用一般有效能、质量、使用价值和受益等形式，各自的实物计量单位不同，不具有统一的量纲，所以成本-效用评价法无法像成本-收益评价法那样用于项目的绝对效果评价，即不能以项目的经济性为评价准则来判定项目可否接受。

在公益项目上使用成本-效用评价法要满足 3 个基本条件：①评价项目方案不少于两个，而且备选方案必须相互排斥；②各方案要有共同的目标或目的；③各方案的成本采用货币计量单位，收益采用非货币的统一计量单位。

成本-效用评价法的应用步骤：①明确项目要实现的预期目标或目的。②提出完成预定目标的备选方案。③正确地识别与计量各方案的成本与效用。④方案间的比较评价。采用成本-效用评价法选择方案的基本做法是计算效用成本比，并按效用成本比最大化原则进行选择。在项目不同目标的要求和约束下可以采用三种不同的方式：最大效用成本比法；固定成本法；固定效用法。⑤进行敏感性分析或其他不确定性分析。⑥撰写分析或研究报告。

本章习题

一、名词解释

请对下列名词进行解释：

财务评价；静态回收期；净现值；内部收益率；国民经济评价；公益项目；成本-收益评价。

二、简答

1. 简要概括财务评价的目的。

2. 简述财务评价的主要内容。

3. 简述财务评价包括哪些原则。

4. 简述财务分析的一般步骤。

5. 简述国民经济评价与企业财务评价有什么区别？

6. 简述国民经济评价的作用。

7. 试述成本-效用评价法的应用步骤。

8. 简述影响影子价格的因素。

9. A、B 是两个互斥方案，其寿命均为 10 年。A 方案期初投资为 200 万元，第 1 年到第 10 年每年的净收益为 39 万元。B 方案期初投资为 100 万元，第 1 年到第 10 年每年的净收益为 19 万元。若基准折现率为 10%，试选择方案。

三、计算

两个独立方案 A 和 B，A 方案的期初投资额为 200 万元，B 方案的期初投资额为 180 万元，寿命均为 10 年。A 方案每年的净收益为 45 万元，B 方案每年的净收益为 30 万元。若基准折现率为 10%，试判断两个方案的可行性？

第八章　项目风险与不确定性分析

第一节　风险与不确定性分析概述

任何投资决策都应建立在对未来的预测和判断基础之上。在进行技术经济分析时，必须采用大量的数据，而被采用的数据大部分来自对未来情况的估计和预测，这些数据在很大程度上是不确定的。同时，项目面临的经济形势、资源条件、技术发展情况等因素都有不确定性，加上预测方法和工作条件的局限性，项目经济效果评价中使用的投资、成本、产量、价格等基础数据的估算与预测结果不可避免地会有误差。例如，投资超支、建设工期延长、生产能力达不到设计要求、原材料价格上涨、劳务费用增加、产品售价波动、市场需求量变化、贷款利率及外币汇率变动等，都可能使一个投资项目达不到预期的经济效果。

项目效果的实际值可能偏离其预测值，这种现象称为项目方案的不确定性（uncertainty）或风险（risk）。

不确定性分析是对影响项目的不确定性因素进行分析，测算这些因素的增减变化对项目效益的影响，找出最主要的敏感因素及其临界点的过程；风险分析是识别风险因素、估计风险概率、评价风险影响及制定风险对策的过程。通过对方案不确定因素变化的综合分析，就可以对方案的技术经济效果是否可以接受做出评价，提出具体的论证结果或修改方案的建议和意见，从而做出比较切合实际的方案评价或决策。同时，通过不确定性分析还可以预测方案对某些不可预见的政治与经济风险的抗冲击能力，从而说明方案的可靠性和稳定性，尽量弄清和减少不确定性因素对方案的经济效益和影响，避免投产后不能获得预期利润和收益，避免出现亏损状态。因此，为了有效地减少不确定性因素对经济效果的影响，提高方案的风险防范能力，进而提高决策的科学性和可靠性，除了对方案进行确定性分析，还很有必要对方案进行不确定性分析。

一、不确定性与风险的关系

不确定性与风险的关系是理论界关于风险概念界定的争论点之一。

观点一：等同论

风险是一种不确定性，持有这种观点的人将不确定性直观地理解为事件发生的最终结果的多种可能状态，即确定性的反义。根据能否事前估计事件最终结果可能状态的数量和可能程度，不确定性又可以分为可衡量的不确定性和不可衡量的不确定性。

观点二：差别论

差别论认为尽管不确定性与风险有密切的联系，但不能将二者混为一谈。风险是指决策者能够事先知道事件最终呈现的可能状态，并且可以根据经验知识或历史数据比较准确地预知可能状态出现的可能性的大小，即知道整个事件发生的概率分布。例如，常态下的股票和期货价格波动就是一种风险（根据某只股票交易的历史数据，可以知道波动的概率分布）。而在不确定性的状态下，决策者不能预知最终结果的可能状态以及相应的概率分布。例如，上市公司并购或投资新业务而导致的股价波动就是一种不定性的表现，因为上市公司信息在新消息披露前是保密的，股票投资者基本无法预知。

不确定性与风险既有联系，又有区别。例如，由于人们对未来事物认识的局限性，可获得信息的有限性以及未来事物本身的不确定性，投资建设项目的实施结果可能偏离预期目标，这就形成了投资建设项目预期目标的不确定性，从而使项目可能得到高于或低于预期的效益，甚至遭受一定的损失，导致投资建设项目"有风险"。

一方面，不确定性分析与风险分析两者都是识别、分析和评估影响项目的主要因素，可以用以防范不利影响，提高项目的成功率。由不确定性分析可以得知影响项目效益的敏感因素和敏感程度，但不能得知这种影响发生的可能性，如需得知可能性，必须借助风险分析，而不确定性分析得出的敏感因素又可以作为风险分析中的风险因素。

另一方面，对于风险和不确定性的区别，有以下几个核心观点：

（1）概率可获得性。风险发生概率是可知的或是可以测定的，可以用概率分布来描述；不确定性发生概率是未知的。

（2）风险可量化。风险是可以量化的，其发生概率是已知的或通过努力可以知道的，风险分析可以采用概率分析方法，分析各种情况发生的概率及其影响。不确定性不可以量化，不确定性分析只能进行假设分析，即假定某些因素发生后，分析不确定因素项目的影响。

（3）影响大小。对风险可以采取措施，例如，通过保险将风险转嫁出去，进而对风险进行防范或有效降低。不确定性代表不可知事件，因而有更大的影响。

风险和不确定性的根本区别在于决策者能否预知事件发生最终结果的概率分布。在实践中，某一事件处于风险状态还是不确定性状态并不是完全由事件本身的性质决定的，其很大程度上取决于主观性，即决策者的认知能力和拥有的信息量。随着决策者认知能力的提高和掌握的信息量的增加，不确定性决策也可能演化为风险决策。

鉴于实践中区分风险和不确定性两种状态较为困难和两种状态转换的可能性，许多对风险的讨论都采取了第一种观点，并不严格区分风险和不确定性的差异。

本书认为，虽然在任何情况下均严格区分风险和不确定性并不必要，但是在不同行为主体存在认知能力差异的情况下，这种区分对如何选择适宜的决策方法有一定的指导意义。

二、不确定性与风险的成因、作用、联系

1. 不确定性与风险的成因

投资项目的不确定性产生的原因有很多，可以从内部和外部两个方面来归纳。

在外因方面：一个投资项目，特别是重大的投资项目，必然受政治、经济、国防、社会、能源和技术等诸多因素的影响，这些因素随着时间、地点、条件的改变而不断变化，构成了投资项目的外部不确定因素。例如，技术进步引起新老产品和工艺的替代、通货膨

胀导致物价的浮动、政策法规的变化等。

在内因方面：在进行投资项目的可行性研究时要采用一些具体的参数、指标，可行性研究工作者要做出具体的假设来得出对未来的预测值。这些参数与指标也会随着时间、地点和条件的改变而变化，构成了投资项目的内部不确定因素。

2. 不确定性分析与风险分析的作用

不确定性分析的作用在于识别敏感因素、影响程度并提出适宜的应对措施。

不确定性分析首先分析人力、物力、资金、固定资产投资、生产成本和产品售价等因素的变化对项目经济效果评价所带来的影响。影响越大，表明所评价项目及其方案对某个或某些因素越敏感。进一步要针对不确定因素变化对项目技术经济效果的影响程度进行综合分析，判断是否接受投资项目，或对投资项目提出具体的修改建议，做出切合实际的投资决策。

不确定性分析还可以预测项目对某些不可预见的政治与经济风险的抗干扰能力，判断项目的可靠性和稳定性，明确并且减少不确定因素对项目经济效果的影响，减少企业出现亏损的概率。

风险分析的作用在于优化项目方案并为企业建立风险管理系统。

风险分析贯穿于可行性研究全过程，不但在市场分析、技术分析、社会评价、财务分析和经济分析等各个环节进行分析，而且要进行综合分析评价，进而调整和优化项目方案，并为项目全过程风险管理打下基础，防范实施和经营过程中的风险。

3. 不确定性分析与风险性分析的区别与联系

不确定性分析与风险性分析的目的是共同的：都是预先认识项目的发展变化，识别、分析、评价影响项目的主要因素，防范不利影响，在不确定性与风险事件发生之前做好准备，提高项目的成功率。

不确定性分析与风险性分析主要区别就是分析方法不同：不确定性分析是对投资项目受不确定性因素的影响进行分析，并粗略地了解项目的抗风险能力，其主要方法是敏感性分析和盈亏平衡分析；风险分析是对投资项目的风险因素和风险程度进行识别和判断，主要方法有概率树分析、蒙特卡罗模拟等。

不确定性分析与风险性分析之间存在密切联系：不确定性分析中的敏感性分析可以得知影响项目效益的敏感因素和敏感程度，但不能得知这种影响发生的可能性，如需得知可能性，必须借助于概率分析。不确定性分析中的敏感性分析得出的敏感因素又可以作为概率分析中风险因素的确定依据。

三、不确定性分析的方法和内容

不确定性分析包括盈亏分析、敏感性分析和概率分析 3 种方法，其内容各有不同。对工程项目进行不确定性分析的方法和内容要在综合考虑工程项目的类型、特点、决策者的要求、相应的人力财力以及项目对国民经济的影响程度等条件下来选择。一般来讲，盈亏平衡分析只适用于工程项目的财务评价，而敏感性分析和概率分析则可以同时用于财务评价和国民经济评价。

第二节　盈亏平衡分析

盈亏平衡分析又称为损益平衡分析或平衡点分析。它是根据项目在正常生产年份的产品产量（或销售量）、可变成本、固定成本、产品价格和销售税金等数据来确定项目的盈亏平衡点，即盈利为零时的临界值，通过盈亏平衡点分析项目的成本与收益的平衡关系的一种方法。

项目方案的经济效果受许多因素的影响，当这些因素发生变化时，可能会导致原来的盈利方案变为亏损方案。盈亏平衡分析的目的是找出这种由盈利到亏损的临界点，据此判断方案风险的大小及方案对风险的承受能力，为投资决策提供科学依据。同时盈亏平衡点将方案的可行区域或多方案的优选区域明显地划分出来，便于我们进行方案的选择。本节主要介绍被广泛地用于技术经济分析中和企业的经营管理中的方法。盈亏平衡分析模型按成本、销售收入与产量之间是否呈线性关系可分为线性盈亏平衡分析和非线性盈亏平衡分析；按是否考虑时间因素，可分为静态盈亏平衡分析和动态盈亏平衡分析。

一、线性盈亏平衡分析

线性盈亏平衡分析是指投资项目的销售收入和销售成本与产品销售量呈线性关系情况下的盈亏平衡分析。

（一）线性盈亏平衡分析应具备的条件

1）产品销售量和生产量相等（即各年产品已被全部售出）。

2）产品的销售价格在不同的销售水平条件下保持不变，销售收入是销售量的线性函数。

3）产量发生变化，单位可变成本不变，总成本是产量的线性函数。

4）项目生产的是单一产品，如同时生产几种类似产品，则应把几种产品组合折算为一种产品。

（二）线性盈亏平衡分析的方法

盈亏平衡分析方法将总生产成本划分为固定成本（fixed cost）和可变成本（variable cost）。所谓固定成本是指在一定生产规模限度内不随产品产量的变动而变动的费用，它包括固定资产折旧费、管理人员工资及工资附加费等；可变成本是指随产量变动而呈正比例变化的费用，它包括原材料、辅助材料及工人工资等。此外，还有一类半可变成本，它随产品产量变化而变化，但不呈正比例变化，如工具夹和运输费等。由于半可变成本在总成本中所占比例很小，所以在盈亏平衡分析中，可以近似地认为它与产量呈正比例变动。建立相关方程如下：

总销售收入（TR）方程：

$$\mathrm{TR} = PQ \tag{8-1}$$

总成本（TC）方程：

$$\mathrm{TC} = F + VQ \tag{8-2}$$

式中，Q 为产量或销量；P 为单位产品售价；F 为固定成本；V 为单位可变成本。

1. 图解法

图解法主要通过绘制线性盈亏平衡分析图的方法来分析产量、成本和盈利之间的关系，找出盈亏平衡点，如图 8-2-1 所示。图中的点 BEP 就是盈亏平衡点。

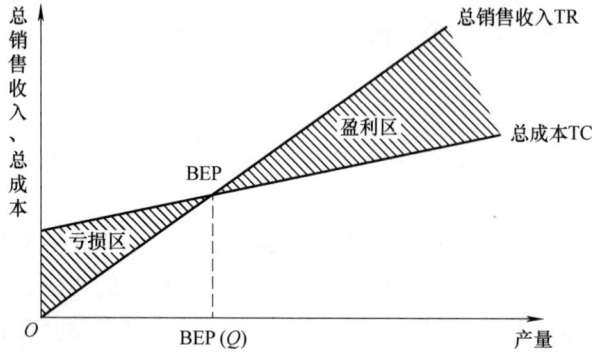

图 8-2-1　线性盈亏平衡分析

图 8-2-1 中纵坐标表示总销售收入或总成本，横坐标表示产品产量，总销售收入线与总成本线的交点即为盈亏平衡点 BEP，BEP 对应的销售量 BEP(Q) 是盈亏平衡产销量或保本固定成本量。在 BEP 的右边销售量大于保本量，销售收入大于销售成本，项目盈利；相反，在 BEP 左边，销售量小于保本量，销售收入小于销售成本，项目亏损；在 BEP 上，项目既不亏损也不盈利。因此，BEP 成为项目盈利与否的临界点。临界点越低，盈利区就越大，项目盈利机会就越大，承受经济风险与意外冲击的能力越大；反之，项目面临的风险就大。在进行方案选择时应优先选择盈亏平衡点较低者。当然，要提高盈利机会，还应重视投资项目的技术和设备的选择以及其他可能影响投资项目成本的因素，以尽量降低产品的固定成本和可变成本。

2. 代数法

代数法是通过求解方程求得盈亏平衡点。根据盈亏平衡原理，在盈亏平衡点上，利润恰好为零，销售收入等于销售成本。

利润（B）的方程如下：

$$B = TR - TC = PQ - (F + VQ) \tag{8-3}$$

当盈亏平衡时，$B = 0$，即：

$$PQ = F + VQ \tag{8-4}$$

若以产量表示盈亏平衡点，则：

$$BEP(Q) = \frac{F}{P - V} \tag{8-5}$$

若项目设计生产能力为 Q_0，则盈亏平衡生产能力利用率如下：

$$BEP(E) = \frac{BEP(Q)}{Q_0} \times 100\% \tag{8-6}$$

当未来产品的固定成本、可变成本、售价都与预测相同时，如果生产能力利用率低于

$BEP(E)$，则项目亏损；高于 $BEP(E)$，则项目盈利；等于 $BEP(E)$，则不盈不亏。

若按设计生产能力进行生产和销售，则盈亏平衡销售价格如下：

$$BEP(P) = V + \frac{F}{Q_0} \tag{8-7}$$

当单位产品可变成本、固定成本、销售量与预测量相同，若产品售价高于 $BEP(P)$，则项目盈利；低于 $BEP(P)$ 则亏损，等于 $BEP(P)$ 则不亏不盈。

若按设计生产能力进行销售，且销售价格已定，则盈亏平衡单位可变成本如下：

$$BEP(V) = P - \frac{F}{Q_0} \tag{8-8}$$

如果实际的单位产品售价、固定成本、销售量与预测值相同，则 $BEP(V)$ 就成为用单位产品可变成本表示的盈亏平衡点。

[例8-1]　某工业项目年设计生产能力为生产某种产品 3 万件，单位产品售价为 3000 元，总成本费用为 7800 万元，其中固定成本为 3000 万元，总可变成本与产品产量呈正比例关系。求以产量、生产能力利用率、销售价格、单位产品可变成本表示的盈亏平衡点。

解：根据已知，可以求出单位产品的可变成本：

$$V = \frac{(7800 - 3000) \times 10^4}{3 \times 10^4} = 1600 \ (元／件)$$

盈亏平衡产量：

$$BEP(Q) = \frac{3000 \times 10^4}{3000 - 1600} = 21428.57 \ (件)$$

盈亏平衡生产能力利用率：

$$BEP(E) = \frac{3000 \times 10^4}{(3000 - 1600) \times 3 \times 10^4} \times 100\% = 71.43\%$$

盈亏平衡销售价格：

$$BEP(P) = 1600 + \frac{3000 \times 10^4}{3 \times 10^4} = 2600 \ (元／件)$$

盈亏平衡单位产品可变成本：

$$BEP(V) = 3000 - \frac{3000 \times 10^4}{3 \times 10^4} = 2000 \ (元／件)$$

在该例中，若未来的产品销售价格及生产成本与预期相同，项目不发生亏损的条件是年销售量不低于 21429 件，生产能力利用率不低于 71.43%；如果按照设计生产能力生产并全部销售，生产成本与预期相同，项目不发生亏损的条件是产品价格不低于 2600 元/件；如果销售量、产品价格与预期相同，项目不发生亏损的条件是单位产品可变成本不高于 2000 元/件。

二、非线性盈亏平衡分析

销售收入与生产成本不一定都是产量的线性方程。随着生产规模的扩大，生产资料和劳动力的供给可能发生变化，设备维修费用增加等原因都可能造成产品生产成本与产量变化不再保持线性关系；当市场供求关系发生变化，企业为了竞争而采取的降价促销等措施可能造成销售收入与产量不再呈线性关系。当产品的总成本与产量不呈线性关系，销售收入与产量不呈线性关系时，要用非线性盈亏平衡分析进行分析。

假定销售收入与产量、总生产成本与产量之间均为一元二次函数关系。

销售收入函数 TR 与销售成本函数 TC 分别如下表示：

$$TR = aQ + bQ^2 \tag{8-9}$$

$$TC = c + dQ + eQ^2 \tag{8-10}$$

式中，a、b、c、d、e 均为常数；Q 为产量。

当盈亏平衡时，TR = TC，即：

$$aQ + bQ^2 = c + dQ + eQ^2$$

解此一元二次方程，可得盈亏平衡点的产量：

$$BEP(Q) = \frac{a-d}{2(e-b)} \pm \frac{\sqrt{(d-a)^2 - 4(e-b)c}}{2(e-b)} \tag{8-11}$$

式 (8-11) 表示销售收入曲线与销售成本曲线有两个交点，因此解得两个盈亏平衡点 $BEP(Q_1)$ 和 $BEP(Q_2)$。产量或销售量低于 $BEP(Q_1)$ 或高于 $BEP(Q_2)$，项目均亏损，只有在两者之间，项目才能盈利，非线性盈亏平衡分析示意图如图 8-2-2 所示。当产品销售量在 $BEP(Q_1)$ 和 $BEP(Q_2)$ 之间，项目盈利计算如下：

$$B = TR - TC = (b-e)Q^2 + (a-d)Q - c \tag{8-12}$$

若使盈利 B 最大，令 $\frac{dB}{dQ} = 0$，则有：

$$Q_{maxB} = \frac{d-a}{2(b-e)} \tag{8-13}$$

Q_{maxB} 即为最大盈利对应的产量。

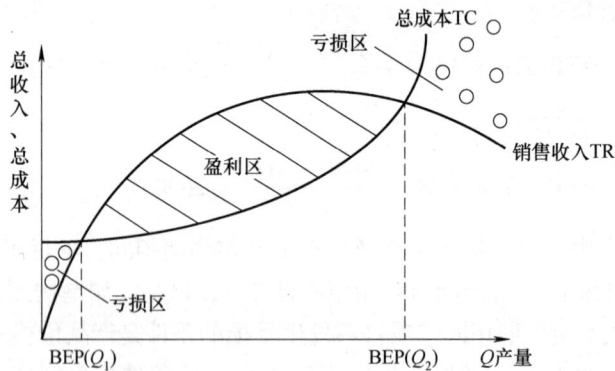

图 8-2-2　非线性盈亏平衡分析

[例 8-2]　某厂生产豪华落地扇，每台价格为 300 元，且每多销售一台则单价降低 0.03 元。固定成本为 180000 元，单位产品可变成本为 100 元，且每多销售一台则单位可变成本增加 0.01 元（因为随着产量的增加，单位产品可变成本不能完全维持不变）。求

盈亏平衡点产销量、盈利产量范围、最大利润时产销量及最大利润额？

解：根据题意，

产品单价：
$$P = 300 - 0.03Q \quad （其中 Q 为产销量）$$

则销售收入：
$$TR = PQ = (300 - 0.03Q)Q = -0.03Q^2 + 300Q$$

单位产品可变成本：
$$V = 100 + 0.01Q$$

总成本：
$$TC = F + VQ$$
$$= 180000 + (100 + 0.01Q)Q$$
$$= 0.01Q^2 + 100Q + 180000$$

经营利润：
$$B = TR - TC$$
$$= -0.03Q^2 + 300Q - 0.01Q^2 - 100Q - 180000$$
$$= -0.04Q^2 + 200Q - 180000$$

当盈亏平衡时，$B = 0$，即：
$$-0.04Q^2 + 200Q - 180000 = 0$$

解得盈亏平衡时的产量：$BEP(Q_1) = 1177.12$（台），$BEP(Q_2) = 3822.88$（台）

当产品产量范围在 1178~3822 台之间可以盈利，产量小于 1178 台或大于 3822 台则会发生亏损。

若使利润 B 最大，令 $\dfrac{dB}{dQ} = 0$，即 $200 - 0.08Q = 0$，则：
$$Q_{maxB} = 2500 （台）$$
$$B_{max} = 200 \times 2500 - 0.04 \times 2500^2 - 180000 = 70000 （元）$$

三、多产品盈亏平衡分析

在多数情况下，项目要生产多种产品，可以进行多产品盈亏平衡分析。下面通过一个例子说明多产品盈亏平衡分析的具体方法。

[例 8-3]　某项目年销售收入为 1300 万元，销售成本中变动成本为 795 万元，年固定成本为 416 万元。该项目生产 A、B、C 三种产品，其他情况如表 8-2-1 所示。试确定该项目的盈亏平衡点。

表 8-2-1　项目产品资料

项目产品	单　位	A	B	C
单位售价	元	500	400	200
单位变动成本	元	300	250	120
产销量	t	10000	15000	10000
销售收入	万元	500	600	200

解：第一步，计算各产品边际贡献。某产品的边际贡献为该产品的售价减去该产品单位变动成本，则：

A 产品边际贡献 $= 500 - 300 = 200$（元）

B 产品边际贡献 $= 400 - 250 = 150$（元）

C 产品边际贡献 $= 200 - 120 = 80$（元）

第二步，计算三种产品的加权平均边际贡献率：

$$加权平均边际贡献率 = \frac{所有产品边际贡献之和}{所有产品销售额之和}$$

$$= \frac{200 \times 10000 + 150 \times 15000 + 80 \times 10000}{500 \times 10000 + 400 \times 15000 + 200 \times 10000}$$

$$= 0.3885$$

第三步，计算盈亏平衡点：

$$多产品盈亏平衡点 = \frac{年固定成本总额}{加权平均边际贡献率}$$

$$= \frac{416}{0.3885} = 1070.79 （万元）$$

即当销售收入达到 1070.79 万元时，项目可以保本。

可以通过改变项目产品结构的方式改变项目的盈亏平衡点，不同的盈亏平衡点的优劣程度不同，从而可以找到更好的产品组合。本例中，如果将 A 产品的产量调整为 20000t、B 产品产量调整为 5000t、C 产品产量调整为 10000t，则：

$$加权平均边际贡献率 = \frac{200 \times 20000 + 150 \times 5000 + 80 \times 10000}{500 \times 20000 + 400 \times 5000 + 200 \times 10000} = 0.3964$$

$$多产品盈亏平衡点 = \frac{416}{0.3964} = 1049.45 （万元）$$

该产品组合下的盈亏平衡点销售收入比原产品组合下降 1049.45 万元，显然该方案优于原方案。

四、互斥方案的优劣平衡分析

在对互斥方案比较选优时，如果某个共有的不确定因素影响方案的取舍，采用优劣盈亏平衡分析来帮助做出正确决策。设有两个方案，其成本分别为 TC_1 和 TC_2，且受同一个变量的影响，即 $TC_1 = f_1(x)$，$TC_2 = f_2(x)$。当 $TC_1 = TC_2$ 时，$f_1(x) = f_2(x)$。解出此时的 x 值，就得出了两个方案的优劣平衡点。根据分析中是否考虑资金时间价值，可分为静态和动态平衡点分析。

[例 8-4] 某工程项目有两种方案，A 方案需投资 10 万元购买设备，加工每件产品费用为 8 元，B 方案需投资 20 万元购买设备，加工每件产品费用为 6 元，若不计设备的残值，项目设备使用年限为 8 年，试问如何选择方案？

解：设产量为 Q，则两个方案总成本函数如下：

$$TC_A = F_A + V_A Q = 10 \times 10^4 + 8Q$$

$$TC_B = F_B + V_B Q = 20 \times 10^4 + 6Q$$

两方案的总成本曲线如图 8-2-3 所示。

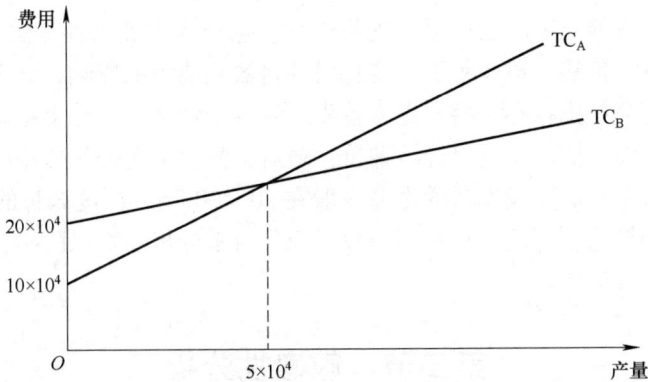

图 8-2-3　两个方案优劣平衡分析

两方案的总成本都是产量的函数，两方案总成本相等时的产量 Q 即为优劣平衡点，令 $TC_A = TC_B$，就可以得到：

$$10 \times 10^4 + 8Q = 20 \times 10^4 + 6Q$$
$$Q = 5 \times 10^4 \text{（件）}$$

从图 8-2-3 可以看出：当产量小于 5 万件时，应选择 A 方案；当产量大于 5 万件时，应选择 B 方案。

[例 8-5]　某企业为生产一种产品，有 A、B 两种设备可供选用，每台设备的费用及利用该设备进行加工的费用如表 8-2-2 所示。试问：

（1）若基准折现率为 12%，使用年限均为 8 年，每年产量为多少时选用 A 设备有利？

（2）若基准折现率为 12%，年产量均为 13000 件，设备使用年限多长时，选用 A 设备有利？

表 8-2-2　A、B 两种设备的投资及加工费用

设　　备	初始投资（万元）	加工费（元）
A	2000	800
B	3000	600

解：（1）考虑资金时间价值以后，两方案年固定费如下：

$$F_A = 2000 \times (A/P, 12\%, 8) = 402.6 \text{（万元）}$$
$$F_B = 3000 \times (A/P, 12\%, 8) = 603.9 \text{（万元）}$$

在优劣平衡点，$TC_A = TC_B$，即 $F_A + V_A Q = F_B + V_B Q$，此时：

$$Q = \frac{F_B - F_A}{V_A - V_B} = \frac{603.9 - 402.6}{800 - 600} = 1.0065 \text{（万件）}$$

当年产量小于 10065 件时，选 A 设备有利。

（2）此时求解的不确定因素是设备使用年限 n。在优劣平衡点，$TC_A = TC_B$，则：

$$2000 \times (A/P, 12\%, n) + 800 \times 1.3 = 3000 \times (A/P, 12\%, n) + 600 \times 1.3$$

解得：$n = 5.46$（年）

即当设备的使用年限小于 5.46 年时，选用 A 设备有利。

盈亏平衡分析直接对项目的产量、销售价格、生产成本和利润等关键因素进行分析，可用于分析产销量、价格、成本等因素变化对项目盈利能力的影响，寻求提高盈利能力的途径。但盈亏平衡分析也存在一些缺点，首先产量等于销量在实际上很难做到；其次它只能用于财务评价，而不能用于国民经济评价；最后，盈亏平衡分析所用的数据仅是一个正常生产年的财务数据，而建设项目的寿命一般在 20～30 年，在这么长的时间里用一套数据很难做出全面的结论。因此，在利用盈亏平衡分析来分析项目风险时，要结合其他信息与方法才能取得更好的效果。

第三节　敏感性分析

敏感性分析是从多个不确定因素中逐一找出对投资项目经济效益指标有重要影响的敏感性因素，并分析、测算其对项目经济效益指标的影响程度和敏感程度，进而判断项目承受风险的能力。

一般来说，敏感性分析是在确定性分析的基础上，进一步分析不确定因素的变化对项目经济效果的影响程度。敏感性分析研究的主要不确定因素有产品售价、产量、经营成本、投资、建设期、汇率、物价上涨指数等，当以上因素发生变化时，敏感性分析评价项目经济效益指标如内部收益率、净现值等的变化程度，从而找出项目的敏感因素。若某个因素小幅度的变动带来项目经济效益较大幅度的变化，则称该因素为敏感性因素；反之，则为非敏感性因素。

进行多方案敏感性分析，可以通过研究影响因素在一定范围内变动时引起项目经济效益指标的变动范围，来找出影响项目经济效益指标的最敏感因素，通过对比选出经济效益指标好且敏感性小的最佳方案。本节主要介绍了敏感性分析的概念、步骤以及单因素和多因素敏感性分析。

一、敏感性分析的概念

项目经济评价指标对不同的不确定因素的敏感程度是不一样的。有的因素稍有变化就会使项目经济评价指标发生较大的变化，而有些因素本身虽然变化较大，但使项目经济评价指标变动的程度却不大。对经济评价指标影响程度较大的不确定因素叫作敏感性因素，反之，叫作一般性敏感因素或不敏感因素。

敏感性分析又称敏感度分析，是技术方案经济评价中研究不确定性的一种常用方法。广义上讲，敏感性分析研究经济因素的不确定性给技术方案经济效果带来的不确定性。具体地说，敏感性分析是在方案的效益、费用分析的基础上，重复分析当各种经济因素发生变化时，将对技术方案的经济效果评价值产生的影响程度。若某项因素的影响程度大，就说它是敏感的；否则，就说它是不敏感的。通过敏感性分析可以确定方案中各因素的变化对经济效果的影响程度，估计各因素改变到什么程度才会影响方案的最优性，以及是否会否定最优方案，从而更合理地做出决策。

　　根据不确定性因素每次变动数目的多少，敏感性分析可以分为单因素敏感性分析和多因素敏感性分析。敏感性分析的目的在于提高方案经济效果评价的可靠性，具体说有以下几点：

　　1）研究影响因素的变动引起的方案经济效果的变动范围。

　　2）找出影响方案经济效果的敏感性因素，并进一步分析与之有关的预测或估算的数据可能产生的不确定性的根源。

　　3）通过多方案的敏感性大小的对比，区别灵敏度大和灵敏度小的方案，以便在决策中选择灵敏度小亦即风险小的替代方案。

　　4）通过可能出现的最有利与最不利经济效果的范围的分析，用寻找替代方案或对原方案采取某些控制措施的方法，来确定最现实的方案组成。

　　一般来讲，不确定性是风险的根源。但是各种因素的不确定性给方案的生命力带来的影响程度并不都是一样的。灵敏度大的因素的不确定性给方案带来的风险更大些。因此，敏感性分析的核心问题是从众多的影响因素中，找出敏感性因素并采取适当的控制措施和对策。敏感性分析的作用有以下几个方面：

　　1）找出影响项目经济效益变动的敏感因素，分析敏感因素变动的原因，使项目分析者和管理者全面掌握项目的盈利能力和潜在风险，做到心中有数，从而制定相应对策。

　　2）研究不确定性因素变动引起的项目经济效益值变动的范围或极限值，分析判断项目承担风险的能力。

　　3）比较多方案的敏感性大小，决策者可以根据自己对风险程度的偏好选择经济回报与所承担风险相当的投资方案。

二、敏感性分析的步骤

　　进行敏感性分析，一般遵循以下步骤：

　　1）选定需要分析的不确定因素。这些因素主要有产品产量（生产负荷）、产品售价、主要资源价格（原材料、燃料或动力等）、可变成本、固定资产投资、建设期贷款利率及外汇汇率等。

　　2）确定进行敏感性分析的经济评价指标。衡量建设项目经济效果的指标较多，敏感性分析一般只对几个重要的指标进行分析，如财务净现值、财务内部收益率、投资回收期等。由于敏感性分析是在确定性经济评价的基础上进行的，因此敏感性分析的指标应与经济评价所采用的指标相一致。

　　3）计算因不确定因素变动引起的评价指标的变动值。一般就所选定的不确定因素设定若干级变动幅度（通常用变化率表示），然后计算与每级变动相应的经济评价指标值，建立一一对应的数量关系，并用敏感性分析图或敏感性分析表的形式表示。

　　4）计算敏感度系数并对敏感因素进行排序。所谓敏感因素是指某不确定因素的数值有较小的变动就能使项目经济评价指标出现较显著改变的因素。敏感度系数的计算公式如下：

$$\beta = \Delta A / \Delta F \tag{8-14}$$

式中，β 为评价指标 A 对不确定因素 F 的敏感度系数；ΔA 为不确定因素 F 发生 ΔF 的变化率时，评价指标 A 的相应变化率（％）；ΔF 为不确定因素 F 的变化率（％）。

5）计算变动因素的临界点。临界点是指项目允许不确定因素向不利方向变化的极限值。超过极限值，项目的效益指标将不可行。例如，当建设投资上升到某值时，内部收益率将刚好等于基准收益率，此点称为建设投资上升的临界点。临界点可用临界点百分比或者临界值分别表示某一变量的变化达到一定的百分比或者一定数值时，项目的评价指标将从可行转变为不可行。临界点可用专用软件计算，也可由敏感性分析图直接求得近似值。

根据项目经济目标如经济净现值或经济内部收益率等所做的敏感性分析叫作经济敏感性分析，而根据项目财务目标所做的敏感性分析叫作财务敏感性分析。

依据每次变动因素的数目不同，敏感性分析又分为单因素敏感性分析和多因素敏感性分析。

三、单因素敏感性分析

每次只考虑一个因素的变动，而假设其他因素保持不变时所进行的敏感性分析，叫作单因素敏感性分析，［例8-6］将对如何进行单因素敏感性分析进行介绍。

［例8-6］ 设某项目基本方案的基本数据估算值如表8-3-1所示，试进行敏感性分析（基准收益率 $i = 8\%$）。

表8-3-1 项目现金流量表

因　　素	建设投资 I（万元）	年营业收入 R（万元）	年经营成本 C（万元）	期末残值 L（万元）	寿命 n（年）
估算值	1500	600	250	200	6

解：1）以年营业收入 R、年经营成本 C 和建设投资 I 为拟分析的不确定因素。

2）选择项目的内部收益率为评价指标。

3）做出本方案的现金流量表如表8-3-2所示。

表8-3-2 基本方案的现金流量表 （单位：万元）

项　　目	年　份					
	1	2	3	4	5	6
1 现金流入		600	600	600	600	800
1.1 年营业收入		600	600	600	600	600
1.2 期末残值回收						200
2 现金流出	1500	250	250	250	250	250
2.1 建设投资	1500					
2.2 年经营成本		250	250	250	250	250
3 净现金流量	−1500	350	350	350	350	550

方案的内部收益率 IRR 由下式确定：

$$-I(1 + \mathrm{IRR})^{-1} + (R - C) \sum_{t=2}^{5} (1 + \mathrm{IRR})^{-t} + (R + L - C)(1 + \mathrm{IRR})^{-6} = 0$$

$$-1500 \times (1 + IRR)^{-1} + 350 \times \sum_{t=2}^{5} (1 + IRR)^{-t} + 550 \times (1 + IRR)^{-6} = 0$$

采用试算法可求得：

$$NPV(i = 8\%) = 31.08(万元) > 0$$
$$NPV(i = 9\%) = -7.92(万元) < 0$$

采用线性内插法可求得：

$$IRR = 8\% + \frac{31.08}{31.08 + 7.92} \times (9\% - 8\%) = 8.79\%$$

4）计算年营业收入、年经营成本和投资建设变化对内部收益率的影响，结果如表 8-3-3 所示。

表 8-3-3　不确定因素变化对内部收益率的影响

内部收益率变化率（%）	不确定因素变化率				
	−10%	−5%	基本方案	+5%	+10%
年营业收入	3.01	5.94	8.79	11.58	14.30
年经营成本	11.12	9.96	8.79	7.61	6.42
投资建设	12.70	10.67	8.79	7.06	5.45

表 8-3-3 中的数据代表不确定因素变化对内部收益率的影响，内部收益率的单因素敏感性分析如图 8-3-1 所示。

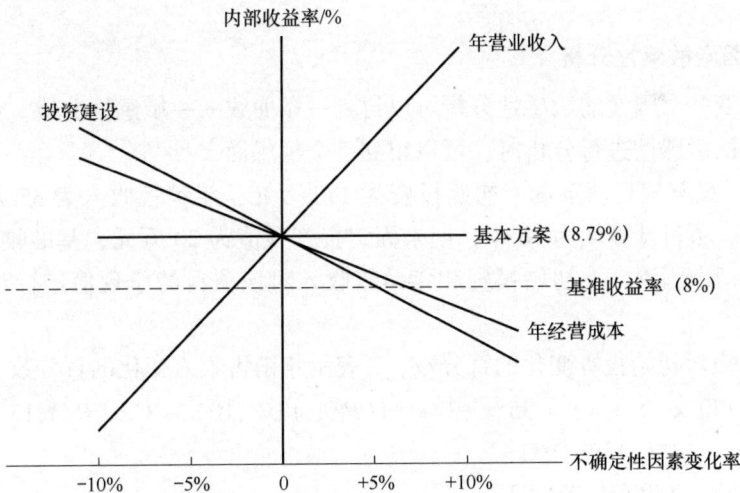

图 8-3-1　单因素敏感性分析图

5）计算方案对各因素的敏感度。
平均敏感度的计算公式如下：

$$\beta = \frac{评价指标变化的幅度}{不确定性因素变化的幅度} \tag{8-15}$$

对于 [例8-6] 的方案而言：

$$年营业收入平均敏感度 = \frac{(14.30\% - 3.01\%) \div 8.79\%}{20\%} = 6.42$$

$$年经营成本平均敏感度 = \frac{|6.42\% - 11.12\%| \div 8.79\%}{20\%} = 2.67$$

$$建设投资平均敏感度 = \frac{|5.45\% - 12.70\%| \div 8.79\%}{20\%} = 4.12$$

可以看出，内部收益率对年营业收入的反应最为敏感。

四、多因素敏感性分析

单因素敏感性分析适用于寻找最敏感因素，然而它容易忽略各因素之间相互作用的结果，所以要进行多因素敏感性分析，即考查多个不确定因素同时变动对方案经济评价指标的影响，以判断其风险情况。多因素敏感性分析是指在假定其他不确定性因素不变的条件下，计算分析两种或两种以上不确定性因素同时发生变动对项目经济效益值的影响程度，从而确定敏感性因素及其极限值。多因素敏感性分析一般建立在单因素敏感性分析基础上，且分析的基本原理与单因素敏感性分析大体相同。但需要注意的是，多因素敏感性分析需要进一步假定同时变动的几个因素都是相互独立的，且各因素发生变化的概率相同。

多因素敏感性分析要考虑各种因素可能发生的不同变动幅度的组合，其计算要比单因素敏感性分析复杂得多。现以双因素敏感性分析和三因素敏感性分析为例对多因素敏感性分析进行说明。

（一）双因素敏感性分析

一次只改变一个因素的敏感性分析可以得到一条曲线——敏感性曲线。但当对两个因素同时变动时的敏感性进行分析时，可以得到一个敏感面。

[例8-7] 设某项目固定资产初始投资为170万元，年销售收入为35万元，年经营费用为3万元，项目计算期为10年，期末固定资产残值为20万元，基准收益率为13%。试就最关键的两个因素——初始投资和年销售收入对该项目的净现值进行双因素敏感性分析。

解：设 X 表示初始投资变化的百分数，Y 表示年销售收入变化的百分数，则：

$$NPV = -170 \times (1 + X) + 35 \times (1 + Y)(P/A,13\%,10) - 3 \times (P/A,13\%,10) + 20 \times (P/F,13\%,10)$$

$$= 9.53 - 170X + 189.92Y$$

如果 $NPV \geq 0$，则该投资方案的盈利能力在13%以上。

$NPV \geq 0$，即 $9.53 - 170X + 189.92Y \geq 0$，亦即 $Y \geq -0.0502 + 0.8951X$

将以上不等式绘制成图形，可以得到如图8-3-2所示的两个区域。

斜线以上的区域，$NPV > 0$，斜线以下的区域，$NPV < 0$。从图8-3-2可以看出，项目对初始投资的增加相当敏感。初始投资增加和年销售收入减少时，项目 $NPV \geq 0$ 的区域如图8-3-2中的阴影区域，该区域是比较狭窄的。

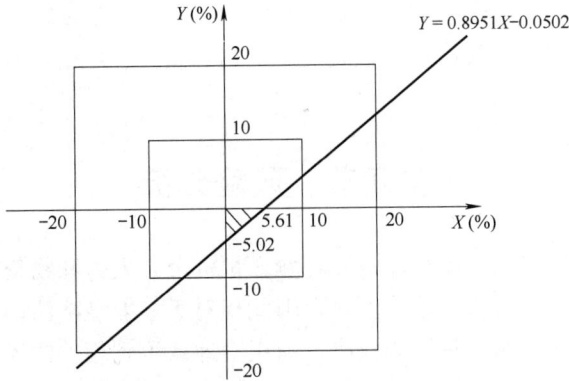

图 8-3-2　双因素敏感性分析

(二)三因素敏感性分析

[例8-8]　若[例8-7]中经营费用也是一个重要的影响参数,试进行初始投资、年销售收入和经营费用三个参数同时变化的敏感性分析。

解:绘制一个三维的敏感性分析图是很困难的,可以用降维的方法来简单地表示。

设 X、Y、Z 分别表示初始投资变化的百分数、销售收入变化的百分数和经营费用变化的百分数,则:

$$NPV = -170 \times (1 + X) + 35 \times (1 + Y)(P/A, 13\%, 10) -$$
$$3 \times (1 + Z)(P/A, 13\%, 10) + 20 \times (P/F, 13\%, 10)$$
$$= 9.53 - 170X + 189.92Y - 16.28Z$$

取不同的经营费用变动幅度代入上式,可以求出一组 $NPV(13\%) = 0$ 的临界线方程。

当 $Z = 100\%$ 时, $Y = 0.8951X + 0.0355$

当 $Z = 50\%$ 时, $Y = 0.8951X - 0.0007$

当 $Z = -50\%$ 时, $Y = 0.8951X - 0.0930$

当 $Z = -100\%$ 时, $Y = 0.8951X - 0.1359$

根据以上方程可画出如图 8-3-3 所示的一组盈亏线。

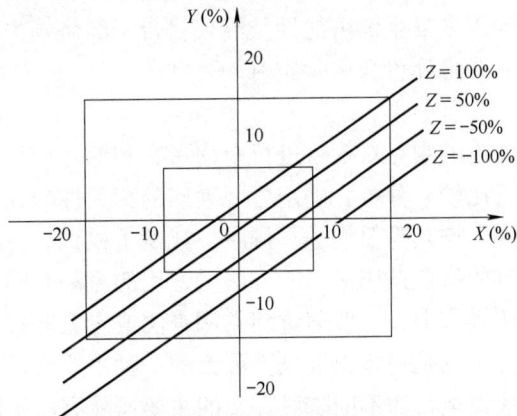

图 8-3-3　三因素敏感性分析

由图 8-3-3 可以看出，经营费用上升，临界线则往左上方移动；经营费用下降，临界线往右下方移动。根据该图我们可以直观地了解初始投资、年销售收入和经营费用这三个因素同时变动对决策的影响。

第四节　风险分析

正如前文所述，投资建设项目通常要耗费大量资金、人力和物资等资源，且具有一次性和固定性的特点，一旦实施，难于更改。因此相对于一般经济活动而言，投资项目的风险尤为值得关注。实践表明，只要能在决策前正确地认识到相关的风险，并在实施过程中加以控制，大部分风险是可以降低和防范的。因此在项目决策分析与评价阶段应进行风险分析，本节主要从内容、条件、原则、方法对风险分析进行介绍。

一、风险决策的内容

方案评价时采用的数据大部分来自预测和估算，具有一定程度的不确定性。为分析不确定性因素变化对评价指标的影响，估计项目可能承担的风险，除应进行不确定性分析，还应进行风险分析，提出项目风险的预警、预报和相应的对策，为投资决策服务。

对投资项目来说，影响其预期经济目标的风险因素来源于法律法规及政策、市场供需、资源开发与利用、技术的可靠性、工程方案、融资方案、组织管理、环境与社会、外部配套条件等一个方面或几个方面。影响项目效益的风险因素可归纳为下列内容：

1）项目收益风险：产出品的数量（服务量）与预测（财务与经济）价格。

2）建设风险：建筑安装工程量、设备选型与数量、土地征用和拆迁安置费、人工、材料价格、机械使用费及取费标准等。

3）融资风险：资金来源、供应量与供应时间等。

4）建设工期风险：工期延长风险。

5）运营成本费用风险：投入的各种原料、材料、燃料、动力的需求量与预测价格、劳动力工资、各种管理费用标准等。

6）政策风险：税率、利率、汇率及通货膨胀率等。

风险分析应分析风险因素发生的可能性及给项目带来经济损失的程度，其分析过程包括风险识别、风险估计、风险评价与风险应对。

1. 风险识别

风险识别应采用系统论的观点对项目进行全面考察和综合分析，找出潜在的各种风险因素，并对各种风险进行比较、分类，确定各因素间的相关性与独立性，判断其发生的可能性及对项目的影响程度，按其重要性进行排序，或赋予权重。

风险识别应根据项目的特点选用适当的方法。常用的方法有问卷调查法、专家调查法和情景分析法等。在具体操作中，一般通过问卷调查法或专家调查法完成，并建立项目风险因素调查表。敏感性分析也是初步识别风险因素的一种重要手段。

对建设项目来说，建设项目的不同阶段存在的主要风险有所不同，风险因素因项目不同具有特殊性。项目的有关各方（不同的风险管理主体）可能会有不同的风险，识别风险应注意借鉴历史经验，要求分析者富有经验，并具有创建性和系统观念。

2. 风险估计

风险估计是指在风险识别之后，估算风险事件发生的概率及其后果的严重程度，因此，风险估计与概率密切相关。风险估计采用主观概率和客观概率的统计方法来确定风险因素的概率分布，运用数理统计分析方法计算项目评价指标相应的概率分布或累计概率、期望值、标准差等信息，据此直接或间接判断项目的风险。主观概率（估计）基于人们所掌握的大量信息或长期经验的积累，是一种主观判断。客观概率（估计）是根据大量的试验数据，用统计的方法计算某一风险因素发生的可能性。在项目评价中，要对项目的投入与产出进行从机会研究到投产运营全过程的预测。由于既不可能获得足够时间与资金对某一事件发生的可能性做大量的试验，又不可能对将来发生的事件做出准确的分析，因此很难计算出该事件发生的客观概率，但决策需要对事件发生的概率做出估计，因此项目前期的风险估计最常用的方法是由专家或决策者对事件出现的可能性做出主观估计。

在风险估计中，确定概率分布时，需要注意充分利用已获得的各种信息进行估测和计算，在获得的信息不够充分的条件下则需要根据主观判断和近似的方法确定概率分布，具体采用何种方法应根据项目风险特点而定。确定风险事件的概率分布常用的方法有概率树、蒙特卡罗模拟及 CIM 模型等分析法。

3. 风险评价

风险评价是指根据风险识别和风险估计的结果，依据项目风险判别标准，找出影响项目成败的关键风险因素。项目风险大小的评价标准应根据风险因素发生的可能性及其造成的损失来确定，一般将评价指标的概率分布或累计概率、期望值、标准差作为判别标准，也可将综合风险等级作为判别标准。

（1）以经济指标的累计概率、标准差为判别标准：①财务（经济）内部收益率大于或等于基准收益率的累计概率值越大，风险越小；标准差越小，风险越小；②财务（经济）净现值大于或等于零的累计概率值越大，风险越小；标准差越小，风险越小。

（2）以综合风险等级为判别标准。根据风险因素发生的可能性及其造成损失的程度，可建立综合风险等级的矩阵，将综合风险分为 K 级、M 级、T 级、R 级、I 级，综合风险等级分类如表 8-4-1 所示。

表 8-4-1　综合风险等级分类表

风险的可能性	风险影响的程度			
	严　重	较　大	适　度	轻　微
高	K 级	M 级	R 级	R 级
较高	M 级	M 级	R 级	R 级
适度	T 级	T 级	R 级	I 级
低	T 级	T 级	R 级	I 级

4. 风险应对

风险应对是指根据风险评价的结果，研究规避、控制与防范风险的措施，为项目全过程风险管理提供依据。

风险应对应遵循针对性、可行性、经济性，并贯穿于项目评价的全过程的原则。在决策阶段风险应对应进行多方案比选，对潜在风险因素提出必要研究与试验课题，对投资估算与财务（经济）分析应留有充分的余地，对建设或生产经营期的潜在风险可采取回避、转移、分组和自担措施。

根据综合风险因素等级的分析结果，提出下列应对方案，如表 8-4-2 所示。

表 8-4-2　综合风险因素等级分类表

综合风险等级	对　策
K 级	风险很强，出现这类风险就要放弃项目
M 级	风险强，修正拟议中的方案，改变设计或采取补偿措施等
T 级	风险较强，设定某些指标的临界值，指标一旦达到临界值，就要变更设计或对负面影响采取补偿措施
R 级	风险适度（较小），适当采取措施后不影响项目
I 级	风险弱，可忽略

二、风险决策的条件

风险决策讨论在风险条件下方案取舍的原则和多方案比选的方法。风险决策必备的条件包括：

1）存在决策人希望达到的目标（如收益最大或损失最小）。

2）存在两个或两个以上的方案可供选择。

3）存在两个或两个以上不以决策者的主观意志为转移的自然状态（如不同的市场状或其他经营条件）。

4）可以计算出不同方案在不同自然状态下的损益值。

5）在可能出现的不同自然状态中，决策者不能肯定未来将出现哪种自然状态，但能确定每种状态出现的概率。

三、风险决策的原则

（一）优势原则

在 A 与 B 两个备选方案中，如果不论在什么状态下，A 总是优于 B，则可以认定 A 相对 B 是优势方案，或者说 B 相对 A 是劣势方案。因而 B 方案就应从备选方案中剔除，这就是风险决策的优势原则。在有两个以上备选方案的情况下，应用优势原则一般不能确定最佳方案，但能减少备选方案数目，缩小决策范围。在采用其他决策原则进行方案比选之前，应首先应用优势原则剔除劣势方案。

（二）期望值原则

期望值原则是指根据备选方案损益值的期望值大小进行决策，如果损益值用收益表示，则应选择期望值最大的方案。

[例8-9]　某企业近一两年来老产品销售情况不好，经过细致而周密的分析讨论，企业决定引入新产品取代老产品。新产品将大致面临4种可能情况：畅销（称为状态1，记为θ_1）、销路一般（称为状态2，记为θ_2）、销路不太好（称为状态3，记为θ_3）以及没有销路（称为状态4，记为θ_4）。经过市场调查，销售部门做出如下的判断：

状态1出现的概率$P(\theta_1)=0.3$

状态2出现的概率$P(\theta_2)=0.4$

状态3出现的概率$P(\theta_3)=0.2$

状态4出现的概率$P(\theta_4)=0.1$

目前有A_1、A_2、A_3三个可供选择的方案，有关资料如表8-4-3所示。试用期望值原则评价方案的优劣。

表8-4-3　各方案在不同状态下的净现值　　　　（单位：万元）

状　态	θ_1	θ_2	θ_3	θ_4
概率	$P(\theta_1)=0.3$	$P(\theta_2)=0.4$	$P(\theta_3)=0.2$	$P(\theta_4)=0.1$
A_1方案	150	120	50	-100
A_2方案	250	200	100	-200
A_3方案	300	200	-150	-300

解：三个方案净现值的期望值如下：

A_1方案期望值$E(\mathrm{NPV})_1=150\times0.3+120\times0.4+50\times0.2-100\times0.1=93$（万元）

A_2方案期望值$E(\mathrm{NPV})_2=250\times0.3+200\times0.4+100\times0.2-200\times0.1=155$（万元）

A_3方案期望值$E(\mathrm{NPV})_3=300\times0.3+200\times0.4-150\times0.2-300\times0.1=110$（万元）

根据净现值的期望值最大原则，A_2方案为最优方案。

（三）最小方差原则

方差量度风险的大小。方差越大，实际中方案损益值偏离其期望值的可能性越大，方案的风险也越大，因而人们倾向于选择经济效益指标方差较小的方案，这就是最小方差原则。需要说明的是，在某一方案的决策过程中，有时会出现期望值准则和最小方差准则矛盾的情况。当发生这种情况时，由于决策者本身的胆略、冒险精神以及对风险的承受能力不同，他们会做出不同的决策。一般来说，风险承受能力较强的投资者倾向于按期望值准则进行决策，而风险承受能力较弱的投资者则倾向于按最小方差准则进行决策。

在[例8-9]中，设方案A_1、A_2、A_3的方差分别为$D(\mathrm{NPV})_1$、$D(\mathrm{NPV})_2$、$D(\mathrm{NPV})_3$，则：

$$D(\mathrm{NPV})_1=(150-93)^2\times0.3+(120-93)^2\times0.4+(50-93)^2\times0.2+(-100-93)^2\times0.1=5361$$

$$D(\mathrm{NPV})_2=(250-155)^2\times0.3+(200-155)^2\times0.4+(100-155)^2\times0.2+(-200-155)^2\times0.1=16725$$

$$D(\mathrm{NPV})_3=(300-110)^2\times0.3+(200-110)^2\times0.4+(-150-110)^2\times0.2+(-300-110)^2\times0.1=44400$$

按方差最小原则，应选择 A_1 方案，显然这与利用期望值最大原则选择的结论不一致。

（四）最大可能原则

风险决策中，如果一种状态发生的概率显著大于其他状态发生的概率，那么就把这种状态视作肯定状态，根据这种状态下各方案损益值的大小进行决策，而置其余状态于不顾，这就是最大可能原则。按照最大可能原则进行风险决策实际上是把风险决策问题化为确定性问题求解。

值得指出的是，只有当某种状态发生的概率大大高于其他状态发生的概率，并且各方案在不同状态下的损益值差别不是很悬殊时，最大可能原则才是适用的。在［例 8-9］中，状态 2 发生的概率最大，如果按照最大可能原则，应选择状态 θ_2 下净现值最大的方案 A_3。但是必须看到，θ_2 发生的概率 $P(\theta_2) = 0.4$，与其他状态发生概率的差别不是很大，而且方案 A_3 在不同状态下净现值相差较大，所以，对［例 8-9］的问题用最大可能原则进行决策是不太合适的。

（五）满意原则

对于比较复杂的风险决策问题，人们往往难以发现最佳方案，因而采用一种比较现实的决策原则——满意原则，即定出一个足够满意的目标值，将各备选方案在不同状态下的损益值与此目标值相比较，损益值优于或等于此满意目标值的概率最大的方案即为当选方案。

在［例 8-9］中，假定满意目标是净现值不小于 30 万元，则各方案达到此目标的概率如下：

A_1 方案：$P(\mathrm{NPV} \geqslant 30) = P(\theta_1) + P(\theta_2) = 0.7$

A_2 方案：$P(\mathrm{NPV} \geqslant 30) = P(\theta_1) + P(\theta_2) + P(\theta_3) = 0.9$

A_3 方案：$P(\mathrm{NPV} \geqslant 30) = P(\theta_1) + P(\theta_2) = 0.7$

A_2 方案达到满意目标的可能性最大，故按照满意原则应选择 A_2。

四、风险决策的方法

风险决策的方法有很多种，本书简单扼要地介绍几种常用方法的基本原理和基本操作步骤。

（一）专家调查法

对风险的识别和评价可采用专家调查法。专家调查法简单、易操作，它凭借分析者的经验对项目各类风险因素及其风险程度做出定性估计。专家调查法可以通过发函、开会或其他形式向专家进行调查，对项目风险因素、风险发生的可能性及风险对项目的影响程度进行评定，将多位专家的经验集中起来形成分析结论。由于专家调查法比一般的经验识别法更具客观性，因此应用较为广泛。

采用专家调查法时，专家应熟悉所在行业和评估的风险因素，并应做到客观公正。为减少主观性，聘用的专家应有一定的数量，一般在 10 ~ 20 位。具体操作上，将项目可能出现的各类风险因素、风险发生的可能性及风险对项目的影响程度以表格形式一一列出，请每位专家凭借经验独立对各类风险因素的可能性和影响程度进行选择，最后将各位专家的意见归集起来，填写专家调查表。专家调查法是获得主观概率的基本方法。

（二）层次分析法

层次分析法是由美国著名运筹学家、匹兹堡大学教授托马斯·塞蒂于 20 世纪 70 年代中期提出的一种定性与定量相结合的决策分析方法，简称 AHP 方法。层次分析法是一种多准则决策分析方法，在风险分析中有两种用途：①将风险因素逐层分解识别至最基本的风险因素，也称正向分解；②两两比较同一层次风险因素的重要程度，列出该层风险因素的判断矩阵（判断矩阵可由专家调查法得出），判断矩阵的特征根就是该层次各个风险因素的权重，利用权重与同层次风险因素概率分布的组合，求得上一层风险的概率分布，直至求出总目标的概率分布，也称反向合成。运用层次分析法解决实际问题一般包括 5 个步骤：

1）建立所研究问题的递阶层次结构。

2）构造两两比较判断矩阵。

3）由判断矩阵计算被比较元素的相对权重。

4）计算各层元素的组合权重。

5）将各子项的权重与风险概率分布加权叠加，即得出项目的经济风险概率分布。

（三）CIM 模型方法

CIM 模型是控制区间和记忆模型，也称概率分布的叠加模型，或"记忆模型"。CIM 模型包括串联响应模型和并联响应模型，它们分别是以随机变量的概率分布形式进行串联、并联叠加的有效方法。CIM 模型方法的主要特点是用离散的直方图表示随机变量概率分布，用和代替概率函数的积分，并按串联或并联响应模型进行概率叠加。在概率叠加的时候，CIM 模型方法可将直方图的变量区间进行调整，即所谓的区间控制，一般是缩小变量区间，使直方图与概率解析分布的误差显著减小，提高了计算的精度。CIM 模型方法同时也可用"记忆"的方式考虑前后变量的相互影响，把前面概率分布叠加的结果记忆下来，应用区间控制的方法将其与后面变量的概率分布叠加，直至最后一个变量。

（四）决策树方法

决策树方法是风险决策的重要方法，有利于分析多级决策问题。这种决策方法把未来的各种情况彻底展开，从而形成未来发展动态的各种不同的比较方案，然后结合未来各种不同情况发生的概率进行计算，使其有机地结合在各种方案的比较中。

决策树由不同的节点和分枝组成。图 8-4-1 为 [例 8-9] 的决策树。符号"□"表示决策节点，从决策节点引出的每一个分枝表示一个可供选择的方案。符号"○"表示的节点称为状态点，从状态点引出的每一个分枝表示一种可能发生的状态。根据各种状态发生的概率与相应的损益值分别计算每一个方案的损益期望值，并将其标注在相应的状态点上。

在图 8-4-1 中，$\theta_j(j=1,2,3,4)$ 表示第 j 种状态，θ_j 括号内的数值表示该状态发生的概率，每一个状态分枝末端的数值为相应的损益值。根据各种状态发生的概率与相应的损益值分别计算每个方案的损益期望值，并将其标在相应的状态点上，就可以直观地判断出应该选择哪个方案。

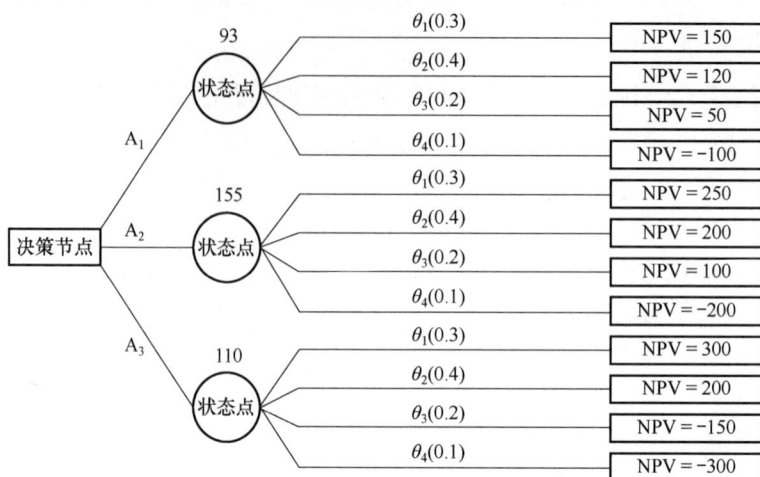

图 8-4-1　决策树

本章习题

一、名词解释

请对下列名词进行解释：

不确定性分析；风险分析；盈亏平衡分析；线性盈亏平衡分析；敏感性分析；单因素敏感性分析；多因素敏感性分析。

二、简答

1. 简要概括不确定性与风险的区别与联系。

2. 简述线性盈亏平衡分析应具备的条件。

3. 试述敏感性分析的步骤。

4. 风险分析包括哪些流程？

5. 为何要进行项目的不确定性分析？在对投资项目进行不确定性分析时应如何选择关键的不确定性因素？

三、计算

某工程方案设计年产量为 1.5 万吨，产品销售价格为 3000 元/吨，销售税金及附加为 138 元/吨，年总成本为 3600 万元，其中固定成本为 1500 万元。试求：

（1）单位产品可变成本；

（2）以产量表示的盈亏平衡点；

（3）以生产能力利用率表示的盈亏平衡点；

（4）以销售价格、销售收入表示的盈亏平衡点；

（5）以单位产品可变成本表示的盈亏平衡点。

第九章　价值工程

第一节　价值工程概述

价值工程起源于美国，于 1978 年传入中国。发展至今，价值工程已被公认为是一套成熟有效的降低成本、提高经济效益的管理技术。价值工程为评价产品的价值提供了科学的标准，也为衡量功能与成本是否适当、是否做到用最低的费用实现必要功能提供了依据，是现代企业管理中不可缺少的内容。因此，本节将从价值工程的相关概念、特点及其工作程序与内容三个方面对其进行介绍，为后续学习奠定理论基础。

一、相关概念

（一）价值工程的产生与发展

1. 价值工程的产生

价值工程（Value Engineering，VE）是一种新兴的科学管理技术，是降低成本，提高经济效益的一种有效方法，它起源于 19 世纪 40 年代的美国。在第二次世界大战结束前不久，美国军事工业的快速发展导致了原材料的短缺，一些重要材料的采购变得困难。当时，在美国通用电气公司有一位名叫麦尔斯的工程师，其主要的工作职责就是为该公司的军事生产寻找和采购材料。麦尔斯的研究表明，购买材料的目的不是因为材料本身，而在于它的功能。在一定条件下，虽然不能购买到指定材料，但可以找到具有相同功能的替代材料来满足想要达到的使用效果。当时轰动一时的"石棉板事件"就是一个典型的例子。石棉板在当时的军事工业中是不可或缺的一种重要材料，但由于该种材料较为稀有且价格昂贵，其采购问题困扰着许多企业，麦尔斯所在的公司也不例外。麦尔斯想：能否在保证功能不变的情况下，用一种价格较低的材料来替代它呢？他开始思考企业为什么需要石棉板？它能起到什么作用？经调查发现，原来汽车装配中的涂料容易漏洒在地板上，根据美国消防法规定，该类企业作业时地板上必须铺上一层石棉板，以防火灾。在了解了这种材料的作用后，麦尔斯找到了一种更便宜、耐火的防火纸作为石棉板的替代品。经过多次测试和检验，美国消防部门通过了这一替代材料。

从研究替代材料开始，麦尔斯逐渐总结出了一套特殊的工作方法，即将技术设计与经济分析相结合，用技术与经济价值统一对比的标准衡量问题，并进一步将这种分析思维和方法扩展到产品开发、设计、生产和经营管理中，逐步形成了一种更加系统、科学的方法。1947 年，麦尔斯发表了题为"价值分析程序"的研究成果，由此产生了"价值工程"的理念。

2. 价值工程的发展

价值工程这一理念的出现立即引起了美国军事部门和企业的极大兴趣，此后这一方法逐渐扩展到民用领域。

1952 年，麦尔斯开设了首个价值分析课程，并指导进行了相关的基础培训。这使得专业的价值分析人员在后续工作中取得了一系列卓越的成果，这些成果也有助于价值分析推行到更多行业。

1954 年，美国海军首次制定了价值项目实施计划。美国海军管理局首次使用价值分析这种方法来指导新产品的开发，并将价值分析更名为价值工程。1956 年，价值工程被正式用来签订订单合同。合同规定，承包商可以运用价值工程方法，在保证提供的功能不变的前提下，对产品或项目进行改进，把节约下来的费用的 20% ~ 30% 归于承包商。这项激励条款有效地促进了价值工程的推广，美国海军在部署的第一年就节省了 3500 万美元的费用。据报道，通过引入价值工程，美国国防部在 1963 年财政年度节省支出约 7200 万美元，1964 年财政年度节省了 2.5 亿美元，1965 年财政年度节省了 3.27 亿美元。到 1969 年，即使是对成本最不敏感的国家航空航天机构也开始培训员工实施价值工程项目。

1961 年，麦尔斯将价值分析过程系统化，并发表了《价值分析与工程技术》一书。1972 年，它被修订并翻译成十多种语言在国外出版。

随着国际市场的扩大和科技的发展，企业之间的竞争越来越激烈，价值工程带来的经济效应也愈加明显，因此价值工程在企业界得到了迅速发展。20 世纪 50 年代，美国福特汽车公司面临破产倒闭的风险，罗伯特·斯特兰奇·麦克纳马拉组建了一个团队，大力开展价值工程活动，使福特汽车公司迅速转亏为盈，麦克纳马拉也因此成为福特汽车公司的第一个非福特家族成员的高层人士。在军工企业积极推进价值工程的同时，民用产品也自发应用价值工程，广泛应用于美国内政部的补给系统、建筑系统、邮政科研工程系统、医疗保健系统等。

价值工程不仅引起了工程技术相关部门的关注，也成了当时美国政府关注的内容之一。1977 年，美国参议院第 172 号决议列举了价值工程的大量应用效果，表明它是节约能源、提高服务质量、节省资金的有效方法，并呼吁各个部门尽可能采用价值工程。1979 年，美国价值工程师学会（SAVE）举行年会。吉米·卡特总统在给年会的贺信中表示："价值工程是工业和政府各部门降低成本、节约能源、改善服务和提高生产率的一种行之有效的分析方法。"

1955 年，日本派遣考察团到美国进行成本管理研究，得知价值工程非常有效，因此将其引入并采用。日本将价值设计与全面质量管理相结合，形成了具有日本特色的管理方法。1960 年，价值工程首次在日本的物资和采购部门得到应用，然后发展到旧产品更新、新产品设计、系统分析等方面。日本成立了价值工程师协会（SJVE），价值工程得到了迅速推广。

价值工程在传入日本后，又传到了西欧、东欧等地。一些公司还制定了价值工程标准，并建立了价值工程或价值分析协会。价值工程在政府技术经济部门和企业中的推广应用也不同程度地发展并取得了显著成效。

3. 价值工程迅速发展的背景与原因

价值工程从产生至今虽仅有 70 多年的历史，但它推广范围之大，发展速度之快绝非偶然，而是有它自己的客观背景和内在原因。

价值工程最早出现在美国，并迅速发展。在第二次世界大战期间，美国政府在向企业订购武器时，往往更着重关注武器的特性和交付时间，而忽视了成本，导致了一些资源的浪费，并且这种做法一直持续到战争结束。战后，无论是政府还是其他用户都没有支付生产费用作为成本补偿。价值工程正是在这样的历史背景和经济条件下得到了快速的发展：一方面，随着国际市场的扩大和科学技术的发展，企业之间的竞争越来越激烈，这促使企业必须利用价值工程这一方法来提高产品竞争力；另一方面，由于美国军备扩充，发动战争，先进武器和核军备竞赛要求增加军工生产，国内民众的抵制使得国防开支无法无限增加。

价值工程在其他国家也得到了飞速发展。首先，在 20 世纪六七十年代，由于各国工业有了新发展，物资的供应日益紧张，如何解决材料短缺问题已成为资本主义国家的重要课题，价值工程应运而生，为研究材料替代、产品改造和设计改进等问题提供了系统的方法。其次，国际交通日益发达，使资本主义竞争更为激烈。产品若想在市场上占有一席之位，不仅要降低成本和售价，还需具备能够满足相同需求的功能。因此，价值工程取代了以往的那种点滴节约，达到对竞争要求的新方法。最后，随着科技的飞速发展，新材料、新工艺不断涌现，为设计人员改进旧方法，利用新材料、新工艺提供了切实的机会。

价值工程之所以迅速得到推广，是因为它给企业带来了良好的经济效益。这拥有两个内在原因：①传统的管理模式强调分系统，分工，各自独立，导致各系统人为割裂。管理者专注于业务成果、产品生产以及成本控制，而技术人员只专注于技术设计和产品规格及性能，再加上设计师的个人考虑，自然会提高设计标准，特别是诸如保险系数、安全系数等标准，这便导致了技术与经济脱钩问题的产生。而价值工程则侧重于从两个方面挖掘潜力，实现最佳经济效益，是符合现代生产规律和现代科技发展的有效方法。②传统的人才培养方式也是分离和孤立的，而价值工程则巧妙地将两者结合起来以获得最佳价值。

简而言之，价值工程随着现代工业产品和科学技术的发展以及人类管理思想的进步而在实践中创造和发展的。

4. 价值工程在我国的推广与应用

(1) 我国价值工程的发展。我国自 1978 年引进价值工程至今已有四十余年的历史。价值工程首先在机械工业部门得到应用，1981 年 8 月原国家第一机械工业部以一机企字 (81) 1047 号文件发出了《关于积极推行价值工程的通知》，要求机械工程企业和科研单位学习和掌握价值工程的原理和方法，从实际出发，用实事求是的科学态度，积极推行价值工程，力求将价值工程引入到科研、设计、生产和销售的全过程。1982 年 10 月，我国成立了唯一的价值工程专业性刊物《价值工程通讯》，后来更名为《价值工程》杂志。1984 年，国家经济贸易委员会将价值工程作为 18 种现代管理方法之一推广到全国。1986 年，国家标准局制定了《中华人民共和国价值工程国家标准》（征求意见稿），1987 年国家标准局发布了第一个价值建设国家标准《价值工程基本术语和一般工作程序》。1988 年 5 月，我国成立了全国价值工程学术团体——中国企业管理协会和价值工程研究会，并把《价值工程》杂志作为会刊。

政府及领导的重视与关注使价值工程得以迅速发展。自 1978 年引入我国以来，价值工程迅速引起了科技、教育界的关注。通过宣传、教育培训等方式，价值工程进一步被众多企业所采用，并均取得了显著的成果，从而引起了政府有关部门的重视。政府有关部门的关心与支持给价值工程在我国的应用注入了动力。特别是在 1988 年，江泽民同志精辟的题词"价值工程常用常新"对价值工程的发展具有深远意义。1989 年 4 月，国家经济贸易委员会副主任、中国企业管理协会会长袁宝华同志提出"要像推广全面质量管理一样推广应用价值工程"促进了价值工程的推广与应用。

几十年来，一些高等院校、学术团体通过教材、刊物、讲座、培训等方式陆续介绍价值工程的原理与方法及其在国内外有关行业的应用，许多部门、行业和地方以及企业、大专院校、行业协会和专业学会纷纷成立价值工程学会、研究会，通过会议、培训班、研讨会等形式组织宣传和推广，同时还编著出版了数十种价值工程的专著，开展了国际间价值工程学术交流活动，有效地推动了价值工程在我国的推广应用。

（2）我国价值工程的应用成果。价值工程在我国首先应用于机械行业，而后又扩展到其他行业，在采矿、冶金、化工、纺织等通常被认为难以实现价值工程的行业中，其推广也呈现出良好的势头。价值工程应用范围逐步扩大，从开始阶段的工业产品开发到工程项目；从企业的技术、设备和其他硬件的改进到管理、生产、运营、分配和成本等软件的开发；从工业应用到农业、贸易、金融、服务、教育和行政事业领域；在国防军工领域的应用也获得明显效果。如今，价值工程广泛应用于机械、电子、纺织、军工、轻工、化工、冶金、矿山、石油、煤炭、电力船舶、建筑以及物资、交通、邮电、水利、教育、商业和服务业等部门；分析对象从产品研究、设计技术到能源工程，设备，技术引进、改造以及作业、采购、销售服务等领域，也适用于机构改革、劳动力组合优化和人力资源开发等方面；此外在农业、林业、园林等门类也得到应用。

为了提高经济效益和市场竞争力，实现可持续发展，企业管理离不开价值管理，离不开产品（包括劳务等）的价值创造，离不开各项生产要素及其投入的有效的价值转化。企业经营管理的本质是价值经营、价值管理和价值创造，追求低投入、高产出，不断为社会需求创造更高价值的财富。我们正处在一个丰富而复杂的价值世界，任何有效的管理工作都是价值的转化工作，都有利于社会发展和价值创造；反之，则既无效又无益，甚至是消极的，创造"零价值"或"负价值"。树立正确的价值观，运用价值工程原理和价值分析方法对事物进行价值评估，进行价值管理和开展价值创新，目的就在于为社会创造价值。

价值工程引入我国以后，在降低产品成本、提高经济效益、扩大社会资源的利用效果等方面都发挥出了较大的作用，在短短几年的实践中已经充分显示出来。一批企业在应用中取得了显著的实效，为价值工程在不同行业广泛地推广提供了重要经验。

据不完全统计，从 1978 年到 1985 年，全国应用价值工程的收益达到 2 亿元，到 1987 年，已经达到 5 亿元。开展应用价值工程较早的是上海市，其在应用价值工程的深度和广度方面都积累了一定的经验，之后陆续在辽宁、浙江、河北等地实施的价值工程，也都取得了良好的经济效益。我国第一家汽车工厂在实施和推进价值工程的首个十年进行了 270 多项价值分析，获得效益共计 3000 万元。河北省石家庄拖拉机厂采用价值工程改造旧小型拖拉机和新产品设计后，成功提高了产品功能，降低了成本费用。据统计，每台拖拉机节省了约170元。

实践证明，在我国现代化管理成果中价值工程占有较大比重，为经济效益的提高做出了积极的贡献，价值工程在我国经济建设中大有可为。

随着科技和经济发展的客观需要，以及理论和方法的日益完善，价值工程将在更多的国家和行业得到更为广泛的应用和发展。但是我们必须承认我国存在的差距和潜力仍然巨大：一是价值工程的应用还不够广泛，还不够平衡，仍需要广泛传播和普及价值工程知识，大力开展培训活动；二是持久性不够，后备力量不足，这与相当多的原来负责价值工程的领导和骨干、研究价值工程的学者和学术团体人员，以及大量参加过培训的员工已退离岗位有关，这一结果直接减缓了价值工程活动的发展进程，因此还需要继续加强推广应用的力度，注重相关人才的培养，以使其深入持久地坚持开展下去；三是与"常用常新"有差距，尤其在价值管理、价值转化和价值创新方面，从理论到实践都在不断发展和深化，我们应当对其加以重视和关注，加强研究和开发应用。

（二）价值工程的概念

国家标准局1987年发布的国家标准《价值工程基本术语和一般工作程序》（GB/T 8223—1987）对价值工程的定义为，价值工程是指通过各相关领域的协作，对所研究对象的功能与费用进行系统分析，不断创新，旨在提高所研究对象价值的思想方法和管理技术。所以，价值工程是一门通过分析对象（产品、系统、服务等）的功能和成本的内在联系，并通过创新手段和途径来改善功能与成本的联系，从而提升对象价值的管理理念、理论、方法论和方法。

价值工程的目的是"以对象的最低寿命周期成本可靠地实现使用者所需功能，以获得最佳的综合效益"。价值工程的应用范围十分广泛，其对象可以是产品，艺术，项目或服务。创新以改善功能与成本之间的关系，创造价值是它最核心的思想。价值工程的定义中，涉及价值工程的三个基本概念：价值、功能和寿命周期成本。

1. 价值

价值工程中所说的价值的含义与政治经济学中对价值的定义是不同的，既不是指"凝结在商品中的一般人类劳动"，也不是统计学中用货币表示的价值，而更接近于日常生活中所说的"值不值得"，是指事物所能带来的好处，反映了功能和成本的关系，用公式表达如下：

$$V = \frac{F}{C} \tag{9-1}$$

式中，V为研究对象的价值；F为研究对象的功能；C为研究对象的成本，即寿命周期成本。

从公式中我们可以看出价值的大小是由研究对象的功能和成本所决定的。研究对象价值的高低表明了资源有效利用的程度，价值越高，该资源利用率就越高；相反，价值越低就意味着该资源没得到有效利用，需要进一步采取措施加以改进。提高产品的价值是保护消费者利益的要求，也是企业和国家的要求。因此，企业必须采取一系列有效措施来提高产品价值，以满足消费需求，提高企业的竞争力。

2. 功能

价值工程中的功能是指产品可以满足特定需求的属性，具体来说功能就是有用。任何产品都是具有功能的，例如，住宅的功能是提供居住空间，建筑物的基础功能是承受荷载等。

功能必须表达其有用性。无用的东西没有价值，因此不能进行价值分析。至于产品，人们在市场上购买产品只是为了购买它的功能，而不是产品本身的结构。例如，当人们购买房屋时，本质是购买其提供居住空间的功能。功能是产品的本质属性。价值工程自始至终都要围绕用户要求的功能，对产品的本质进行思考。

3. 寿命周期成本

价值工程中的成本指的是寿命周期成本，包括从研究、设计、制造、销售、使用到报废的整个产品寿命周期中产生的所有费用，称为寿命周期成本 C。寿命周期成本 C 包括生产成本 C_1 和使用成本 C_2。生产成本是指在产品开发、设计和制造、运输建设、安装和调试过程中所产生的成本。使用成本是用户在使用产品时产生的总成本，包括维护、保养、管理和能源消耗等方面的费用。寿命周期与寿命周期成本之间的关系如图 9-1-1 所示。

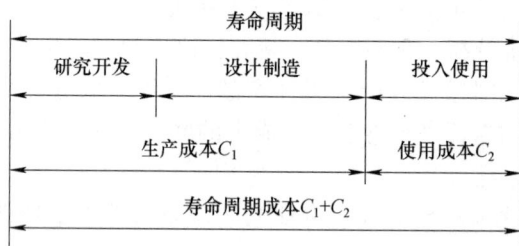

图 9-1-1　寿命周期与寿命周期成本关系图

计算公式如下：

$$C = C_1 + C_2 \tag{9-2}$$

在一定范围内，产品的生产成本和使用成本存在着此消彼长的关系。随着产品功能水平的提高，产品的生产成本 C_1 增加，使用成本 C_2 降低；反之，产品功能水平降低，其生产成本 C_1 降低，但使用成本 C_2 会增加。因此，随着产品功能水平的逐步提高，产品寿命周期成本将呈现出"U"形的变化，如图 9-1-2 所示。

当产品寿命周期成本为最小值 C_0 时，所对应的功能水平 F_0 是仅从成本方面考虑的最适宜功能水平。对于用户来说，他们不仅要为产品支付生产成本，还要支付使用成本，特别是对某些耐用产品，如空调、冰箱、家居等，其维护和使用成本往往远远高于购买成本。因此，用户将整个寿命周期成本作为选择产品的依据是非常重要的。生产企业只有从用户的角度出发，才能将企业利益与用户利益紧密结合，并应考虑降低用户的维护和使用成本，使企业产品具有真正的生命力。若企业只是降低生产成本，反而会造成使用成本的增加，最终导致用户买得起但用不起的状况，企业产品便不可能长期生存发展下去。在价值工程活动中，虽然应将重点放在产品设计阶段，但也要重视降低制造成本，尽可能降低

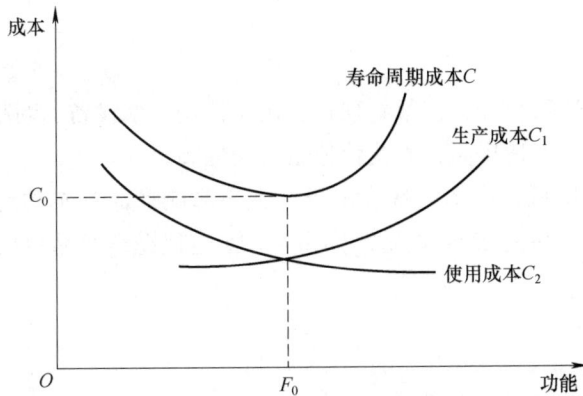

图 9-1-2 寿命周期成本示意图

维护和使用成本。只有将产品的生产和使用看作一个整体，才有利于企业的发展，有利于为用户以及整个社会带来最大的益处。

4. 价值、功能、成本三者之间的关系

价值与功能成正比，与成本成反比。功能越高，成本越低，价值就越大。价值工程是根据功能与成本的比值来判断产品的经济效益的，它的目标是提高产品的价值。具体来说，可以通过下列途径提高产品的价值。

（1）成本不变，提高功能。在不增加产品成本的前提下，通过提高功能来提高产品的价值。其表达式如下：

$$V\uparrow = \frac{F\uparrow}{C} \tag{9-3}$$

一般可以通过产品的技术改造、工艺改造等方式，在成本不变的情况下提高产品的功能。

（2）功能不变，降低成本。在保证产品原有功能不变的情况下，通过降低产品的成本来提高产品价值。其表达式如下：

$$V\uparrow = \frac{F}{C\downarrow} \tag{9-4}$$

这是提高价值的一条常用途径，通过挖掘潜力，用标准件代替非标准件、寻找替代材料、降低废品、减少库存等物质消耗，在保证质量的前提下降低成本。

（3）提高功能，降低成本。在提高功能的同时进一步降低成本，使价值大幅度地提高。其表达式如下：

$$V\uparrow\uparrow = \frac{F\uparrow}{C\downarrow} \tag{9-5}$$

这是提高价值的最理想的途径，一般需要应用新的科技成果，有新的发明创造才能实现。

（4）成本小幅度增加，功能大幅度增加。通过增加少量的成本，使产品功能有较大幅度的提高，从而提高产品的价值。其表达式如下：

$$V\uparrow = \frac{F\uparrow\uparrow}{C\uparrow} \tag{9-6}$$

对于一些技术改造项目和工艺革新项目，由于使用了新设备、新材料，产品成本有所提高，但产品的功能大大地提高，因此价值也得到提高。

（5）功能小幅度降低，成本大幅度降低。在不影响产品基本功能的前提下，适当降低一些次要功能，使产品的成本大幅度下降，也可达到提高产品价值的目的。其表达式如下：

$$V\uparrow = \frac{F\downarrow}{C\downarrow\downarrow} \tag{9-7}$$

这个途径可以根据不同层次消费者的需求来设计产品的功能。对于较低需求层次的消费者，可以取消一些奢侈功能，而仅保留基本功能，从而降低成本。

二、价值工程的特点

价值工程作为一种现代化的管理技术和分析方法具有独到的特点。了解这些特点有助于更好地促进我们对价值工程的运用。价值工程具有以下几个特点：

1. 价值工程的目标是以最低的寿命周期成本为产品提供必要的功能

产品寿命周期成本由生产成本和使用成本组成，两者的总和必然会存在一个最小值，该最小值恰恰反映了该产品最适宜的功能水平和费用水平，此时的寿命周期成本将是最低的。价值工程的目的就在于寻求不同的方案，以使寿命周期成本达到最低。

2. 价值工程的核心是对产品进行功能分析

价值工程中的功能是指产品可以满足特定需求的属性，具体来说功能就是有用。例如，手表具有计时和显示时间的功能，用户在购买产品时要求制造商提供具备这种功能的产品。企业在生产中的目标是通过生产获得用户期望的功能。因此价值工程分析产品首先是分析其功能，在分析功能的基础上，研究其结构、材质等问题。

3. 价值工程是将产品的价值、功能和成本视为一个整体来考虑的

价值工程中的价值、功能和成本不是片面的和孤立的，而是在确保产品功能的基础上综合考虑生产成本和使用成本，兼顾生产者和用户的利益，创造出具有最高综合价值的产品。

4. 价值工程强调持续的改革和创新

价值工程强调不断的变化和创新，探索新的想法、新的途径，获取新的解决方案，创造新的功能载体，从而简化产品结构、节省原材料、提高产品的技术和经济效益。

5. 价值工程要求将功能定量化

价值工程需要对功能进行定量评估，即将功能转换为可以直接与成本相比的量化值。

6. 价值工程是一种有计划的、有组织的集体管理活动

由于价值工程研究的问题涉及产品的整个寿命周期并涵盖了广泛的范围，因此其研究过程很复杂。例如，产品价值的增加通常与产品的设计、制造、采购和销售过程有关。因

此，企业开展价值工程活动时要以人为本，并以适当的组织形式组成一个智力结构合理的集体来进行联合研究，充分利用集体智慧、经验和积极性，消除片面性和盲目性，有计划、有指导、有组织地开展活动，以实现项目价值提升的目标。

以上特点可以概括为 3 个主要方面，即价值工程的目标是提高价值，核心是功能分析，关键是集体创造力。

三、工作程序与内容

进行一项价值分析，首先需要选定价值工程的对象。一般来说，价值工程的对象是社会生产经营的需要以及对象价值本身被提高的潜力。例如，选择占成本比例大的原料作为对象，如果能够通过价值分析降低费用、提高价值，那么，价值分析对降低产品总成本的作用会很大。选定分析对象后需要收集对象的相关情报，包括用户需求、销售市场、科技技术进步状况、经济分析以及本企业的实际能力等。价值分析中能够确定的方案的多少以及实施成果的大小与情报的准确程度、及时程度、全面程度紧密相关。有了较为全面的情报之后就可以进入价值工程的核心阶段——功能分析。在这一阶段要进行功能的定义、分类、整理、评价等步骤。经过分析和评价，分析人员可以提出多种方案，从中筛选出最优方案加以实施。在决定实施方案后应该制订具体的实施计划、提出工作的内容、进度、质量、标准、责任等方面的内容，确保方案的实施质量。为了掌握价值工程实施的成果，还要组织成果评价。成果评价一般以实施的经济效益、社会效益为主。价值工程已发展成为一门比较完善的管理技术，在实践中已形成了一套科学的实施程序。这套实施程序实际上是分析问题、综合研究和方案评价的 3 个一般决策程序，通常围绕以下 7 个合乎逻辑程序的问题展开：

（1）价值工程的研究对象是什么？

（2）价值工程的作用是什么？

（3）价值工程的成本是多少？

（4）价值工程的价值是多少？

（5）有无其他方法实现同样功能？

（6）新的方案成本是多少？功能如何？

（7）新的方案能满足要求吗？

按顺序回答和解决这 7 个问题的过程，就是价值工程的工作程序和步骤。主要内容包括选择价值工程对象、收集情报、功能系统分析、功能评价、方案创造和评价、方案试验和提案、活动成果评价。

（1）选择价值工程对象。价值工程的主要途径是进行分析，选择对象是在总体中确定功能分析的对象，它是根据企业、市场的需要，从效益出发来分析确定的。对象选择的基本原则是：在生产经营上有迫切的必要性，在改进功能、降低成本上有取得较大成果的潜力。

（2）收集情报。通过收集情报，可以从情报中得到进行价值工程活动的依据、标准、对比对象，同时可以受到启发、打开思路，深入地发现问题，科学地确定问题的所在和问题的性质，以及设想改进方向、方针和方法。

（3）功能系统分析。功能系统分析也称为功能研究，对新产品来讲，也叫功能设计，是价值工程的核心，价值工程的活动就是围绕这个核心环节来进行。因为价值工程的目的是用最低的寿命周期成本来可靠地实现用户所需的必要功能，所以，价值工程师首先不是分析产品的结构，而是分析产品的功能，即从传统的对产品结构的分析和研究转移到对产品功能的分析和研究。这样就摆脱了现存结构对设计思路的束缚，可广泛应用科学技术的新成果，为找出实现所需功能的最优方案提供了一种有效方法。功能系统分析包括功能定义、功能分类和功能整理。功能定义是指用来确定分析对象的功能。功能分类是指确定功能的类型和重要程度，如基本功能、美观功能、必要功能、不必要功能等。功能整理是指制作功能系统图，用来表示功能间的"目的"和"手段"关系，去除不必要功能。

1）功能定义是指对功能要给予科学的定义，进行按类整理，理顺功能之间的逻辑关系，为功能分析提供系统资料。

2）功能整理的目的是确切地定义功能，正确地划分功能类别，科学地确定功能系统，发现和提出不必要的功能和不正确的或可以简化的功能。

（4）功能评价。功能评价的目的是寻求功能最低的成本。功能评价用量化手段来描述功能的重要程度和价值，以找出低价值区域，并明确实施价值工程的目标、重点和大致的经济效果。功能评价的主要尺度是价值系数，可由功能和费用来求得。此时，要将功能用成本来表示，以此将功能量化，并可确定与功能的重要程度相对应的功能成本。

（5）方案创造和评价。为了改进设计，必须提出创新方案。麦尔斯曾说过，要得到价值高的设计，必须有 20~50 个可选方案。方案创新是指提出实现某一功能的各种各样的设想，逐步使其完善和具体化，形成若干个在技术上和经济上比较完善的方案。提出改进方案是一个创造的过程，在进行中应注意以下几点：

1）要敢于打破框架，不受原设计的束缚，完全根据功能定义来设想实现功能的手段，要从各种不同角度来设想。

2）要发动大家参加这一工作，组织不同学科、不同经验的人在一起商讨改进方案，互相启发。

3）把不同想法集中起来发展成方案，逐步使其完善。在提出设想阶段形成的若干种改进新方案不可能十分完善，必然有好有坏。因此，一方面要使方案具体化，另一方面要分析其优缺点，进行评价，最后选出最佳方案。

方案评价要从两方面进行：一方面要从满足需要、满足要求、保证功能等方面进行评价；另一方面要从降低费用、降低成本等经济方面进行评价。总之，要看是否提高了价值，增加了经济效果。

（6）方案试验和提案。为了确保选用的方案是先进可行的，必须对选出的最优方案进行试验。验证的内容有方案的规格和条件是否合理、恰当，方案的优缺点是否确切，存在的问题有无进一步解决的措施。方案试验后还要将选出的方案及有关技术经济资料编写成正式提案。

（7）活动成果评价。在方案实施以后，需要对实施方案的技术、经济、社会效果进行分析总结，以上价值工程工作程序问题如表 9-1-1 所示。

表9-1-1 价值工程工作程序问题

价值工程的工作阶段	活动程序		对应问题
	基本步骤	具体步骤	
分析问题	确定 VE 工作对象	选择对象 收集资料	价值工程的研究对象
	功能系统分析	功能定义 功能整理	价值工程的作用
	功能评价	功能评价	价值工程的成本 价值工程的价值
综合研究	方案创造	方案创造	有无其他方法实现同样功能
方案评价	方案评价	概括评价 指定具体方案 详细评价 方案评审	新方案的成本
	方案实施	方案实施 成果评价	新方案能否满足要求

第二节 对象选择及情报资料的收集

对象选择是价值工程成败的关键，若对象选择正确，则可以提高价值、节约成本；否则，不但会导致价值工程的失败，耽误企业经济增长，而且会造成人力、物力、财力的浪费，因而对象选择是价值工程首要而关键的问题。在确定了进行价值工程活动的对象后，我们需要进一步展开情报收集工作。通过收集到的信息资料，我们能够在尽可能提高收益的同时降低费用，从而更好地进行价值工程活动。本节就价值工程对象选择原则、方法及其相关情报资料的收集展开介绍。

一、价值工程的对象选择

价值工程的对象选择过程就是逐步收缩研究范围、寻找目标、确定主攻方向的过程。就某一项目而言，价值工程涉及产品种类多样，质量、成本、施工工艺和方法也各不相同，实施过程往往受人、财、物、施工技术水平和管理水平的综合影响。在如此复杂的过程中，考虑各方面的限制，只能精选其中的一部分产品来实施价值工程，这就需要我们运用一定的原则和方法科学地加以选定。

（一）对象选择的原则

1. 与企业生产经营发展相一致的原则

由于行业、部门不同，环境、条件不同，企业经营目标的侧重点也必然不同。企业可以根据一定时期的主要经营目标，有针对性地选择价值工程的改进对象。通常企业经营目标有如下9个方面：对国计民生影响较大的产品；国家计划任务和社会需要较大的产品；

对企业经济效益影响较大的产品；竞争激烈的产品；扩大销售量、提高市场占有率的产品；计划延长产品寿命周期的产品；用户意见大，质量有待继续提高的产品；成本高、利润少的产品；出口创汇的产品。

2. 潜力大、易于提高价值的原则

对象选择要围绕提高经济效益这个中心，选择价值低、潜力大并和企业人力、设备、技术条件相适应，在预定时间能取得成功的产品或零部件作为价值工程活动对象。具体可以从下列几个方面分析和选择：

1）从设计方面来看，对产品结构、性能和技术指标差，体积和重量大的产品进行价值工程的活动，可使产品结构、性能、技术水平得到优化，从而提高产品价值。

2）从生产方面来看，对量大面广、工序烦琐、工艺复杂、原材料和能源消耗高、质量难以保证的产品进行价值工程活动可以以最低的寿命周期成本可靠地实现必要功能。

3）从销售方面来看，选择用户意见较多、退货索赔多和竞争力差的产品进行价值工程活动，以赢得消费者的认同，占有更大的市场份额。

4）从成本方面来看，选择成本高或成本比重大的产品进行价值工程活动，可以降低产品成本。

根据以上原则，对生产企业有以下情况之一者，应优先选择作为价值工程的对象：结构复杂或落后的产品；制造工序多或制造方法落后及手工劳动较多的产品；原材料种类繁多和互换材料较多的产品；在总成本中所占比重大的产品。

（二）对象选择的方法

价值工程对象选择的方法有很多种，不同方法适用于不同的价值工程对象，根据企业条件选用适用的方法，就可以取得较好效果。常用的方法有因素分析法、ABC 分析法、强制确定法、百分比分析法、价值指数法等。

1. 因素分析法

因素分析法又称经验分析法，是指根据价值工程对象选择应考虑的各种因素，凭借分析人员的经验，通过集体研究确定选择对象的一种方法。

因素分析法是一种定性分析方法，依据分析人员经验做出选择，简便易行。特别是在被研究对象彼此相差比较大以及时间紧迫的情况下比较适用。在对象选择中还可以将因素分析法与其他方法相结合，往往能取得更好的效果。因素分析法的缺点是缺乏定量依据、准确性较差，对象选择的正确与否主要取决于价值工程活动人员的经验及工作态度，有时难以保证分析质量。为了提高分析的准确程度，可以选择技术水平高、经验丰富、业务熟练的人员参加，并且要发挥集体智慧，共同确定对象。

2. ABC 分析法

ABC 分析法又称巴特雷分析法、ABC 分类管理法、排列图法等，它是根据事物相关方面的特征进行分类、排队，分清重点和一般，有区别地实施管理的一种分析方法。ABC 分析法起源于意大利经济学家、社会学家巴特雷对人口和社会问题的研究。巴特雷依据一些国家的历史统计资料，对资本主义国家国民收入分配问题进行研究时，发现收入少的人口占全部人口的大部分，而收入多的人口却只占全部人口的小部分。他将这一关系利用坐标绘制出来，就是著名的巴特雷曲线。1951 年，管理学家戴克将其应用于库存管理，定义为 ABC 分析法，使巴特雷分析法从对一些社会现象的反映和描述发展成为一种重要的管理手段。

ABC 分析法通过应用数理统计分析的方法来选择对象，其基本原理在于"关键的少数和次要的多数"，即抓住关键的少数可以解决问题的大部分。在价值工程中，这种方法的基本思路是，首先把一个产品的各种部分（或企业各种产品）按成本的大小由高到低排列起来，绘成费用累计分配图（见图 9-2-1），然后将占总成本 70%～80% 而占零部件总数 10%～20% 的部件划分为 A 类部件，将占总成本 5%～10% 而占零部件总数 60%～80% 的部件划分为 C 类部件，其余为 B 类部件。其中，A 类部件是价值工程的主要研究对象。

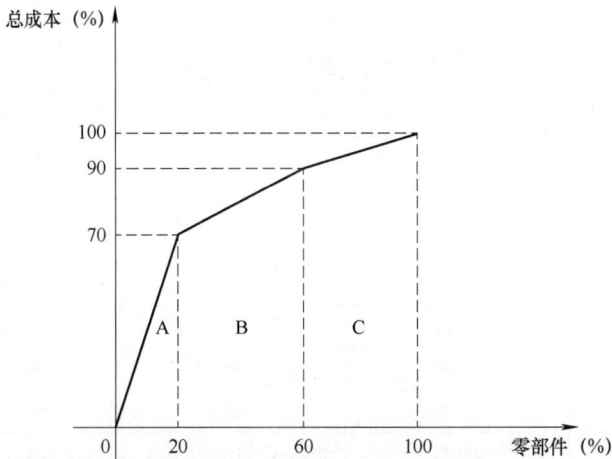

图 9-2-1　费用累计分配图

有些产品不是由各个部件组成，如工程项目投资等，对这类产品可按费用构成项目分类，如分为管理费、动力费、人工费等，将其中占比最大的作为价值工程的重点研究对象。也可从产品成本利润率、利润比重角度分析，将利润额占总利润比重最低，而且成本利润率也最低的作为价值工程的研究对象。ABC 分析法将成本占比较大的零部件或工序作为研究对象，有利于集中精力重点突破，取得较大效果，同时简便易行，因此广泛为人们所采用。但在实际工作中，有时由于成本分配不合理，造成成本占比不大但用户认为功能重要的对象可能被漏选或排序靠后。ABC 分析法的这一缺点可以通过经验分析法、强制确定法等方法补充修正。

［例 9-1］　在某个项目工程中，监理工程师在对一个关键工艺设备做报价审评时发现，该设备的各组成部件的功能与成本分布不合理，导致该设备造价偏高，见表 9-2-1。试用 ABC 分析法确定可以作为价值工程分析对象的组成部件，以降低该设备的制造成本。

解：该设备各组成部件的 ABC 分类如表 9-2-2 所示。结果说明：A 类零部件的件数只占总件数的 8.33%，而成本却占总成本的 70.68%，是影响该设备的关键部件，降低成本的潜力较大，故应将 A 类部件作为价值工程的研究对象。

表 9-2-1   设备部件构成和现有成本的基本情况

部 件 名 称	件　数	部件单件成本（万元）
A	5	8
B	4	50
C	2	150
D	1	120
E	3	30
F	3	15
G	10	7
H	8	2

表 9-2-2   部件成本分析表

部 件 名 称	件数（件）	累计件数百分比（%）	各部件总成本（万元）	累计成本百分比（%）	分　类
C	2	5.56	300	34.05	A 类
D	1	8.33	120	47.67	
B	4	19.44	200	70.37	B 类
E	3	27.78	90	80.59	
F	3	36.11	45	85.70	
A	5	50.00	40	90.24	C 类
G	10	77.78	70	98.18	
H	8	100.00	16	100.00	

3. 强制确定法

强制确定法（Forced Dcision，FD）是以功能重要程度作为选择价值工程对象决策指标的一种分析方法，它的出发点是，功能重要程度高的零部件是产品中的关键，因此，应当是重点分析对象。强制确定法不仅能用于产品，也可用于建设工程、工序、作业、服务项目或管理环节的分析上。强制确定法分为 0 - 1 评分法和 0 - 4 评分法两种，评分时由熟悉产品的专家 5 ~ 15 人参加，专家各自独立打分，不讨论，不干扰。

（1）0 - 1 评分法。0 - 1 评分法是先将各构成要素排列成矩阵，并站在用户的角度按功能重要程度进行一对一循环对比，两两打分，功能相对重要的要素得 1 分，不重要的得 0 分，每做一次比较有一个得 1 分，另一个得 0 分。合计各要素的得分值（取人均值）后除以全部要素的得分值总和，就得出各要素的功能重要度系数，系数大者，表明此要素重要，应该列为重点。

有时某一要素的得分总值为 0，但实际上该要素不是没有价值。为了避免这种误差，往往可对评分值加以修正，修正的方法是将全部要素在现得分基础上都各加 1 分，用修正后的得分值作为计算功能重要度系数的参数。具体做法见表 9-2-3。

（2）0 - 4 评分法。0 - 1 评分法虽然能判别各要素的功能重要度程度，但评分规定过于绝对，准确度不高，可以采用 0 - 4 评分法来计算功能重要度系数，见表 9-2-4。

表 9-2-3　0 – 1 评分表

名　称	两两对比评分					得 分 值	修 正 值	功能重要度系数
	A	B	C	D	E			
A	×	1	1	1	1	4	5	0.333
B	0	×	1	0	1	2	3	0.200
C	0	0	×	0	1	1	2	0.133
D	0	1	1	×	1	3	4	0.267
E	0	0	0	0	×	0	1	0.067
合计						10	15	1.000

资料来源：刘宁. 工程经济学 [M]. 北京：化学工业出版社，2017.

表 9-2-4　0 – 4 评分表

名　称	两两对比评分					得 分 值	功能重要度系数
	A	B	C	D	E		
A	×	4	2	3	1	10	0.250
B	0	×	0	1	0	1	0.025
C	2	4	×	3	1	10	0.250
D	1	3	1	×	0	5	0.125
E	3	4	3	4	×	14	0.350
合计						40	1.000

0 – 4 评分法的步骤、方法与 0 – 1 评分法基本相同，它也是采用一对一比较打分的方法，但两要素得分之和为 4 分。

0 – 4 评分法的评分规则如下：功能相对非常重要的得 4 分，另一个很不重要的得 0 分；功能相对比较重要的得 3 分，另一个比较不重要的得 1 分；功能相同的两个各得 2 分；功能相对很不重要的得 0 分，另一个很重要的得 4 分。

各要素的得分值除以总得分值，就得到该要素的功能重要度系数。

强制确定法是国内外应用十分广泛的方法之一，它虽然在逻辑上不十分严密，又含有定性分析的因素，但却有一定的实用性，只要运用得当，在多数情况下所指示的方向与实际大致相同。

4. 百分比分析法

百分比分析法是通过分析产品的两个或两个以上的技术经济指标所占的百分比，并考查每个产品指标百分比的综合比率来选择对象的方法。技术经济指标可以考虑采用产值、成本、利润、销售量等。在企业管理中，应用百分比分析法对产品进行分析，优化产品结构，对提高产品技术经济价值是十分方便有效的。实践中还常将百分比分析法与经验分析法结合，以便更全面、综合地考察对象。

[例 9-2]　某加工厂生产加工 4 种产品，它们各自的年成本和年利润占工厂年总成本

和年利润总额的百分比如表9-2-5所示。公司目前急需提高利润水平，试确定可能的价值工程对象。

表9-2-5　成本和利润百分比

产品名称	单位	A	B	C	D	合计
产品年成本	万元	110	120	100	150	480
产品成本占总成本百分比	%	22.92	25.00	20.83	31.25	100.00
产品年利润	万元	15	10	12	16	53
产品年利润占年利润总额百分比	%	28.30	18.87	22.64	30.19	100.00
年利润百分比/年成本百分比	%	123.50	75.48	108.69	96.61	100.00
排序		1	4	2	3	

解：由表9-2-5可以看到，产品B的年成本占总成本的25%，而其利润却占总利润的18.87%，显然产品B应作为价值工程的重点分析对象。

5. 价值指数法

根据价值的表达式 $V = F/C$，在产品成本已知的基础上将产品功能定量化，就可以计算产品价值。在应用价值指数法选择价值工程的对象时，应当综合考虑价值指数偏离1的程度和改善幅度，优先选择 $V < 1$ 且改进幅度大的产品或零部件。

价值指数法一般适用于产品功能单一、可计量，产品性能和生产特点可比的系列产品或零部件的价值工程对象选择。

[例9-3]　某机械制造厂生产4种不同型号的机器，各种型号机器的主要技术参数及相应的成本费用如表9-2-6所示。试运用价值指数法选择价值工程对象。

表9-2-6　机器主要技术参数及相应的成本费用

产品型号	A	B	C	D
技术参数	1.20	1.72	1.52	1.66
费用成本	1.10	1.44	1.63	1.18
价值指数	1.09	1.19	0.93	1.41

解：价值指数计算见表9-2-6所示。由表9-2-6可知，$V_C < 1$，机器C应作为价值工程对象。

二、情报收集

当价值工程对象选定之后，就要进一步开展情报收集工作，这是价值工程不可缺少的重要环节。通过资料、信息的收集、整理、汇总、分析，人们可以开阔思路、发现差距、掌握依据、开拓创新，使价值工程活动加快速度、提高效率、减少费用、增大收益。因此，情报收集工作不仅是选择对象的需要，也是整个价值工程活动的基础。价值工程情报是以价值工程为主体，对有关客体的内容通过识别、加工、整理、分析、综合、判断、选择等方式获得有用的资料，并为价值工程活动服务的信息。情报是为了达到某种特定目的而收集的，因此要着眼于寻找改进依据。要想在庞大的总体系统中找出需要改进的薄弱环节，必须有充分的情报作为依据。例如，功能分析时需要经济情报，在此基础上才能创造性地运用多种手段，正确地进行对象选择和功能分析。

（一）情报收集的内容

由于 VE 对象不同，需要收集的情报也有所不同。原则上应将产品研制、生产、流通、交换、消费全过程中的有关情报都收集起来，并对其进行整理和分析。VE 情报内容大致有如下几个方面。

（1）用户方面的情报。用户方面的情报对价值改善具有规定性作用，是产品设计的基本依据。主要包括如下内容：

1）用户的基本要求，包括产品必备的基本功能及其水平要求；对产品寿命与可靠性要求；希望价格降低幅度及交货时间要求；对技术服务的具体要求；对产品所产生副作用的最高限度要求等。

2）用户的基本条件，包括用户所处的销售地区及其市场阶层；用户的经济条件及购买力水平；用户的文化水平及操作能力；用户的使用环境及维修、保养能力等。

（2）销售方面的情报。销售方面的情报对价值改善具有指导性作用，是确定产品设计目标的重要基础。主要包括如下内容：

1）产品方面，包括产品销售的市场范围及其发展趋势；产品销售数量的演变及其缘由；国家需求计划与市场需求预测；产品的技术现状及其发展的可能。

2）竞争方面，包括主要竞争对手的技术经济现状及其未来发展趋势；竞争对手的主要特性与问题；名牌产品的优势与特色；各企业的产量、销量以及售后服务等。

（3）技术方面的情报。技术方面的情报对价值改善具有方向性作用，是改进设计的主要来源。主要包括如下内容：

1）科技方面，包括有关的科研成果及其应用情况；新结构、新材料、新工艺的现状及其发展；标准化的具体要求及其存在问题；国内外同类产品的开发与研究方向。

2）设计方面，包括产品设计的主要功能标准与其相关要求；产品的结构原理及零部件配合的先进程度；材料价格、尺寸、精度；产品造型的适时程度及其体积、重量、色泽的发展趋向。

（4）成本方面的情报。成本方面的情报对价值改善具有参考性作用，是确定成本目标的参照系统。主要有如下内容：

1）同类企业成本，包括同类企业的生产成本、使用成本；主要原材料、能源费用的构成情况及其变化趋势；车间经费、企业管理费等有关资料；产品及其组件等历史资料中的最低成本。

2）供料企业成本。供料企业成本的变动必将引起供应材料价格的变动。具体包括原材料、燃料生产企业的各种成本的现状；各个历史时期的发展变化情况；未来发展的趋势与可能。

（5）本企业的情报。

1）经营状况，包括企业的经营思想、方针、目标；企业的近期发展与长远发展规划；企业的经营品种与相应产量、质量情况；企业的技术经济指标在同类企业中所处的地位。

2）综合能力，包括企业的开发、设计、研究能力；技术经济的总体水平；施工生产的能力；施工机械等技术装备情况；保证产品质量的能力；按时交货能力及应变能力等。

（6）协作企业的情报。协作企业的情报对改善价值具有制约的作用，它是产品开发设计可能性的外界因素，主要包括如下内容：

1）涉及对象，包括产品开发、设计所涉及的原材料、辅助材料、半成品、外协件的品种、规格、数量、质量以及订货的难易程度。

2）企业概况，包括经常性的供应与协作企业地区分布、距离、交通运输、联络的难易程度；企业的经营管理水平、质量、价格、信誉情况；企业的长远发展趋势与可靠性状况。

（7）政府部门法规和条例方面情报。法规、条例等信息包括国家的新经济政策；有关产品的优惠政策；有关部门的技术政策、能源政策；有关部门的对外贸易、技术引进，以及环保方面的法规等。

需要收集的情报很难一一列举，但收集情报时要注意目的性、可靠性、适时性。收集情报要事先明确目的，避免无的放矢。要力争无遗漏又无浪费地收集必要的情报。情报是行动和决策的依据，错用了不可靠的情报会导致 VE 活动的失败。准确的情报只有在需要使用时提出才有价值，过时的情报毫无用处，如果不能及时得到必要的情报，VE 活动就无法进行下去。

（二）情报收集应注意的问题

（1）没有明确的目的，就无法收集情报。收集情报应事先明确目的，针对不同目标收集不同情报，这样才可以避免无的放矢、效率低下、浪费精力与时间。

（2）情报的收集应做到准确可靠，高质量的情报会提高价值工程工作的效果。一般来说，情报的数量越多，提高价值的可能性越大。现在电子计算机、网络技术、信息业的发展，使企业获取大量信息成为可能。情报不仅要有数量，而且要有质量。如果收集的情报不可靠、不准确或者对收集的情报要求太高，不但时间长、费用高，而且达不到预期效果，甚至会导致价值分析的失败。

（3）情报的来源与价值工程质量好坏有密切关系。情报来源往往很多，以调查顾客需求状况为例，可以从销售部门、服务部门等多种渠道获得所需情报。不同的情报来源得到的情报在质量、数量上往往不同。

（4）在必要的时间内收集情报，提供的情报才有价值，才能在价值改进方面取得显著效果，所以收集情报必须有确定的期限。

（5）根据情报的内容、来源、时间等的要求，企业应当选择合适的情报人员和收集方法。情报人员应具备相当的专业知识与经验，有机会接触情报源且有较强的情报能力。情报人员可以通过查阅资料、访问专家学者、参加各种学术会议和产品展览会、书面调查法、德尔菲法、观察法等多种方法收集资料，提高情报工作的质量。

（6）应重视情报汇总。情报收集获得的原始资料还需进一步分析、分类、汇总整理，剔除无效资料，保留有效资料，并使之变为系统、逻辑、有效的信息资料，以便于保管和利用。

（三）收集情报的方法

（1）询问法。通过面谈、电话询问及邮寄书面询问等方法获取情报。询问法将要调查的内容告诉被调查者，并请其认真回答，从而获得满足需要的情报资料。

（2）查阅法。通过网络查询，查阅各种书籍、刊物、专刊、样本、目录、广告、报纸、录音、论文等，来寻找与调查内容有关的情报资料。

（3）观察法。通过派遣调查人员到现场直接观察收集情报资料。这就要求调查人员十分熟悉各种情况，并要求他们具备较敏锐的洞察力和沟通问题、分析问题的能力。运用这种方法可以搜集到第一手资料。同时可以采用录音、摄像、拍照等工具协助搜集。

（4）购买法。通过购买元件、样品、模型、样机、产品、科研资料、设计图纸、专利等来获取有关的情报资料。

（5）试销试用法。将生产出的样品采取试销试用的方式来获取有关的情报资料。利用这种方法必须同时将调查表发给试销试用的单位和个人，请他们把试用情况和意见随时填写在调查表上，并在按规定期限收回调查表。

第三节　功能分析及评价

功能分析与评价是价值工程的核心和基本内容。价值工程区别于其他成本管理方法的一个突出特点就是可以进行功能分析与评价，依靠功能分析与评价来达到降低成本、提高价值的目的。通过功能分析与评价，可以对价值工程应具备的功能加以确定，明确功能特性的要求，从而弄清楚产品各功能之间的关系，去掉不合理的功能，调整功能间的比重，使产品的功能结构更加合理。

一、功能分析

功能分析是对价值工程对象的总体及其组成部分的功能进行研究和分析，确定必要功能，补充不足功能，剔除不必要功能，建立并绘制功能系统图的过程。功能分析的目的在于准确掌握使用者要求的功能及其水平。功能分析是价值工程活动的核心和基本内容。功能分析包括功能定义、功能分类、功能整理和功能计量等内容。

（一）功能定义

功能定义是指透过产品实物形象，将隐藏在产品结构背后的本质功能——揭示出来，从而从定性的角度解决"对象有哪些功能"这个问题。功能定义的目的是：

1）明确对象产品和组成产品各部件的功能，借以明确产品的特性。

2）便于进行功能评价，通过评价明确哪些是价值低的功能和有问题的功能，以实现价值工程的目的。

3）便于构思方案，对功能下定义的过程实际上也是为对象产品改进设计的构思过程，为价值工程的方案创造工作阶段做了准备。

（二）功能分类

通常，一个产品往往具有多种不同的功能。为了便于功能分析，有必要对功能进行分类。功能分析的目的是提供必要的功能并消除不必要的功能。

（1）必要功能和不必要功能。必要功能是指为满足用户需求而必须具备的功能，也就是用户需要的基本功能。不必要功能是分析对象具有的与满足用户需求无关的功能。显然，如果没有必要的功能，用户就无法满足预期的渴望和需求。除去必要功能外的所有功能都可以归类为不必要功能。

（2）不足功能和过剩功能。不足功能是指分析对象尚未满足用户需求的必要功能；过剩功能是指分析对象具有的超出用户需求的功能。不足功能和过剩功能是相对的。某件产品对消费者 A 来说其功能可能是不足的，但对消费者 B 来说，它的功能可能是过剩的。

（3）基本功能和辅助功能。基本功能是指与分析对象的主要目的直接相关的功能，是决定分析对象的性质和存在的基本因素。辅助功能是为了更有效地执行基本功能而附加的功能。例如，手机的主要功能是满足用户的通信需求，辅助功能是游戏等功能。通信是手机的必要功能，游戏功能对没有游戏机的用户来说是必要功能，而对拥有游戏机的用户则不一定是必要功能。

（4）使用功能和品位功能。使用功能是对象具有的与技术经济用途直接有关的功能；品位功能是指与使用者心理感受和主观意识相关的功能，如审美功能、外观功能、欣赏功能等。产品通常会将使用功能和品位功能结合起来，但对不同的消费目的和消费需求有不同的侧重体现。使用功能和品位功能属于产品的必要功能。

（三）功能整理

1. 功能整理的目的

功能整理是指用系统的观点将已经定义的功能加以系统化，找出各局部功能相互之间的逻辑关系，并用图表形式表达，以明确产品的功能系统，从而为功能评价和方案构思提供依据。通过功能整理，应满足以下要求：

（1）明确功能范围。功能整理应搞清楚几个基本功能，以及这些基本功能是通过什么方式实现的。

（2）检查功能之间的准确程度。正确的就肯定下来，错误的加以修改，遗漏的加以补充，不必要的就取消。

明确功能之间上下位关系和并列关系，即功能之间的目的和手段关系。

按逻辑关系，把产品的各个功能相互联系起来，对局部功能和整体功能的相互关系进行研究，达到掌握必要功能的目的。

2. 功能整理的方法和步骤

（1）分析产品的基本功能和辅助功能。依据用户对产品的功能需求，找出基本功能，并把最基本的功能找出来，就是最上位功能。基本功能一般总是上位功能，通常可以通过回答如下几个问题来判别基本功能：

1）取消了这个功能，产品本身是不是就没有存在的必要？

2）对于功能的主要目的而言，它的作用是否必不可少？

3）这个功能改变之后，是否要引起其他一连串的工艺和构配件的改变？

如果回答是肯定的，这个功能就是基本功能。除了基本功能，其他的功能就是辅助功能。

（2）明确功能的上下位关系和并列关系。在一个系统中，功能的上下位关系是指功能之间的从属关系，上位功能是目的，下位功能是手段。例如，平屋顶功能中的"遮盖室内空间"和"防水"的关系，就是上下位功能的关系。"遮盖室内空间"是上位功能，是目的；而"防水"是为了"遮盖室内空间"，所以"防水"是手段，是下位功能。需要指出的是，目的和手段是相对的，一个功能对它的上位功能来说是手段，对它的下位功能来说是目的。功能的并列关系是指两个功能谁也不从属于谁，但却同属于一个上位功能。例如，平屋顶为了遮盖室内空间，有 3 条遮盖途径，即遮蔽顶部、防水、保温隔热。很显然，这 3 个功能相对于"遮盖室内空间"来讲属于下位功能，因此这 3 个功能之间属于并列关系。

（3）排列功能系统图。在弄清功能之间的关系以后，就可以着手排列功能系统图。所谓功能系统图，就是产品应有的功能结构图。在图中，上位功能在左，下位功能在右，依次排列，整个图形呈树状由左向右扩展、延伸。功能系统图如图 9-3-1 所示：

（四）功能计量

功能计量以功能系统图为基础，依据各个功能之间的逻辑关系，以对象整体功能的定量指标为出发点，从左向右地逐级测算、分析，确定各级功能程度的数量指标，揭示各级功能领域中有无功能不足或功能过剩情况，从而为保证必要功能、剔除过剩功能、补足不足功能的后续活动（功能评价、方案创新等）提供定性与定量相结合的依据。

功能计量又分为对整体功能的量化和对各级子功能的量化。

图 9-3-1　功能系统图

（1）整体功能的量化。整体功能的计量应以使用者的合理要求为出发点，以一定的手段、方法确定必要功能的数量标准。整体功能应能在质和量两个方面充分满足使用者的功能要求而无过剩或不足。整体功能的计量是对各级子功能进行计量的主要依据。

（2）各级子功能的量化。产品整体功能的数量标准确定之后，就可依据"手段功能必须满足目的功能要求"的原则，运用目的 – 手段的逻辑判断，由上而下逐级推算、测定各级手段功能的数量标准。各级子功能的量化方法有很多，如理论计算法、技术测定法、统计分析法、类比类推法、德尔菲法等，可根据具体情况灵活选用。

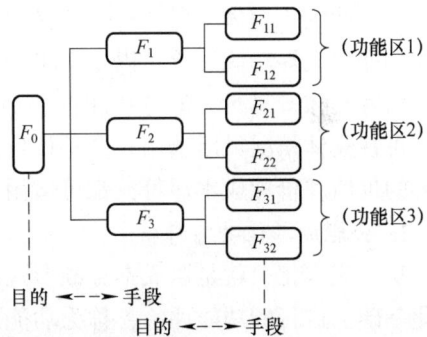

二、功能评价

（一）功能评价的概念

功能定义和功能整理虽然明确了用户要求的功能，但仅仅定性地解决了"功能是什么"的问题，而要有效地开展价值工程活动，还必须解决"功能的成本是多少"和"功能的价值是多少"的问题，即通过对功能进行定量分析，确定重点改善的功能，这才是功能评价要解决的问题。

所谓功能评价，是指对功能系统分析确定的功能领域进行定量计算，并定量地评价功能价值，从而选出功能价值低、改善期望值大的功能作为价值工程的重点改进对象的活动。依据价值工程的基本关系式 $V = F/C$，定量地评价功能价值必须先将功能和成本数量化。成本可以用货币单位直接进行定量度量，但功能却不同。一方面，大多数功能不易通过数量准确计量；另一方面，有些功能虽可以直接计量，但一个产品各项功能的计量单位不尽相同，只有找出一个共同的标准才能进行比较和评价。即使计量单位相同，往往也不能进行简单的计算与比较。因此，功能评价的关键是将功能数量化，即对功能价值进行测定与比较。

（二）功能评价的形式和方法分类

功能评价最难、最关键的一步是将评价对象的功能数量化。功能数量化主要有功能成本化、功能评分化和功能参数化 3 种形式，相应地，功能评价的方法可分为功能成本化功能评价、功能评分化功能评价和功能参数化功能评价 3 类。功能评价的评价对象有两种，一种是功能的承担体，另一种是定义出的功能。以功能的承担体为评价对象的功能评价称为非功能定义性功能评价，以定义出的功能为评价对象的功能评价称为功能定义性功能评价。前者具体、易行，但分析粗糙；后者评价深入、思路开阔，但运用困难。实际评价中，可视具体情况灵活选用。两种评价形式的评价对象虽然不同，但评价的内容都是相同功能的价值评价和成本评价，都可运用 3 类评价方法。

1. 功能成本化功能评价

功能成本化，就是以成本金额形式的功能评价值定量表示评价对象的功能。在功能成本化基础上进行的功能评价，称为功能成本化功能评价。功能成本化功能评价的计算、分析式如下：

$$V_i = \frac{F_i}{C_i} \tag{9-8}$$

$$\Delta C_i = C_i - F_i, i = 1, 2, \cdots, n \tag{9-9}$$

式中，i 为评价对象的序号；n 为评价对象的个数；F_i 为评价对象的功能评价值；C_i 为评价对象的实际成本；ΔC_i 为评价对象 i 的成本改善期望值；V_i 为评价对象的价值指数。

功能成本化功能评价，可按以下 3 个步骤进行：

第一步，计算评价对象的实际成本。对于非功能定义性功能评价，要计算产品或零件的实际成本。计算产品或零件的实际成本可参考有关成本管理书籍。对功能定义性功能评价还要将产品或零件的实际成本分摊到其承担的功能中，以计算出各项功能的实际成本。

第二步，确定评价对象的功能评价值。确定功能评价值即确定与功能合理匹配的目标成本。确定目标成本有许多方法，如价格成本法、低价格比例法、实际调查法等。

（1）价格成本法。根据一定的价格和单位产品利税额，制定产品目标成本的方法称为价格成本法。具体公式如下：

$$产品目标成本 = 单价 - 单位产品利税额 \tag{9-10}$$

（2）低价格比例法。企业将产品的市场最低价格与本厂价格进行比较，在现有产品实际成本的基础上，按最低价格与本厂价格之比，同比例确定产品目标成本指标。

$$产品目标成本 = \frac{最低价格}{本厂价格} \times 产品实际成本 \tag{9-11}$$

（3）实际调查法。实际调查法是指广泛地进行实际调查，收集企业内外具有同样功能的产品或零部件的实际成本，针对要求的功能水平，从收集的成本资料中相应地选择最低的成本作为评价对象的功能评价值。

第三步，计算和分析评价对象的价值指数、成本改善期望值。价值指数是功能评价值与实际成本的比值。价值指数的大小主要有 3 种情形：大于 1、等于 1、小于 1。针对每种情形，一般可相应地做出下列判断分析：

$V_i > 1$ 为实际成本小于功能评价值，表明评价对象实际成本偏低，功能不足，应追加成本，提高功能。

$V_i = 1$ 为实际成本等于功能评价值，这种情形通常被认为评价对象的功能符合要求，成本与功能合理匹配，价值最佳。

$V_i < 1$ 为实际成本大于功能评价值，表明评价对象实际成本偏高，很有可能存在功能过剩，应剔除过剩功能，降低评价对象成本。

在具体分析某个产品或某个零部件时，还应和技术经济指标、结构、工艺的分析结合起来。

评价对象的成本改善期望值等于实际成本减去功能评价值。成本改善期望值反映了评价对象成本可能的改善幅度，比较各评价对象成本改善期望值的绝对值，能看到各评价对象的改善对整体改善的影响大小，即成本改善期望值的绝对值大的评价对象的改善对整体改善的影响就大，反之则小。

2. 功能评分化功能评价

通过评价对象之间的相对评分，将评价对象的功能数量化，在此基础上进行的功能评价，称为功能评分化功能评价。

（1）评价对象的功能评分。

1）评分的立场和依据。评价对象的功能评分是站在用户的立场上，依据评价对象的功能重要度来评分的。功能越重要，评分就越高，反之则越低。

2）评分方法。评价对象的功能评分方法有很多，如 0 - 1 对比求和评分法、环比倍乘评分法、环比比例评分法、分功能评分法等，这里只择其一二，举例说明。

① 0 - 1 对比求和评分法。某产品有 4 个零件 A、B、C、D。就功能的重要程度来比较，B 零件比 A 零件重要，A 零件比 C 零件重要，C 零件比 D 零件重要。所以，B 零件同其他 3 个零件比较均得 1 分，共 3 分；A 零件与 B 零件相比，A 零件得 0 分，A 零件与 C、D 零件相比较，各得 1 分，共 2 分；同样的道理，可得到 C 零件、D 零件的功能评分分别为 1 分、0 分。为避免最不重要的功能得 0 分，可将各功能评分加 1 分进行修正（见表 9-3-1）。

② 环比倍乘评分法。某产品有 4 个零件：甲、乙、丙、丁。就功能重要程度来比较，甲零件是乙零件的 2 倍，乙零件是丙零件的 1.5 倍，丙零件与丁零件重要程度相等。所以，如果令丁零件的功能重要程度评分为 1 分，那么其他零件的功能评分就可根据倍数值的累计倍乘，相应地得到功能评分值见表 9-3-2。

表 9-3-1 0－1 评分表

评分对象	A	B	C	D	功能评分	修正得分
A	×	0	1	1	2	3
B	1	×	1	1	3	4
C	0	0	×	1	1	2
D	0	0	0	×	0	1

表 9-3-2 环比倍乘评分表

评分对象	环 比 值	功能评分
甲	2	3
乙	1.5	1.5
丙	1	1
丁		1

（2）评价对象的价值评分。

1）比重比较法。比重比较法的价值指数计算式如下：

$$\text{评价对象 } i \text{ 的价值指数 } V_i = \frac{\text{功能指数FI}_i}{\text{成本指数CI}_i}, i = 1,2,\cdots,n \tag{9-12}$$

$$\text{FI}_i = \frac{\text{FS}_i}{\sum_{i=1}^{n}\text{FS}_i}, \text{CI}_i = \frac{C_i}{\sum_{i=1}^{n}C_i} \tag{9-13}$$

式中，V_i 为评价对象 i 的价值指数；FI_i 为功能指数，是指评价对象功能（或零部件）在整体功能中所占的比率；CI_i 为成本指数，是指评价对象（或零部件）的成本在整体成本中所占的比率；FS_i 为评价对象的功能评分。

依据价值指数计算式，计算出各评价对象的价值指数，针对价值指数大于 1、等于 1、小于 1 三种情形，分别有下列的判断分析：

$V_i > 1$ 表明评价对象 i 相对其他评价对象来说成本偏低，功能可能存在不足。

$V_i = 1$ 表明评价对象 i 的现状比较理想。

$V_i < 1$ 表明评价对象 i 相对其他评价对象来说成本偏高，功能可能存在过剩。

比重比较法存在偏差，判断分析容易失误。

2）基点比值法。基点比值法是一种比较准确的价值评价方法。价值指数计算式如下：

$$V_i = \alpha \cdot \frac{\text{FS}_i}{C_i}, i = 1,2,\cdots,n \tag{9-14}$$

式中，α 称为基点系数，它是根据某个成本与功能匹配合理的评价对象（也就是基点）的实际成本、功能评分计算出来的，即

$$\alpha = \frac{C_{i_0}}{\text{FS}_{i_0}} \tag{9-15}$$

式中，i_0 为成本与功能分配合理的、被选为基点的评价对象的编号，C_{i_0} 和 FS_{i_0} 分别为基点

评价对象 i_0 的实际成本和功能评分。

基点比值法关于价值的判断分析与在功能成本化基础上的功能评价中关于价值的判断分析相同。

3）评价对象目标成本的推算。在评定出各评价对象的功能评分并计算出基点系数后，可按下式推算各评价对象的目标成本：

$$F_i = \alpha \cdot \mathrm{FS}_i, i = 1, 2, \cdots, n \tag{9-16}$$

显然，目标成本合理与否直接取决于功能评分和基点系数的准确程度。为使目标成本真正体现"可靠地实现用户所要求的最低成本"的要求，一方面基点系数要选择准确；另一方面，应结合合具体情况，对推算出的目标成本进行一定的修正。

3. 功能参数化功能评价

功能参数化就是将评价对象的功能用功能参数值定量表示。在此基础上进行的功能评价称为功能参数化功能评价。

（1）实际价值指数与合理价值指数。在功能参数化价值评价中，产品价值指数等于产品的某个主要功能参数值除以产品成本。根据产品成本是实际成本还是合理成本，价值指数有实际价值指数与合理价值指数两种。

实际价值指数的计算式如下：

$$V = \frac{J}{C} \tag{9-17}$$

式中，J 为产品的某个主要功能参数值，如水泵的流量、汽车的吨位、转轴的扭矩等；C 为产品的实际生产成本。

产品实际价值指数 V 反映了产品单位成本提供的功能物理量大小，这种价值指数具有期望性，价值指数越大越好。

合理价值指数的计算公式如下：

$$V' = \frac{J}{F} \tag{9-18}$$

合理价值指数计算式中用以计算价值指数的产品成本 F 是合理成本。合理成本是指在一定生产技术条件下能可靠地实现一定产品功能水平（或一定功能参数）的最低成本。产品成本过低，会导致产品性能低、质量差、功能不足；产品成本过高，则会给用户增加不合理的价格负担，影响企业盈利。由合理成本计算出的合理价值指数成为实现一定功能参数的产品价值目标，成为衡量、评价产品的一种尺度。

（2）成本特性与价值指数规律。在系列产品中（精密仪器产品除外），一般材料成本随产品规格或功能参数的变化近似同比例变化，而工费成本则比较稳定。因此，随产品规格或功能参数的增加，产品成本也相应增加，但以小于规格或功能参数的增加比例而增加，这就是系列产品的成本特性。

假定系列产品中，某种功能参数 J 发生了变化，由 J_1 变为 J_2，且 $J_2 > J_1$，根据成本特性有如下公式：

$$\frac{F_2 - F_1}{F_1} < \frac{J_2 - J_1}{J_1} \tag{9-19}$$

整理后得到：

$$\frac{J_1}{F_1} < \frac{J_2}{F_2} \qquad (9\text{-}20)$$

式中，F_1、F_2 分别为两种规格产品的合理成本。

上式表明，规格参数高，合理价值指数就高。合理价值指数与规格参数的这种关系，是系列产品中各规格实际价值指数应遵循的规律：系列产品中，规格参数高，实际价值指数就高，实际价值指数应随规格参数的递增而递增（或随规格参数的递减而递减）。

合理成本与规格参数的内在联系，决定了合理价值指数是规格参数的函数。理论分析和实际资料表明，合理价值指数近似为规格参数的幂函数：

$$V' = K \cdot J^\alpha (J > 1, K > 0, 0 < \alpha < 1) \qquad (9\text{-}21)$$

式中，K、α 为常数。不同产品系列的 K、α 值不同。这一关系说明在产品系列中，随着规格参数的变化，合理价值指数按其幂函数变化。

（3）相对价值指数的计算和分析。相对价值指数用来分析产品功能与成本匹配的合理性，它等于实际价值指数与合理价值指数之比，即

$$V'' = \frac{V}{V'} = \left(\frac{J}{C} \right) \Big/ (K \cdot J^\alpha) = J^{1-\alpha} / K \cdot C \qquad (9\text{-}22)$$

相对价值指数大于 1，表明实现一定功能参数的实际成本较低，产品其他性能指标可能偏低，功能不足；相对价值指数小于 1，表明实现一定功能参数的实际成本偏高，产品其他性能指标可能偏高，功能过剩；相对价值指数等于 1 或近似等于 1，表明产品功能与成本匹配比较合理。

产品相对价值指数与 1 偏离越大，说明存在的问题越严重，越应优先改进。此时应当进一步结合设计标准、用户要求以及结构、工艺，详细分析，找出功能不足或功能过剩的直接原因和具体表现，以便在产品的改革设计中，通过追加成本提高功能或剔除剩余功能、降低成本，实现功能与成本的合理匹配。

已知产品系列中各规格产品的功能参数和实际成本，计算相对价值指数的关键是确定常数 K 和 α。经估计分析，如果有 $n(n>2)$ 种规格产品的实际价值指数比较合理，即不存在明显的过高、过低现象，则可依据这 n 种规格产品的实际价值指数和功能参数，用最小二乘法近似推算常数 α 和 K：

$$\alpha = \frac{n \sum (\lg V_i)(\lg V_i) - \left(\sum \lg V_i \right) \left(\sum \lg J_i \right)}{n \sum (\lg J_i)^2 - \left(\sum \lg J_i \right)^2} \qquad (9\text{-}23)$$

$$K = 10 \left(\frac{\sum \lg V_i}{n} - \frac{\sum \lg J_i}{n} \right)$$

（4）目标成本计算。功能参数化功能评价着重于对具有系列特征的对象进行分析，与此相对应，计算评价对象目标成本的方法主要有幂函数法。幂函数法是根据系列产品中实现一定功能参数的合理成本与功能参数的近似幂函数关系来计算目标成本的方法。对应

一定的参数目标，合理成本即为目标成本。

由 $V' = \dfrac{J}{F} = K \cdot J^{\alpha}$ 得目标成本计算式如下：

$$F = \frac{1}{K} \cdot J^{1-\alpha} \tag{9-24}$$

（5）方法特点和适用的范围。功能参数化功能评价只能用于功能参数明确的系列产品的评价分析。用以计算的功能参数是产品的一项主要的、具有代表性的功能参数。如果产品主要功能参数有多项，则应运用比例推算的方法，将多项功能参数化为一个综合指标参数评分权数和，代替单一参数参与相对价值指数的计算和分析。

另外，同系列产品中也可能存在着结构原理、生产特点等各不相同的情形，这类产品不可能服从同一价值指数的幂函数规律。只有结构原理、生产特点可比的系列产品，方可运用功能参数化功能评价方法。

第四节　方案的创造及实施

方案创造与实施是指围绕用户所要求的功能，制定实现方案并组织实施。前面章节所述的一些问题，如选择对象、收集资料、功能成本分析、功能评价等虽然都很重要，但都是为方案创造服务的。前面的工作做得再好，如果不能创造出高价值的创新方案，就不会产生好的效果。所以，从价值工程技术实践来看，方案创造是决定价值工程成败的关键阶段。本节将从方案创造、方案的评价与选择、方案的实施与效果评价 3 方面予以展开。

一、方案创造

方案创造是指从提高对象的功能价值出发，在正确的功能分析和评价的基础上，针对应改进的具体目标，通过创造性的思维活动，提出能够可靠地实现必要功能的新方案。从某种意义上讲，价值工程可以说是创新工程，方案创造是价值工程取得成功的关键一步。方案创造的理论依据是功能载体具有替代性。这种功能载体替代的重点应放在以功能创新的新产品替代原有产品和以功能创新的结构替代原有结构方案。而方案创造的过程是思想高度活跃、进行创造性开发的过程。为了引导和启发创造性的思考，可以采取各种方法，比较常用的方法有以下几种。

（一）头脑风暴法

头脑风暴法是由美国天联广告公司的奥斯本于 1947 年首创的。具体做法为：采用会议的形式，组织对改进对象有较深了解的人员进行讨论、座谈（人数一般为 5 ~ 10 人），最后提出新的方案。讨论时应遵循以下规则：①不允许批评别人的设想；②欢迎自由奔放地思考，提出尽可能多的方案；③欢迎在别人意见的基础上补充和完善；④会议的主持者应思想活跃、善于引导、使会议气氛融洽，能使与会者广开言路、畅所欲言；⑤会议应有必要的记录，以便整理研究。

头脑风暴法的核心是打破常规、积极思考、互相启发、集思广益。这种方法可以获得新颖、全面且富有创造性的方案，并可以防止方案片面和产生遗漏。

（二）哥顿法

哥顿法又称为模糊目标法，是由美国人哥顿在 1964 年提出来的。哥顿法的特点是与会人员会前不知道议题，在开会讨论时也只是抽象地讨论，不接触具体实质性问题，以免束缚与会人员思想。待讨论到一定程度以后，才把要研究的对象提出来并进一步研究。由于与会人员面对的是抽象的概念，他们思考的范围较大，解决问题的方法也较多。主持人可以用各种类比的方法加以引导，待时机成熟时，再提出要解决的问题，往往可以收到较好的效果。例如，要在玻璃板上打一个直径为 1.0mm 的圆孔，要求采用哥顿法解决。主持人首先提出如何在板状物上打孔的问题，与会者广泛地思考，提出了冲、钻、挖、凿、高温熔孔等方法。针对提案者提出的实现在板状物上打孔这一功能的各种方法，主持人再具体指出是在玻璃板上打一个直径只有 1.0mm 的圆孔，且要求孔周围光滑。与会者认为冲、钻、挖等方法都不能达到目的，并从高温熔孔得到启发，提出用激光打孔，圆满地解决了问题。哥顿法是一种抽象类比法，主要抽象功能定义中的谓语部分，使参与者不受具体问题的束缚，广开思路。然后，通过分析问题，最终得出解决问题的方法。

哥顿法与头脑风暴法的不同之处在于允许参与者相互讨论，共同创新。一般情况下，会议时间较长，提出的方案也不多，但是总会找到一个较圆满地解决问题的方案。

（三）德尔菲法

德尔菲法又称为专家调查法、专家函询法，是由美国著名的咨询机构兰德公司率先采用的。德尔菲是古希腊阿波罗神殿所在地，传说阿波罗神经常派遣机构使者到各地去搜集聪明人的意见，用以预卜未来，故以德尔菲命名。

德尔菲法不采用开会的形式，而是由主管人员或者部门把已构思好的方案以信函的方式分发给有关专业人员，征询他们的意见，然后将意见汇总、统计和整理之后再分发下去，希望再次进行补充与修改。如此反复若干次之后，把原来比较分散的意见整合成内容较为一致的集体结论作为新的代替方案。这种方法的优点在于专家间彼此不见面，研究问题时间充裕、没有顾虑、不受约束，可以从多角度提出意见和方案；缺点是花费时间较长，缺乏面对面的交谈和商议。德尔菲法有以下 3 个特点：

（1）匿名性。参加提案的专家互不了解并且不知道各自提了哪些方案，避免了意见受权威左右、出现"随大流"的情况。另外，专家们可在前一轮提案的基础上修改自己的意见，不需做出公开说明，无损自己的威望。

（2）反复修改，逐步集中。专家们提出的方案经组织者汇总再返寄给专家，在一定的层次高度再次征询专家的意见，这种带有反馈的信息闭环系统能够使专家提出的方案越来越集中、越来越具有针对性。专家们知道方案的全部情况，有利于开拓他们的思路。

（3）预测结果的统计特性。对反馈回来的方案进行统计处理是德尔菲法的重要特点。方案创新的方法有很多，但总的精神是要充分发挥有关人员的智慧，集思广益，多提方案，从而为评价方案创造条件。

二、方案的评价与选择

（一）方案评价

在方案创新阶段提出的设想方案是多种多样的，要想知道其能否付诸实施，就必须对各个方案的优缺点和可行性进行分析、比较、论证和评价，并在评价过程中进一步完善。方案评价包括概略评价和详细评价两个基础内容，具体评价内容包括技术评价、经济评价、社会评价以及综合评价，如图 9-4-1 所示。

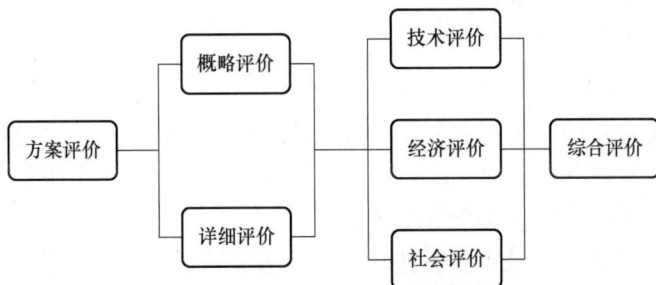

图 9-4-1　方案评价内容

在对方案进行评价时，无论是概略评价还是详细评价，一般可先做技术评价，再分别进行经济评价和社会评价，最后进行综合评价。

1. 概略评价

概略评价是对方案创新阶段提出的各个方案设想进行初步评价，目的是淘汰明显不可行的方案，筛选出少数几个价值较高的方案，以供详细评价做进一步的分析。概略评价的内容包括以下几个方面：

1）在技术可行性方面，应分析和研究创新方案能否满足用户所要求的功能及方案本身的技术能否实现。

2）在经济可行性方面，应分析和研究产品成本能否降低和降低的幅度，以及实现目标成本的可能性。

3）在社会评价方面，应分析和研究创新方案对社会利害影响的大小。

4）在综合评价方面，应分析和研究创新方案能否使价值工程活动对象的功能和价值有所提高。

2. 详细评价

方案的详细评价是指对概略评价得出的比较抽象的方案进行调查和收集信息资料，使其在材料、结构、功能等方面进一步具体化，然后对它们做出最后的审查和评价。详细评价是在概略评价的基础上进一步做出技术评价、经济评价和社会评价，内容上将更加翔实。详细评价的内容包括以下几个方面：

1）在技术可行性方面，主要以用户需要的功能为依据，对创新方案的必要功能实现的程度做出分析评价。特别是对产品或零部件，一般要对功能的实现程度（包括性能、质量、寿命等）、可靠性、维修性、操作性、安全性以及系统的协调性等进行评价。

2）在经济可行性方面，主要考虑成本、利润、企业经营的要求，创新方案的适用期限与数量，实施方案所需费用、节约额与投资回收期以及实现方案所需的生产条件等。

3）在社会评价方面，主要研究和分析创新方案给国家和社会带来的影响（如环境污染、生态平衡、国民经济效益等）。

4）在综合评价方面，在上述 3 种评价的基础上对整个创新方案的诸多因素做出全面系统的评价。为此，首先要明确规定评价项目，即确定评价所需的各种指标和因素；然后分析各个方案对每个评价项目的满足程度；最后再根据方案对各评价项目的满足程度来权衡利弊，判断各方案的总体价值，从而选出总体价值最大的方案，即技术上先进、经济上合理和社会上有利的最优方案。

（二）方案综合评价方法

用于方案综合评价的方法有很多，常用的定性方法有德尔菲法、优缺点列举法等；常用的定量方法有直接评分法、加权评分法、比较价值评分法、环比评分法、强制评分法、几何平均值评分法等。下面简要介绍几种方法：

（1）优缺点列举法。优缺点列举法是把每个方案在技术上、经济上的优缺点详细列出，进行综合分析，并对优缺点做进一步调查，用淘汰法逐步缩小考虑范围，从范围不断缩小的过程中得出最后的结论。

（2）直接评分法。直接评分法是根据各种方案能够达到各项功能要求的程度，按 10 分制（或 100 分制）评分，然后算出每个方案达到功能要求的总分，比较各方案总分，做出采纳、保留、舍弃的决定，再对采纳、保留的方案进行成本比较，最后确定最优方案。

（3）加权评分法。加权评分法又称为矩阵评分法。这种方法是将功能、成本等各种因素，根据要求的不同进行加权计算，权数大小应根据各因素在产品中所处的地位而定，算出综合分数，最后与各方案寿命周期成本进行综合分析，选择最优方案。

三、方案的实施与效果评价

（一）方案验证与审定

经过评价而选定的最佳方案在尚未实施前应进行某些必要验证，才能为审定提案提供科学的依据。方案试验对象包括新产品结构、零部件、新材料、新工艺、新方法、样机或样品的性能、使用等。通过了验证的改进方案，在经过必要的整理后即可作为正式提案上报审批。主管部门应视改进设计项目的内容、重要程度、价值大小来确定其审批权限和程序。改进方案上报审批时，应提交价值分析提案表，包括原产品的技术经济指标体系，用户要求，存在的主要问题，拟达到的目标，原产品的成本、质量、销售量等内容。另外，产品功能分析，改进的对象目标、依据，改进前后的试验数据、图样，改进后的预计成本、预计效果等均应一同上报主管部门审查批准。

（二）实施与检查

方案实施主要包括编写提案、提案审批、组织实施和效果总评等项工作。

1. 编写提案

详细评价所确定的最优方案，就是有待实施的方案。编写提案旨在以提案书的形式提交有关部门审批，以便实施。为了让决策部门理解和接受，提案书应从项目或产品改进的必要性、效果的有效性和成功的可能性 3 方面详细阐述，具体包括以下内容：项目或产品的现状；改进方案的技术性、经济性和社会效果；现有方案与原有方案的比较分析。

2. 提案审批

经过详细评价选择出的最优方案仅仅是价值工程人员经过劳动所得的"精神产品"，要想真正将其转换为物质成果，就必须使方案被企业决策部门采纳和实施，所以需将方案实施问题写成正式提案，提交决策部门审批。具体内容包括以下方面：

1）原方案的名称及其具体内容。

2）功能分析结果，比较新旧两个方案在满足功能方面的区别。

3）必要的试验结果、资料、数据。

4）费用分析结果，比较新方案与旧方案在费用上的节约情况。

5）价值分析结果，比较新旧方案在价值大小方面的情况。

6）参加人员与联系方法。

7）可能存在的问题。

对重大的价值工程对象编写的提案，除上述内容外，还应包括较详细、系统的调查资料、评价资料、设计图样以及其他有关资料，提案应力争详细。

3. 组织实施

组织实施主要做好两项工作：建立与方案要求相适应的生产管理系统，控制产品的功能水平和成本水平。

建立生产管理系统具体说就是制订实施计划；添补设备、改装生产线、做好辅助生产准备；制订工艺规程和规章制度；组织原料、燃料和动力的供应等。建立生产管理系统很重要的一点是要保证实施进度。各部门要各司其职，协调配合。当方案涉及面广、内容庞杂时，可采用计划评审技术来安排实施工作，以期顺利实施，按时建立起生产管理系统。

生产管理系统应力求将生产产品的功能水平和成本水平控制在方案所要求的范围内。为及时有效地控制产品的功能水平和成本水平，还须具体规定有关技术标准；制订成本定额、劳动定额、建立原始记录、统计核算制度；建立经济责任制系统；检查、监督、反馈、调整等。通过经常性的检查、分析，发现问题，查找原因，采取措施，解决问题，促使生产管理系统不断趋于完善，最终形成符合要求的正常生产管理系统，使新方案完全顺利地实施。

（三）效果评价

价值工程最终的成果是在提案经过一段时间的实施后，对获得的技术、经济、社会的实际效果进行分析得出的。

当一个产品的价值工程分析实现后，要进行活动效果的评价。

1. 技术评定

技术评定可通过价值改进系数来进行，改进后产品价值和改进前产品价值之差与改进前产品价值之比称为价值改进系数，可表示如下：

$$\Delta V = \frac{V_2 - V_1}{V_1} = \frac{V_2}{V_1} - 1 \tag{9-25}$$

式中，ΔV 为价值改进系数；V_1 为改进前产品的价值；V_2 为改进后产品的价值。

当 $\Delta V > 0$ 时，$V_2 > V_1$，说明价值工程活动的技术性良好，且 ΔV 越大，其效果越好。

当 $\Delta V < 0$ 时，$V_2 < V_1$，说明价值工程活动的技术性不好。

2. 经济评定

经济评定指标包括以下几种：

（1）全年节约额。

全年节约额 = （改进前单位成本 – 改进后单位成本）× 年产量 – 价值工程活动费用

$$(9\text{-}26)$$

（2）节约百分数。

$$节约百分数 = \frac{改进前成本 – 改进后成本}{改进前成本} \times 100\% \qquad (9\text{-}27)$$

（3）节约倍数。

$$节约倍数 = \frac{全年净节约额}{价值工程活动经费} \qquad (9\text{-}28)$$

（4）原材料利用率。

$$原材料利用率 = \frac{产品产量}{产品原材料消耗数量} \qquad (9\text{-}29)$$

3. 社会效益评价

通过价值工程活动，产品满足了用户的需求，企业取得了效益，同时降低了能源消耗，减少了环境污染等，这就表明社会效益良好；反之，产品虽满足了用户需求，企业获得了利润，但由于产品生产造成过多的能源消耗，污染环境，破坏生态平衡，甚至影响了国家经济结构的合理布局，造成人力、物力、财力的极大浪费，这就说明社会效益不好，这样的方案不可取。

本章习题

一、名词解释

请对下列名词进行解释：

价值工程；寿命周期成本；因素分析法；ABC 分析法；强制确定法；百分比分析法；功能分析；功能评价；方案创造。

二、简答

1. 试述提高价值的 5 种主要途径。

2. 试述价值工程的一般工作程序与常用方法。

3. 对较为复杂的产品，应如何进行功能整理？

4. 价值工程中对象选择的一般原则是什么？

5. 我们该怎样收集情报的内容？

6. 简述社会效益评价。

7. 简述价值工程的工作步骤。

8. 简要概括价值工程的特点。

9. 为什么要进行功能定义？

三、计算

已知某产品的 4 种方案，其投资及费用如表 9-3-3 所示。设标准投资回收期为 6 年，试用投资回收期法选出最优方案（假设各方案均已验证为可行的）。

表 9-3-3　方案技术经济评价表

方　　案	1	2	3	4
投资（万元）	24	40	20	30
运营费用（万元/年）	11	7	15	12

第十章　工程机械经济与管理

第一节　工程机械的介绍

随着国民经济的发展，工程机械的使用场景不断丰富，工程机械逐渐发展为机械工业的一个重要组成部分，在国民经济建设中占有极其重要的作用。扩大工程机械的使用范围，可以大幅度提高劳动生产率，节省大量人力，降低劳动强度，完成靠人力难以承担的高强度工程施工，加快工程建设速度，是确保工程质量、降低工程造价、减轻繁重体力劳动、提高经济效益和社会效益的重要手段。本节将从工程机械的概念及作用、基本组成、类型、使用性能4个方面进行简单介绍。

一、工程机械的概念及作用

机械是人类进行生产斗争的重要武器，是用来减轻体力劳动和提高劳动生产率的工具，也是衡量社会生产发展的重要标志。人们通常把各类基本建设工程中施工作业的机械和设备统称为工程机械。

工程机械广泛应用于城市建设、交通运输、能源开采、港口码头、农田水利和国防建设中。一些大型工程对施工强度和工程质量要求较高，如构筑大型水坝、抗洪抢险等，如果不依靠工程机械，仅靠人力是难以完成的；一些工程的施工条件非常恶劣，如高原、沙漠、水下作业等，这些工程对工程机械的依赖程度很大。

一个国家工程机械的拥有量和装备率、机械技术的先进性与管理水平、机械设备的完好率和利用率，标志着这个国家机械化施工水平的高低。工程机械的产值在国民经济总产值中所占的比例在一定程度上反映了一个国家科学技术发展的水平和经济发达的程度。

二、工程机械的基本组成

工程机械同一般机械一样，是把某种形式的能（如热能、电能等）转换为机械功，从而完成某些生产任务的装置。任何一台完整的工程机械都是由动力装置、底盘及工作装置3部分组成的。

（一）动力装置

动力装置是机械发出动力的设备，常用的有电动机和内燃机。工程机械上还会应用液压和气动装置，它们一般也都靠电动机或内燃机驱动，故称这类动力装置为复合动力装置。

（二）底盘

底盘是工程机械车架和机械传动、行走、转向、制动、悬挂等系统的总称。底盘是整机的支承并能使整机以所需的速度和牵引力按规定的方向行驶。

工程机械的底盘根据行走装置的不同可以分为履带式、轮胎式和汽车式等。

底盘中最主要的是传动系统。它是动力装置和工作装置或行走机构之间的动力传动和操纵、控制机构组成的系统。传动系统根据动力传动形式分为机械传动、液力机械传动、液压传动、气力传动和电传动等。工程机械中最常用的是机械传动和液压传动。

机械传动是靠机械的零部件来传递动力的运动。液压传动是靠工作介质——液压油来传递动力和运动的,并靠液压元件——液压泵、液压缸、液压控制阀等来完成。液压技术是近几十年来发展迅速并在工程机械上获得了广泛应用的新技术。液压传动不仅能传送大的功率、扭矩,动作灵活、平稳,结构紧凑,还能改善和扩大工程机械的使用性能。由于工程机械种类繁杂,不同类型底盘包含的内容差异很大,有些底盘只有简单的机架和机械零部件。

(三) 工作装置

工作装置是工程机械中直接完成生产任务的部分。工作装置是根据各种工程机械具体工作要求而设计的。例如,推土机的推土装置沿着地面推送土壤,所以是带刀片的推土板;挖掘机的挖掘装置是由铲斗、斗柄及动臂组成的机构,该机构经驱动力施于铲斗来实现挖掘、装卸土壤;自落式混凝土搅拌机靠滚筒旋转来搅拌均匀混凝土拌合料;强制式混凝土搅拌机靠旋转的叶片完成搅拌。所以工程机械的工作装置必须满足基本建设施工中的各种作业要求,而且要达到高效、多能,否则随着科学技术的发展会被淘汰。例如,中小型机械传动式单斗挖掘机目前已被液压式单斗挖掘机所取代。这是因为液压式单斗挖掘机的工作性能不仅具有一般液压传动的优点,而且能使挖掘机的挖掘力提高 30% 左右,整机质量降低 40% 左右,使用性能和用途均得到了改善。

一般来说,在进行工程机械的设计时,首先应确定工作装置,随后才是动力装置和底盘的设计。因此负责基本建设工程的机械化施工技术人员应根据施工方法和施工作业的要求,对工程机械工作装置的设计提出合理的要求或者同机械技术人员一起大胆构思,创造出新颖的工程机械,来满足机械化施工的需要,更好地为施工服务。

在研究和分析工程机械或设计工程机械时,为了突出表达工程机械的主要部分,特别是与运动有关的问题,一般用机械传动简图表示。机械传动简图是将复杂的机械用简单的线条和规定的符号将其传动系统、零部件间的相互关系(连接和相对运动)和运动特性等内容用传动系统示意图进行表达的一种方式。机械传动简图不仅能清晰地表达机械传动的方式及各种零部件和机构的相互关系,而且使机构的运动及受力情况分析变得简单明了。

三、工程机械的类型

目前,我国工程机械分为以下 14 种类型:

1) 挖掘机械,包括单斗挖掘机、挖掘装载机、隧道掘进机等。

2) 起重机械,包括塔式、汽车、轮胎、履带、桅杆、缆索、抓斗、管道起重机、卷扬机和施工升降机。

3) 铲土运输机械,包括推土机、铲运机、装载机、平地机、运输车、平板车和翻斗车。

4）压实机械，包括静碾压路机、振动压路机、轮胎式压路机和夯实机。

5）桩工机械，包括柴油打桩锤、柴油打桩架、振动打拔桩锤、振动打拔桩架、压桩机和钻孔机。

6）钢筋和预应力机械，包括钢筋强化、加工、焊接机械、预应力加工机械及设备等。

7）混凝土机械，包括混凝土搅拌机、搅拌楼、搅拌站、搅拌输送车、输送泵、喷射机、浇注机和振动器。

8）路面机械，它是公路路面施工及维修养护的机械，包括沥青喷洒机、沥青混凝土摊铺机、混凝土摊铺机、混凝土振实机、道路翻松机、土壤拌和机、石料摊铺机、石屑撒布机等。

9）装修机械，它是建筑装修机械，包括灰浆制备及喷涂机械、地面修整机械、装修升降平台及吊篮、手持机具等。

10）凿岩机械与气动工具，包括各种凿岩机、凿岩台车、气动工具等。

11）叉车，包括各种叉车和装卸机械。

12）铁道线路机械，它是铁道线路施工及养护的专用机械，包括搞固机、起拨道机、清筛机、线路维修综合列车及其他线路养护机械。

13）军用工程机械。

14）其他专用工程机械。

四、工程机械使用性能

工程机械的使用性能是描述工程机械在使用过程中的工作质量与工作能力的全部特性及其指标的总和。使用性能是产品技术水平的最终表现，需要在工作运行过程中不断检验和完善。使用性能的优劣是产品能否取得效益的关键。

工程机械使用性能的发挥取决于两个基本方面：一是产品的技术水平和结构特点；二是使用过程中产品能力的发挥程度与合理利用程度。

工程机械的使用是工程技术与组织管理技术综合运用的系统，系统运行的目标是保证机械（机群）获得最大的使用效率、生产率与安全性，花费最少的维护费用，以最少的消耗进行作业准备和发挥机械最大的作业能力。因此，工程机械使用是一门复杂的工程技术应用学科，需要运用基础科学和现代应用技术领域的多种知识和方法。

工程机械的使用问题有两个相互关联的基本方面：第一个方面是如何在工程施工中有效使用机械，可称为机械的生产使用问题；第二个方面是如何有效维护机械的技术状况，可称为机械的技术使用问题或技术管理问题。

提高机械设备的使用效率是施工企业技术装备管理的基本任务。实现这一任务的途径有两个，即充分利用机械的功率和作业时间。第一个途径的方向是研究和优化单台机械的使用性能，包括牵引性能、通过性、工作装置特性和燃料经济性。第二个途径的方向是研究影响生产率的因素和提高生产率的方法，确定机械作业和运输效率的评价指标体系。

生产率和效率理论是确定机械最佳使用工况和合理使用范围的基础。机群优化理论是工程中机械最优配置的理论依据。现代大型机械化作业机群的数量已经发展到了几十台甚至上百台的规模。因此，机群优化理论是现代工程机械使用理论研究的重要方面。

流水作业是现代机械化作业的重要内容。实现流水作业系统最优化管理的理论基础是网络计划技术、线性规划和排队论等数学方法。在流水作业中应用这些数学方法可以最大限度地节省资源，减少机械相互作用中时间上的损失和确保施工的工期。

机械使用的实质是对实现机械使用性能进行管理或控制。从系统的观点出发，可以把机械的使用划分为3个既相对独立，又相互关联的组成部分，即过程管理、资源管理和企业组织管理。

工程机械的施工过程（包括作业和运输）管理是最基本的。过程管理的优化准则有两个：一是在给定的资源消耗约束条件下获得最大的生产率；二是在确定的生产率条件下消耗最少的资源。

伴随机械作业过程的是机械的磨损过程。在一定消耗下使机械的磨损速度最小是过程控制的重要方面。然而，无论怎样控制，磨损总是存在的，因而必然会产生元件更换和工作参数的调整及恢复等可修复过程。可修复过程是可靠性理论中研究的问题之一。作业过程、磨损过程和可修复过程是紧密相关的。作业过程决定机械系统的负荷工况和速度工况，从而影响磨损速度；磨损又会引发修复过程，造成一定的消耗和停工。这些都是作业工况优化时应考虑的因素。

磨损和修复涉及摩擦学和可靠性理论。应用系统分析方法可以确定产品设计和制造阶段提高可靠性的设计方法和可靠性水平，以及在使用阶段实现可靠性的控制管理方法。磨损过程决定机械的寿命，需要通过资源消耗定额来控制，以降低磨损速度。技术保养的基本目的是减少磨损速度，同时，通过技术保养还可以调整恢复工作参数，提高机械工作的可靠性。然而，技术保养总会产生与劳动消耗、停工、资源消耗有关的问题，因此，技术保养的周期和工作量应当是最优的。

可以认为，机械使用是为保障技术、人力和物力的有效利用，实现机械使用性能所进行的管理过程。工程机械的使用性能表现了产品的质量水平，产品的质量水平在设计阶段确定，在制造阶段实现，在使用阶段发挥和检验。这是产品使用性能的基本特征。

第二节　工程机械的技术经济分析

随着施工机械化水平的逐步提高，施工中使用的机械种类和数量将越来越多，机械使用费占工程总投资的比重也将越来越大。降低机械使用的成本将成为降低整个工程造价的重要途径之一。降低机械使用的成本的关键环节之一就是对制造工程机械的过程进行有效的成本控制。因此，本节选取工程机械制造中的产品设计、零件和产品制造环节进行技术经济分析。

一、产品设计的技术经济分析

（一）产品设计费用分析

1. 产品设计费用的概念

从需求到产品的整个设计过程都要经过方案论证、初步设计、详细设计和改进设计

4个阶段。每个阶段都要花费一定的人力、材料、能源、设备和其他方面的费用，这些费用总和称为设计费用。如果设计费用花得太少，难免出现一些本可以避免的设计缺陷，导致制造费用上升，或直接影响产品质量。但是，并不是设计费用花得越多，设计质量就越高。对于指标不适当的优化设计，即使花费较高的设计费用，也不会得到最优设计方案。同时，不准备进行改进设计、要求工作图一次性准确无误完成的想法是不切实际的，势必会拖延下达图纸、进行试制的时间。设计的每个阶段的花费都不一样。一般来说后一阶段比前一阶段的花费高。

2. 产品设计费用的构成

产品设计主要是创造性的活劳动。创造性劳动的价值是很难定量估价的。一个好的结构方案将给零件图设计带来方便。标准零件的使用将减少设计时间、制造时间。更有意义的是，好的设计方案会大幅度降低产品成本。因此，设计费用是由两部分组成的：一部分是直接设计费用，即设计人员所花的时间、劳动和试验、试制等方面的耗费；另一部分是间接设计费用，即由前期工作的不合理性带来的"迟钝效应"所产生的费用。由于设计考虑不周所增加的产品成本是整个产品成本的一个重要部分。

（1）直接设计费用。产品直接设计费用一般由编制技术文件费用、上机操作费用、试验研究费用和组织评价（包括方案论证、文件会审、产品鉴定等）费用组成。

1）编制技术文件费用。设计人员的主要任务是通过编制技术文件，架起把头脑中的构思变成现实产品的桥梁，并根据技术文件以最经济的方式制造出符合规定要求的产品，以创造更大的经济效益。编制技术文件的费用主要是设计人员创造性的活劳动费用。

2）上机操作费用。现代设计不同于传统设计的重要方面之一是设计手段的发展。传统设计主要利用计算尺（包括电算器）、图板加手册、个体手工作业，现代设计则充分利用电子计算机、自动绘图和数据库管理，进行集团分工协作。计算机辅助设计（CAD系统）已是重要的现代设计方法之一。因此，上机操作费用已成为设计成本的重要组成部分，其中一部分是人工费用，另一部分是设备等方面的费用。

3）试验研究费用。试验研究在产品设计中占有重要地位。它的目的是证明设计人员的构思是否合适，提供情报使设计人员在必要时对结构进行修改，确定整个产品的工作性能和产品满足用户要求的能力以及促进产品不断完善。因此，尽管试验研究会产生一定的费用，但它可以避免很多不必要的损失，或可以节省许多其他方面的设计费用。

4）组织评价费用。在产品设计的各个阶段，为了提高设计质量，避免或减少设计失误，需要组织多种形式的评价工作，评价工作所需的费用应该被列入设计成本，如新产品鉴定等。

（2）间接设计费用。它主要是指不是直接在产品设计过程中产生的，但是对设计过程非常重要，在设计过程中应该纳入考虑范围的费用。这类费用主要体现在以下方面：

1）影响产品销售的费用。用户购买产品不仅因为其功能，还会因为其外观和产品结构。

2）影响产品使用的费用。如何让用户用好产品，是设计人员必须考虑的问题。如果由于产品说明不当影响用户使用，因此需要承担的赔偿费、诉讼费或维修费应列入产品的间接成本。还有另一种情况，尽管未直接承担由于产品使用说明不当而导致的用户损失，但因产品信誉的降低而引起销售额减少，竞争力下降，这种情况应列入产品的间接成本。

3）影响产品后续设计工作的费用。产品设计的各个阶段都是密切相关的，每个阶段工作质量的保证对后续工作的影响都是非常大的，从而可能增加设计的直接成本。

4）影响产品样品试制的费用。样品试制不可预见费用可能是由两个原因造成的：一是由于设计人员在方案构思和工作图设计时考虑不周而增加的试制费用；二是由于设计人员缺乏经济观念，使零部件的设计不经济而增加的样品成本。

5）影响产品试验研究的费用。在某种程度上，试验研究的费用是不可预见的。如果设计人员不对试验研究进行认真分析和周密计划，就会使开支难以控制，导致费资、费时、费力等被动局面。

6）影响产品制造成本的费用。它是指由设计人员的疏忽造成的不必要的制造费用。

（二）技术经济评价方法

产品设计的技术经济分析是对产品设计方案的经济效果进行综合分析、计算、比较和评价，从中选择技术上先进、经济上合理的最佳方案。为了选出最佳技术经济设计方案，必须制订可供选择的可行方案。结构网法为系统地探索解决方案提供了一种有效的方法。有了可行方案以后，利用价值分析法，按照价值的高低从可行方案中选取最优方案。结构网法与价值分析法的良好结合是找出最优方案的方法之一。

一切优化方法的出发点都是从所有方案的总体中来确定最优方案。最优方案一般是根据一定的判断依据对每种方案进行比较而获得的，这些判断依据的整体构成了所谓的目标系统，一个方案越能满足该目标系统，它就越好。以技术和经济的观点进行判断时，最好将技术评价和经济评价分开进行，最后再将两者综合起来进行技术经济优化分析。

1. 技术经济评价法

满足某一功能的方案有多种，根据方案的技术价值、经济价值以及技术经济的综合评价可找出最优化方案。所谓优化，就是经过有限次数的探索，找出按当前技术水平所能达到的最佳设计方案，它具有最适用的功能和最低的成本。

（1）技术价值。评价是按照一定的观点来判断一个方案。用一个无因次量的比例数值来表示评价结果比较直观。一般以理想方案为基准，按照价值分析的原理，设理想方案的价值为 1，从而引出技术价值的概念。

设技术价值为 X，则定义技术价值 X 公式如下：

$$X = \frac{\dfrac{P_1 + P_2 + \cdots + P_n}{n}}{P_{max}} = \frac{\overline{P}}{P_{max}} \tag{10-1}$$

式中，P_1、$P_2\cdots P_n$ 为 n 个目标的得分数；P_{max} 为产品各项目标的最高分数；n 为目标数，建议 $n<15$；$\overline{P}$ 为几个目标分数的算术平均值。

假如评价的第一个目标是 3 分，第二个目标是 4 分，第三个目标是 2 分，第四个目标是 1 分，第五个目标是 3 分，则得到这一方案的技术价值 X 如下：

$$\overline{P} = \frac{3 + 4 + 2 + 1 + 3}{5} = 2.6$$

$$X = \frac{\overline{P}}{P_{\max}} = \frac{2.6}{4} = 0.65$$

一般来说，技术价值超过 0.8 分是最好的方案，在 0.7 分左右是好的方案，在 0.6 分以下则是不合要求的方案。在实际情况中，被评价的各项目标的重要程度是不同的，所以按评价目标的重要性给以计权是适宜的。在计权打分评价法中，技术价值 X_g 公式如下：

$$X_g = \frac{g_1 P_1 + g_2 P_2 + \cdots + g_n P_n}{(g_1 + g_2 + \cdots + g_n) P_{\max}} \tag{10-2}$$

式中，P_1、$P_2 \cdots P_n$ 为 n 个目标的得分数；g_1、$g_2 \cdots g_n$ 为相应的计权系数。

[例 10-1]　要评价的第一个目标是 3 分，计权系数为 0.4；第二个目标是 4 分，计权系数为 0.3；第三个目标是 2 分，计权系数为 0.2；第四个目标是 1 分、计权系数为 0.05；第五个目标是 3 分，计权系数为 0.05，则计权技术价值 X_g 为多少?

解：

$$X_g = \frac{3 \times 0.4 + 4 \times 0.3 + 2 \times 0.2 + 1 \times 0.05 + 3 \times 0.05}{(0.4 + 0.3 + 0.2 + 0.05 + 0.05) \times 4} = \frac{3}{4} \approx 0.75$$

通过计算，计权技术价值 X_g 为 0.75。

注意：经验和计算对比分析表明，如果具有较高计权系数的性能不能良好地实现（即实现得较差）时，产品按计权平均值 X_g 与按算术平均值 X 所做的评价结果往往是明显不一致的。

（2）经济价值。在进行经济评价时，"经济"观念只局限在产品的制造费用上，因为制造费用对经济评价来说是最重要的一个项目。实际情况表明，经济评价与技术评价类似，可以采用一个相似的比例数值来表达。

设经济价值为 Y，则有：

$$Y = \frac{H_a}{H} \tag{10-3}$$

式中，H_a 为理想制造费用；H 为实际制造费用。

因此，经济价值 Y 就是理想制造费用与实际制造费用之比，一般 Y 在 0 ~ 1 范围内。为了保证产品既经济又具有足够长的使用寿命，建议理想制造费用为允许制造费用 [H] 的 0.7 倍，即：

$$Y = \frac{0.7[H]}{H} \tag{10-4}$$

如果经济价值 $Y = 0.7$，意味着 $H = [H]$，这是较好的结果。但人们仍力求达到更高的经济价值。$Y < 0.7$ 的经济价值，在通常情况下，可用较高的技术价值 X 来补偿。技术评价和经济评价不可能分开进行，这是因为技术上的某些改变，如"加工部位数"有了变化，就会影响加工费用，使经济评价发生变化。

在评价设计方案时，往往还不知道制造费用，这时只能用估算的方法。因为在方案设计阶段只有方案结构草图，由结构草图可以计算出材料费用 M，再根据前面所述的成本估算方法，按照产品的类型（同类产品、类似产品和非同类产品）估算出制造费用 H。根据对市场所做的调查研究，可求得等价（相近）产品的合格市场价格 P_M，则理想方案的

成本 S 如下：

$$S = P_M - \Delta_K - S_t \tag{10-5}$$

式中，S 为成本；P_M 为市场价格；Δ_K 为利润；S_t 为税金。

若已知成本系数为 a，则可求得允许的制造费用 $[H]$ 如下：

$$[H] = \frac{S}{\alpha} \tag{10-6}$$

由此可得理想制造费用 H_a 如下：

$$H_a = 0.7[H]$$

2. 技术经济综合评价

对于每个被评价的方案，如果按照技术价值 X 和经济价值 Y 分别来判断是不充分的。若要获得最佳方案，按照价值分析的原理，一般要以技术价值和经济价值两种价值为准来优化，既要技术上先进，又要经济上合理。

综合评价的方法将技术价值 X 和经济价值 Y 合成一个"准数"，以表示有关方案的优劣。计算机可以根据"准数"来排列方案。这个"准数"称为"过硬程度"，并由 S 表示。由 X 和 Y 确定 S 有很多方法，这里简要介绍两种：

（1）加法结合法（直线确定法）。将 X 和 Y 结合最简单的方法是求它们的算术平均值，即：

$$S = \frac{X + Y}{2} \tag{10-7}$$

在 S 曲线图中，S 恒定的线形成一组平行直线族，并且都垂直于最佳设计线（$Y = X$），如图 10-2-1 所示。

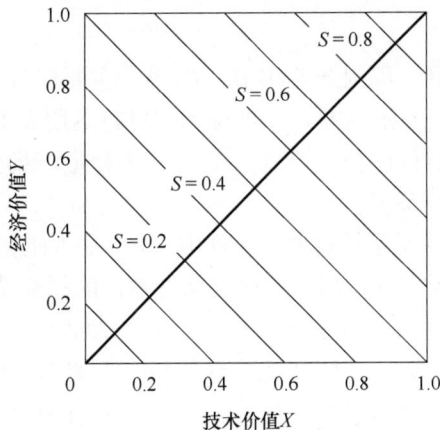

图 10-2-1　过硬程度 S 的直线确定法

直线确定法的缺点是，对较差的方案评价较好，如两个方案 $X = 0.7$，$Y = 0.1$ 与 $X = 0.4$，$Y = 0.4$ 有同样的过硬程度 S，这显然是不合理的。

（2）乘法结合法（曲线确定法）。在乘法结合法中，X 和 Y 以相乘的关系结合，即：

$$S = \sqrt{XY} \tag{10-8}$$

对一系列恒定的 S 值，X 和 Y 的关系形成双曲线图（见图 10-2-2）。

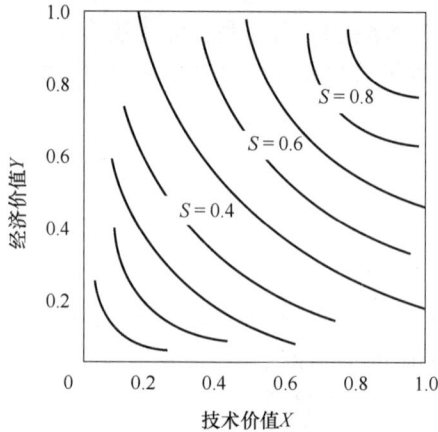

图 10-2-2　过硬程度 S 的曲线确定法

乘法结合的优点是降低了较差方案的过硬程度 S，当方案的技术价值与经济价值相差越明显，利用乘法结合法的效果越好。

二、零件的技术经济分析

如果在设计阶段可以求得零件尺寸的技术经济关系式，设计工作就可以在分析关系式中的各个变量的基础上，调整它们之间的关系，以达到规定的技术经济指标，从而获得合理的零件结构尺寸。

（一）零件费用分析

首先分析组成零件费用（即制造费用 H）的两个主要部分：材料费用 M 和加工费用 F。材料费用 M 主要取决于毛坯体积 V_e、单位体积材料费用 K_e 以及材料管理费用系数 g_w。而加工费用 F 主要取决于零件的技术要求、工艺方法和生产批量。根据材料费用 M 和加工费用 F 的构成比，有两种情况：

（1）零件的制造费用主要是材料费用，即 $H \approx M$，如大批量生产冷热加工的零件，铸造生产的零件。此时要降低零件费用，主要是降低零件的材料费用。

（2）加工费用在零件费用中占较大的比例。为了大致分析出不同措施对不同的零件制造费用的影响，必须在确定零件材料费用 M 以后，近似求出加工费用 F，即：

$$H = M + F = M + f_e t_e(1 + g_1) \tag{10-9}$$

式中，t_e 为单件时间，单位为 min；f_e 为工资标准，单位为元/min；g_1 为加工管理费用系数。

（二）零件设计技术经济分析

这里提出的分析方法主要适用于在方案设计阶段进行的零件技术经济分析。根据总体（或部件）方案中分配的各项指标，初步估算零件的经济性，以分析达到给定技术经济指标的可能性。

一般分为 3 个步骤：

1）建立物理关系表达式。根据零件的工作条件，求得零件尺寸和物理条件（应力、应变、导电和传热等）的关系表达式。在分析零件工作条件及物理性能的基础上，做出抽象的原理图（见图 10-2-3），列出有关的计算式。在计算式中，除了几何尺寸，还应包括与材料性能有关的特性数据。如果物理条件是受力作用，这时应以零件单位面积允许承受的应力来表示材料的性能，相应得出的物理公式就称为应力公式。

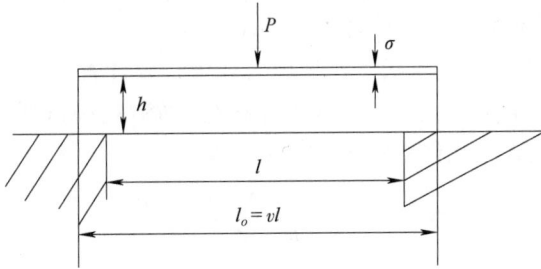

图 10-2-3　梁的承载简图

图 10-2-3 中，P 为集中载荷；h 为两者相距的高度；l_o 为梁的总长；l 为梁的支承长度；v 为比例数值。

图 10-2-3 中的矩形梁中间受一集中载荷 P 的作用，梁的跨度为 l，此时的物理条件是梁的强度问题，相应的物理公式如下：

$$M_w = Z_1 Z_w [\sigma] \tag{10-10}$$

式中，M_w 为梁的强度值，Z_1 为支承系数，铰支梁 $Z_1 = 4$，悬臂梁 $Z_1 = 1$，两端紧固梁 $Z_1 = 8$；Z_w 为梁的抗弯断面模数，单位为 cm^3；$[\sigma]$ 为梁的材料许用应力，单位为 Pa。

从力学关系中可以得到：

$$M_w = Pl \tag{10-11}$$

引用梁的面积 $A = hb$（b 为梁的宽度）与弯曲断面模数的比例系数 β_1，即令：

$$\beta_1 = \frac{AY}{Z_w} \tag{10-12}$$

式中，Y 为梁断面产生最大应力的外廓尺寸。

当 $Y = h$，将公式 10-12 代入公式 $M_w = Z_1 Z_w [\sigma]$ 则有：

$$M_w = Z_1 \frac{AY}{\beta_1} [\sigma] \tag{10-13}$$

$$即 \ P = Z_1 \frac{Ah}{\beta_1} [\sigma]$$

这就是矩形梁受弯时保证强度条件下的物理（应力）关系式。

2）建立零件费用关系式。若物理关系式已经建立，将设计方案构思进一步具体化，可以根据结构草图来确定材料费 M 和加工费用 F，以建立制造费用 H 的公式。例如，对于梁的弯曲强度问题，材料费用 M 和加工费用 F 可做如下估算：

$$M = V_b K_v = A l_o K_v = A v l K_v \tag{10-14}$$

式中，A 为梁的截面积；l_o 为梁的总长；l 为梁的支承长度；v 为比例数值，$v = \dfrac{l_o}{l}$，V_b 为梁的体积，K_v 为单位体积材料费用。

$$F = b\delta\, l_o K_F = b\delta v l K_F \tag{10-15}$$

式中，b 为梁宽；δ 为加工余量；K_F 为单位切削体积的加工费用。

由于制造费用 $H = M + F$，所以梁的费用公式如下：

$$H = A v l K_v + b\delta v l K_F \tag{10-16}$$

这就是由零件形状尺寸和制造条件综合得出的制造费用计算关系式。

3）建立综合的技术经济关系式。在物理公式中，设计者可以调整尺寸参数和比例系数 β_1，表达为载荷应力的关系式，并代入 $H = A v l K_v + b\delta v l K_F$ 中得到下列公式，从而把制造费用 H 表达为载荷、应力、比例系数 β_1 的函数，即：

$$H = P l^2 \frac{v}{Z_1} \frac{\beta_1}{h} \frac{K_v}{[\sigma]} \left(1 + \frac{\delta k_F}{h K_v} \right) \tag{10-17}$$

式中，$P l^2$ 为载荷因数，取决于梁的载荷和跨距；$\dfrac{v}{Z_1}$ 为支承系数；$\dfrac{K_v}{[\sigma]}$ 为材料系数，包括材料的物理性能（应力）和经济性能 K_v 间的关系式；$\dfrac{\beta_1}{h}$ 为梁的断面形状因数，在这里可以看出，选用较大的 h 值（在支承条件允许时）对降低制造费用是有利的。

上述公式就是矩形梁在载荷 P 作用下，零件结构尺寸的技术经济表达式，式中各项都有明显的物理意义，设计者可以在分析这些参数之间的可调整程度之后，采用合适的优化方法，求得制造费用 H 最少时的设计方案。

三、产品制造的技术经济分析

（一）产品制造费用分析

1. 新开发产品制造费用的估算

新开发产品可以根据草图来计算材料费用 M，并在设计阶段采用下列两种估算方法来计算加工费用 F。

1）如果企业有某类产品的设计图纸与新设计的产品图纸很相似，为同类产品，而前者的材料费用系数 M' 是已知的，就可用简单的方法粗略估算新产品的制造费用 H，即：

$$H = \frac{M}{M'} \times 100\% \tag{10-18}$$

2）如果企业有类似产品的制造费用 $H_0 = M_0 + L_0 + G_0 = M_0 + F_0$，为了计算新设计产品的制造费用 H，首先应根据设计草图计算材料费用 M_1，而加工费用 F_1 则可根据类似产品的加工费用 F_0 算出。

注：H_0 为类似产品的制造费用；M_0 为类似产品的材料费用；L_0 为类似产品制造人员的工资；G_0 为类似产品制造过程所需的管理费用系数；F_0 为类似产品的加工费用。

2. 改进产品制造费用的估算

在估算改进设计的产品时，可以把产品分为 3 类：

（1）同类产品。规定新改进的产品，属于本企业已生产的产品的同类产品，其条件是如下：

$$M_1': L_1': G_1' = M_0': L_0': G_0' \tag{10-19}$$

式中，M_1'，L_1'，G_1'分别为新改进产品的材料费用、工资和管理费用系数；M_0'，L_0'，G_0'分别为类似产品的材料费用、工资和管理费用系数。

即两种产品的费用构成比相等。也就是说，工资和管理费用与材料费用一样，按相同的比例变化，即：

$$\frac{M_1}{M_0} = \frac{L_1}{L_0} = \frac{G_1}{G_0} = \frac{F_1}{F_0} \tag{10-20}$$

式中，F_1为新改进产品所需的加工费用；F_0为类似产品所需的加工费用。

由此得$L_1 = \frac{M_1}{M_0}L_0$，且由$\frac{G_1}{L_1} = \frac{G_0}{L_0}$可得$\bar{g}_1 = \bar{g}_0$。

式中，$\bar{g}_1$为新改进产品的管理费用系数；$\bar{g}_0$为同类产品的管理费用系数。

由公式得：

$$f_L = 1 - \frac{P_L'}{100\%} = 1 - \frac{\frac{L_0 - L_1}{L_0}100\%}{100\%} = \frac{M_1}{M_0} \tag{10-21}$$

式中，f_L为工资变化系数；P_L'为工资降低额所占比重。

所以同类产品的制造费用H_1计算如下：

$$H_1 = M_1 + \frac{M_1}{M_0}F_0 \tag{10-22}$$

式中，H_1为新改进产品的制造费用；M_1为新改进产品的材料费用；M_0为同类产品的材料费用；F_0为同类产品的加工费用。

同类产品的两种设计方案的管理费用系数相等，即$\bar{g}_1 = \bar{g}_0$，也就是说，两种产品的加工过程就管理费用和工人等级来说，是在相似的车间和类似的机床上进行的。

（2）类似产品。类似产品的情况是，管理费用系数不变（$\bar{g}_1 = \bar{g}_0$），工资有变化（$L_1 \neq L_0$），材料费用不按相同的比例关系发生变化（$\frac{L_1}{L_0} \neq \frac{M_1}{M_0}$），各项费用所占的百分数不再是常数，则得：

$$f_L = 1 - \frac{P_L'}{100\%} \tag{10-23}$$

$$f_G = 1$$

式中，f_L为工资变化系数；f_G为管理费用变化系数；P_L'为工资降低额所占比重。

所以类似产品的制造费用H_1计算如下：

$$H_1 = M_1 + \left(1 - \frac{P_L'}{100\%}\right)F_0 \tag{10-24}$$

当$L_1 < L_0$时，P_L'标以正号；当$L_1 > L_0$时，P_L'标以负号。

（3）非同类产品。非同类产品的情况是，两者的管理费用系数不相等（$\bar{g}_1 \neq \bar{g}_0$），由于产品进一步采用了各种合理化措施和较贵重的加工设备，管理费用系数必然要提高，工人的工资也会相应地变化，则得：

$$f_L = 1 - \frac{P_L'}{100\%} \tag{10-25}$$

$$f_G = \frac{1 + \bar{g}_1}{1 + \bar{g}_0} \tag{10-26}$$

所以非同类产品的制造费用 H_1 计算如下：

$$H_1 = M_1 + \left(1 - \frac{P_L'}{100\%}\right)\left(\frac{1 + \bar{g}_1}{1 + \bar{g}_0}\right)F_0 \tag{10-27}$$

式中，H_1 为非同类产品的制造费用；M_1 为非同类产品的材料费用；P_L' 为工资降低额所占比重；$\bar{g}_1$ 为非同类产品的管理费用系数；$\bar{g}_0$ 为产品的管理费用系数；F_0 为产品的加工费用。

（二）工艺方案的技术经济分析

1. 工艺方案技术评价的意义及影响因素

产品制造的经济技术分析除了对制造费用进行分析，对工艺方案的技术经济分析也是其中一个重要的环节。工艺方案是制定和实现工艺流程的方案，是产品设计的基础，同时也是产品成功的关键之一。工艺方案的制定包括工艺流程的规划、确定工艺参数、选择工艺设备、确定材料、确定检测方法等。

在拟定工艺方案时，要进行经济效果分析，选择最优方案。工艺方案的经济效果分析是在保证产品质量前提下进行的。在拟定工艺方案时，涉及设备的选择、工艺装备的选择以及切削用量和加工方法等方面的问题。

一个零件的加工和装配工艺在保证技术要求的前提下，可以由许多工艺方案组成。不同的工艺方案有不同的经济效果。为了在不同的工艺方案中选出既符合技术条件要求，又具有较高的经济效果的最佳方案，必须对工艺方案进行全面的技术经济分析。

影响工艺方案技术经济效果的主要因素有：

（1）加工对象的结构工艺性。加工对象的几何形状、尺寸、精度、表面质量和材质等因素的确定是否合理，直接影响工艺方案的经济效果。

（2）生产类型。在大批量生产条件下，可以采用先进的毛坯制造方法，高效、专用的半自动化和自动化的机器设备，以及快速的自动化装夹工具；而对于单件和小批量生产，只能采用通用的工艺装备。

（3）新技术、新工艺、新设备和新材料的使用程度。在条件允许的情况下，尽可能采用先进的技术和装备，这样可以改善产品的质量，减少劳动耗费和提高生产率。

（4）企业生产组织和劳动组织方法。如果没有科学合理的生产组织和劳动组织，即使有再好的设备和材料，也不能经济有效地制造产品。

在进行工艺方案的技术经济分析时，应注意两点：①同一零件采用不同的加工方法，有不同的技术经济效果；不同的零件采用相同的加工方法，也会有不同的技术经济效果。②加工对象的生产类型、年产量和批量对工艺方案的技术经济效果影响很大。许多先进的毛坯制造方法、自动化程度高的设备，以及快速自动装夹的高效工装等往往只适合于大批量的生产条件。若在单件小批生产条件下使用，由于设备的负荷不足、调速次数多、调整时间长，以及自动化设备和高效工装的价格较贵，分摊到每个零件的费用会增多，因此会大大降低其技术经济效果。因此，工艺方案应与一定的产量和批量范围相适应。

2. 工艺方案的技术经济分析方法

工艺方案的技术经济分析必须在确保制造质量的前提下，全面考虑提高劳动生产率、改善劳动条件和促进生产技术发展。通常对生产过程中主要零件的工艺方案，应通过工艺成本的计算来评定其经济性；而对于一般零件，则可利用各种技术经济指标对不同方案进行经济论证，选取在一定生产条件下最经济合理的方案。

（1）工艺成本比较法。工艺成本比较法就是通过对比两个工艺方案的工艺成本来评定方案的经济性。设两个工艺方案成本如下：

$$C_{m1} = Q \cdot D_1 + B_1$$
$$C_{m2} = Q \cdot D_2 + B_2 \tag{10-28}$$

式中，C_{m1}、C_{m2} 分别为工艺方案 I 和工艺方案 II 的工艺成本，单位为元/年；D_1、D_2 分别为工艺方案 I 和方案 II 工艺成本中单位产品的可变费用，单位为元/年；B_1、B_2 分别为工艺方案 I 和方案 II 工艺成本中的不变费用，单位为元/年；Q 为年产量，单位为件/年。

令：

$$C_{m1} = C_{m2}$$

则：

$$Q_0 = \frac{B_2 - B_1}{D_1 - D_2} \tag{10-29}$$

式中，Q_0 为临界产量。

当对比不同工艺方案时，若对比方案的工艺成本相等，此时的生产量 Q_0 称为对比工艺方案的临界产量。设 $B_1 < B_2$，$D_1 > D_2$，则在此条件下，当实际生产量 Q 小于临界产量 Q_0 时，采用工艺方案 I 较采用工艺方案 II 有利；反之，当实际生产量 Q 大于临界产量 Q_0 时，采用工艺方案 II 较采用工艺方案 I 有利。故生产量小于 Q_0 为工艺方案 I 的适用范围，而生产量大于 Q_0 为工艺方案 II 的适用范围。

（2）线性规划法。在机械工业中，铸造的炉料配比和加工的下料问题错综复杂，对工艺方案的影响较大。怎样取得较优的工艺方案，从而获得较好的经济效果，对生产企业来说是具有实际意义的重要问题。线性规划法是解决这类生产问题的基本数学工具，本书侧重对技术经济分析方法的讲解，故对此方法不做详细介绍。

3. 工艺方案的总体技术经济评价指标

各工艺方案的总体技术经济评价主要是从劳动消耗、钳工修配劳动量系数、设备构成比、工艺装备系数、设备的厂房占地面积、工艺的分散与集中程度和金属消耗量等方面进行比较和评定。

（1）劳动消耗。劳动消耗可用劳动小时数和台时数来计算，或用单位时间的产量来计算，它标志着工艺方案效率的高低。

（2）钳工修配劳动量系数。钳工修配劳动量系数在一定程度上反映工艺方案的机械化程度的高低，其计算公式如下：

$$钳工修配劳动量系数 = \frac{钳工修配工作量}{机床加工劳动量}$$

在某个工艺方案中，钳工修配工作量与机床加工劳动量的比值越小，表示机械化程度越高。

（3）设备构成比。工艺方案中的设备构成比反映了所用设备的特点。设备构成比就是所用设备之间的比例关系。高效和专用设备所占比重越大，加工劳动量就越小。

（4）工艺装备系数。实现工艺过程所需的工具、量具、夹具、模具和检具等总称为工艺装备。工艺装备系数反映了工艺装备水平，其计算公式如下：

$$工艺装备系数 = \frac{专用工艺装备种数}{专用零件种数}$$

工艺装备系数过大将使工艺准备工作量增大、周期加长、费用增高；如果系数太小，将不能满足生产需要，不能保证质量，影响生产率的提高。一般来说，产品产量越大，产品越精密、越复杂，工艺装备系数也就越大。

（5）设备的厂房占地面积。工艺方案中所需设备的厂房占地面积是新建和改建车间时需要考虑的一个技术经济指标。

（6）工艺的分散与集中程度。它反映了一个零件的工序数目的多少，取决于生产批量的大小。在单件小批量生产中，加工零件批量小，设备负荷率高，故工艺的集中程度应大些。

（7）金属消耗量。工艺过程中金属消耗量的大小与毛坯种类关系很大。

在工艺方案总体分析的基础上，应当对工艺方案的工艺成本进行计算和评价，从中选出技术上先进、经济上合理的工艺方案。在进行工艺成本分析时，主要采用下列指标来进行方案对比。

1）工艺成本年度降低额。工艺成本年度降低额可按下式计算：

工艺成本年度降低额 = 对比方案的年度工艺成本 - 新方案的年度工艺成本

工艺成本降低额的大小说明了采用新工艺方案的经济效果。

2）投资节约额。当采用新工艺方案时，会产生新的投资，这时需要计算投资节约额，它等于使用同类工艺方案成本的节约而能回收的期限，计算公式如下：

$$投资节约额 = \frac{新工艺方案追加投资}{年工艺成本降低额}$$

第三节　设备更新的技术经济分析

设备是企业维持正常生产经营活动的重要物质基础。对企业而言，机器设备的质量和技术水平是衡量其资源开发能力和创新能力的重要标准，也是影响其技术经济指标的重要因素。设备从投入使用到报废，通常需要经历一段较长的时间，在这段时间内，设备会逐渐磨损。当设备因物理损坏或因陈旧落后不能继续使用或不宜继续使用时，就需要进行设备更新。设备更新存在多种方案的优选问题，不同的方案会有不同的经济效果。利用技术经济学的理论与方法对方案进行优选并做出合理决策，对企业具有重要的意义。因此，本节就设备的磨损、设备的经济寿命及设备现代化改装进行技术经济分析的讲解。

一、设备的磨损

设备是企业维持正常生产经营活动的重要物质基础。设备在使用或者闲置过程中，由于物理作用（如冲击、弯曲、扭转、摩擦等）、化学作用（如腐蚀、氧化、电解）或者技术进步的影响，会出现继续使用该设备将不能维持良好的性能和取得预期效果，或者根本不能再使用，或者虽然能使用，但经济上已经不合理的情况，这个过程中设备逐渐发生的耗损或损坏称为设备的磨损。设备的磨损可分为有形磨损、无形磨损和综合磨损。

（一）设备的有形磨损

机器设备在使用（或闲置）过程中发生的实体磨损称为有形磨损或物质磨损（使用价值发生贬值）。设备有形磨损按照成因可分为两种：

1. 机械磨损

运转中的机器设备在外力的作用下，其零件会发生摩擦、震动和疲劳，以致设备的实体发生磨损，通常表现为设备零件的原始尺寸（甚至形状）发生改变、公差配合性质改变以及精度降低、零件的损坏等。机械磨损的结果有可能导致设备精度降低、劳动生产率下降；达到一定程度时，整个机器功能下降甚至发生故障；机器使用费剧增，甚至难以继续工作或丧失使用价值。

2. 自然磨损

自然磨损主要是由于自然力的作用，它与生产中的使用无关，甚至在一定程度上同使用成反比，是设备在闲置过程中在自然力的作用下发生的。自然磨损通常表现为金属件生锈、腐蚀、橡胶件老化等。设备闲置久了，会自然丧失精度和工作能力，失去使用价值。机器设备使用价值的降低或丧失，会使设备的原始价值贬值或基本丧失。

（二）设备的无形磨损

设备除承受有形磨损，还会承受无形磨损（又称经济磨损或经济劣化）。设备的无形磨损可分为两种情形：

1. 第一种无形磨损

由于设备制造厂制造工艺不断改进，劳动生产率不断提高，使得生产相同机器所需的社会必要劳动时间减少了，导致生产成本的降低和价格的下降所引起的设备绝对贬值。这种磨损的后果仅仅是现有设备原始价值的降低，设备本身的技术特征和功能（使用价值）并未发生变化，故不影响现有设备的使用。

2. 第二种无形磨损

由于科学技术的进步，社会上出现了结构更先进、技术更完善、生产效率更高、耗费原材料和能源更少的新型设备，导致设备相对贬值。这种磨损虽然不改变原有设备的特性和功能，但是由于效率更高，性能更好的设备的出现，导致原有设备在技术上相对陈旧落后，若要继续使用，则导致其成本相对较高，或者产品质量相对下降。折旧意味着设备部分或完全丧失了价值。当然这种替代的合理性取决于现有设备贬值的程度以及在生产中继续使用旧设备导致经济效益降低的幅度。

(三) 设备的综合磨损

设备在使用期内既受到有形磨损，又受到无形磨损，统称为设备的综合磨损。这两种磨损都会引起设备的贬值，不同的是遭受有形磨损的设备，特别是有形磨损比较严重的设备在修理之前常常不能工作；而遭受无形磨损的设备，即使无形磨损很严重，仍可继续使用，只是从经济上考虑有时已经不划算了。

(四) 设备磨损的补偿

设备的磨损必然会引起设备技术性能和价值的下降，因此，为了维持生产和再生产的正常进行，必须对设备的磨损进行补偿。机器设备遭受磨损的形式不同，补偿方式也不一样。补偿分为局部补偿和完全补偿。设备有形磨损的局部补偿是修理，无形磨损的局部补偿是改装。设备有形磨损和无形磨损的完全补偿是更换。

二、设备的经济寿命

(一) 设备寿命的概念

由于设备磨损的存在，设备的性能不断下降，使用价值与经济价值也不断下降，最终停用或淘汰，因此设备都具有一定的寿命。在技术经济分析中，设备受到磨损的影响，呈现出不同的寿命状态。设备的寿命是决定设备补偿时间的依据。设备更新的时机一般取决于设备的技术寿命和经济寿命。

1. 设备的物理寿命

物理寿命又称自然寿命，是指设备从开始使用到因其实际功能下降到不符合要求而最终报废所持续的时间。设备的物理寿命是由设备的有形磨损决定的。做好设备的维修保养可以延长设备的物理寿命，但不能从根本上避免设备的磨损。任何一台设备磨损到一定程度，都必须进行更新或修理。

2. 设备的技术寿命

技术寿命又称有效寿命，从技术的角度看是设备最合理的使用年限，具体来说是指设备从开始使用到因技术落后而被淘汰所经历的时间。设备的技术寿命是由无形磨损决定的。技术寿命的长短与技术进步的速度有关。

3. 设备的经济寿命

经济寿命是指设备从开始使用直至在经济上不合理为止的时间周期。设备在使用过程中，由于有形磨损日益严重，因此各项费用逐渐增加，可能造成继续使用的成本大大超过购买新设备的使用成本；或者由于市场售价更低、性能更完善、生产效率更高的新设备的出现，使原有设备继续使用在经济上不合算。因此，设备的经济寿命是由其有形磨损和无形磨损综合作用形成的，经济寿命的长短主要取决于设备使用过程中的经济状况（费用和收益状况）。

4. 设备的折旧寿命

设备的投资通常是通过折旧的方式逐年回收的。折旧寿命是指设备从开始使用到其投资通过折旧的方式全部回收所持续的时间。

(二) 设备经济寿命的确定

设备更新分析往往是在已知新旧设备经济寿命的基础上进行经济评价，但由于经济评价结果对新旧设备的经济寿命十分敏感，因此仅凭假设或推测来确定设备的经济寿命显得不够谨慎，必须通过科学合理的方法来计算设备的经济寿命。

在以下分析中，我们假设设备产生的收益是相同的，只比较设备的成本。

1. 经济寿命的静态计算方法

在利率为零的条件下，设备年等额总成本AC_n的计算公式如下：

$$AC_n = \frac{P - L_n}{n} + \frac{1}{n}\sum_{j=1}^{n} C_j \qquad (10\text{-}30)$$

式中，n 为设备使用期限，在设备经济寿命计算中，n 是一个自变量；j 为设备使用年度，j 的取值范围为 $1 \sim n$；AC_n 为 n 年内设备的年等额总成本；P 为设备的购置成本，即设备原值；C_j 为在 n 年使用期间的第 j 年度设备的运营成本；L_n 为设备在第 n 年的净残值。

由式（10-30）可知，设备的年等额总成本 AC_n 等于设备的年等额资产恢复成本（折旧）$\frac{P - L_n}{n}$ 与设备的年等额运营成本 $\frac{1}{n}\sum_{j=1}^{n} C_j$ 之和。

在设备所有的使用期限中，能使设备年等额总成本 AC_n 最低的使用期限就是设备的经济寿命。如果设备的经济寿命为 m 年，则 m 应满足如下不等式条件：

$$AC_{m-1} \geqslant AC_m \ , \ AC_{m+1} \geqslant AC_m \qquad (10\text{-}31)$$

式（10-31）的关系也可以通过图 10-3-1 表示。

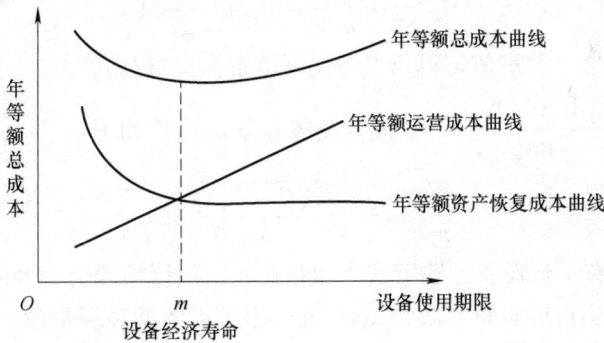

图 10-3-1　设备经济寿命示意图

设备的运营成本包括：能源费、保养费、修理费、停工损失、废次品损失等。一般而言，随着设备使用期限的增加，年运营成本每年以某种速度在递增，这种运营成本的逐年递增称为设备的劣化。现假定每年运营成本的增量是均等的，即运营成本呈线性增长，如图 10-3-2 所示。

图 10-3-2 中，P 为开始时投入的资金额，C_1 为第一年追加投入的运营成本；n 为设备的使用期限；λ 为每年运营成本增加额；L_n 为结束时的营业收入。

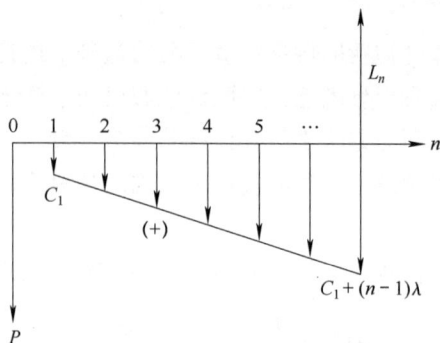

图 10-3-2 劣化增量均等的现金流量图

假定运营成本均发生在年末，设每年运营成本增加额为 λ，若设备使用期限为 n 年，则第 n 年的运营成本计算如下：

$$C_n = C_1 + (n-1)\lambda \tag{10-32}$$

式中，C_1 为运营成本的初始值，即第 1 年的运营成本；n 为设备使用年限。

n 年内设备运营成本的平均值为 $C_1 + \dfrac{n-1}{2}\lambda$。

除运营成本，在年等额总成本中还应包括设备的年等额资产恢复成本，其金额为 $\dfrac{P-L_n}{n}$，则年等额总成本的计算公式如下：

$$AC_n = \frac{P-L_n}{n} + C_1 + \frac{n-1}{2}\lambda \tag{10-33}$$

通过求式（10-33）的极值可得出设备的经济寿命计算公式。

设 L_n 为常数，令 $\dfrac{d(AC_n)}{dn} = 0$，则设备经济寿命 m 计算如下：

$$m = \sqrt{\frac{2(P-L_n)}{\lambda}} \tag{10-34}$$

[例 10-2] 设有一台设备，购置费为 80000 元，预计净残值为 8000 元，运营成本初始值为 6000 元，年运行成本每年增长 3000 元，求该设备的经济寿命。

解：由式（10-34）可得：

$$m = \sqrt{\frac{2 \times (80000 - 8000)}{3000}} = 6.93 \ （年）$$

2. 经济寿命的动态计算方法

当利率不为零时，计算设备经济寿命需要考虑资金的时间价值。按照图 10-3-2 所示的现金流量图，设备在 n 年内的等额年总成本 AC_n 可按下式计算：

$$AC_n = P(A/P,i,n) - L_n(A/F,i,n) + C_1 + \lambda(A/G,i,n)$$

$$= [(P-L_n)(A/P,i,n) + L_n \times i] + [C_1 + \lambda(A/G,i,n)] \tag{10-35}$$

式中，$(P-L_n)(A/P,i,n) + L_n \times i$ 为等额年资产恢复成本；$C_1 + \lambda(A/G,i,n)$ 为等额年运

营成本，其余符号同前。

等额年总成本 AC_n 更为常用的计算式如下：

$$AC_n = TC_n(A/P,i,n)$$

$$= [P - L_n(P/F,i,n) + \sum_{j=1}^{n} C_j(P/F,i,j)](A/P,i,n) \quad (10\text{-}36)$$

式中，TC_n 为设备在 n 年内的总成本现值。

(三) 设备更新分析方法

1. 设备更新分析

设备更新分析的结论取决于采用的分析方法，而设备更新分析的假定条件和设备的研究期是选用设备更新分析方法时应考虑的重要因素。研究期是互斥方案进行现金流量计算时共同的计算期，它是为消除各方案计算周期的长短不一而建立的可比条件。

(1) 原型设备更新分析。设备在使用过程中，因维修费用特别是大修费用及其他运行费用不断增加，即使没有新的设备出现，此时进行原型设备的更新在经济上也是划算的。所谓原型设备更新分析，就是假定企业的生产经营期较长，并且一旦选定设备，以后均对原型设备重复更新，因此研究期为各设备自然寿命的最小公倍数。原型设备更新分析主要有 3 个步骤：①确定各方案共同的研究期；②使用费用年值法确定各方案中设备的经济寿命；③通过比较每个方案中设备的经济寿命来确定最佳更新方案。

(2) 新型设备更新分析。新型设备更新分析，就是假定企业现有设备可被其他经济寿命内等额年总成本最低的新设备取代。

2. 现有设备处置决策

在市场经济条件下，受需求量的影响，许多企业在现有设备的自然寿命期内必须考虑是否停产并变卖现有设备，这类问题称为现有设备处置决策。一般而言，现有设备处置决策仅与旧设备有关，且假设旧设备在自然寿命期内每年的残值都能估算出来。

3. 设备更新分析方法应用

(1) 技术创新引起的设备更新。通过技术创新不断改善设备的生产效率，提高设备使用功能，会造成设备产生磨损，因此企业有可能对旧设备进行更新。

[例 10-3] 某公司用旧设备 O 加工某产品的关键零件，设备 O 是 8 年前买的，当时的购置及安装费为 8 万元，设备 O 目前市场价为 18000 元，估计设备 O 可再使用两年，退役时残值为 2750 元。目前市场上出现了一种新的设备 A，设备 A 的购置及安装费为 120000 元，使用寿命为 10 年，残值为原值的 10%。旧设备 O 和新设备 A 加工 100 个零件所需时间分别为 5.24 小时和 4.2 小时，公司预计今后每年平均销售 44000 件该产品。公司人工费为 18.7 元/小时，旧设备动力费为 4.7 元/小时，新设备动力费为 4.9 元/小时。基准收益率为 10%，试分析是否应采用新设备 A 更新旧设备 O。

解：以旧设备 O 的剩余使用寿命两年为研究期，采用年值法计算新旧设备的等额年总成本。

$$AC_O = (18000 - 2750)(A/P,10\%,2) + 2750 \times 10\% + 5.24 \div 100 \times 44000 \times (18.7 + 4.7)$$

$$= 63013.09 \text{ (元)}$$

$$AC_A = (120000 - 12000)(A/P,10\%,10) + 12000 \times 10\% + 4.22 \div 100 \times 44000 \times (18.7 + 4.9)$$
$$= 62592.08 \ （元）$$

从以上计算结果可以看出，使用新设备 A 比使用旧设备 O 每年节约 421.01 元，故应立即用设备 A 更新设备 O。

（2）市场需求变化引起的设备更新。有时旧设备的更新是由于市场需求增加超过了设备现有的生产能力，这种设备更新分析可通过下面的例子来说明。

［例 10-4］ 由于市场需求增加，某钢铁集团公司高速线材生产线面临两种选择：第一个方案是在保留现有生产线 A 的基础上，在 3 年后再开设一条生产线 B，使生产能力增加一倍；第二个方案是放弃现在的生产线 A，直接开设一条新的生产线 C，使生产能力增加一倍。

生产线 A 是 10 年前建造的，其剩余寿命估计为 10 年，到期净残值为 100 万元，目前市场上有厂家愿以 700 万元的价格收购 A 生产线。生产线 A 在第一年的经营成本为 20 万元，以后每年等额增加 5 万元。

生产线 B 将在 3 年后建设完成，总投资为 6000 万元，寿命期为 20 年，到期净残值为 1000 万元，每年经营成本为 10 万元。

生产线 C 目前建设，总投资为 8000 万元，寿命期为 30 年，到期净残值为 1200 万元，年运营成本为 8 万元。

设基准收益率为 10%，试比较方案 1 和方案 2 的优劣，设研究期为 10 年。

解：方案 1 和方案 2 的现金流量如图 10-3-3 所示。各方案的等额年总成本计算如下。

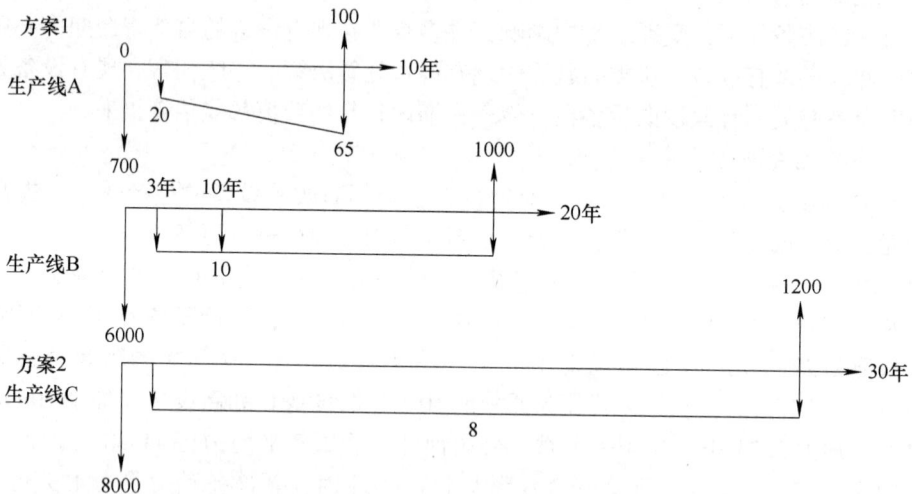

图 10-3-3 例 10-4 现金流量图

方案 1：

$$AC_A = 700 \times (A/P,10\%,10) - 100 \times (A/F,10\%,10) + 20 + 5 \times (A/G,10\%,10)$$
$$= 700 \times 0.1627 - 100 \times 0.0627 + 20 + 5 \times 3.7255 = 146.25 \ （万元）$$

$$AC_B = [6000 \times (A/P,10\%,20) - 1000 \times (A/F,10\%,20) + 10] \times (F/A,10\%,7)(A/F,10\%,10)$$
$$= [6000 \times 0.1175 - 1000 \times 0.0175 + 10] \times 9.4872 \times 0.0627 = 414.91 \text{（万元）}$$
$$AC_1 = 146.25 + 414.91 = 561.16 \text{（万元）}$$

方案2：
$$AC_C = 8000 \times (A/P,10\%,30) - 1200 \times (A/F,10\%,30) + 8 = 849.48 \text{（万元）}$$
$$AC_2 = 849.48 \text{（万元）}$$

从以上比较结果来看，应采用方案1。

三、设备现代化改装的技术经济分析

(一) 设备现代化改装的概念

设备在遭受第二种无形磨损后，除了用技术更先进、性能更好、效率更高的新设备来替换（即技术更新），还可以在原有设备的基础上，进行现代化改装。

设备现代化改装是指根据生产使用的需要，应用先进的技术成果，改变原有设备的结构，改善原有设备的技术性能，使原有设备局部甚至全部达到现有新设备的技术水平。

由于设备现代化改装可以用比更换新设备少得多的投资来使陈旧落后的设备达到生产所需的技术水平，因此，设备现代化改装不仅是克服原有设备的技术落后状态，消除第二种无形磨损，促进技术进步的重要手段；也是扩大设备的生产能力，提高设备和产品质量的重要途径；同时，还是节省现有企业技术改造投资，提高其经济效益的有效措施。

(二) 设备现代化改装的经济评价方法

设备现代化改装是现有企业技术改造的一种重要方式，因此，分析设备现代化改装的经济性，应当将其与技术改造的其他方法相比较。在一般情况下，设备改造的可行方案有：旧设备继续使用、对旧设备进行大修理、用性能和效率相同的新设备更换旧设备、用性能更好、效率更高的新设备更换旧设备、对旧设备进行现代化改装。

设备现代化改装的经济评价就是在某些并存的可行方案中，选择费用最小的方案。除可以用前面介绍的最小年费用法进行计算比较，还可以用最低总成本法和差额投资回收期法进行计算和比较。

1. 最低总成本法（总费用现值法）

最低总成本法是指对可能采用的方案，分别计算它们的使用总成本现值（主要包括设备购置费用和运行费），从中选取使用总成本最低的方案作为最佳方案。各种可能方案的使用总成本可用下列公式计算：

旧设备继续使用（下标用"o"表示）：

$$C_{To} = \frac{1}{\beta_0} \left[\sum_{t=1}^{T} \frac{C_{ot}}{(1+i)^t} + L_0 - \frac{L_o}{(1+i)^T} \right] \tag{10-37}$$

旧设备大修理（下标用"r"表示）：

$$C_{Tr} = \frac{1}{\beta_r} \left[K_r + \sum_{t=1}^{T} \frac{C_{rt}}{(1+i)^t} + L_0 - \frac{L_m}{(1+i)^T} \right] \tag{10-38}$$

同类设备更新（即原型更新，下标用"n"表示）：

$$C_{Tn} = \frac{1}{\beta_n}\left[K_n + \sum_{t=1}^{T}\frac{C_{nt}}{(1+i)^t} + L_0 - \frac{L_{nn}}{(1+i)^T}\right] \qquad (10\text{-}39)$$

旧设备现代化改装（下标用"m"表示）：

$$C_{Tm} = \frac{1}{\beta_m}\left[K_m + \sum_{t=1}^{T}\frac{C_{mt}}{(1+i)^t} + L_0 - \frac{L_{mn}}{(1+i)^T}\right] \qquad (10\text{-}40)$$

新型设备更新（即技术更新，下标用"nn"表示）：

$$C_{Tnn} = \frac{1}{\beta_{nn}}\left[K_{nn} + \sum_{t=1}^{T}\frac{C_{nnt}}{(1+i)^t} + L_0 - \frac{L_{nnn}}{(1+i)^T}\right] \qquad (10\text{-}41)$$

公式（10-37）至公式（10-41）可归纳成通式表示：

$$C_{Tj} = \frac{1}{\beta_j}\left[K_j + \sum_{t=1}^{T}\frac{C_{jt}}{(1+i)^t} \pm L_0 - \frac{L_{jn}}{(1+i)^T}\right] \qquad (10\text{-}42)$$

式中，j 为各种不同的方案，即 $j=o,r,n,m,nn$；C_{Tj} 为 j 方案的总费用现值；K_j 为方案的设备投资费；C_{jt} 为 j 方案第 t 年的经营费用；L_0 为旧设备在待处理（决策）年份的净残值；L_{jt} 为 j 方案的第 T 年年末的设备净残值；β_j 为 j 方案的设备生产能力系数，其中 $\beta_n=1$（以更换同类型新设备的生产能力为基准），且：

$$\beta = \frac{方案的生产能力}{同类型新设备的生产能力}$$

设 t 为设备使用年份，$t=1,2,\cdots,T$。

使用以上公式进行对比选择时应注意两点：

1）相比较的各方案计算时间应相同，即均按计算期 T 计算。

2）各方案的生产能力相同，因此用生产能力系数 β 加以调整，使各方案满足产量（数量）的可比性。

［例 10-5］ 假定某设备的各种更新方案的投资和各年经营费用如表 10-3-1 所示，年利率为 8%，不计年末净残值，试对各种设备更新方案进行综合分析。

表 10-3-1　各种更新方案的投资和各年经营费用

可 行 方 案	基本投资（元）	生产能力系数	各年经营费用（元）								
			1	2	3	4	5	6	7	8	9
旧设备继续使用	$K_o = 0$	$\beta_o = 0.7$	250	300	350	400	450	500	530	700	910
用同类新设备更换	$K_n = 1300$	$\beta_n = 1$	25	53	105	160	210	270	340	420	510
用高效率新设备更换	$K_{nn} = 1500$	$\beta_{nn} = 1.3$	20	50	100	150	200	250	300	350	400
旧设备现代化改装	$K_m = 1200$	$\beta_m = 1.25$	30	55	110	170	220	280	360	450	540
旧设备大修理	$K_r = 700$	$\beta_r = 0.98$	60	100	175	250	325	400	480	610	720
新设备在更换年份净残值			150								

解：根据表 10-3-1 所列数据，计算各方案逐年的使用成本（总费用现值）。以第 2 年 C_{Tnn} 为例说明计算方法。

$$C_{Tnn} = \frac{1}{1.3} \times \left(1500 + \frac{20}{1.08} + \frac{50}{1.08^2} - \frac{150}{1.08^2} \right) = 1102.1 \text{（元）}$$

其他的计算结果如表 10-3-2 所示。

表 10-3-2　各种更新方案的逐年总成本　　　　　（单位：元）

年　份	各方案的值				
	C_{To}	C_{Tr}	C_{Tm}	C_{Tnn}	C_{Tn}
1	330.7	771.0	982.2	1061.3	1184.3
2	698.1	858.5	1019.9	1102.1	1240.0
3	1095.0	1000.2	1089.8	1170.5	1332.9
4	1515.0	1187.8	1189.8	1262.1	1459.3
5	1952.7	1413.4	1309.6	1373.1	1610.4
6	2402.7	1670.6	1450.8	1500.1	1788.1
7	2844.5	1956.4	1618.8	1640.2	1993.5
8	3384.8	2292.7	1813.3	1790.6	2226.9
9	4035.1	2660.2	2029.4	1949.1	2488.0

从以上计算结果可以看出，如果设备只考虑使用两年（比如，两年以后产品将更新换代），那么继续使用原设备最佳。这时设备不仅没有更换的必要，就连修理也是多余的。如果只打算使用三四年，那么最佳方案是对设备进行一次大修理。如果估计设备将使用五到七年，那么最佳方案是对设备进行现代化改装。如果使用期在八年以上，则采用新型设备更新旧设备为最佳方案。应当指出，最低总成本法同样适用于上述方案中的不同子方案的选优。比如，准备采用高效率的新设备来更换旧设备时，由于可能存在多种高效率的新设备可以选择，仍可采用最低总成本法中的 C_{Tnn} 公式对不同高效率新设备进行计算，通过比较，选择某种最佳的高效率新设备来代替旧设备。

2. 差额投资回收期法

设备磨损后，采取什么样的补偿方法，往往需要我们搞清设备大修理、设备现代化改装和设备更换之间的关系，并且比较这些补偿方式下设备的基本投资、单位产品成本和年生产率，然后做出决策。

在一般情况下，设备大修理、现代化改装与更换的关系如下：

$$K_t < K_m < K_n, \ C_t > C_m > C_n, \ Q_t < Q_m < Q_n$$

式中，K_t、K_m、K_n 分别为设备大修理、现代化改装和更新的基本投资，单位为元；C_t、C_m、C_n 分别为设备大修理、现代化改装和更新的单位产品成本，单位为元/件；Q_t、Q_m、Q_n 分别为设备大修理、现代化改装和更新的年生产量，单位为件/年。

因此，在考虑设备更新方案时，可按下列标准进行决策：

1）当 $\dfrac{K_t}{Q_t} > \dfrac{K_m}{Q_m}$，且 $C_t > C_m$ 时，设备现代化改装方案具有较好的经济效果，不仅经营

费用有节约，基本投资也有节约。这时，大修理方案不可取。但是，这种情况较少。

2）当 $\dfrac{K_t}{Q_t} < \dfrac{K_m}{Q_m}$，但 $C_t > C_m$ 时，这时可用差额投资回收期指标进行决策：

$$P_a = \frac{\dfrac{K_m}{Q_m} - \dfrac{K_t}{Q_t}}{C_t - C_m} \tag{10-43}$$

式中，P_a 为差额投资回收期（年）。

如果 P_a 小于或等于企业或部门规定的基准投资回收期 P_e，那么设备的现代化改装方案是可取的。

3）当 $\dfrac{K_m}{Q_m} > \dfrac{K_n}{Q_n}$，且 $C_m > C_n$ 时，设备更新为最优方案。

4）当 $\dfrac{K_m}{Q_m} < \dfrac{K_n}{Q_n}$，但 $C_m > C_n$ 时，也可通过计算差额投资回收期来进行判断：

$$P_a = \frac{\dfrac{K_n}{Q_n} - \dfrac{K_m}{Q_m}}{C_m - C_n} \tag{10-44}$$

当 $P_a \leqslant P_e$ 时，更新方案是合理的；如果 $P_a > P_e$，则应选择现代化改装方案。

[例10-6] 某设备进行大修理或现代化改装的基本投资分别为 4000 元与 20000 元。设备大修理后，估计产量为 40000 件/年，单位产品成本为 0.20 元/件；设备现代化改装后的年产量估计是设备大修理后的两倍，单位产品成本为大修理后的 1/2，试比较两种方案。

解：$K_t = 4000$（元），$K_m = 20000$（元）

$Q_t = 40000$（件/年），$Q_m = 40000 \times 2 = 80000$（件/年）

$C_t = 0.2$（元/件），$C_m = 0.2 \times \dfrac{1}{2} = 0.1$（元/件）

所以 $P_a = \dfrac{\dfrac{K_m}{Q_m} - \dfrac{K_t}{Q_t}}{C_t - C_m} = \dfrac{\dfrac{20000}{80000} - \dfrac{4000}{40000}}{0.2 - 0.1} = 1.5$（年）

若 $P_e = 2$，则应选择设备现代化改装方案；若 $P_e = 1$，则应选择设备大修理方案。

本章习题

一、名词解释

请对下列名词进行解释：

产品设计；技术经济评价法；工程机械；设备的磨损；设备寿命；设备现代化改装。

二、简答

1. 总体工艺方案具体包括哪些技术经济评价指标？

2. 简要概况工程机械的基本组成。

3. 一个工程机械的设计程序应该如何进行？

4. 工程机械质量包括哪些评价指标?

5. 简述工程机械技术经济评价指标的基本要求。

6. 简单描述设备寿命的分类。

7. 请对工程机械的技术参数进行叙述。

8. 设备更新的原则都包括哪些?

三、计算

VE 研讨项目为一传动装置，待评价方案 1、方案 2 的技术评价结果如表 10-3-3 所示。经计算两种方案的材料费分别为 $M_1 = 60$ 元，$M_2 = 50$ 元。假定材料费用 M' 为 52 元，且理想建造费用 H 为 72 元，试计算两种方案的经济评价结果。

表 10-3-3　方案技术指标评价

技术指标评价	评　　分		
	方　案　1	方　案　2	理想方案
零件数	4	4	4
体积	2	3	4
重量	2	3	4
加工难易程度	2	4	4
维护	3	3	4
使用寿命	4	3	4
总分数 F	$F = 17$	$F = 20$	$F = 24$
技术价值 $X = F/F_{max}$	$X_1 = 17/24 = 0.71$	$X_2 = 20/24 = 0.83$	$X_3 = 1$

第十一章 工程机械项目综合案例

案例一 5G 通信技术投资项目财务分析

一、项目背景

随着 5G 技术的普及，高速、低延迟的通信网络成为社会发展的重要基础设施。某电信公司希望投资建设 5G 通信网络，以满足不断增长的网络需求和提高市场竞争力，该项目建设期为 1 年，运营期为 6 年。

二、项目数据

项目投产第一年可获得当地政府扶持该产品生产的补贴收入 100 万元，项目建设的其他基本数据如下：

1）固定资产：建设投资为 1000 万元。预计全部形成固定资产（包含可抵扣固定资产进项税额 80 万元），固定资产使用年限为 10 年，按直线法折旧，期末净残值率为 4%，固定资产余值在项目运营期末收回，投产当年另外投入运营期资本金 200 万元。

2）正常年份营业收入与成本：正常年份年营业收入为 678 万元（其中销项税额为 78 万元），经营成本为 350 万元（其中进项税额为 25 万元），税金及附加按应纳增值税的 10% 计算，所得税税率为 25%，行业所得税后基准收益率为 10%；基准投资回收期为 6 年。企业投资者期望的最低可接受所得税后收益率为 15%。

3）投产第一年营业收入与成本：仅达到设计能力的 80%，预计这一年的营业收入及其所含销项税额、经营成本及其所含进项税额均为正常年份的 80%。以后各年均达到设计能力。

4）运营第 4 年成本：需花费 50 万元（无可抵扣进项税额）更新新型自动控制设备配件，以维持以后的正常运营需要，该维持运营投资按当期费用计入年度总成本。

三、问题设计与解析

问题：

（1）编制拟建项目投资现金流量表。

（2）计算项目的静态投资回收期、财务净现值和财务内部收益率。

（3）评价项目的财务可行性。

解析：

问题（1）：编制拟建项目投资现金流量表。

编制现金流量表之前需要计算以下数据，并将计算结果填入表 11-1-1 中。

1）计算年固定资产折旧费（融资前，固定资产原值不含建设期利息）。

固定资产原值＝形成固定资产的费用－可抵扣固定资产进项税额

年固定资产折旧费＝（1000－80）×（1－4%）÷10＝88.32（万元）

2）计算固定资产余值。

固定资产使用年限为10年，运营期末只用了6年。所以，运营期末固定资产余值如下：

$$固定资产余值＝年固定资产折旧费×4＋残值＝88.32×4＋（1000－80）×4\%$$
$$＝390.08（万元）$$

3）计算调整所得税。

由于增值税应纳税额＝当期销项税额－当期进项税额－可抵扣固定资产进项税额，因此：

第2年（投产第一年）的当期销项税额－当期进项税额－可抵扣固定资产进项税额＝78×0.8－25×0.8－80＝62.4－20－80＝－37.6（万元）<0，故第2年应纳增值税额为0

第3年的当期销项税额－当期进项税额－上一年未抵扣完的固定资产进项税额＝78－25－37.6＝15.4（万元）

第4年、第5年、第6年、第7年的应纳增值税额＝78－25＝53（万元）

由于调整所得税＝［营业收入－当期销项税额－（经营成本－当期进项税额）－折旧费－维持运营投资＋补贴收入－增值税附加］×25%＝利润总额×25%＝［收入（不含税）＋补贴－总成本－增值税附加］×25%，因此：

第2年（投产第一年）调整所得税＝［（678－78）×80%－（350－25）×80%－88.32－0＋100－0］×25%＝57.92（万元）

第3年调整所得税＝（600－325－88.32－0＋0－15.4×10%）×25%＝46.29（万元）

第4年调整所得税＝（600－325－88.32－0＋0－53×10%）×25%＝45.35（万元）

第5年调整所得税＝（600－325－88.32－50＋0－53×10%）×25%＝32.85（万元）

第6、7年调整所得税＝（600－325－88.32－0＋0－53×10%）×25%＝45.35（万元）

问题（2）：计算项目的静态投资回收期、财务净现值和财务内部收益率。

1）计算项目的静态投资回收期。

静态投资回收期＝（累计折现净现金流量出现正值的年份－1）＋（｜累计折现净现金流量出现正值年份上年累计税后净现金流量｜/出现正值年份当年所得税后净现金流量）

$$＝（6－1）＋（｜－219.55｜/224.35）＝5.98（年）$$

可知项目静态投资回收期为5.98年。

2）计算项目财务净现值。

项目财务净现值是把项目计算期内各年的净现金流量按照基准收益率折算到建设期初的现值之和。也就是计算期末累计折现后净现金流量190.02万元，见表11-1-1。

3）计算项目的财务内部收益率（FIRR）。

编制财务内部收益率试算表见表11-1-2。

（单位：万元）

表 11-1-1 项目投资现金流量表

序号	项 目	1	2	3	4	5	6	7
1	现金流入	0.00	642.40	678.00	678.00	678.00	678.00	1268.08
1.1	营业收入（不含销项税额）		$480.00=600×80\%$	600.00	600.00	600.00	600.00	600.00
1.2	销项税额		$62.40=78×80\%$	78.00	78.00	78.00	78.00	78.00
1.3	补贴收入		100.00					
1.4	回收固定资产余值							390.08
1.5	回收流动资金							200.00
2	现金流出	1000.00	537.92	413.23	453.65	491.15	453.65	453.65
2.1	建设投资	1000.00						
2.2	流动资金投资		200.00					
2.3	经营成本（不含进项税额）		$260.00=325×80\%$	325.00	325.00	325.00	325.00	325.00
2.4	进项税额		$20.00=25×80\%$	25.00	25.00	25.00	25.00	25.00
2.5	应纳增值税		0.00	15.40	53.00	53.00	53.00	53.00
2.6	增值税附加			$1.54=15.40×10\%$	5.30	5.30	5.30	5.30
2.7	维持运营投资					50.00		
2.8	调整所得税		57.92	46.29	45.35	32.85	45.35	45.35
3	所得税后净现金流量		104.48	264.77	224.35	186.85	224.35	814.43
4	累计税后净现金流量	-1000.00	-895.52	-630.75	-406.40	-219.55	4.80	819.23
5	折现率 $i=10\%$	0.9091	0.8264	0.7513	0.6830	0.6209	0.5645	0.5132
6	折现后净现金流量	-909.10	86.34	198.92	153.23	116.02	126.65	417.97
7	累计折现净现金流量	-909.10	-822.76	-623.84	-470.61	-354.59	-227.94	190.03

首先设定 $i_1 = 15\%$，以 15% 作为设定的折现率，计算各年的折现系数。利用财务内部收益率试算表，计算各年的折现后净现金流量和累计折现净现金流量，从而得到财务净现值 $\mathrm{FNPV}_1 = 7.80$（万元），见表 11-1-2。

再设定 $i_2 = 17\%$，以 17% 作为设定的折现率，计算各年的折现系数。同样，利用财务内部收益率试算表，计算各年的折现后净现金流量和累计折现净现金流量，从而得到财务净现值 $\mathrm{FNPV}_2 = -49.28$（万元），见表 11-1-2。

结果满足：$\mathrm{FNPV}_1 > 0$，$\mathrm{FNPV}_2 < 0$，且满足精度要求，可采用插值法计算拟建项目的财务内部收益率 FIRR。

表 11-1-2　财务内部收益率试算表　　　　　（单位：万元）

序　号	项　目	1	2	3	4	5	6	7
1	现金流入	0.00	642.40	678.00	678.00	678.00	678.00	1268.08
2	现金流出	1000.00	537.92	413.23	453.65	491.15	453.65	453.65
3	所得税后净现金流量	−1000.00	104.48	264.77	224.35	186.85	224.35	814.43
4	折现系数 $i_1 = 15\%$	0.8696	0.7561	0.6575	0.5718	0.4972	0.4323	0.3759
5	折现后净现金流量	−869.60	79.00	174.09	128.28	92.90	96.99	306.14
6	累计折现净现金流量	−869.60	−790.60	−616.51	−488.23	−395.33	−298.34	7.80
7	折现系数 $i_2 = 17\%$	0.8547	0.7305	0.6244	0.5337	0.4561	0.3898	0.3332
8	折现后净现金流量	−854.70	76.32	165.32	119.74	85.22	87.45	271.37
9	累计折现净现金流量	−854.70	−778.38	−613.06	−493.32	−408.10	−320.65	−49.28

由表 11-1-2 可知：

$i_1 = 15\%$ 时，$\mathrm{FNPV}_1 = 7.80$

$i_2 = 17\%$ 时，$\mathrm{FNPV}_2 = -49.28$

用插值法计算拟建项目的内部收益率 FIRR，即

$$\begin{aligned}
\mathrm{FIRR} &= i_1 + (i_2 - i_1) \times \mathrm{FNPV}_1 \div (\,|\mathrm{FNPV}_1| + |\mathrm{FNPV}_2|\,) \\
&= 15\% + (17\% - 15\%) \times 7.80 \div (7.80 + |-49.28|) \\
&= 15\% + 0.27\% \\
&= 15.27\%
\end{aligned}$$

问题（3）：评价项目的财务可行性。

项目的静态投资回收期为 5.98 年，小于基准投资回收期；累计财务净现值为 190.02 万元 > 0；财务内部收益率 $\mathrm{FIRR} = 15.27\% >$ 行业基准收益率 10%，因此，此项目具有财务可行性。

案例二　利用外资引进技术和装置的工程项目经济评价

一、工程项目总说明

本案例以一个利用外资引进技术和装置的工程项目为例来进行经济评价，着重介绍评价的步骤及其特点，对其初始数据的来源、计算过程及最后书面文件从略。本研究实例为

某企业拟利用外资建设一个生产某化工原料的工厂。

工程项目基本情况的假定如下：

1）工厂规模设计能力为年产某化工原料三万吨。

2）工厂年操作时间为 7200 小时。

3）工厂生产装置的工艺、技术、设备由国外引进，生产所需的公用工程及辅助工程由国内配套建设。

4）本项目拟三年建成。建成投产后最初两年的产品产量分别为设计能力的 60% 和 80%，以后各年为满负荷生产。

5）投资所需基本建设费用（包括开工费）由中国建设银行贷款，以自有资金形式体现；流动资金由人民银行贷款，年利率为 5.04%。国内贷款每年结算一次，利息以单利计算。总投资所需外汇总额的 85% 为出口信贷，年利率为 8.2%；15% 为商业信贷，年利率为 15%。国外贷款利息以复利计算。上述国内外贷款的利率都是已包括各项附加费的综合利率。

6）建设期间分年度的贷款使用计划如下：出口信贷，第一年使用 10%，第二年使用 60%，第三年使用 30%；商业信贷，第一年初使用 66.66%，第三年末使用 33.33%；国内基建贷款，第一年（开工费除外）使用 30%，第二年使用 50%，第三年使用 20%。开工费在第四年开工时借款。

7）工厂所需的原料全部由国内供应。本项目服务寿命期内，各项费用和价格均保持不变。

8）工厂建成投产后，每年出口一万吨产品，其余产品内销。偿还国外贷款时，先还利率高的贷款，国外贷款的本金及利息还清后，产品全部内销。

9）工厂以产品出口偿还贷款时，可向国家申请免税。产品内销，按产品内销出厂价的 9% 缴纳增值税。工厂自投产之日起，每年应向国家缴纳固定资金占用费（按固定资产原值的 3.6%）和流动资金占用费（按总额 5.04%）。工厂在偿还国内贷款期间，折旧费和应缴的固定资金占用费可用来偿还贷款，并免于上缴利润。

10）产品国内销售的出厂价为 5000 元/t；外销离岸价格（F. O. B）为 1200 美元/t（不包括产品运输、保险、折扣等各项附加费用）。

本案例汇率按 1 美元 =7 人民币的情况下计算。

二、工程项目初始数据

工程项目所需的初始数据如下：

1. 投资估算

投资估算结果如表 11-2-1 所示。

表 11-2-1　投资估算表

内　容	外币（万美元）	人民币（万元）	总计（万美元）
生产装置	4000	—	4000
辅助工程	—	6000	857.1
合　计			4857.1

2. 生产成本估算和流动资金估算

生产成本和流动资金估算结果见表 11-2-2。

表 11-2-2　生产成本估算和流动资金估算表

项　　目	生产负荷		
	100%	80%	60%
销售成本（元/吨）	2700	2900	3300
经营成本（元/吨）	2000	2200	2400
流动资金（万元）	3000	2700	3400

3. 开工费估计

开工费估计为 450 万元。

三、问题设计与解析

问题：对项目进行经济评价，包含净现值、内部收益率和投资回收期的计算。

解析：

1. 资金使用计划表

根据工厂建设进度，做出资金使用计划表如表 11-2-3 所示。

表 11-2-3　资金使用计划表

项　　目	年　份						
	1	2	3	4	5	6	合　计
国外贷款（万美元）							
出口信贷	340	2040	1020	0	0	0	3400
商业信贷	400	0	200	0	0	0	600
小　计	740	2040	1220	0	0	0	4000
折人民币（万元）	5180	14280	8540	0	0	0	28000
国内贷款（万元）							
建设投资	1800	3000	1200	0	0	0	6000
开工费	0	0	0	450	0	0	450
流动资金贷款	0	0	0	2400	300	300	3000
小　计	1800	3000	1200	2850	300	300	9450
折美元	257.14	428.57	171.43	407.14	42.86	42.86	1350
合计（万美元）	997.14	2468.57	1391.43	407.14	42.86	42.86	5350
合计（万元）	6980	17280	9740	2850	300	300	37450

2. 年度销售量和销售收入计划表

根据内外销比例、内外销价格和国外贷款偿还需要，制作年度销售量和销售收入计划表，如表 11-2-4 所示。

表 11-2-4　年度销售量和销售收入计划表

项　目	年　份									
	4	5	6	7	8	9	10	11	12	13
销售量										
外销（t/年）	10000	10000	10000	10000	5783	0	0	0	0	0
内销（t/年）	8000	14000	20000	20000	24217	30000	30000	30000	30000	30000
合计（t/年）	18000	24000	30000	30000	30000	30000	30000	30000	30000	30000
销售收入										
外销（万美元/年）	1200	1200	1200	1200	694	0	0	0	0	0
内销（万元/年）	4400	7700	11000	11000	13319	16500	16500	16500	16500	16500
折合（万美元/年）	628.6	1100	1571.4	1571.4	1902.7	2357.1	2357.1	2357.1	2357.1	2357.1
合计（万美元/年）	1828.6	2300	2771.4	2771.4	2596.7	2357.1	2357.1	2357.1	2357.1	2357.1

3. 国外贷款还本付息预测表

偿还国外贷款本息的原则是根据还款来源，先偿还利率高的贷款，即先偿还商业信贷后偿还出口信贷。预测结果表明，投产第一年就可还清商业信贷本息，全部国外贷款本息在投产后 4 年 7.5 个月便可还清。具体安排如表 11-2-5 所示。

表 11-2-5　国外贷款还本付息预测表　　　　　（单位：万美元）

项　目	建设开始起年份											
	第一年		第二年		第三年		第四年		第五年	第六年	第七年	第八年
	商业信贷	出口信贷	商业信贷	出口信贷	商业信贷	出口信贷	商业信贷	出口信贷	出口信贷	出口信贷	出口信贷	出口信贷
年初贷款累计			460	354	529	2507	808	3774	3745	2809	1795	696
本年贷款支出	400	340	0	2040	200	1020	0	0	0	0	0	0
本年应计利息	60	14	69	1ì3	79	247	61	302	264	186	101	29
本年还本付息	0	0	0	0	0	0	869	331	1200	1200	1200	724
年末贷款累计	460	354	529	2507	808	3774	0	3745	2809	1795	696	0
还款来源：外销收入								1200	1200	1200	1200	1200

4. 逐年现金流量表

逐年现金流量表是比较集中地反映经济分析结果的一张报表，工程项目的返本期、净现值和贴现现金流量收益率都是根据这张报表求出的。逐年现金流量如表 11-2-6 所示。表中的现金收入，无论是内销还是外销，均指销售净收入。

逐年现金流量表中现金支出中的自有资金是指国内贷款资金。国内资金虽属于贷款，但它是国家对企业投资的一种方式，由于企业和资金均属于国家所有，故称为自有资金。自有资金用于下列两方面：①建设期同国内配套建设的基本建设费用；②流动资金。

在逐年现金流量表中国外贷款不用于建设期，而是反映为工厂投产后出口信贷和商业信贷的本息支付。这是实际发生的现金流量，可视为投资时间的转移。

（单位：万美元）

表 11-2-6　逐年现金流量表

项　目	年份													残值	总计
	1	2	3	4	5	6	7	8	9	10	11	12	13		
1. 现金收入	0	0	0	1828.6	2300	2771.4	2771.4	2596.7	2357.1	2357.1	2357.1	2357.1	2357.1		24053.6
1.1 产品内销收入	0	0	0	628.6	1100	1571.4	1571.4	1902.7	2357.1	2357.1	2357.1	2357.1	2357.1		18559.6
1.2 产品外销收入	0	0	0	1200	1200	1200	1200	694	0	0	0	0	0		5494
2. 现金支出	-257.1	-428.6	-171.4	-2487.1	-2270.8	-2453.4	-2410.5	-1967.7	-1289.1	-1289.1	-1289.1	-1289.1	-1289.1	497.1	-18495
2.1 总投资费用															
a. 自有资金	-257.1	-428.6	-171.4	-407.1	-42.9	-42.9	0	0	0	0	0	0	0		-1350
b. 出口信贷本利	0	0	0	-331	-1200	-1200	-1200	-724	0	0	0	0	0		-4655
c. 商业信贷本利	0	0	0	-869	0	0	0	0	0	0	0	0	0		-869
2.2 经营费用	0	0	0	-617.1	-715.7	-857.1	-857.1	-857.1	-857.1	-857.1	-857.1	-857.1	-857.1		-8189.6
2.3 临时信用贷款利息	0	0	0	-8	-8	0	0	0	0	0	0	0	0		-16
2.4 税金															
a. 固定资产占用费	0	0	0	-174.9	-174.9	-174.9	-174.9	-174.9	-174.9	-174.9	-174.9	-174.9	-174.9		-1749
b. 工商税	0	0	0	-62.9	-110	-157.1	-157.1	-190.3	-235.7	-235.7	-235.7	-235.7	-235.7		-1855.9
c. 流动资金利息	0	0	0	-17.1	-19.3	-21.4	-21.4	-21.4	-21.4	-21.4	-21.4	-21.4	-21.4		-207
3. 现金流量	-257.1	-428.6	-171.4	-658.5	29.2	318	360.9	629	1068	1068	1068	1068	1068	497.1	5658.6
4. 累计现金流量	-257.1	-685.7	-857.1	-1515.6	-1486.4	-1168.4	-807.5	-178.5	889.5	1957.5	3025.5	4093.5	5161.5		
5. 现值(贴现率=15%)	-257.1	-372.7	-129.6	-432.97	16.7	158.10	156.03	236.46	349.13	303.59	263.99	229.56	199.62		720.81

逐年现金流量表是从企业的角度出发的，故将税金作为现金流出。

5. 净现值的计算

根据逐年现金流量表中各年的现金流量，按贴现率15%折算时，本项目的净现值为720.81万美元。

6. 内部收益率（IRR）的计算

从净现值计算结果可知，本项目的内部收益率一定大于15%。现用试差法求近似的内部收益率。

当 $i_1 = 20\%$ 时，$NPV_1 = 79.59$；

当 $i_2 = 30\%$ 时，$NPV_2 = -267.97$。

根据 i_1、i_2、NPV_1、NPV_2，用内插法求得 $NPV = 0$ 时，$IRR = 22\%$。

本项目的内部收益率为22%。

7. 投资回收期的计算

从表11-2-6中可知，第8年的累计现金流量为 -178.5万美元，第9年为889.5万美元。投资回收期是表中累计现金流量从负值转为正值的时间，因为第9年的实际现金流量为1068万美元，所以第8年中累计现金流量为零的月份是：

$$(178.5 \div 1068) \times 12 = 2.0 \ （月）$$

因此本项目投资收回期从建设期开始算起是8年2个月。若从投产期算起，则回收期为5年2个月。本例中投资回收期是以税后利润、折旧和固定资金占有费为基础计算的。

其他有关经济分析评价指标的计算省略。计算结果表明，本工程项目虽然投资较大，但有偿还能力。一般认为，这类项目的投资回收期应控制在5年以内，本项目国外贷款偿还期为4年7.5个月，整个项目的投资回收期为5年2个月，故应认为项目是可行的。若以15%贴现率为标准贴现率时，该项目净现值大于零，说明能满足经济收益方面的要求。本项目动态投资回收期为4年6.6个月（从投产年算起）。

以上是利用外资、引进技术的工程项目的经济分析和评价方法。但仅作为实例介绍，并非唯一的标准方法。

必须指出，上述经济评价实际上还只限于工程项目获利性的研究，属于微观经济的范畴。如果需要同时评价工程项目对社会和国家的影响，则要从宏观经济范畴给予考虑。

案例三　绿色建材生产项目的可行性分析

一、项目背景

本案例以一家具有丰富行业经验的绿色建材生产公司为例。该公司成立于2000年，专注于绿色建材的研发、生产和销售。公司在全国范围内拥有多个生产基地，产品销售覆盖全国各大城市，并出口到海外市场。

随着全球气候变化和人们环保意识的提高，绿色建材越来越受到消费者的青睐。绿色建材具有低能耗、低排放、可回收等特点，符合可持续发展理念。为把握市场趋势，公司计划投资建设一条新的绿色建材生产线，以提高市场竞争力和保护环境。

公司概况：

1）公司名称：某建材公司。

2）成立时间：2000 年。

3）主营业务：绿色建材研发、生产和销售。

4）员工数量：1500 人。

5）销售区域：全国及部分海外市场。

6）主要成就：拥有多家合作伙伴，良好的行业声誉，成熟的生产技术和管理体系。

二、供需预测

1）市场需求分析：随着人们生活水平的提高和环保意识的增强，绿色建材的市场需求不断增长。预计未来五年内，绿色建材市场的年复合增长率将达到 15%。

2）市场空间预测：根据市场需求和投资公司的资金实力，预计绿色建材生产项目的市场空间在未来五年内可达到亿元级别。

3）产品规划：公司计划生产多种环保型的绿色建材，如环保涂料、节能门窗、绿色墙体材料等。

三、厂址选择

公司综合考虑原材料供应、交通、劳动力等因素，选择适合建设生产基地的地区。例如，公司考虑在山东、河南等原材料丰富且劳动力成本低的地区建厂。

四、投资估算及资金筹措

1. 投资估算

（1）固定资产投资估算。根据项目建设内容，固定资产总投资为 116.6 万元，其中工程项目费用为 97.80 万元，占总投资的 83.9%；其他费用为 18.8 万元，占总投资的 16.1%。

固定资产投资估算表如表 11-3-1 所示。

表 11-3-1　固定资产投资估算表　　　　　　（单位：万元）

序号	工程或费用名称	建筑工程	设备购置	安装工程	其他费用	合计	其中：外币	占总估算价值的比例（%）
一	工程项目费用							
1	生产工房	25.9	45.8	9.7		81.4		69.8
2	包装工工房	6.0	1.5	0.1		7.6		6.5
3	化验室	1.1	3.2	0.2		4.5		3.9
4	车间办公室	0.9				0.9		0.8
5	室外管线、道路	3.4				3.4		2.9
	合计	37.3	50.5	10.0		97.8		83.9

（续）

序号	工程或费用名称	建筑工程	设备购置	安装工程	其他费用	合计	其中：外币	占总估算价值的比例（%）
二	其他费用							
6	生产工具、家具费				2.5	2.5		2.1
7	试车费				3.5	3.5		3
8	培训费				1.8	1.8		1.5
9	勘察设计费				2.4	2.4		2.1
10	预备费				8.6	8.6		7.4
	合计				18.8	18.8		16.1
	总估算价值	37.3	50.5	10.0	18.8	116.6		100

估算说明如下：①通用设备和专用设备估算是根据供货厂家提供的设备原价，另加4%设备运杂费进行编制；②工艺管道及安装工程估算是参考有关指标和类似项目概算进行编制；③建筑工程估算是根据工艺要求和结构形式，结合当地造价水平进行编制；④其他费用估算是根据化学工业部有关规定和该项目实际情况进行编制。

（2）流动资金参考类似企业有关资料并结合该项目的实际情况估算，生产流动资金按年销售收入的25%估算，正常生产年份的流动资金为72.5万元。

2. 资金筹措及分年使用计划

固定资产总投资为116.60万元，其中企业自有资金为20万元，向工商银行贷款96.60万元，年利率为8.64%。

正常生产年份流动资金总额为72.50万元。按工商银行要求，企业自有流动资金约占30%，总计21.80万元；其余70%为流动资金借款，总计50.70万元，年利率为7.92%。

根据项目实施进度，固定资产投资在第1年全部投入。流动资金按生产负荷投入：第2年投入90%，计65.30万元；第3年再投入7.20%，达到100%。

投资使用计划如表11-3-2所示。

表11-3-2 投资使用计划表

序号	项 目	1			2			3			合计（万元）
		外币（万美元）	人民币（万元）	小计（万元）	外币（万美元）	人民币（万元）	小计（万元）	外币（万美元）	人民币（万元）	小计（万元）	
一	固定资产投资										
1	自有资金		20	20							20
2	人民币借款		96.6	96.6							96.6
2.1	改贷		96.6	96.6							96.6
2.2	银行借款										
2.3	地方自筹										

（续）

序号	项目	1			2			3			合计 （万元）
		外币 （万美元）	人民币 （万元）	小计 （万元）	外币 （万美元）	人民币 （万元）	小计 （万元）	外币 （万美元）	人民币 （万元）	小计 （万元）	
3	外汇借款										
3.1	国内借款										
3.2	国外商业贷款										
3.3	出口信贷										
	小计		116.6	116.6							116.6
二	流动资金										
1	自有资金					19.6	19.6		2.2	2.2	21.8
2	流动资金借款					45.7	45.7		5	5	50.7
	小计					65.3	65.3		7.2	7.2	72.5

五、经济分析

1. 基本数据

（1）实施进度及项目计算期。该项目第一年为建设期；第二年开始投产，其生产负荷达到设计能力的90%；以后各年达到100%。生产期按10年计算，整个计算期为11年。

（2）生产成本估算。生产成本估算如下：

1）生产原材料费按现行价格加上到厂运杂费计算。

2）燃料和动力费按工厂劳务成本计算。

3）固定工资及职工福利基金按该厂平均水平计算。

4）车间经费、企业管理费和销售费用按该厂实际水平和有关规定计算。

5）固定资产基本折旧计算。

固定资产形成率按95%计算，建设期利息为4万元，净残值按5%计算，固定资产折旧年限按15年计算，根据计算公式可得：

年折旧额 =（固定资产投资×固定资产形成率+建设期利息−净残值）÷折旧年限 =（116.6×95% +4）×95% ÷15 = 7.3（万元）

6）流动资金在投产第一年开始按生产负荷投入，并按全年计算利息。

单位成本和总成本分别如表11-3-3和表11-3-4所示。

表11-3-3 单位成本表

序号	项目	规格	单位	单价 （万元）	消耗定额 （t）	90%负荷 （万元）	100%负荷 （万元）
一	原材料						
1	板材	98.5%	t	1450	0.6	870.0	870.0
2	生物乳胶漆	95%	t	450	1.5	675.0	675.0

（续）

序号	项　目	规　格	单　位	单价 （万元）	消耗定额 （t）	90%负荷 （万元）	100%负荷 （万元）
3	硅藻泥	30%	t	252	0.35	88.2	88.2
二	燃料和动力					84.5	81.8
三	工资					54.4	49.0
四	提取的职工福利基金					6.0	5.4
五	车间经费					189.4	170.5
六	副产品回收						
七	车间成本					1967.5	1939.9
八	企业管理费					257.6	235.8
九	工厂成本					2225.1	2175.7
十	销售费用					5.8	5.8
十一	单位成本合计					2230.9	2181.5

2. 财务评价

（1）销售收入。根据有关资料和同类产品的国内市场价格，拟订该产品的销售价格为2900元/t。按上述价格计算的正常生产年份的销售收入为290万元。产品销售收入计算如表11-3-5所示。

（2）税金。该项目为新产品开发，根据有关规定在投产后（第1年、第2年）免税两年，从第4年开始照章纳税，其增值税为9%，城市维护建设税和教育费附加分别为增值税的7%和3%。经计算，正常生产年份的销售税金为28.7万元。

（3）利润。该项目不发生技术转让费和资源税，也不考虑营业外净支出，经计算，正常生产年份的利润总额为40.5万元。

各年利润预测如表11-3-6所示，第1期为建设期，第2期为投产期，第3至11期为达到建设能力生产期。

根据表11-3-6计算下列评价指标：

投资利润率 = 年利润总额 ÷ 总投资 × 100% = 40.5 ÷ (116.6 + 4 + 72.5) × 100% = 21%

投资利税率 = 年利税总额 ÷ 总投资 × 100% = (40.5 + 28.7) ÷ (116.6 + 47 + 2.5) × 100% = 41.7%

（4）现金流量分析。现金流量计算如表11-3-7所示。

从表11-3-7可得出，累计净现金流量在第4年出现正值，计算期内累计净现金流量为515.2万元。

由表11-3-7计算的财务评价指标如下：财务内部收益率为38%；财务净现值（$i = 10\%$）为213.93万元；投资回收期（含建设期）为3年8个月。

（单位：万元）

表 11-3-4　总成本表

序号	项　目	第 2 年			第 3 年			第 4～11 年		
		可变成本	固定成本	合计	可变成本	固定成本	合计	可变成本	固定成本	合计
一	原材料									
1	板材	87.00		87.00	78.30		78.30	87.00		87.00
2	生物乳胶漆	60.73		60.73	67.50		67.50	67.50		67.50
3	硅藻泥	7.94		7.94	8.82		8.82	8.82		8.82
	小计	155.67		155.67	163.32		163.32	163.32		163.32
二	燃料和动力									
1	水	0.72	0.34	1.06	0.80	0.34	1.14	0.80	0.34	1.14
2	电	1.69	0.80	2.49	1.88	0.80	2.68	1.88	0.80	2.68
3	气	2.74	1.31	4.05	3.05	1.13	4.18	3.05	1.31	4.36
	小计	5.15	2.45	7.60	5.73	2.45	8.18	5.73	2.45	8.18
三	工资		4.90	4.90		4.90	4.90		4.90	4.90
四	提取的职工福利基金		0.54	0.54		0.54	0.54		0.54	0.54
五	车间经费		17.05	17.05		17.05	17.05		17.05	17.05
六	企业管理费		23.18	23.18		21.58	21.58		23.58	23.58
七	销售费用	0.52		0.52	0.58		0.58	0.58		0.58
八	总成本	161.34	48.12	209.46	169.63	46.52	216.15	169.63	48.52	218.15
	其中：基本折旧		7.3	7.3		7.3	7.3		7.3	7.3
	流动资金利息		3.6	3.6		4.0	4.0		4.0	4.0
九	经营成本	161.34	37.22	189.56	169.63	35.22	204.85	169.63	37.22	206.85

表 11-3-5 产品销售收入表

序号	产品名称	单位	外销单价（万元）	内销单价（万元）	生产负荷90%						生产负荷100%					
					销售量（t）			销售收入（万元）			销售量（t）			销售收入（万元）		
					外销	内销	小计	外销	内销	小计	外销	内销	小计	外销	内销	小计
1	产品销售收入															
2	涂料	t		0.29		900	900		261	261		1000	1000		290	290

表 11-3-6 利润表

序号	项目	第2年	第3年	第4年	第5年	第6年	第7~11年	合计
	生产负荷（%）	90	100	100	100	100	100	
一	产品销售收入（万元）	261	290	290	290	290	290×5	2871
二	总成本（万元）	200.8	218.2	218.2	218.2	218.2	218.2×5	2164.6
三	销售税金（万元）			28.7	28.7	28.7	28.7×5	229.6
四	技术转让费（万元）							
五	销售利润（万元）	60.2	71.8	40.5	40.5	40.5	40.5×5	456
六	资源税（万元）							
七	营业外净支出（万元）							
八	利润总额（万元）	60.2	71.8	40.5	40.5	40.5	40.5×5	456

表 11-3-7 现金流量表（全部投资）　　　　（单位：万元）

序号	项目	第1年	第2年	第3年	第4年	…	第10年	第11年	合计
	生产负荷（%）		90	100	100	…	100	100	
一	现金流入								
1	产品销售收入		261	290	290	…	290	290	2871
2	回收固定资产余值							41.8	41.8
3	回收流动资金							72.5	72.5
	流入小计		261	290	290	…	290	404.3	2985.3
二	现金流出								
1	固定资产投资	116.6							116.6
2	流动资金		65.3	7.2					72.5
3	经营成本		189.56	206.85	206.85	…	206.85	206.85	2051.53
4	销售税金				28.7	…	28.7	28.7	229.6
5	技术转让费								
6	资源税								
7	营业外净支出								
	流出小计	116.6	255.2	214.1	235.6	…	235.6	235.6	2491.5
三	净现金流量	-116.6	5.8	75.9	54.4	…	54.4	168.7	515.2
四	累计净现金流量	-116.6	-110.8	-34.9	19.5	…	346.5	515.2	

财务内部收益率：38%；财务净现值（$i=10\%$）：213.93；投资回收期：3年8个月

（5）借款偿还分析、还款资金来源计算如下：①可用于还款的折旧，基本折旧按规定上缴 15% 的能源交通建设基金后，其余 20% 为企业留用，80% 为还款资金；②扣除企业留利后的利润总额，按规定还款期间企业留利为企业基金（工资总额的 5%）、奖励基金（标准工资的 12%）、新产品试制基金（正常年利润的 3%）。

项目投产后，每年用上述还款资金偿还固定资产借款本息，借款偿还期含建设期为两年 8 个月。借款偿还平衡计算如表 11-3-8 所示。

表 11-3-8　借款偿还平衡表　　　　　　（单位：万元）

序号	项　目	建　设　期	投　产　期	达　产　期	合　　计
一	借款支用及还本付息				
1	年初借款累计		100.6	43.5	
2	本年借款支用	96.6			96.6
3	本年应计利息	4.0	6.0	1.9	11.9
4	本年还本付息				
4.1	还本		53.1	43.5	96.6
4.2	付息		10.0	1.9	11.9
5	期末借款累计	100.6	43.5	0	
	其中：利息累计	4.0			
二	还款资金来源				
1	利润总额		60.2	71.8	
2	可用于还款的折旧		5.0	5.0	
3	可用于还款的其他收益				
4	还款期企业留利		2.1	2.1	
	合计		63.1	74.7	

（6）财务平衡分析。财务平衡计算如表 11-3-9 所示。

表 11-3-9　财务平衡表　　　　　　（单位：万元）

序号	项　目	第1年	第2年	第3年	第4年	第5~10年	第11年	合　计
	生产负荷（%）		90	100	100	100	100	
一	资金来源							
1	利润总额（万元）		60.2	71.8	40.5	40.5×6	40.5	456
2	折旧费（万元）		7.3	7.3	7.3	7.3×6	7.3	73
	其中：可用于还款的折旧（万元）		5	5				10
3	固定资产投资借款（万元）	96.6						96.6

（续）

序号	项　目	第1年	第2年	第3年	第4年	第5~10年	第11年	合　计
4	流动资金借款（万元）		45.7	5				50.7
5	企业自有资金（万元）							
5.1	用于固定资产投资（万元）	20						20
5.2	用于流动资金（万元）		19.6	2.2				21.8
6	回收固定资产余值（万元）						41.8	41.8
7	回收自有流动资金（万元）						21.8	21.8
	资金来源小计（万元）	116.6	132.8	91.3	47.8	47.8×6	111.4	791.7
二	资金运用							
1	固定资产投资（万元）	116.6						116.6
2	流动资金（万元）		65.3	7.2				72.5
3	还款期间的企业留利		2.1	2.1				4.2
4	企业还款用的折旧		1.2	1.2	6.2	6.2×6	6.2	52
5	自折旧中提取的能源交通基金（万元）		1.1	1.1	1.1	1.1×6	1.1	11
6	固定资产投资借款利息偿还（万元）		10	1.9				11.9
7	固定资产投资借款本金偿还		53.1	43.5				96.6
8	所得税				22.3	22.3×6	22.3	178.4
9	盈余资金			29.3	18.2	18.2×6	81.8	238.5
	资金运用合计	116.6	132.8	86.3	47.8	47.8×6	111.4	781.7

　　从财务平衡表（见表11-3-9）和利润表（见表11-3-6）中得出，在整个计算期11年内（包括1年建设期），除偿还借款本金和利息，还可上交销售税金229.6万元，所得税178.4万元，能源交通建设基金11万元，还款期间企业留利4.2万元，企业还款用的折

旧52万元，盈余资金238.5万元。

(7) 不确定性和风险分析。

1) 盈亏平衡分析，计算生产能力利用率盈亏平衡点：

$$BEP = 总固定成本 \div (销售收入 - 总可变成本 - 销售税金) \times 100\%$$
$$= 48.52 \div (290 - 169.63 - 31.3) \times 100\% = 54.5\%$$

计算表明，当生产能力达到54.5%时，企业可以保本，实现盈亏平衡。

2) 敏感性分析。本项目就固定资产投资、销售价格和经营成本的变化对财务内部收益率的影响进行了敏感性分析，相关数据列于表11-3-10中。从表11-3-10中可以看出，每个因素的变化都不同程度地影响了项目的内部收益率，销售价格和经营成本的影响更为明显，但各因素都在10%幅度内变化，内部收益率均在16%以上，高于基准收益率10%。

表 11-3-10　敏感性分析

项　　目	变　化　率				
	−20%	−10%	预　测　值	10%	20%
固定资产投资	45.3%	40.8%	37.0%	33.8%	31.0%
销售价格		16.4%	37.0%	57.4%	
经营成本		52.4%	37.0%	21.2%	

(8) 结论。本项目财务评价各项指标较好，财务内部收益率为37%，投资利润率为21%，投资利税率为37.2%，均高于目前国内同行业平均水平；投资回收期（含建设期）为3年8个月、借款偿还期（含建设期）为两年8个月，都比较短；不确定性分析表明项目具有一定的抗风险能力。所以，该项目财务效益是可行的。

参 考 文 献

［1］萨缪尔森，诺德豪斯．经济学［M］．萧琛，蒋景媛，译．北京：商务印书馆，2013.

［2］曹世奎．医学生创新创业基础［M］．北京：中国中医药出版社，2021.

［3］陈建萍．企业管理学：理论、案例与实训［M］．3 版．北京：中国人民大学出版社，2014.

［4］陈玉清．经济学基础［M］．3 版．北京：中国人民大学出版社，2015.

［5］冯俊华．技术经济学［M］．北京：化学工业出版社，2007.

［6］管会生．土木工程机械［M］．成都：西南交通大学出版社，2018.

［7］郭世明，孟长流，冯晓云．工程概论［M］．成都：西南交通大学出版社，2002.

［8］何元斌，杜永林，罗倩蓉．工程经济学［M］．2 版．成都：西南交通大学出版社，2021.

［9］胡芳珍．建筑工程经济［M］．杭州：浙江大学出版社，2017.

［10］胡骥．技术经济学［M］．成都：西南交通大学出版社，2015.

［11］蒋屏．公司理财［M］．4 版．北京：中信出版集团股份有限公司，2022.

［12］焦强，罗哲．管理学［M］．5 版．成都：四川大学出版社，2018.

［13］寇长青．工程机械基础［M］．成都：西南交通大学出版社，2001.

［14］郎宏文，陈晓华，张佳洁．技术经济学［M］．北京：人民邮电出版社，2016.

［15］李明孝．工程经济学［M］．2 版．北京：化学工业出版社，2018.

［16］李志生．建筑技术经济学［M］．2 版．成都：西南交通大学出版社，2016.

［17］刘家顺，粟国敏．技术经济学［M］．北京：机械工业出版社，2002.

［18］刘宁．工程经济学［M］．北京：化学工业出版社，2017.

［19］刘秋华．企业管理［M］．3 版．大连：东北财经大学出版社，2019.

［20］刘晓君．技术经济学［M］．2 版．北京：中国科学技术出版社，2013.

［21］刘燕．技术经济学［M］．成都：电子科技大学出版社，2013.

［22］卢家仪，蒋冀．财务管理［M］．2 版．北京：清华大学出版社，2001.

［23］罗辉．实用产品设计经济分析：产品设计经济学［M］．北京：机械工业出版社，1994.

［24］牟绍波，向号．工程经济学［M］．成都：西南财经大学出版社，2018.

［25］戚安邦．项目论证与评估［M］．3 版．北京：机械工业出版社，2018.

［26］秦德智，雷森．技术经济学［M］．北京：科学出版社，2019.

［27］秦树东，黄毅，周颖，等．管理经济学［M］．2 版．北京：电子工业出版社，2017.

［28］邵元纯，余燕君．建筑工程经济［M］．北京：中国水利水电出版社，2014.

［29］沈烈．现金流量表理论与实务研究［M］．武汉：武汉理工大学出版社，2002.

［30］帅斌．物流经济［M］．成都：西南交通大学出版社，2008.

［31］苏敬勤，徐雨森．技术经济学［M］．北京：科学出版社，2011.

［32］万楚军，裴潇．会计学原理［M］．武汉：华中科技大学出版社，2013.

［33］王凤彬，李东，李彬．管理学［M］．5 版．北京：中国人民大学出版社，2018.

［34］王贵春．工程经济学［M］．5 版．重庆：重庆大学出版社，2016.

［35］王红岩，王立国，宋维佳．投资项目评估［M］．2 版．北京：高等教育出版社，2019.

［36］王美江．企业现金流与营运资本管理［M］．北京：人民邮电出版社，2021.

［37］ 王勇．投资项目可行性研究性分析：理论精要与案例解析 ［M］．北京：电子工业出版社，2012.

［38］ 王玉静．工程技术经济 ［M］．南京：江苏凤凰科学技术出版社，2016.

［39］ 吴添祖，虞晓芬，龚建立．技术经济学概论 ［M］．北京：高等教育出版社，2010.

［40］ 吴学斌．中级财务会计 ［M］．4 版．北京：人民邮电出版社，2019.

［41］ 吴永平．工程机械技术经济学 ［M］．北京：人民交通出版社，2007.

后　记

经全国高等教育自学考试指导委员会同意，由机械及轻纺化工类专业委员会负责高等教育自学考试《经济管理》教材的审定工作。

本教材由北京林业大学米锋教授担任主编，青岛农业大学马龙波副教授和北京化工大学吴卫红教授担任副主编。全书由米锋教授统稿。

本教材由北京林业大学张彩虹教授担任主审，中国林业科学研究院林业科技信息研究所胡延杰研究员参审，提出修改意见，谨向他们表示诚挚的谢意。

机械及轻纺化工类专业委员会最后审定通过了本教材。

全国高等教育自学考试指导委员会

机械及轻纺化工类专业委员会

2023 年 12 月